本书内容依托于教育部人文社会科学研究项目“《通志堂经解》版本学研究”（13YJC870024）研究成果。

《通志堂经解》文献学研究

王爱亭◎著

中国戏剧出版社
CHINA THEATRE PRESS

图书在版编目（CIP）数据

《通志堂经解》文献学研究 / 王爱亭著. -- 北京 : 中国戏剧出版社, 2025. 10. -- ISBN 978-7-104-05686-7

Ⅰ. Z126.272

中国国家版本馆CIP数据核字第2025AE2313号

《通志堂经解》文献学研究

责任编辑：邢俊华
责任印制：冯志强

出版发行：中国戏剧出版社
出 版 人：樊国宾
社　　址：北京市西城区天宁寺前街2号国家音乐产业基地L座
邮　　编：100055
网　　址：www.theatrebook.cn
电　　话：010-63385980（总编室）　010-63381560（发行部）
传　　真：010-63381560

读者服务：010-63381560
邮购地址：北京市西城区天宁寺前街2号国家音乐产业基地L座

印　　刷：北京九州迅驰传媒文化有限公司
开　　本：787mm×1092mm　1/16
印　　张：22
字　　数：361 千字
版　　次：2025年10月　北京第1版第1次印刷
书　　号：ISBN 978-7-104-05686-7
定　　价：132.00 元

徐乾学画像（采自《清代学者象传》）

纳兰成德画像（采自《清代学者象传》）

新刊經解

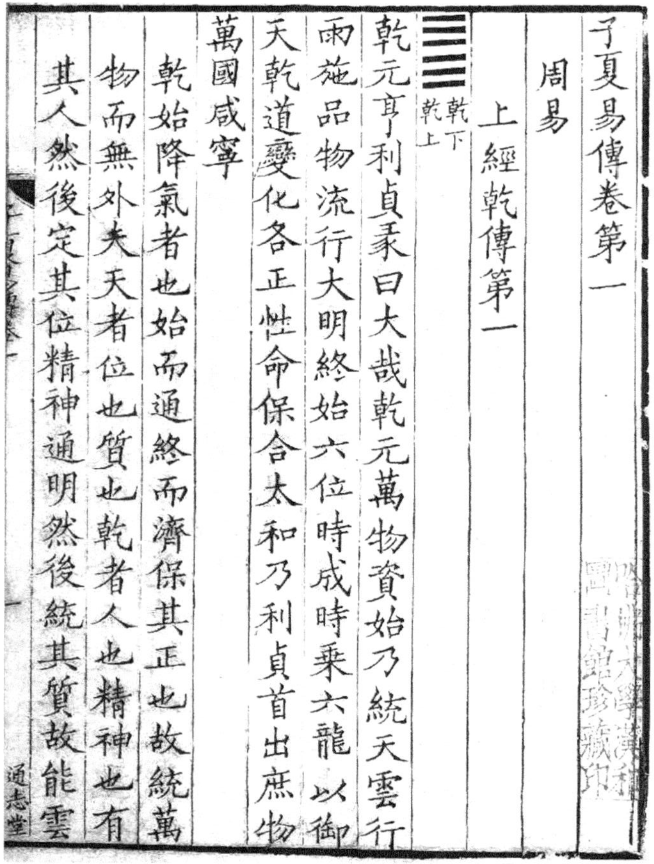

子夏易傳卷第一

周易

上經乾傳第一

☰☰ 乾下乾上

乾元亨利貞彖曰大哉乾元萬物資始乃統天雲行雨施品物流行大明終始六位時成時乘六龍以御天乾道變化各正性命保合太和乃利貞首出庶物萬國咸寧

乾始降氣者也始而通終而濟保其正也故統萬物而無外夫天者位也質也乾者人也精神也有其人然後定其位精神通明然後統其質故能雲

通志堂

《通志堂经解》清康熙间昆山徐氏刻本

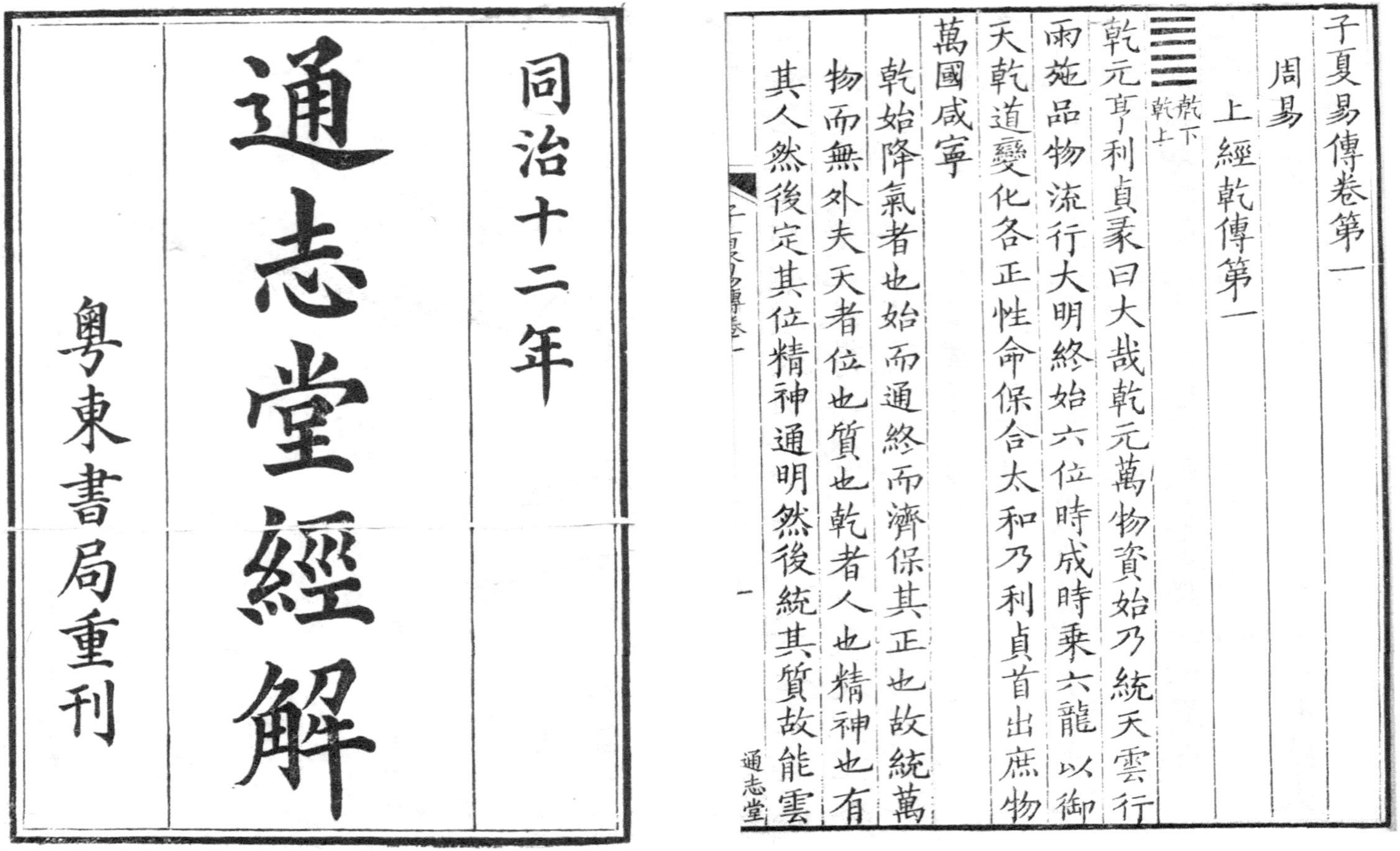

同治十二年

通志堂經解

粵東書局重刊

子夏易傳卷第一

周易

上經乾傳第一

乾下
乾上

乾元亨利貞彖曰大哉乾元萬物資始乃統天雲行雨施品物流行大明終始六位時成時乘六龍以御天乾道變化各正性命保合太和乃利貞首出庶物萬國咸寧

乾始降氣者也始而通終而濟保其正也故統萬物而無外夫天者位也質也乾者人也精神也有其人然後定其位精神通明然後統其質故能雲

子夏易傳卷一　一　通志堂

《通志堂经解》清同治十二年粤东书局刻本

目 录

绪　论

《通志堂经解》140 种 1860 卷，是清初康熙年间昆山徐乾学所编刻的一部大型经部丛书，这部丛书在我国经学史与出版史上都具有十分重要的地位。

在经学史上，《通志堂经解》上承《十三经注疏》，下启《皇清经解》正续编，为有清一代学者的经学研究提供了丰富的新资料，于清代经学的兴盛意义重大。该丛书收录的经学著作以宋元两代学者的成果为主，兼及少数唐、明、清人的著作。其 140 种经学著作基本上都是经学史上的重要典籍，之后的《四库全书》全部予以收入，其中著录者 132 种，存目者 8 种。《四库全书荟要》堪称《四库全书》之精华，在《通志堂经解》所收的 140 种书中，为《四库全书荟要》所收录者多达 98 种，占《通志堂经解》总数的七成多，占《四库全书荟要》经部书总数的六成多。清人学术笔记中，利用《通志堂经解》研经治学的记载屡屡可见；张之洞《书目答问》所列为数不多的宋元人经说，大部分为《通志堂经解》所收，版本也多为《通志堂经解》本；而查检《中国古籍善本书目》等目录书，以《通志堂经解》本为底本的清人批校本、题跋本更是数量众多。故《通志堂经解》的辑刻，为清儒的经学研究提供了一个新的资料库，大大开阔了他们的视野，扩大了其研究的范围，使宋学在有清一代经学的发展中始终占有一席之地，可以说清代经学的整体繁盛，《通志堂经解》发挥了不可忽视的作用。

就版本学价值而言，《通志堂经解》多据宋元旧本付梓，底本可靠；全书精写付刻，是清代软体字写刻本的典型代表；加之《通志堂经解》所收多重要或稀传的典籍，故《通志堂经解》刊刻以后，《通志堂经解》本各书成为后世抄、刻、影印相关经解的重要底本来源。如《四库全书》《四库全书荟要》

所收经部书有《通志堂经解》本的，绝大多数据以缮录；今人严灵峰影印《无求备斋易经集成》，所收易类各书有《通志堂经解》本的，亦多据以付印；《通志堂经解》所收书中有8种为《四库全书》存目，20世纪末影印《四库全书存目丛书》取《通志堂经解》本付印者6种。时至今日，随着宋元刻本、旧抄本的进一步亡佚，很多经学著作的《通志堂经解》本成为存世最早或最全的本子，其价值更加突出，在经部文献整理及经学研究中继续被广泛使用。

作为清代第一部经学巨帙，《通志堂经解》自编刻以来，后人对它的关注多是取之以为己用，作为经学研究的资料。而将之作为研究对象，对它进行专门研究的却为数不多，这与《通志堂经解》的规模与地位都是很不匹配的。今就笔者所闻所见，将《通志堂经解》直接相关的资料与研究成果，择其要者，作一简单梳理与概述：

① 清何焯《通志堂经解目录》一卷。何焯（1661—1722），字屺瞻，号茶仙，世称义门先生，长洲人。何氏精于校雠，尝为《通志堂经解》的实际编刻者徐乾学的门客，对于《通志堂经解》底本选用、刊刻与校勘情况较为了解。清翁方纲所订《通志堂经解目录》后有翁氏识语云："此目义门先生手勘者，沈椒园先生尝锓板。"[①]《续修四库全书总目提要》第4册著录何焯编《通志堂经解目录》一卷，即为沈氏刊本。此原目未见，不知是否还存世。

② 清翁方纲《通志堂经解目录》一卷。翁方纲（1733—1818），字正三，号覃溪，晚号苏斋，大兴人。该《目录》于《通志堂经解》各书逐一列书名、卷数、著者，又附一二句简略提要。提要对前人的相关评论多有摘引，特别是较多地摘录了何焯的评论。何焯评论盖即上文何焯所编《通志堂经解目录》中的批语，多涉及《通志堂经解》各子书的底本与校勘情况。何评虽偏于苛责，但所涉《通志堂经解》刊刻相关事宜颇多，对考察《通志堂经解》的刊刻情况很有参考价值。翁氏此目刻成于乾隆五十六年（1791）十二月，收入其《苏斋丛书》，另又有《粤雅堂丛书》本、《丛书集成初编》本等。

③ 清叶德辉《书林清话》卷九有《纳兰成德刻〈通志堂经解〉》共三条，《郎园读书志》卷一有《〈通志堂经解〉一千八百卷跋》。二者论及《通志堂经

① 翁方纲订：《通志堂经解目录》，民国二十六年（1937）上海商务印书馆《丛书集成初编》据《粤雅堂丛书》本排印本，第19页。另，关于"版""板"之用，尊重文献原貌起见，凡见于书名、印记、引文者，皆保存原始出处字样，未作统改。

解》收书种类、数量、编刻者、刻印过程、主要缺陷等，但篇幅有限，讨论亦极简略。叶德辉（1864—1927），字奂份、奂彬，号直山、郎园，湘潭人。

④ 莫伯骥《五十万卷楼群书跋文》经部一有《御定补刊〈通志堂经解〉百四十种一千七百八十六卷跋》。虽仅为一跋，但篇幅不短。对纳兰成德与《通志堂经解》的关系、高宗弘历之补刊《通志堂经解》御旨的政治意图，讨论较为详尽。又及《通志堂经解》收书不当例、方苞删订《通志堂经解》事、《通志堂经解》后世流传情况等，都颇资参考。莫伯骥（1878—1958），字天一，东莞人。

⑤ 关文瑛《通志堂经解提要》四卷首一卷。关文瑛（1903—？），字童全，吉林人。《通志堂经解提要》正文四卷，将《通志堂经解》各书依原书类目依次罗列，每类皆冠小叙，然后逐书论次。首一卷附纳兰成德本传与生卒大事年表。又有《通志堂经解》源流考，于《通志堂经解》之编纂情况、所收经解之种类、数量及书版流传、重刻情况等皆有论及。但因书的重点非此，所论多为常识，不够深入，且有不确处。此书成于民国二十三年（1934），收入关氏《嗣守斋丛书》，后有1978年台北成文出版社《书目类编》影印本。

⑥ 近年来的研究专著方面，笔者所见仅陈惠美所著《徐乾学及其藏书刻书》一书，2007年中国台湾花木兰文化出版社出版。此书于徐乾学刻书部分，对《通志堂经解》刊刻的起因与经过、《通志堂经解》的流传、评价与影响，分别进行讨论，对《通志堂经解》的编刻者、底本来源、现藏情况亦有论及，为目前所见研究《通志堂经解》相对较为全面的论著。

⑦ 近年来发表的一些单篇研究论文，多是围绕《通志堂经解》某一方面的问题作专题性研究，如《通志堂经解》部分子书的内容、价值研究，《通志堂经解》部分子书的底本来源与作为后世底本情况研究，《通志堂经解》与《四库全书》《四库全书荟要》关系研究，《通志堂经解》各序文研究，《通志堂经解》的编刻者、编刻过程研究，《通志堂经解》的书版流传与补版、重刻研究等。

现有研究成果，总体上讲偏重对《通志堂经解》内容的研究，即主要探讨《通志堂经解》所收各书的内容大旨及《通志堂经解》的经学史价值。其次是讨论《通志堂经解》的编刻者问题，以及与此相关的编刻背景与编刻过程问题，但各家结论尚存出入，意见未能获得一致。可见，与《通志堂经解》

重要的经学史与出版史地位相比，后人对于《通志堂经解》的研究还很不充分，尚存有诸多与之相关的重要问题未能得到很好的解决，兹举几例如下：

一，关于《通志堂经解》的编刻者。

通志堂乃清初满洲贵族纳兰成德的堂号，该丛书既以“通志堂”名编，又于书中版心下方刻“通志堂”三字，各卷末题“后学成德挍订”字样，各子书卷首冠以署名成德序者63种，这些都是编刻权的标志。故论者多将《通志堂经解》归于成德名下，如《四库全书总目》卷一百八十三《通志堂集》条下云：“国朝纳喇性德撰……《九经解》即其所刻，而徐乾学延顾湄校正之。以书成于性德殁后，版藏徐氏，世遂称《徐氏九经解》，并通志堂而移之徐氏，实相传之误也。”[①] 又如关文瑛《通志堂经解提要》卷首称：“《通志堂经解》者，吾辽东纳兰容若成德侍卫之所辑刻者也。”[②] 而《通志堂经解》见于著录时，亦多题为成德（性德）辑编，如《中国丛书综录》《中国古籍善本书目》等权威书目即如此。然而实际上此丛书为昆山徐乾学所辑刻，乃徐氏出于仕途等方面的原因而让名于成德者。所以关于此丛书的辑刻者，前人虽多有论及，但因说法不一，以及著录形式等原因，于未作深入了解的读者而言还是呈现出一定的复杂性。

二，关于《通志堂经解》的刊刻过程。

关于《通志堂经解》的具体刊刻过程，后人也缺乏明晰的认识，以至于该丛书初刻本见于著录时其刊刻时间一项多有不同：如《北京大学图书馆藏古籍善本书目》作康熙十二至十四年（1673—1675）刻本；《续修四库全书总目提要》第4册《通志堂经解目录》条称刻于康熙十五年（1676）；关文瑛《通志堂经解提要》称始事于康熙十二年（1673），告竣于康熙十九年（1680）；《中国丛书综录》作康熙十九年（1680）刻本；叶德辉《郎园读书志》作康熙癸巳（五十二年，1713）刻本；莫伯骥《五十万卷楼群书跋文》与《中国古籍善本书目》作康熙刻本；《日本见藏中国丛书目初编》则康熙十五年（1676）、康熙十九年（1680）刊本并存。可谓众说纷纭，莫衷一是。

---

① 纪昀等撰：《四库全书总目》卷一百八十三，1965年中华书局影印清乾隆六十年（1795）浙江刻本。

② 关文瑛撰：《通志堂经解提要》卷首，1978年台北成文出版社《书目类编》影印关氏《嗣守斋丛书》本。

三，关于《通志堂经解》的版本价值。

《通志堂经解》刊刻之后得到了广泛利用，成为后世学者研经治学的重要依据，《通志堂经解》本各书也成为后世抄、刻、影印的重要底本来源。时至今日，在经部文献整理及经学研究中仍被广泛使用。那么，它的版本价值到底如何？底本情况究竟怎样？校勘是优是劣？刻工是精是粗？对于此，前人亦有不同的评价。如叶德辉称“其所刻本，有宋元旧本可据，而全不取以校勘”①，“卷帙一千八百之多，精者不及十种”②，伦明亦称“底本亦未尽完善，且版取一式，不依原书行款”③；而清王士禛则称“昆山徐氏所刻《经解》多秘本，仿佛宋椠本”④，今人洪湛侯称“其中多罕见之本，且以校刻精审著称”⑤。置评相差甚远。

其他又如《通志堂经解》的校勘者、刊刻地点、各子书的底本情况、丛书的经学史地位等问题都有模糊不清的地方，有的甚至存在着争议或错误的认识。

这些问题长期存在的原因，一是因为《通志堂经解》作为一部规模庞大的丛编，不论是编刻的过程还是丛书本身都具有一定的复杂性；二是前人由于立场或角度的不同，对于《通志堂经解》的相关记载与评价存在较大差异；三则是后人对《通志堂经解》缺乏系统深入的专门研究。

有鉴于当前学界关于《通志堂经解》研究的现状，本书从文献学角度对《通志堂经解》进行系统研究，以求能够稍稍弥补学界此方面研究的不足。本书的具体内容大致包括以下几个方面：

一，《通志堂经解》编刻者研究。

通过全面梳理历代相关史料，特别是《通志堂经解》编刻时期的相关记载，考辨前人相关论断，探究徐乾学、纳兰成德、《通志堂经解》三者间的具体关系；考察二人在编刻《通志堂经解》过程中所起的实际作用以及《通志堂经解》编刻权存在争议的背后原因，阐明《通志堂经解》的编刻权问题；

① 叶德辉撰:《书林清话》卷九，1957年中华书局排印本。

② 叶德辉撰:《郎园读书志》卷一，民国十七年（1928）上海澹园刻本。

③ 柯劭忞等撰:《续修四库全书总目提要》第14册，1996年齐鲁书社影印稿本，第751页。

④ 王士禛撰:《分甘余话》卷四，1989年中华书局排印本。

⑤ 洪湛侯撰:《中国文献学要籍解题》，1997年杭州大学出版社排印本，第312页。

并对二人的生平履历、学术著作等作考察。

二,《通志堂经解》编刻过程研究。

重点探讨《通志堂经解》编刻的学术背景、动机缘起、必备条件、参与人员，以及《通志堂经解》的编选经过与刊刻过程。着力澄清该丛书编刻的前因后果与来龙去脉，消除后人对该丛书具体刊刻过程的模糊认识。

三,《通志堂经解》版本研究。

《通志堂经解》初刻本刊于清康熙十二年（1673）至三十一年（1692）之间，此后乾隆五十年（1785）《四库全书》馆臣曾奉旨修版补刊，同治十二年（1873）两广盐运使巴陵钟谦钧于粤东书局翻刻。本部分详考《通志堂经解》初刻本、补刊本、翻刻本三者刊刻或修版、翻刻的缘起经过、版式特征、优劣差异、书版流传，以及后世的使用影印等情况。

四,《通志堂经解》子书版本源流研究。

《通志堂经解》规模宏大，收子书 140 种，其中易类 39 种，书类 19 种，诗类 11 种，春秋类 35 种，礼类 12 种，孝经类 4 种，四书类 13 种，群经总义类 7 种。这些子书《通志堂经解》本之外，都有其他版本，有的刊刻频繁，版本众多，各版本之间有着复杂的关系。

本部分将对《通志堂经解》各子书的版本源流进行考索。以各子书的《通志堂经解》本为中心，逐一详细标记各书《通志堂经解》本的版本特征，并全面考察各书其他各版本的著录、存佚、馆藏等情况。通过全面梳理各书志、书目、题记、序跋等保存的线索，并力所能及地辅以校勘比对手段，以厘清各子书不同版本间的先后源流与递刻关系，比较各版本的优劣高下，确定《通志堂经解》本的底本所据。此为本书的主体内容，是判定各子书《通志堂经解》本的版本地位与评价《通志堂经解》本文献价值的最重要的基础与依据。

五,《通志堂经解》文献学价值与地位评定。

在前文研究成果的基础之上，从《通志堂经解》的底本情况、校勘情况、版刻情况、《通志堂经解》各子书作为后世底本与校本的情况等四个方面评述《通志堂经解》的版本学特点与价值；从《通志堂经解》对宋元经学文献的汇集与保存、对清代及后世经学研究的贡献、与其他经部丛书的比较、丛书体例与子书甄选存在的不足等四个方面判定《通志堂经解》在经部丛书编刻史上的地位。

在研究方法上，本书从爬梳原始文献材料入手，以传统的文献考据法为主要研究方法。对徐乾学、纳兰成德、张云章、《通志堂经解》及《通志堂经解》所收各子书等各相关资料，如人物传记、年谱、著作，以及书目、书志、序跋、前人研究成果等，尽力全面网罗搜集，进行研读分析摘录。在此基础上进行排比归纳，辅助以必要校勘，进而得出结论。

本书的研究使与《通志堂经解》编刻相关的历史遗留问题得到进一步的探讨，使《通志堂经解》的价值得以更充分体现，对于《通志堂经解》整体及其所收各子书的版本鉴定、整理与使用具有一定的参考价值。本书的研究主体属于古典文献学范畴，研究成果适用于古籍整理、文献著录等领域。此外，本书对于相关附带问题的探讨，或许对于经学史、出版史、清代学术史以及清初历史的研究可以提供若干线索。

第一章 《通志堂经解》的编刻者

《通志堂经解》以"通志堂"名编。通志堂，是清初纳兰成德的堂号。纳兰成德，姓纳兰氏（或作纳喇氏、纳腊氏、那拉氏等），后改名性德，字容若，号楞伽山人，满洲正黄旗人。生于清顺治十一年（1654），乃康熙朝权臣武英殿大学士太子太师纳兰明珠之子。康熙十一年（1672）举于顺天乡试，康熙十五年（1676）成进士[①]，授乾清门侍卫。卒于康熙二十四年（1685）[②]，时年仅31岁。

成德乡试出昆山徐乾学之门，故与徐乾学有师生之谊。因他好学敏求，又是明珠之子，所以徐乾学对他倍加青睐。成德"好宾礼士大夫"[③]，与严绳孙、顾贞观、朱彝尊、陈维崧、姜宸英、秦松龄等人过从甚密。又笃意经史，常与徐乾学等师友研讨学术。成德工诗，尤其擅长填词，《清史稿》称他"善

① 按，《清史稿》卷四百八十四称成德"康熙十四年成进士，年十六"，《清实录·高宗实录》卷一千二百二十五乾隆五十年（1785）二月二十九日谕称成德"（康熙）十二年癸丑科中式进士，年甫十六岁"，两书所称成德中进士年及年龄皆误。据徐乾学《通议大夫一等侍卫进士纳兰君墓志铭》、韩菼《通议大夫一等侍卫进士纳兰君神道碑铭》及《明清进士题名碑录索引》等知成德中进士年为康熙十五年（1676），另据徐乾学《通议大夫一等侍卫进士纳兰君墓志铭》、韩菼《通议大夫一等侍卫进士纳兰君神道碑铭》知成德生于顺治十一年（1654），则中进士时为23岁。

② 按，《清史列传》卷七十一称成德"（康熙）三十四年，卒"，误。据徐乾学《通议大夫一等侍卫进士纳兰君墓志铭》、韩菼《通议大夫一等侍卫进士纳兰君神道碑铭》知成德卒于康熙二十四年（1685）五月。

③ 赵尔巽等撰:《清史稿》卷四百八十四，1977年中华书局排印本。

诗，尤长倚声”[①]，是清初很杰出的词人，生前便有词集《饮水词》等流传，卒后徐乾学将其诗词文赋等合编为《通志堂集》二十卷，并为刊行。

《通志堂经解》以“通志堂”命名，书中版心下方刻“通志堂”三字，每卷末尾题后一般有“后学成德挍订”六字。《通志堂经解》卷首有成德总序一篇，《经解》各子书冠成德序者63种，又书后2篇，多言及《通志堂经解》编刻之事。故后世论者多将《通志堂经解》归于成德名下，如《四库全书总目》卷一百八十三《通志堂集》条下云：“国朝纳喇性德撰……《九经解》即其所刻，而徐乾学延顾湄校正之。以书成于性德殁后，版藏徐氏，世遂称《徐氏九经解》，并通志堂而移之徐氏，实相传之误也。”[②]又如关文瑛《通志堂经解提要》卷首称：“《通志堂经解》者，吾辽东纳兰容若成德侍卫之所辑刻者也。”[③]而《通志堂经解》见于著录时，亦多题为成德（性德）辑编，如《中国丛书综录》《中国古籍善本书目》等权威书目即如此。

第一节　徐乾学是《通志堂经解》的实际编刻者

《通志堂经解》之编刻，虽名署纳兰成德，但若论其实际操作者，乃是昆山徐乾学。这可从徐氏《通志堂经解》总序、时人及后人的相关记载，以及《通志堂经解》编刻所需要的条件等多个方面得到证明。

一、徐乾学《通志堂经解序》解读

《通志堂经解》卷首有徐乾学总序一篇，署“康熙十有九年庚申日讲官起居注左春坊左赞善兼翰林院检讨昆山徐乾学谨序”。现摘录如下：

> 秀水朱竹垞谂余：书策莫繁伙于今日，而古籍渐替，若经解仅有存者，弥当珍惜矣。……

---

① 赵尔巽等撰：《清史稿》卷四百八十四。

② 纪昀等撰：《四库全书总目》卷一百八十三。

③ 关文瑛撰：《通志堂经解提要》卷首。

有宋兴起，洛闽大儒，弘阐圣学，下及元代，流风未殄，凡及门私淑之彦，各有著述，发明渊旨，当时经解最盛。而余观明时文渊阁及叶文庄、商文毅、朱灌甫所藏书目，宋元诸儒之书，存者亦复寥寥可数。即以万历中《东阁书目》较之《文渊阁书目》，百余年间，历世承平，而内府清秘之藏，已非其旧，欲其久传无失，讵可得哉？……

明兴，勅天下学校皆宗程朱之学。永乐时诏辑《四书》《五经》《性理大全》，征海内名士，开馆东华门，御府给笔札，冀成巨典。是时胡广诸大臣，虚糜廪饩，叨冒迁赉，《四书大全》则本倪士毅《通义大成》，《诗》则袭刘瑾《通释》，《春秋》则袭汪克宽《纂疏》，剿窃蓝本，苟以塞责而已。诏旨颁行，末学后生奉为宝书，并贞观《义疏》不复寓目，遑及其他，即更有名贤纂述流布人间，谁复搜访珍藏？益叹先儒经解，至可贵重，其得传于后，如是之难也。……

皇朝弘阐六经，表微扶绝，海内喁喁向风，皆有修学好古之思。余雅欲广搜经解，付诸剞劂，以为圣世右文之一助，而志焉未逮。今感竹垞之言，深惧所存十百之一又复沦斁，责在后死，其可他诿？因悉余兄弟家所藏本，覆加校勘，更假秀水曹秋岳、无锡秦对岩、常熟钱遵王、毛斧季、温陵黄俞邰及竹垞家藏旧版书若抄本，厘择是正，总若干种，谋雕版行世。门人纳兰容若尤怂恿是举，捐金倡始，同志群相助成，次第开雕。经始于康熙癸丑，逾二年讫工。借以表章先哲，嘉惠来学，功在发余，其敢掠美。因叙其缘起，志之首简。[④]

据徐乾学总序，《通志堂经解》之刻，乃出于其对现存宋元等先儒经解文献不断沦亡的担忧，对明代所修《四书大全》《五经大全》的不满，以及对当朝稽古右文之号召的响应。从序中可知，徐氏早已怀有辑刻经解的愿望，又受到朱彝尊的触发，于是付诸行动。从搜罗底本，到校勘，到开雕，审其语意，皆亲自操办，并未让功于他人。至于纳兰成德，序中除称其“尤怂恿是举，捐金倡始”外，并未提及他于此事的其他贡献。若是为别人编刻的书作

④ 徐乾学编:《通志堂经解》卷首，清康熙间昆山徐氏刻本。后文《通志堂经解》不标注版本者皆为此版本。

序，这样彰显自己而忽略主人，于情于理不符。

二、时人的相关记载

① 清陆陇其《陆清献公日记》卷十，康熙二十九年庚午（1690）八月："十二，朱锡鬯来……又言吴草庐《书纂言》、王次点《周礼订义》、刘贡父《春秋意林》《权衡》、吕东莱《书说》，皆已刻于徐健庵家。"①

②《陆清献公日记》卷十，康熙二十九年庚午（1690）九月："廿三，在朱锡鬯所，见通志堂所刻敖继公《仪礼集说》、卫湜《礼记集说》、王次点《周礼订义》、杨复《仪礼图》。又见宋陈均《皇朝编年录要》，系宋板。又见李焘《长编》，系抄本。锡鬯言，通志堂诸书，初刊时皆有跋，刻在成德名下，后因交不终，刊去。然每页板心，通志堂之名犹在。"

③《陆清献公日记》卷十，康熙三十一年壬申（1692）七月："初七，到馆，见健庵所刻《经解》，此举差强人意。"

按，陆陇其（1630—1692），字稼书，谥号清献，清初平湖人。朱彝尊（1629—1709），字锡鬯，号竹垞，清初秀水人。二人皆与徐乾学、纳兰成德同时。尤其朱彝尊，与徐乾学、纳兰成德都有密切交往，于徐乾学《通志堂经解序》可知，朱氏对于《通志堂经解》的刊刻有启发之功，且将自家藏书如《易纂言》等提供作为《经解》底本，与《经解》的刊刻关系密切，自当为知情者。其所称已刻于徐乾学家的吴草庐《书纂言》、王次点《周礼订义》、刘贡父《春秋意林》《春秋权衡》、吕东莱《书说》，皆《通志堂经解》中书，即《通志堂经解》的确在徐乾学家刊刻。又称："通志堂诸书，初刊时皆有跋，刻在成德名下，后因交不终，刊去。"则道出了《通志堂经解》确属让名于成德的隐情。

④ 清王士禛《分甘余话》卷四："昆山徐氏所刻《经解》多秘本，仿佛宋椠本，卷帙亦多，闻其版亦收贮内府。"②

⑤ 清韩菼《资政大夫经筵讲官刑部尚书徐公乾学行状》，称徐乾学："其

① 陆陇其撰：《陆清献公日记》卷十，清道光二十一年（1841）吴江柳湄生刻本。
② 王士禛撰：《分甘余话》卷四。

于经学，凡唐宋以来先儒经解世不常见者，靡不搜揽参考，雕板行世。”①

⑥ 清张云章《朴村诗集》卷首自序：“东海诸公搜缉《十三经注疏》以下群儒诸经付梓，余亦与雠校。”②

⑦ 清毛扆《汲古阁珍藏秘本书目》：“《礼记集说》，四十二本。世无其书，止有此影抄宋本一部。今昆山所刻，借此写样。”③

⑧ 清翁方纲《通志堂经解目录》之《春秋通说》条引何焯批：“东海先有钞本，从黄俞邰处来，仍伪书也。后汲古得李中麓所藏影钞宋本，用以付刊。”④

⑨ 翁方纲《通志堂经解目录》之《春秋本义》条引何焯批：“元刻最精，有句读圈点抹，因中有阙叶，不敢擅增。句读圈点，鄙见有无皆照元本，而东海必欲一例，竟未刻句读点抹，惜哉！”⑤

⑩ 翁方纲《通志堂经解目录》之《礼记集说》条引何焯批：“《集说》从两钞本付刻，皆未尽善。伊人分校成部，大有乖误。后数年，有项氏宋本为骨董家所得，中阙十余卷，其板最精，且多魏鹤山序一首。屡劝东海借挍，并补刻魏序，未之从也。其书今在金陵，应物色得之，真至宝也。伊人擅乱《补遗》卷数，另疏别纸。”⑥

⑪ 翁方纲《通志堂经解目录》之《南轩先生孟子说》条引何焯批：“东海从天乙阁钞来，即以付刊，后得最精宋本，余劝其校正修板，未从也。”⑦

⑫ 翁方纲《通志堂经解目录》之《经典释文》条引何焯批：“从遵王钞本付刊。伊人所校，满纸皆讹谬，武林顾氏豹文有宋本，屡劝东海借校，未从也。”⑧

⑬ 清方苞《方苞集》卷五《书陈氏集说补正后》条：“余少治《戴记》，

---

① 钱仪吉纂录：《碑传集》卷二十，1985 年台北明文书局周骏富辑《清代传记丛刊》影印本。

② 张云章撰：《朴村诗集》卷首，1997 年北京大学出版社《四库禁毁书丛刊》影印清康熙华希闵等刻本。

③ 毛扆撰：《汲古阁珍藏秘本书目》，清嘉庆五年（1800）吴县黄氏士礼居刻本，第 1 页。

④ 翁方纲订：《通志堂经解目录》，第 11 页。

⑤ 翁方纲订：《通志堂经解目录》，第 12 页。

⑥ 翁方纲订：《通志堂经解目录》，第 14 页。

⑦ 翁方纲订：《通志堂经解目录》，第 17 页。

⑧ 翁方纲订：《通志堂经解目录》，第 18 页。

见《陈氏集说》于《记》之本指，时有未达而反以蔽晦之者。及得昆山徐司寇所刻《集说补正》，而惑之解者过半。”①

按，王士禛（1634—1711），字子真，一字贻上，号阮亭、渔洋山人，清初新城人。韩菼（1637—1704），字元少，号慕庐，清初长洲人。毛扆（1640—1713），字斧季，清初常熟人，毛晋之子，藏书家。张云章（1648—1726），字汉瞻，号朴村，清初嘉定人。何焯，已见前文。方苞（1668—1749），字凤九，一字灵皋，号望溪，清初桐城人。以上诸人皆与徐乾学、纳兰成德同时。徐乾学《通志堂经解》总序中即言及向毛扆借抄底本事，此处毛扆亦明言其所藏影宋抄本《礼记集说》，徐氏借去写样。张云章、何焯皆尝游徐乾学之门，张氏参与了《经解》的校勘工作，何氏所言诸书皆《经解》所收之书，其批中屡屡言及向徐乾学建议选本、重校、修版、补刻事。此皆为《通志堂经解》确为徐氏所刊之明证。

三、后人的相关论述

①《四库全书总目》卷三十三《五经总义类总序》：“徐乾学刻《九经解》，顾湄兼采总集经解之义，名曰《总经解》，何焯复斥其不通（语见沈廷芳所刻何焯《点校经解目录》中），盖正名若是之难也。”②

②《清实录·高宗实录》卷一千二百二十五：乾隆五十年（1785）二月二十九日清高宗关于《四库全书》馆进呈补刊《通志堂经解》的御旨云：“古称皓首穷经，虽在通儒，非义理精熟，毕生讲贯者，尚不能覃心阐扬，发明先儒之精蕴；而成德以幼年薄植，即能广搜博采，集经学之大成，有是理乎？更可证为徐乾学所裒辑，令成德出名刊刻，借此市名邀誉，为逢迎权要之具耳。”③

③ 清姚元之《竹叶亭杂记》卷四：“《通志堂经解》，纳兰成德容若校刊，实则昆山徐健庵家刊本也。高庙有‘成德借名，徐乾学逢迎权贵’之旨。成

---

① 方苞撰：《方苞集》卷五，1983年上海古籍出版社排印本。

② 纪昀等撰：《四库全书总目》卷三十三。

③ 《清实录·高宗实录》卷一千二百二十五乾隆五十年（1785）二月二十九日谕，1986年中华书局影印清写本。

为明珠之子。徐以其家所藏经解之书荟而付梓，镌成名，携板赠之，序中绝不一语及徐氏也。”①

④ 清叶德辉《书林清话》：“本为徐乾学所刻。何焯所校《通志堂经解目录》屡称东海，是当时并不属之纳兰成德也。”② 又《郎园读书志》：“本昆山徐乾学所刊，赠其门生纳兰性德。”③

⑤《续修四库全书总目提要》第 14 册《通志堂经解》条：“性德举壬午乡试，徐乾学为主考，乾学借以谄附明珠。是书乃乾学所编刊，而让其名于性德者。”④

⑥《续修四库全书总目提要》第 4 册《通志堂经解目录》（沈氏刊本）条：“《通志堂经解》，昆山徐乾学健庵得章丘李开先中麓家藏书，益以常熟毛氏汲古阁、宁波范氏天一阁二家藏本，编刻于康熙十五年。其时辽阳纳兰明珠当国，子容若成德爱才好客，乡试出乾学之门，遂受业焉。乾学以此板归之，为之作序，盛推其校勘之功。”⑤

⑦《续修四库全书总目提要》第 4 册《通志堂经解目录》（《粤雅堂丛书》本）条：“《通志堂经解》，刻于康熙十五年，凡白纸初印，板心无‘通志堂’三字者，均昆山徐乾学刻成时所印。后以板归纳兰成德，始于板心下方，补刻‘通志堂’三字。”⑥

⑧ 黄裳《清刻之美》：“徐乾学为纳兰性德刻《经解》及《通志堂集》，和为自己所刻的《憺园文集》，精写付刻，也是有代表性的官方刻书的标本。”⑦

按，此类材料颇多，不一一详列。后人在指出《通志堂经解》为徐乾学代为刊刻的同时，多兼而分析徐氏让名于成德的原因，其要者为徐氏出于政治上的目的，借此以谄附明珠。

---

① 姚元之撰：《竹叶亭杂记》卷四，1982 年中华书局排印本。

② 叶德辉撰：《书林清话》卷九。

③ 叶德辉撰：《郎园读书志》卷一。

④ 柯劭忞等撰：《续修四库全书总目提要》第 14 册，第 751 页。

⑤ 柯劭忞等撰：《续修四库全书总目提要》第 4 册，第 464 页。

⑥ 柯劭忞等撰：《续修四库全书总目提要》第 4 册，第 465 页。

⑦ 黄裳撰：《清代版刻一隅》，1992 年齐鲁书社排印本，第 422—423 页。

四、纳兰成德的相关资料

纳兰成德生于清顺治十一年（1654），《通志堂经解》之刊刻始于康熙十二年（1673），时成德年二十岁。虽其自幼笃意经史，但依其年龄、学识，尚不足以成如此集宋元经学大成之书。故高宗皇帝称："计其时，成德年方幼稚，何以即成淹通经术？"又云："古称皓首穷经，虽在通儒，非义理精熟，毕生讲贯者，尚不能覃心阐扬，发明先儒之精蕴；而成德以幼年薄植，即能广搜博采，集经学之大成，有是理乎？更可证为徐乾学所裒辑，令成德出名刊刻，借此市名邀誉，为逢迎权要之具耳。"[①] 所论是有道理的。

成德卒后，徐乾学撰有《通议大夫一等侍卫进士纳兰君墓志铭》，韩菼有《通议大夫一等侍卫进士纳兰君神道碑铭》，时人张玉书、严绳孙、徐倬等所作《哀词》甚多，叙其生平大事，彰其文才学识，而于《通志堂经解》则皆未言及。若《经解》果为其所编刻，如此辉煌成就，此等传记之文必将浓墨重书。

另，《通志堂经解》一般认为于清康熙十九年（1680）刻竣，但有材料证明，康熙十九年（1680）以后，甚至于成德殁后，《经解》仍未竣事。朱彝尊《曝书亭集》卷三十四有《合订大易集义粹言序》，序中有云：

> 吾友纳兰侍卫容若，读《易》渌水亭中，聚《易》义百家插架，于温陵曾氏穜《粹言》、隆山陈氏友文《集传精义》一十八家之说有取焉，合而订之，成八十卷。择焉精，语焉详，庶几哉有大醇而无小疵也乎。刑部尚书昆山徐公嘉其志，许镂板布诸通邑大都，用示学者，乍发雕而容若溘焉逝矣。[②]

按，《合订删补大易集义粹言》八十卷，《通志堂经解》收之，署名纳兰成德撰，即朱彝尊所序者，但《经解》未刻朱序。今据朱氏序，知徐乾学将此书刻入《经解》时，成德已殁。考成德卒于康熙二十四年（1685），则《经解》在此以后仍有续刻。又《四库全书总目》卷一百八十三《通志堂集》（纳

① 《清实录·高宗实录》卷一千二百二十五乾隆五十年（1785）二月二十九日谕。

② 朱彝尊撰：《曝书亭集》卷三十四，民国八年（1919）商务印书馆《四部丛刊》影印清康熙五十三年（1714）刻本。

兰成德撰）条下云："《九经解》即其所刻，而徐乾学延顾湄校正之。以书成于性德殁后，版藏徐氏，世遂称《徐氏九经解》，并通志堂而移之徐氏，实相传之误也。"亦称《经解》成于成德殁后。书成于成德殁后，此亦为《通志堂经解》非成德所刻之一证。

五、刻书地点及刻工资料

张云章有《朴村文集》二十四卷《诗集》十三卷传世。张氏是《通志堂经解》的主要校勘者之一，其文集中的有关信札可以帮助确定《经解》刊刻的地点。如《朴村文集》卷二十三有《与陆翼王先生》书一通，云：

今岁仍坐馆玉峰，不过借以读未见之书耳，不必有好况也。所校勘者乃已刻诸书。连月来了得《春秋经》几部，如程端学之《本义》、家铉翁之《详说》、孙泰山《尊王发微》、赵鹏飞《经筌》、赵汸《集传》。其原本惟《本义》为最佳，尽卷差不过四五字。而《详说》讹谬颇多，今皆考正，惟二十六卷有两段错简，其前后词意不相贯合，乃曹氏抄本强为联属者。此卷原来有四错简，曹抄皆正之，而两得两失。反复文意，愚已心识其故，未便遽尔改刊。京中有样本，求先生一为捡阅，祈即裁定教下，并以其暇质之两东海先生，以为当何如也。

此乃张云章校勘《经解》时遇有疑问，特致书京中求助陆元辅帮查检裁定，并祈其于方便时请示徐乾学、徐元文，以作定夺。可见，张云章从事校勘之地不在京师。同卷又有《上徐大司寇》一札云："云章疏浅之身，过蒙门墙恩庇，坐耗太仓复经一载。……覆校诸书，大约麟经为多，共得数种，拟于旧冬刊正呈阅。"[①] 所谈仍校书事，且明言"坐耗太仓复经一载"，可见《经解》的刊刻校勘地点乃在太仓。徐乾学老家在昆山，与太仓毗邻，又据《清史列传》徐乾学传，康熙二十八年（1689）左副都御史许三礼疏劾徐氏，即

① 张云章：《朴村文集》卷二十三，1997 年北京大学出版社《四库禁毁书丛刊》影印清康熙华希闵等刻本。

称其在太仓等地多有房产、田地。[1]

《通志堂经解》刊刻始于康熙十二年（1673），而就在之前的康熙十一年（1672），徐乾学以编修副德清蔡启僔主顺天乡试，因副榜遗取汉军卷，被降一级调用，乾学遂还乡。当在此时，徐氏即着手《经解》的刊刻。康熙十四年（1675），乾学复原官，康熙十五年（1676），其母顾氏卒，又回家居丧三年。所以，在《经解》刊刻的主要时间里，徐乾学多在苏州老家，也因此得以亲自主持此事。

《通志堂经解》版心下方左侧镌有刻工名。由于《经解》之刻工程浩大，参与其事的刻工很多，据笔者统计，刻工总数近500人。这些刻工也多来自苏州一带。

昆山、太仓两地相邻，当时同属苏州府。明末清初之际，苏州是刻书中心之一，其间多高水平刻工。王士禛《居易录》云："近则金陵、苏、杭书坊刻板盛行，建本不复过岭。蜀更兵燹，城郭邱墟，都无刊书之事，京师亦鲜佳手。数年以来，虞山毛氏、昆山徐氏，雕行古书，颇仿宋椠，坊刻皆所不逮。"[2]故王氏《古欢录》也在苏州一带付刻。

《通志堂经解》的刻工中有很多是当时苏州一带很活跃的工匠。如其中的齐卿、邓世维、金子重、邓启、邓生、邓顺、邓子珍、甘典、栢公臣、邓钦明、邓茂卿、金佩卿、甘世明、邓文、邓存等还参加了康熙三十五年（1696）昆山徐氏冠山堂付刊的《读礼通考》（徐乾学撰）的刊刻；张公化、邓明、际生、玉宣、芃生等还参加了康熙三十八年（1699）长洲顾嗣立秀野草堂付刊的《昌黎诗集注》（唐韩愈撰，清顾嗣立删补）的刊刻；邓尔仁、邓玉、钦明、际生等还参加了康熙三十九年（1700）朱从延快宜堂付刊的《古欢录》（王士禛撰）的刊刻。故从参与其事的刻工来看，《通志堂经解》亦是刻于徐乾学的家乡苏州，而非成德所在的京师。

综上所述，徐乾学是《通志堂经解》事实上的编刻者，当无异议，故《通志堂经解》又有《昆山经解》《徐氏九经解》之称。至于署名与著录问题，下文将作进一步讨论。

---

① 清国史馆:《清史列传》卷十，1987年中华书局排印本。

② 王士禛撰:《居易录》卷十四，1986年台北商务印书馆影印《文渊阁四库全书》本。

第二节　纳兰成德与《通志堂经解》的关系

《通志堂经解》虽名署纳兰成德，但实际不为成德所编刻，上文已明辨之。但不可否认，成德与《通志堂经解》关系匪浅，体现出一定的复杂性。

一、纳兰成德与《通志堂经解》的刊刻资金

《通志堂经解》卷首有纳兰氏总序一篇，署“康熙十二年夏五月赐进士出身纳兰成德谨序”，序之内容摘录如下：

……至宋，二程、朱子出，始刊落群言，覃心阐发，皆圣人之微言奥旨。当时如临川、眉山、象山、龙川、东莱、永嘉、夹漈诸公，其说虽微有不同，然无有各名一家如汉氏者。逮宋末元初，学者知尊朱子，理义愈明，讲贯愈熟，其终身研求于是者，各随所得以立言，要其归趋，无非发明先儒之清蕴，以羽卫圣经，斯固后世学者之所宜取衷也。惜乎其书流传日久，十不存一二，余向属友人秦对岩、朱竹垞购诸藏书之家，间有所得，雕版既漫漶断阙，不可卒读，钞本讹谬尤多，其间完善无讹者，又十不得一二。间以启于座主徐先生，先生乃尽出其藏本示余小子，曰：是吾三十年心力所择取而校定者。余且喜且愕，求之先生，钞得一百四十种，自《子夏易传》外，唐人之书仅二三种，其余皆宋元诸儒所撰述，而明人所著，间存一二。请捐赀经始，与同志雕版行世，先生喜曰：是吾志也。遂略叙作者大意于各卷之首，而复述其雕刻之意如此。

成德序中有云：“请捐赀经始，与同志雕版行世。”徐乾学《通志堂经解》卷首总序中亦称：“门人纳兰容若尤怂恿是举，捐金倡始，同志群相助成，次第开雕。”可见成德为《通志堂经解》的刊刻提供了资金。清严元照《蕙櫋杂记》称：“《通志堂经解》，徐健庵尚书逮刻三月而成。侍卫畀尚书四十万金，故急溃于成。”[①] 严氏称《经解》三个月即刻成，不知何据，实情并非如此。成

① 严元照撰：《蕙櫋杂记》，清昆山赵诒琛峭帆楼重刻本。

德捐金四十万之数亦不知所据为何，亦不一定可靠。笔者以为刊刻之资当主要来自徐氏，以徐氏当时的身份、家世背景也具备了如此财力，但成德提供了部分资金亦当是事实。

二、纳兰成德与《通志堂经解》的序跋

《通志堂经解》卷首有纳兰成德总序 1 篇，《通志堂经解》各子书冠以成德序者亦颇多，共 63 篇，又书后 2 篇，共 65 篇。朱彝尊又有言称："通志堂诸书，初刊时皆有跋，刻在成德名下，后因交不终，刊去。"① 此亦与成德总序中所称"略叙作者大意于各卷之首"合，当确有其事。则成德除有《经解》总序 1 篇、各经解序 63 篇、书后 2 篇外，又曾于《经解》诸书各有 1 跋。

然关于名署纳兰氏各序是否果出自成德之手，亦有持怀疑态度者。清张云章《朴村文集》卷三有《与朱检讨书》，云："每见通志堂近刻《经解》弁首之文，词简而义赅，表彰先儒其出处为人之大概与著书之微旨，本末具举。每读之窃叹，以为非我朱先生不能，未知信否，恐海内亦必无此巨手也。间有似出他手者，某亦能辨之。"② 则张云章以为《经解》中各书前署名为成德序者，实出朱彝尊之手，亦间有出自他人者。《续修四库全书总目提要》第 14 册《通志堂经解》条有云："各书中，自《子夏易传》至《书张文潜〈诗说〉后》，凡六十篇，并总序，俱见成德所著《通志堂集》中，亦乾学所撰也。"③ 则以为各序出徐乾学手。张云章曾客徐乾学家，且是《通志堂经解》的主要校勘者之一，为当事者，并与朱彝尊交善，朱彝尊卒后，其为撰祭文，见其《朴村文集》卷十八。此信中所言虽持求证之语意，但亦当非空穴来风。

朱彝尊《曝书亭集》卷三十四至卷五十五，收录朱氏所撰序跋，其中所涉各书有收入《通志堂经解》并同时有成德序跋者共 13 种。今取《通志堂经解》各书有成德序跋并同时《曝书亭集》收有朱彝尊序跋者一一对比，发现

---

① 陆陇其撰：《陆清献公日记》卷十。

② 张云章撰：《朴村文集》卷三。

③ 柯劭忞等：《续修四库全书总目提要》第 14 册，第 751 页。

颇多雷同现象。兹举几例：

1. 宋李衡《周易义海撮要》十二卷

朱彝尊《周易义海撮要序》：

自汉以来，说经者惟《易》义最多，《隋经籍志》六十九部，《唐志》增至八十八部，《宋志》则二百一十三部，今之存者十之一二而已。唐资州李氏合三十五家《易》说，题曰《集解》，南北朝以前遗文坠简，借以得见指归。宋熙宁间，蜀人房审权集郑康成以下至王介甫《易》说百家，择取专明人事者编成百卷，曰《周易义海》。至绍兴中，江都李衡彦平删其冗复，益以正叔、子瞻、子发三家，目为《义海撮要》，凡十卷，而附以杂论，补房氏之阙略焉。其择之也必精。《义海》失传，而是编传，后之学者所乐得而讲习也。彦平，宣和末入辟雍，乾道中官秘书修撰，寻除侍御史，改起居郎。以言事去国，退居昆山，聚书讲学，世目为乐庵先生者也。①

纳兰成德《周易义海撮要序》：

宋熙宁间，蜀人房审权集汉郑康成以下至王介甫《易》说凡百家，择取专明人事者编成百卷，曰《周易义海》。至绍兴中，江都李衡删其重叠冗琐，又益以伊川、东坡、《汉上易传》，为《撮要》十卷，而以群儒杂论附焉。自汉以来，说经者惟《易》义最多，《隋经籍志》凡六十九部，《唐志》增至八十八部，《宋志》则二百一十三部，然今之传者盖罕矣。唐李鼎祚合三十五家《易》说为《集解》，遗文坠简借之得见指归。而《义海》一编，克能表章百家之说，惜乎全书之不可复睹也。彦平，宣和末入辟雍，乾道中官秘阁修撰，寻除侍御史，改起居郎。时张说以外戚为节度使，给事中莫济不书勅，翰林周必大不草制，衡与右正言王希吕相继论奏，同时去国，士子为《四贤诗》以纪之。其后徙昆山，聚书万卷，号所居曰乐庵。……②

---

① 朱彝尊撰：《曝书亭集》卷三十四。

② 徐乾学编：《通志堂经解》易类《周易义海撮要》卷首。

2. 宋俞琰《俞氏易集说》十三卷

朱彝尊《周易集说序》：

《周易集说》一十三卷，各冠以序，吴人俞琰玉吾叟所著也。叟于宝祐间以词赋称，宋亡，隐居不仕，自号石涧道人，又称林屋洞天真逸。其书草创于至元甲申，断手于至大辛亥，用力勤矣。世之言图书者，谓马毛之旋，龟文之坼，独叟之持论以《尚书·顾命》"弘璧、琬、琰，在西序；大玉、夷玉、天球、河图，在东序"，河图与天球并列，则河图亦玉也，玉之有文者尔。昆仑产玉，河源出昆仑，故河亦有玉，洛水至今有白石，洛书盖石而白有文者。此《易》家之异闻也。[①]

纳兰成德《石涧俞氏周易集说序》：

《周易上下经说》二卷、《彖辞说》一卷、《彖传说》二卷、《爻传说》二卷、《文言传说》一卷、《系辞传说》二卷、《说卦说》一卷、《序卦说》一卷、《杂卦说》一卷，合一十三卷，各冠以序，统名曰《周易集说》，而《易图纂要》一卷、《易外别传》一卷附焉，吴人俞琰玉吾叟所著也。叟于宝祐间以词赋称，宋亡，隐居不仕，自号石涧道人，又称林屋洞天真逸。其书草创于至元甲申，断手于至大辛亥，用力勤矣。世之言图书者，类以马毛之旋，龟文之坼，独叟之持论谓《尚书·顾命》"天球、河图，在东序"，河图与天球并列，则河图亦玉也，玉之有文者尔。昆仑产玉，河源出昆仑，故河亦有玉，洛水至今有白石，洛书盖石而白有文者。其立说颇异。……[②]

3. 宋崔子方《西畴居士春秋本例》二十卷

朱彝尊《涪陵崔氏春秋本例序》：

涪陵崔子方彦直，自称西畴居士，尝与苏黄诸君子游。知滁州日，曾子

① 朱彝尊撰：《曝书亭集》卷三十四。
② 徐乾学编：《通志堂经解》易类《俞氏易集说》卷首。

开曾为作记，刻石醉翁亭侧。其说《春秋》，有《经解》十二卷、《本例》二十卷。建炎中，江端友请下湖州，取所著《春秋传》储秘书省。于是其孙若上之于朝。今其《解》不可得见，惟《本例》独存。序之曰：

以例说《春秋》，自汉儒始。曰牒例，郑众、刘寔也。曰谥例，何休也。曰释例，颍容、杜预也。曰条例，荀爽、刘陶、崔灵恩也。曰经例，方范也。曰传例，范宁也。曰诡例，吴略也。曰略例，刘献之也。曰通例，韩滉、陆希声、胡安国、毕良史也。曰统例，啖助、丁副、朱临也。曰纂例，陆淳、李应龙、戚崇僧也。曰总例，韦表微、成元、孙明复、周希孟、叶梦得、吴澂也。曰凡例，李瑾、曾元生也。曰说例，刘敞也。曰志例，冯正符也。曰演例，刘熙也。曰义例，赵瞻、陈知柔也。曰刊例，张思伯也。曰明例，王晳、王日休、敬铉也。曰新例，陈德宁也。曰门例，王镃、王炫也。曰地例，余嚞也。曰会例，胡箕也。曰断例，范氏也。曰异同例，李氏也。曰显微例，程迥也。曰类例，石公孺、周敬孙也。曰序例，家铉翁也。曰括例，林尧叟也。曰义例，吴迂也。而梁之简文帝、齐晋安王子懋皆有《例苑》，孙立节有《例论》，张大亨有《例宗》，刘渊有《例义》，刁氏有《例序》。绳之以例，而义益纷纶矣。

彦直之论，谓圣人之书，编年以为体，举时以为名，著日月以为例。《春秋》固有例也，而日月之例盖其本。乃列一十六门，而皆以日月时例之，亦一家之言云尔。①

纳兰成德《涪陵崔氏春秋本例序》：

以例说《春秋》著于录者，郑众、刘寔之牒例，何休之谥例，颍容、杜预之释例，荀爽、刘陶、崔灵恩之条例，方范之经例，范宁之传例，吴略之诡例，刘献之之略例，韩滉、陆希声、胡安国之通例，啖助、丁副之统例，陆淳之纂例，韦表微、成元、孙明复、叶梦得、吴澂之总例，李瑾之凡例，刘敞之说例，冯正符之志例，刘熙之演例，赵瞻之义例，张思伯之刊例，王晳之明例，陈德宁之新例，王炫之门例，李氏之异同例，程迥之显微例，石公孺之类例，家铉翁之序例。而梁之简文帝、齐晋安王子懋皆有《例苑》，刁

① 朱彝尊撰：《曝书亭集》卷三十四。

> 氏有《例序》，张大亨有《例宗》。杜氏之言曰：为例之情有五，推此以寻经传，王道之正，人伦之纪备矣。而说《公羊》者，则有五始三科九旨七等六辅二类七缺之义，毋乃过于纷纶与？
>
> 涪陵崔彦直，尝与苏黄诸君子游。知滁州日，曾子开曾为作记，刻石醉翁亭侧。其说《春秋》，有《经解》十二卷、《本例》二十卷。建炎中，江端友请下湖州，取彦直所著《春秋传》藏秘书省。于是其孙若上之于朝。今其《经解》不可得见，而《本例》独存。
>
> 其说以为圣人之书，编年以为体，举时以为名，著日月以为例。一十六门，而皆以日月时例之。其义约而该，其辞简而要。可谓善学《春秋》者也。题曰西畴居士者，殆书成于晚年罢官之日与？①

两两相较，二人序之雷同显而易见。如此类者又有朱彝尊《吕氏春秋集解跋》与成德《吕氏春秋集解序》、朱彝尊《雪山王氏质诗总闻序》与成德《雪山王氏诗总闻序》②，朱彝尊《聂氏三礼图序》与成德《河南聂氏三礼图序》等。又宋刘敞《春秋权衡》一书，卷首则直接冠以朱彝尊序。

朱彝尊为清初经学大儒，经学造诣高深，尝通考历代经学著作之存亡大旨成目录学巨著《经义考》三百卷。朱氏与徐乾学、纳兰成德皆交善，且成德也属于朱彝尊理想的结交对象，故其为《通志堂经解》中成德序文的写作提供帮助是完全可能的。试想，徐乾学所刻《通志堂经解》都可以让名于成德，其中序言假他人之力又何足为怪。故可以判定，《通志堂经解》成德名下各序文，至少有一部分，如以上所列各种，有朱彝尊幕后之力。至于其他成德名下各序与朱集中差异较大者，以及朱集中未收有同书序跋者，其中是否有朱氏之功则不得而知。或仍有朱氏之功，或为纳兰氏自撰，抑或如张云章所言“间有似出他手者”。

三、纳兰成德与《通志堂经解》的编刻权

《通志堂经解》书版版心下方刻“通志堂”三字，各书各卷末一般都刻

① 徐乾学编：《通志堂经解》春秋类《西畴居士春秋本例》卷首。

② 按，宋王质《诗总闻》《通志堂经解》并未刊入，此序见纳兰成德《通志堂集》。

有“后学成德挍订”[①]一行，有的书有书名页，上题“通志堂藏板”，此皆刊刻权之标志。故《经解》以“通志堂”名编，各书目、书志多署成德编刻。然而若以此为证据，又加以《经解》各书多有成德序文，便认为《经解》即为纳兰氏所编刻，此则大可不必。试想，既然徐乾学由于若干原因要将《经解》让名于成德，则必会做到实处，于是镌“通志堂”标志、题“成德挍订”一行、冠以成德序，均是可以理解的配合之举。

又有论者以为，既然《通志堂经解》为纳兰成德捐资刊刻，则成德便应拥有编刻权。此则牵涉著作权的问题。古人编书、刻书甚至写书，确实存在一个署名问题。以清人刻书为例，《常州先哲遗书》题为盛宣怀辑，实为缪荃孙代办;《粤雅堂丛书》题为伍崇曜编，实为谭莹代辑。一般的惯例是谁出资则署谁的名。《通志堂经解》的情况，与此相类，又有不同。一则，从《通志堂经解》的刊刻过程看，成德并非唯一的出资人，而大端实为徐乾学。二则，成德与徐乾学不存在幕主与门客的雇佣关系，而实际情况是徐氏辑刻了《经解》，出于政治目的，赠予了成德，而署以成德之名。

当然，《通志堂经解》的刊刻，纳兰成德提供了部分资金，在丛书编刻过程中参与了一定的工作，从这个角度看，成德与《经解》关系密切，也不可否认。另外，本文只欲辨明《通志堂经解》编刻的实际操作者，丛书署名纳兰成德合适与否不在讨论范围之内。

第三节　徐乾学述略

徐乾学（1631—1694），字原一，号健庵，人又称东海、玉峰先生，江南昆山（今江苏省昆山市）人。清康熙间朝廷重臣，官至刑部尚书。同时他著述丰富，家富藏书，刊刻了影响巨大的丛书《通志堂经解》，是一位重要的学者与文献家。

---

① “挍订”又有作“校订”“重挍”者。

一、生平与著述

徐乾学于明崇祯四年（1631）生于一个没落的官宦之家。其曾祖父徐应聘为明万历进士，累官至太仆寺少卿。至父亲徐开法时，家道中落。母亲顾氏，出身昆山望族，富有学识且性格坚韧，对徐氏兄弟幼年时的读书学习督促指导颇多，《国朝贤媛类征初编》称其“课健庵兄弟尤谨严”[①]。

徐乾学“生而颖异，八岁而能文”，“十三而通五经”[②]。清顺治十七年（1660）举于顺天乡试，康熙九年（1670）中一甲第三名进士[③]，授内宏文院编修。康熙十一年（1672），副德清蔡启僔同主顺天乡试，因副榜遗取汉军卷，被降一级调用。十四年（1675）复原级，仍任编修。十五年（1676）迁左春坊左赞善，充日讲起居注官。二十一年（1682）充《明史》馆总裁。二十二年（1683），迁翰林院侍讲。二十三年（1684），迁侍讲学士、詹事府詹事。二十四年（1685），入直南书房，擢内阁学士，充《大清会典》《大清一统志》副总裁，教习庶吉士。二十五年（1686）授礼部侍郎，充经筵讲官。二十六年（1687）擢都察院左都御史。二十七年（1688）充会试正考官，迁刑部尚书[④]。二十九年（1690）休致回籍，寓居苏州太湖东洞庭山，主持纂修《大清一统志》。康熙三十三年（1694）卒，终年64岁。

徐氏兄弟四人，乾学最长，次秉义，次元文，次亮采。秉义（1633—1711）字彦和，号果亭，康熙十二年（1673）探花，官至吏部侍郎、内阁学士。元文（1634—1691）字公肃，号立斋，顺治十六年（1659）状元，官至刑部尚书、文华殿大学士。乾学、秉义、元文兄弟三人皆鼎甲出身，同为朝中显官，被视为数百年来未有之盛事。

徐乾学致身高显，又喜延揽人才，并多次领书局修书，故当时有很多知名学者尝游其门。据尚小明《清代士人游幕表》，徐乾学幕府是清代第一个重

---

① 李桓辑:《国朝贤媛类征初编》卷四，清光绪十七年（1891）自刻本。

② 钱仪吉纂录:《碑传集》卷二十《资政大夫经筵讲官刑部尚书徐公乾学行状》。

③ 按,《四库全书总目》卷二十《读礼通考》条称乾学“康熙庚戌（康熙九年，1670）进士第二”，误。《清史稿》《清史列传》《明清进士题名碑录索引》、韩菼《资政大夫经筵讲官刑部尚书徐公乾学行状》皆作一甲第三名进士。

④ 按,《清实录·圣祖实录》卷一百三十三、《清史列传》卷十及《清代职官年表》皆作康熙二十七年（1688）。《清史稿》卷二百七十一作二十六年（1687），误。

要幕府，陆元辅、姜宸英、黄虞稷、顾祖禹、冯宗仪、胡渭、徐善、唐孙华、阎若璩、黄仪、韩菼、邵长蘅、万斯同、黄百家、裘琏、陶元淳、王原、刘献庭、王源、张云章、查慎行、杨文言、吴翊、何焯、吴暻等，皆尝客徐乾学家，或入其所领书局。王士禛、朱彝尊、汪琬、纳兰成德、曹溶、钱曾、秦松龄等名士也都与乾学过往甚密，明朝遗老黄宗羲也曾到徐乾学的藏书楼传是楼查抄资料。徐乾学与这些学者、藏书家切磋学问、交流藏书，自当受益匪浅。清初大儒顾炎武是徐乾学的舅父，对其在学术上也颇有指授。故《四库全书总目》称徐乾学“师友渊源，具有所自，故学问颇有根据”①。此中的部分学者，对于徐氏编刊《通志堂经解》也帮助很大，他们或协助编选书目，或提供底本，或参与校勘，使《通志堂经解》得以成为一部高质量的丛书。

徐乾学虽身为高官，却不废学问，“少壮迨老无一日释卷，自六艺子史百家之书靡不贯穿”②。梁启超曾说他“有相当的学问，礼学尤其好”③。曾总裁《明史》《大清会典》《大清一统志》各馆，并奉命纂集《鉴古辑览》《古文渊鉴》等，“凡国家有大编述，乾学为之发凡起例，以总其成”④。他个人著述也很丰富，涵盖经史子集四部。《江苏艺文志・苏州卷》著录其撰述《读礼通考》一百二十卷、《五礼备考》一百八十卷、《资治通鉴后编》一百八十四卷、《传是楼书目》不分卷、《传是楼宋元版书目》一卷、《憺园文集》三十六卷、《遂园禊饮集》三卷等 20 多种。《四库全书》著录其撰述 3 种:《读礼通考》一百二十卷、《资治通鉴后编》一百八十四卷、《御选古文渊鉴》六十四卷，又存目 3 种:《教习堂条约》一卷、《憺园集》三十八卷、《传是楼宋人小集》无卷数。

其《读礼通考》一百二十卷是徐乾学丁母忧期间所作，创始于康熙十六年（1677）之春，归田后又加增订，积十余年，三易其稿而成。此书专言丧礼，内容分丧期、丧服、丧仪节、葬考、丧具、变礼、丧制、庙制八项，配

---

① 纪昀等撰:《四库全书总目》卷一百八十三《憺园集》条。

② 徐乾学撰:《憺园文集》卷首宋荦序，1997 年齐鲁书社《四库全书存目丛书》影印清康熙三十六年（1697）昆山徐氏冠山堂刻本。

③ 梁启超撰:《中国近三百年学术史》，2004 年东方出版社排印本，第 212 页。

④ 张舜徽撰:《清人文集别录》卷二，1963 年中华书局排印本。

以表、图，考证详备。卷首朱彝尊序称其“摭采之博，而择之也精；考据之详，而执之有要。为天壤间必不可少之书”[①]。《四库全书总目》称其“博而有要，独过诸儒”，“古今言丧礼者，盖莫备于是焉”[②]。之后乾隆间秦蕙田撰《五礼通考》二百六十二卷，即依徐氏体例。

《资治通鉴后编》一百八十四卷，所记起宋太祖建隆元年（960），迄元顺帝至正二十七年（1367）。是书虽于详略剪裁、系年断限等方面存有不足，但于订误补遗用力颇深，且有关舆地方面的记载尤为精核。《四库全书总目》评价它“年经月纬，犁然可观。虽不能遽称定本，而以视陈、王、薛三书，则过之远矣”[③]。章学诚所撰《邵与桐别传》云:“已故总督湖广尚书镇洋毕公沅，尝以二十年功属某客续《宋元通鉴》，大率就徐氏本稍为损益，无大殊异。”[④]可见毕沅等人编撰《续资治通鉴》于徐氏《资治通鉴后编》借鉴颇多。

《憺园文集》三十六卷[⑤]，是徐乾学生平诗文总集，乃其子树穀整理刊刻。文集内容十分丰富，首为诗赋乐章八卷以外，疏、奏、辨、说等各体杂文计 280 篇，包含了徐氏生平履历、交游往来、藏书刻书、编纂著述等大量个人史料，并涉及其他清人传记、著作目录等信息，具有重要的历史文献价值。

今据各家书目著录，加以辨别合并，归纳徐乾学著述及其版本、现存情况等信息见表 1–1：

表 1–1 徐乾学著述一览表

序号	书名卷数	著作性质	版本	现藏情况
1	《读礼通考》一百二十卷	撰	稿本	国图
			清康熙三十五年昆山徐氏冠山堂刻本	国图、上图、山东图等
			《四库全书》本	
2	《五礼备考》一百八十卷	撰	清抄本（存一百七十三卷）	浙图

① 徐乾学撰:《读礼通考》卷首，清康熙三十五年（1696）昆山徐氏冠山堂刻本。

② 纪昀等撰:《四库全书总目》卷二十一《读礼通考》条。

③ 纪昀等撰:《四库全书总目》卷四十七《资治通鉴后编》条。

④ 章学诚撰:《章学诚遗书》卷十八，1985 年文物出版社排印本。

⑤ 《四库全书总目》作《憺园集》三十八卷。

续表

序号	书名卷数	著作性质	版本	现藏情况
3	《古今庙制考》《历代宗庙考讹》无卷数	撰		
4	《通志堂经解》一千八百六十卷	辑	清康熙间昆山徐氏刻本	国图、首图、清华图等
			清同治二年粤东书局刻本	国图、首图、北大图等
5	《明史列传》九十三卷	徐乾学等撰	旧抄本（清邹福保手书题记）	台“国图”
			1969 年中国台湾学生书局影印《明代史籍汇刊》本	
			1991 年台北明文书局周骏富辑《明代传记丛刊》影印本	
6	《资治通鉴后编》一百八十四卷	撰	徐氏手稿本	
			《四库全书》本	
			清光绪二十四年富阳夏氏刻本	上图、内蒙古图、辽图等
7	《鉴古辑览》无卷数	编		
8	《石埭学博张汉章传》一卷	撰	清抄本	国图
9	《叶赫国贝勒家乘》一卷	纂修	清同治四年叶赫那兰氏崇秀重订手抄本	吉林省图
			清同治八年叶赫那拉全庆抄本	国图
10	《大清一统志稿》无卷数	撰		
11	《舆地志余》无卷数	撰		
12	《舆地备考》无卷数	撰		
13	《舆地纪要》无卷数	撰		
14	《游普陀峰记》一卷	撰	《小方壶斋舆地丛抄》稿本	国图
			清光绪十七年上海著易堂排印《小方壶斋舆地丛抄》本	国图、上图、南图等

续表

序号	书名卷数	著作性质	版本	现藏情况
15	《传是楼书目》不分卷	编	稿本（清吴骞跋，存二册）	上图
			清初抄本	上图
			清道光七年刘氏味经书屋抄本（四卷，清刘喜海跋）	国图
			民国四年仁和王存善排印《二徐书目合刻》本（附马氏玉堂抄藏传是楼足本书目残卷）	国图、上图、辽图等
16	《传是楼宋元版书目》一卷	编	清道光六年刘氏味经书屋抄本	国图
			清光绪十一年仪征吴氏刻《传砚斋丛书》本	国图、首图、北大图等
			清宣统二年上虞罗氏刻《玉简斋丛书》本（作《传是楼宋元本书目》）	国图、首图、北大图等
17	《传是楼汉印谱》无卷数	辑		
18	《教习堂条约》一卷	撰	清道光十一年六安晁氏木活字排印《学海类编》本	国图、上图、南图等
			民国九年上海涵芬楼影印《学海类编》本	国图、上图、南图等
			民国间上海商务印书馆排印《丛书集成初编》本	国图、上图、辽图等
19	《憺园文集》(《憺园全集》《憺园集》) 三十六卷	撰	清康熙三十六年昆山徐氏冠山堂刻本	国图、上图、津图等
			清光绪九年嘉兴金吴兰锄月吟馆刻本	国图、上图、津图等
20	《憺园文录》二卷	撰	清道光二十九年瑞州府凤仪书院刻《国朝文录续编》本	上图、津图、南图等
			清咸丰元年终南山馆刻《国朝文录续编》本	首图、上图
			清光绪二十六年上海扫叶山房石印《国朝文录续编》本	首图、上图、重庆图等

续表

序号	书名卷数	著作性质	版本	现藏情况
21	《健庵集》一卷	撰	清康熙刻《百名家诗钞》本	国图
22	《代言集》无卷数	撰		
23	《徐原一文钞》一卷	撰	清道光九年石韫玉鹤寿堂刻《国朝十家文钞》本	
24	《徐尚书健庵手札》无卷数	撰	稿本	中科院图
25	《古文渊鉴》六十四卷	玄烨选，徐乾学等辑注	清康熙二十四年内府刻四色套印本	国图、上图、山东图等
			清康熙内府抄本	南京博
			清乾隆内府刻《古香斋袖珍十种》本	国图、大连图、复旦图等
26	《古文关键选》无卷数	编		
27	《唐人中晚续诗选》无卷数	辑		
28	《传是楼宋人小集》无卷数	辑		
29	《遂园禊饮集》三卷	辑	清康熙三十三年自刻本	国图、南图、安徽博等
30	《碧山词》一卷	撰	清抄《名家词钞》本	国图

说明：

“现藏情况”一栏中，“国图”指代中国国家图书馆，“上图”指代上海市图书馆，“山东图”指代山东省图书馆，“浙图”指代浙江省图书馆，“首图”指代首都师范大学图书馆，“清华图”指代清华大学图书馆，“北大图”指代北京大学图书馆，“台‘国图’”指代中国台湾“国家图书馆”，“内蒙古图”指代内蒙古自治区图书馆，“辽图”指代辽宁省图书馆，“吉林省图”指代吉林省图书馆，“南图”指代南京市图书馆，“津图”指代天津市图书馆，“重庆图”指代重庆市图书馆，“中科院图”指代中国科学院国家科学图书馆，“南京博”指代南京市博物馆，“大连图”指代大连市图书馆，“复旦图”指代复旦大学图书馆，“安徽博”指代安徽省博物馆。

二、传是楼藏书

徐乾学性喜收书，一生勤于搜访。其《憺园文集》有《寄曹秋岳先生》

诗云："发愤购遗书，搜罗探秘籍。从人借抄写，甋甋日不给。"[①] 万斯同《传是楼藏书歌》云："东海先生性爱书，胸中已贮万卷余。更向人间搜遗籍，直穷四库盈其庐。先生珍奇百不好，闻书即欲探其奥。故此网罗遍东南，犹复采访穷远道。"[②]

其藏书处曰传是楼。关于传是楼之名，汪琬《传是楼记》云："昆山徐健庵先生筑楼于所居之后，凡七楹，间命工斫木为厨，贮书若干万卷。……于是先生召诸子登斯楼而诏之曰：'吾何以传汝曹哉？'……因指书而欣然笑曰：'所传者惟是矣。'遂名其楼为'传是'。"[③] 邵长蘅《传是楼记》则称："'传是'者何？传道也。"[④] 黄宗羲、汪琬、邵长蘅、彭士望等皆有文以记传是楼，万斯同则有《传是楼藏书歌》，可见传是楼在当时影响之巨。

黄宗羲《传是楼藏书记》云："健庵先生生乎丧乱之后，藏书之家多不能守，异日之尘封未触，数百年之沉于瑶台牛箧者，一时俱出。于是南北大家之藏书尽归先生。先生之门生故吏遍于天下，随其所至，莫不网罗坠简，搜抉缇帙，而先生为之海若。"[⑤] 徐氏传是楼藏书有很大一部分来自泰兴季振宜，而季氏所藏则多半来自常熟毛氏汲古阁及钱曾述古堂。王士禛《分甘余话》云："钱先生藏书甲江左。绛云楼一炬之后，以所余宋椠本尽付其族孙曾字遵王。《有学集》中跋述古堂宋版书[⑥]，即其人也。先生逝后，曾尽鬻之泰兴季氏，于是藏书无复存者。闻今又归昆山徐氏矣。"[⑦] 明李开先家藏书也是徐氏传是楼的重要来源之一，朱彝尊《静志居诗话》云："中麓撰述潦倒粗疏，然最为好事，藏书之富甲于齐东。先时边尚书华泉、刘太常西桥亦好收书。边家失火，刘氏散佚无遗，惟中麓所储百余年无恙。近徐尚书原一购得其半。"[⑧]《续修四库全书总目提要》第4册《通志堂经解目录》（沈氏刊本）条称："《通志堂经解》，昆山徐乾学健庵得章丘李开先中麓家藏书，益以常熟毛

① 徐乾学撰：《憺园文集》卷七。

② 万斯同撰：《石园文集》卷一，民国四明张氏约园刻《四明丛书》本。

③ 徐乾学撰：《传是楼书目》卷首，民国四年（1915）仁和王存善排印《二徐书目》本。

④ 徐乾学撰：《传是楼书目》卷首。

⑤ 徐乾学撰：《传是楼书目》卷首。

⑥ 按，此指《牧斋有学集》卷四十六《述古堂宋刻书跋》21则。

⑦ 王士禛撰：《分甘余话》卷四《钱谦益之藏书》条。

⑧ 朱彝尊撰：《静志居诗话》卷十二，1991年台北明文书局周骏富辑《明代传记丛刊》影印本。

氏汲古阁、宁波范氏天一阁二家藏本，编刻于康熙十五年。”[①]《藏书纪事诗》卷四《徐乾学健庵》条，王欣夫补正引徐乾学与顾维岳一札云：“延令尾欠已悉，《九芝》虹县算二百金，价似太浮，今亦不敢琐琐。宋《六帖》虽佳，然价太昂，弟力不能得。若百五六十金，仍乞为购之，否则可以不必，已遣人送御矣。”又云：“宋版书及章丘本幸以目示。”[②]所记即购季振宜及李开先藏书之事。

传是楼藏书的特点，可大致归纳为以下几条：

1. 藏书数量大

汪琬《传是楼记》云：“昆山徐健庵先生筑楼于所居之后，凡七楹，间命工斫木为厨，贮书若干万卷。部居类汇，各以其次。素标缃帙，启钥烂然。”[③]徐釚《南州草堂集》卷二十《菊庄藏书目录自序》云：“吾吴藏书之富，数十年来推海虞钱氏、泰兴季氏，近则吾玉峰司寇氏。海虞自绛云一炬，锦轴牙签，都归劫火。泰兴殁后，编简亦多散亡。惟司寇氏传是楼所藏，插架盈箱，令观者相顾怡愕，如入群玉之府，为当今第一。”[④]《四库全书总目》则称“乾学传是楼藏书甲于当代”[⑤]，光绪九年（1883）刊《苏州府志》亦称“传是楼藏书甲天下”[⑥]。民国四年（1915）王存善所印《传是楼书目》著录传是楼藏书约7500部。

2. 收藏范围广

徐氏藏书并非一味崇儒尊经，可谓不拘一格。邵长蘅《传是楼记》云：“兹楼所贮，不特六经子史也，凡山经、野乘以至浮屠、神仙、医药、卜筮、种植之书，靡所不收。”[⑦]彭士望《传是楼藏书记》云：“中置庋阁七十有二，高广径丈有五尺，以藏古今之书。装潢精好，次第胪序。首经史，以宋版者正位南面；次有明实录、奏议，多抄本；又次诸子百家、二氏、方术、稗官、

---

① 柯劭忞等撰：《续四库全书总目提要》第4册，第464页。

② 叶昌炽撰：《藏书纪事诗》卷四，1999年上海古籍出版社排印本。

③ 徐乾学撰：《传是楼书目》卷首。

④ 徐釚：《南州草堂集》卷二十，2002年上海古籍出版社《续修四库全书》影印本。

⑤ 徐乾学撰：《传是楼书目》卷首。

⑥ 李铭皖、谭钧培、冯桂芬修纂：《同治苏州府志》卷九十五，1991年江苏古籍出版社《中国地方志集成》影印本。

⑦ 徐乾学撰：《传是楼书目》卷首。

野乘、齐谱，靡不具备。”[①]可见乾学虽长于经史，其藏书范围却是极广范的。

徐氏还特别注重明人文集的收藏，他自己曾说“有明一代古文，吾家独完”[②]。黄宗羲辑《明文海》，煌煌巨编，阅明人文集二千余家，大半取自传是楼。《四库全书总目》卷一百九十《明文海》条云:“宗羲于康熙乙卯以前，尝选《明文案》二百卷。既复得昆山徐氏所藏明人文集，因更辑成是编。”

3. 宋元秘本多

《传是楼宋元版书目》以千字文为序，著录宋元版书 442 部。又多有一书多部宋元版的情况，如《昌黎集》有宋本 5 部、元本 3 部,《史记》有宋本 4 部,《文选》有宋本 3 部。宋本《李太白文集》《长短经》《元包经传》《张丘建算经》《史记正义》等皆世所罕传者。难怪万斯同于《传是楼藏书歌》中慨叹:“奇篇异本多未见，至此翻令人意乱。”[③]叶德辉《书林清话》云:“自钱牧斋、毛子晋先后提倡宋元旧刻，季沧苇、钱述古、徐传是继之。”[④]可见徐乾学也是推动所谓“佞宋”风气的藏书家之一。他每遇宋元抄本、刻本，虽零篇单卷，也必重金购买。传是楼所藏宋元秘本之多，为黄氏百宋一廛、陆氏皕宋所不能比。

只可惜，传是楼藏书并未如徐乾学所希望的那样，能够子孙世代相传。据陆心源《宋椠婺州九经跋》，徐氏藏书后经何义门介绍归怡亲王府。既经何焯介绍，则时间也当在徐乾学殁后未远。而传是楼又于“雍正十二年间，不戒于火，书籍悉遭焚毁”[⑤]。

徐乾学并非所谓只以搜罗异本为乐的“收藏家”，邵长蘅《传是楼藏书记》云:“梨洲则以谓世之藏书家未必能读，读者未必能文章，而先生并是三者而有之，非近代藏书家可及。”[⑥]其著述如《读礼通考》等援引赅博，所刻《通志堂经解》收书 140 种之多，都得益于传是楼丰富的藏书。

徐乾学藏书印有“徐乾学印”“乾学之印”“徐氏珍玩”“徐健庵”“健

① 徐乾学撰:《传是楼书目》卷首。

② 钱仪吉纂录:《碑传集》卷二十《资政大夫经筵讲官刑部尚书徐公乾学行状》。

③ 徐乾学撰:《传是楼书目》卷首。

④ 叶德辉撰:《书林清话》卷十《藏书偏好宋元刻之癖》条。

⑤ 中国第一历史档案馆编:《纂修四库全书档案》第 78 页《两江总督高晋等奏查无〈永乐大典〉佚本及访得马裕袁枚家书籍折》，1997 年上海古籍出版社排印本。

⑥ 徐乾学撰:《传是楼书目》卷首。

庵”“乾学”“昆山徐氏家藏”“憺园”“健庵收藏图书”“黄金满籝不如一经”“传是楼”“传是楼印记”“乾学御史”“昆山徐氏鉴藏”“昆山徐氏乾学健庵藏书”等。并有《传是楼书目》不分卷、《传是楼宋元版书目》一卷传世。

三、徐氏家刻书

徐乾学身居显要，财力雄厚，门客众多，又富学识，故剞劂之事，多有参与。其所刻书，皆写刻精美，属清刻本中上乘之作。黄裳于《清刻之美》一文中称："徐乾学为纳兰性德刻《经解》及《通志堂集》，和为自己所刻的《憺园文集》，精写付刻，也是有代表性的官方刻书的标本。"① 特别是所刻《通志堂经解》，影响巨大。徐乾学生有五子，为徐树穀、徐炯、徐树敏、徐树屏、徐骏，亦皆有才学者，后皆成进士。乾学殁后，其子颇能承其志，刊书多种。徐氏家刻，多用"冠山堂"号，以笔者所见几种，风格亦多与《通志堂经解》相类。今据徐乾学《憺园文集》及各书目所著录，并参考相关研究论文②，将徐氏家刻本情况列为一表。徐乾学卒于康熙三十三年（1694）七月，此前所刻者，当为乾学所为。

表 1-2　昆山徐乾学家刻本一览表

序号	书名卷数	作者及著作性质	刊刻时间与刊刻者	版刻特征	现藏情况
1	《秋笳集》八卷	清吴兆骞撰	康熙十五年徐乾学刻雍正四年吴振臣增刻	卷一至四徐氏刻，十一行二十字白口双黑花鱼尾左右双边，中有吴氏补刻；卷五至八吴氏刻，十一行二十字白口双黑鱼尾左右双边	上图、南图、山东图等
2	《四书集注直解说约》二十七卷	明张居正、顾梦麟等撰辑	康熙十六年徐乾学刻		

① 黄裳:《清代版刻一隅》，第 422—423 页。另按，徐乾学《憺园文集》三十六卷乃其子树穀所编刻，刊于康熙三十六年（1697），其时乾学已殁，非乾学自刻。

② 其中主要者为徐学林《传是楼主徐乾学的编书、藏书和刻书活动》一文之刻书部分，载《出版科学》2007 年第 3 期。

续表

序号	书名卷数	作者及著作性质	刊刻时间与刊刻者	版刻特征	现藏情况
3	《宋柴雪遗稿》(《溧阳宋柴雪遗稿全集》)三种四卷附《柴雪自订年谱》一卷	清宋之绳撰	康熙十八年缪彤、徐乾学等刻	九行十九字白口左右双边	国图、上图、中科院图等
4	《震川文集》四十卷	明归有光撰	康熙间归庄刻徐乾学等续刻		
5	《西昆酬唱集》二卷	宋杨亿编	康熙间徐乾学刻		
6	《通志堂经解》一百四十种一千八百六十卷	清徐乾学编	康熙间徐乾学刻	一般为十一行二十字白口左右双边单黑鱼尾	国图、上图、南图等
7	《通志堂集》二十卷	清纳兰成德撰	康熙三十年徐乾学刻	九行十九字小字双行同白口单黑鱼尾左右双边	国图、上图、山东图等
8	《遂园禊饮集》三卷	清徐乾学辑清禹之鼎图	康熙三十三年徐乾学刻	十一行二十一字白口左右双边	国图、南图、安徽博
9	《元丰九域志》十卷	宋王存等撰	传是楼影宋刻	字密而小，佚第十卷	
10	《舆地广记》三十八卷	宋欧阳忞撰	传是楼影宋刻	字密而小	
11	《昌黎先生集》四十卷《外集》十卷《遗文》一卷《朱子校昌黎先生集传》一卷	唐韩愈撰，宋廖莹中校正	明万历间徐时泰东雅堂刻清初冠山堂重修	九行十七字小字双行同白口单鱼尾四周双边，版心下镌“东雅堂”，书名页镌“冠山堂藏板”	国图、人大图、芜湖图（不全）
12	《读礼通考》一百二十卷	清徐乾学撰	康熙三十五年徐氏冠山堂刻	十三行二十三字小字双行三十一字白口单黑鱼尾左右双边记刻工，书名页镌“冠山堂藏板”	国图、上图、山东大学图（不全）等
13	《憺园文集》三十六卷	清徐乾学撰	康熙三十六年徐氏冠山堂刻	十行十九字白口单黑鱼尾左右双边版心记刻工，书名页镌“冠山堂藏板”	国图、上图、山东图等

续表

序号	书名卷数	作者及著作性质	刊刻时间与刊刻者	版刻特征	现藏情况
14	《李义山文集》十卷	唐李商隐撰，清徐树穀笺、徐炯注	康熙四十七年徐氏花溪草堂刻	十行二十一字小字双行三十一字白口单鱼尾左右双边有刻工	国图、上图、山东大学图等
15	《玉谿生（李商隐）年谱笺注》一卷	清徐树穀、徐炯撰	康熙四十七年徐氏花谿草堂刻（《李义山文集》附）	十行二十一字小字双行三十一字白口单鱼尾左右双边有刻工	国图、上图、山东大学图等
16	《庾开府哀江南赋注》一卷	清徐树穀、徐炯撰	康熙间刻		国图
17	《石帆轩诗集》十一卷	清徐骏撰	康熙四十九年刻	十一行二十一字白口双黑鱼尾左右双边	国图、上图、中科院图

说明：

“现藏情况”一栏中，“上图”指代上海市图书馆，“南图”指代南京市图书馆，“山东图”指代山东省图书馆，“国图”指代中国国家图书馆，“中科院图”指代中国科学院国家科学图书馆，“安徽博”指代安徽省博物馆，“人大图”指代中国人民大学图书馆，“芜湖图”指代芜湖市图书馆，“山东大学图”指代山东大学图书馆。

第二章 《通志堂经解》的编刻过程

从经部丛书编刻的角度看,《通志堂经解》具有极其重要的地位，它上承《十三经注疏》，下启《皇清经解》正续编，起着承上启下的作用。《十三经注疏》主要汇集汉代至唐代学者的注疏，反映汉学的研究成果;《通志堂经解》主要汇集宋元两代学者的经说，反映宋学的研究成果;《皇清经解》及《续编》则汇集清代学者的经说，反映清学的研究成果。《通志堂经解》正处于这一经学史丛编序列的中间环节，它的出现，打破了经部丛刻中《十三经注疏》一枝独秀的格局，开启了清代整理编刻经部丛书的繁荣局面。然而由于《通志堂经解》编刻者的历史遗留问题，关于该丛书的编刻，特别是其刊刻过程，后人一直缺乏明晰的认识，以至于该丛书初刻本见于著录时其刊刻时间一项多有不同：如《北京大学图书馆藏古籍善本书目》作康熙十二至十四年（1673—1675）刻本;《续修四库全书总目提要》第 4 册《通志堂经解目录》条称刻于康熙十五年（1676）；关文瑛《通志堂经解提要》称始事于康熙十二年（1673），告竣于康熙十九年（1680）;《中国丛书综录》等作康熙十九年（1680）刻本；叶德辉《郎园读书志》作康熙癸巳（五十二年，1713）刻本；莫伯骥《五十万卷楼群书跋文》《中国古籍善本书目》作康熙刻本;《日本见藏中国丛书目初编》则康熙十五年（1676）、康熙十九年（1680）刊本并存。可谓众说纷纭，莫衷一是。所以对于《通志堂经解》的编刻过程很有必要进行更深入的探讨。

第一节 《通志堂经解》编刻的背景与动机

一、时代背景

我国经学是在先秦儒学的基础上发展起来的，历史久远，著作繁多。从西汉至唐代，可称为汉学系时期，其间经历了两汉时代的今文学与古文学之争，魏晋时代的郑学与王学之争，南北朝时期的南学与北学之争。至唐代，考定五经定本，统一五经文字、音训、义疏，汉学归于统一。[①]至宋代，偏重“心性理气”的宋学崛起。宋时大儒，学问皆有根柢，虽专言性理，亦能潜研注疏，清皮锡瑞《经学历史》云：“宋刘敞、王安石诸儒，其先皆尝潜心注疏，故能辨其得失。朱子论疏，称《周礼》而下《易》《书》，非于诸疏功力甚深，何能断得如此确凿。”又云：“宋儒学有根柢，故虽拨弃古义，犹能自成一家。”[②]宋学充满怀疑与思辨精神，打破了汉学体系的权威地位，订正了汉学笺注的一些错误，产生了很多新见解，促进了经学的革新和发展。宋学内部若细分，则又有程朱理学与陆王心学两派。宋学强调伦理纲常，有助于封建统治，故自南宋理宗时代起，至元、明、清，程朱理学一直被统治阶级定为官方哲学，大行天下。

元明经学，则是宋学的继续。然元明之宋学，特别是到了明季的王学末流，理学空疏的流弊发展到极限，道学先生动辄谈心见性，清谈空论、立异标新成为风尚。另外当时朝廷以时文取士，命题范围狭窄，方式僵化。如明朝，考进士只从朱注《四书》出题，士子们读书多为功名，就只钻研《四书》，读《五经》的人都已不多。甚至有投机取巧者，“止记其可以出题之篇，及此数十题之文而已”[③]，以至于弃书不读，不复研经治史。顾炎武尝言：“愚以为八股之害，等于焚书，而败坏人材，有甚于咸阳之郊所坑者但四百六十余人也。”[④]故顾氏有“自八股行而古学弃”[⑤]之叹。阎若璩亦称：“三百年文章

---

① 参见夏传才撰《十三经讲座》，2006年广西师范大学出版社排印本，第29—40页。

② 皮锡瑞撰，周予同注释：《经学历史》，2004年中华书局排印本，第205页。

③ 顾炎武撰：《日知录》卷十六《拟题》条，1986年台北商务印书馆影印《文渊阁四库全书》本。

④ 顾炎武撰：《日知录》卷十六《拟题》条。

⑤ 顾炎武撰：《日知录》卷十八《书传会选》条。

学问不能直追配唐宋及元者，八股时文害之也。”[①]

1644年，清军入关，明王朝在几经挣扎之后归于灭亡。明王朝的灭亡大大刺激了汉族知识分子，其中的有识之士痛定思痛，反思批判明朝的学风。本来就对理学末流的空疏虚妄学风深恶痛绝，进而至于认为王学清谈之流祸是导致明朝亡的主要原因。顾炎武云：“刘、石乱华，本于清谈之流祸，人人知之。孰知今日之清谈，有甚于前代者。昔之清谈，谈老庄；今之清谈，谈孔孟。未得其精而已遗其粗，未究其本而先辞其末。不习六艺之文，不考百王之典，不综当代之务，举夫子论学、论政之大端一切不问，而曰一贯，曰无言，以明心见性之空言，代修己治人之实学。股肱惰而万事荒，爪牙亡而四国乱，神州荡覆，宗社丘墟。”[②]黄宗羲亦云：“天崩地解，落然无与吾事，犹且说同道异，自附于所谓道学者，岂非逃之者之愈巧乎？”[③]明季王学的盛极而衰，步入绝境，明清政权更迭的惨痛现实，在思想学术界引发一场变革便在情理之中。正如梁启超所言：“反动之起，当然是新时代一种迫切的要求了。”[④]

针对晚明学者空言性命，游谈无根的风气，清初以顾炎武、黄宗羲等为代表的博学大儒，提倡经世致用之学，以实事求是为宗。顾炎武曰：“凡文之不关于六经之指、当世之务者，一切不为。”[⑤]又曰：“君子之为学，以明道也，以救世也。”[⑥]黄宗羲曰：“儒者之学，经天纬地。”[⑦]这种思想体现在治学上，则表现为他们持以谨严的态度，重考察，尚实证，博览深究。即如《四库全书总目》所云：“空谈臆断，考证必疏，于是博雅之士引古义以抵其隙，国初诸家，其学征实不诬。”[⑧]这种治学态度与方法，直接影响了后来的考据学派。对于儒学经典，则摒弃束书不观的空虚陋气，要求元元本本，研究原典。顾炎

---

① 阎若璩撰：《潜邱札记》卷一，1986年台北商务印书馆影印《文渊阁四库全书》本。

② 顾炎武撰：《日知录》卷七《夫子之言性与天道》条。

③ 黄宗羲撰：《南雷文定前集》卷一《留别海昌同学序》，民国二十四年至二十六年（1935—1937）上海商务印书馆排印《丛书集成初编》本。

④ 梁启超撰：《中国近三百年学术史》，第7页。

⑤ 顾炎武撰：《顾亭林诗文集·亭林文集》卷四《与人书三》条，1959年中华书局排印本。

⑥ 顾炎武撰：《顾亭林诗文集·亭林文集》卷四《与人书二十五》条。

⑦ 黄宗羲撰：《南雷文定后集》卷三《赠编修弁玉吴君墓志铭》。

⑧ 纪昀等撰：《四库全书总目》卷一《经部总序》。

武曰："经学自有源流，自汉而六朝而唐而宋，必一一考究，而后及于近儒之所著，然后可以知其异同离合之指。"① 黄宗羲亦谓："学必原本于经术，而后不为蹈虚，必证明于史籍，而后足以应务。元元本本，可据可依。"② 顾、黄皆为明末清初的博学大儒，道德、文章、学识、气节，人人景仰，在当时影响巨大。经他们的躬自实践及积极倡议，清初学风为之一变。梁启超《清代学术概论》云："其启蒙期运动之代表人物，则顾炎武、胡渭、阎若璩也。其时正值晚明王学极盛而敝之后，学者习于'束书不观，游谈无根'，理学家不复能系社会之信仰。炎武等乃起而矫之，大倡'舍经学无理学'之说，教学者脱宋明儒羁勒，直接反求之于古经。而若璩辨伪经，唤起'求真'观念，渭攻'河洛'，扫架空说之根据。于是清学之规模立焉。"③

清初诸儒又大都以博洽著称。如顾炎武即一向标举"博学于文，行己有耻"。黄宗羲亦是自年轻时即博览群籍，"自明十三朝《实录》，上溯《二十一史》，靡不究心，而归宿于经。即治经，则旁求之九流百家，于书无所不窥者。"④ 对于经书亦是如此，如黄宗羲研究宋代理学，"以濂洛之统，综会诸家，横渠之礼教，康节之数学，东莱之文献，艮斋、止斋之经制，水心之文章，莫不旁推交通，连珠合璧，自来儒林所未有也"⑤。而元明以时文取士的弊病之一，即是致使大多追逐利禄的士子读书范围狭窄，投机取巧。故学风既变后，学者治经，不只要求深究，还要求博览。然在当时，一般学者所易得见的经书，主要是《十三经注疏》及《四书》《五经》，远不能满足学者的需要。汉唐间学者对经典的研究成果，主要集中在了《十三经注疏》，其他传世很少。而宋元诸儒治经的成果，除作为士子标准读本的《五经》外，尚有大量经解之书传世，然多存于藏书之家，一般学者难以得见。因此，选取它们之中重要而稀见者汇为一编，刊布行世，则成为一种时代的需要。

清初知名大儒不少与徐乾学有密切的关系。顾炎武是徐乾学的母舅，关系自非一般，入清之际，他虽多处于奔走流离的状态，但于学术上对徐氏兄

---

① 顾炎武撰：《顾亭林诗文集·亭林文集》卷四《与人书四》条。

② 全祖望：《鲒埼亭集外编》卷十六《甬上证人书院记》，见全祖望撰，朱铸禹汇校集注：《全祖望集汇校集注》，2000年上海古籍出版社排印本。

③ 梁启超：《清代学术概论》，1998年上海古籍出版社排印本，第3—4页。

④ 全祖望：《鲒埼亭集》卷十一《梨洲先生神道碑文》，见《全祖望集汇校集注》。

⑤ 全祖望：《鲒埼亭集》卷十一《梨洲先生神道碑文》，见《全祖望集汇校集注》。

弟自当有所指授，特别是其学术精神对于徐氏必然有相当的影响。黄宗羲与徐乾学亦有密切的往来。黄氏辑编《明文海》，就曾至徐氏传是楼观书，大半资料来自此处，并为徐乾学作《传是楼藏书记》。徐乾学亦推崇黄氏之学识，曾向朝廷荐举黄宗羲，徐氏总裁《明史》馆时，黄宗羲儿子黄百家、高足万斯同皆与其事。又如阎若璩、胡渭等，后皆曾入徐乾学所领书局。故他们的学术精神，他们所倡导的学术风气必然对徐乾学有很大的影响。

清初诸儒多有宋学根柢，江藩《汉学师承记》卷八有云："黎洲乃蕺山之学，矫良知之弊，以实践为主。亭林乃文清之裔，辨陆、王之非，以朱子为宗。"① 黄宗羲为王守仁三传弟子，为陆王一派，顾炎武则属程朱一派。然他们对于明季王学末流的弊病均持严厉批判的态度，对于宋元理学也同样有所批判。然即使批判，也提倡是在研究原书的基础上，持客观的态度，反对蹈空，而重实证。顾炎武明言宋元诸儒之学具有规模②，黄宗羲《明儒学案》外，亦有《宋元学案》之编。《通志堂经解》所收主要是宋元经解，且偏程朱一派，在内容上与顾、黄所倡虽不完全相符，但编刻丛书以保存原典面貌的精神，则与他们反对空谈而提倡潜心原典，反对时文取士之下士子读书渐少而提倡博览经史的精神是一致的。

故清初处于一个学术转型的时期。经学研究的新要求，及顾炎武、黄宗羲等大儒学术精神的影响，是徐乾学编刻《通志堂经解》的深层原因。

二、动机缘起

1. 保存流通文献

徐乾学于《通志堂经解》卷首总序交代了刊刻缘起，其中有云："秀水朱竹垞谂余：书策莫繁夥于今日，而古籍渐替，若经解仅有存者，弥当珍惜矣。"而朱彝尊在《陆清献公日记》卷八中亦有"宋元诸儒经解，今无人表章，当日就湮没"这样的话。故徐乾学在序中历数各代经说兴废流失之余，有"先儒经解至可贵重，其得传于后如是之难也"之慨叹。又云："今

---

① 江藩撰：《国朝汉学师承记》卷八，1983 年中华书局排印本。

② 顾炎武撰：《日知录》卷十八《书传会选》条有云："盖宋元以来诸儒之规模犹在。"

感竹垞之言，深惧所存十百之一又复沦斁，责在后死，其可他诿？因悉余兄弟家所藏本，覆加挍勘，更假秀水曹秋岳、无锡秦对岩、常熟钱遵王、毛斧季、温陵黄俞邰及竹垞家藏旧版书若抄本，厘择是正，总若干种，谋雕版行世。……借以表章先哲，嘉惠来学。”可见保存文献不致亡佚，流通文献以资学者利用，乃徐氏刊刻《经解》的主要意图。《经解》中如宋吴沆《易璇玑》、宋李衡《周易义海撮要》、宋林光世《水村易镜》、宋薛季宣《书古文训》、宋王柏《书疑》、元程端学《春秋本义》等皆是流传稀少的古书，将之刊入《经解》，对于它们的保存与流传，都是极大的贡献。而又因为这些书籍流传稀少，故一般学者都很难得见，自《经解》刊后，它们才得以较为广泛地流布，为学者所用。

在《通志堂经解》刊刻之前，黄虞稷、周在浚曾编有《征刻唐宋秘本书目》，他们把家藏的罕传秘本选了 96 种，校订了文字，希望有能力的人能陆续刊刻以使流通。此目一出，纪映钟、钱陆灿、朱彝尊、魏禧、汪辑、张芳、曹溶、倪灿、周铭等都很赞成，并纷纷撰文予以倡议。龚翔麟首先响应，刻其中五种为《玉玲珑馆丛刻》，之后便有《通志堂经解》之刻。光绪三十四年（1908）叶德辉所撰《重刊征刻唐宋秘本书目序》云：“此目所列，大都两家旧藏。当时纳兰成德刻《通志堂经解》，几举经部全刻之。其后《武英殿聚珍板丛书》《知不足斋丛书》又陆续刊行。”① 今观《征刻书目》中所列经部书 34 种，《通志堂经解》刊其 22 种，可见《经解》之刻，正如王重民在《〈千顷堂书目〉考》中所言，亦是对《征刻书目》的响应之举，多刻罕传秘籍以流通。

2. 不满于《五经大全》

《五经大全》是明永乐十二年（1414）十一月，明成祖命翰林院学士胡广、侍讲杨荣、金幼孜等所修，成于永乐十三年（1415）九月，成祖亲制序文弁之卷首，命礼部颁行天下。然此书之编，多抄取袭用前人旧书，颇受后人批评。顾炎武《日知录》卷十八《四书五经大全》条云：“《春秋大全》则全袭元人汪克宽《胡传纂疏》，但改其中‘愚按’二字为‘汪氏曰’，及添庐陵李氏等一二条而已。《诗经大全》则全袭元人刘瑾《诗传通释》，而改其中

① 黄虞稷、周在浚撰:《征刻唐宋秘本书目》，清光绪三十四年（1908）湘潭叶氏刻《观古堂书目丛刻》本。

'愚按'二字为'安成刘氏曰'。其三经，后人皆不见旧书，亦未必不因前人也。"《四库全书总目》则根据朱彝尊《经义考》更加考定，谓《周易大全》则杂抄宋董楷《周易传义附录》、元董真卿《周易会通》、元胡一桂《周易本义附录纂疏》、元胡炳文《周易本义通释》而成；《书传大全》则袭元陈栎《尚书集传纂疏》、元陈师凯《书蔡传旁通》；《礼记大全》则采诸儒之说凡四十二家，而以元陈澔《集说》为宗。顾炎武愤然曰："仅取已成之书，抄誊一过，上欺朝廷，下诳士子，唐宋之时，有是事乎！岂非骨鲠之臣已空于建文之代，而制义初行，一时人士尽弃宋元以来所传之实学，上下相蒙，以饕禄利，而莫之问也。呜呼！经学之废，实自此始。"①

徐乾学《通志堂经解》总序中云："明兴，勑天下学校皆宗程朱之学。永乐时诏辑《四书》《五经》《性理大全》，征海内名士，开馆东华门，御府给笔札，冀成巨典。是时胡广诸大臣，虚縻廪饩，叨冒迁赉，《四书大全》则本倪士毅《通义大成》，《诗》则袭刘瑾《通释》，《春秋》则袭汪克宽《纂疏》，剿窃蓝本，苟以塞责而已。诏旨颁行，末学后生奉为宝书，并贞观《义疏》不复寓目，遑及其他，即更有名贤纂述流布人间，谁复搜访珍藏？益叹先儒经解，至可贵重，其得传于后，如是之难也。"②清陆陇其《陆清献公日记》卷十，康熙二十九年庚午（1690）八月："十二，朱锡鬯来，言永乐时胡广等纂《大全》，多袭取先儒之书，可见其为小人。今宜将先儒原书刊行，庶天下知广等之陋。"③今检《通志堂经解》，董楷《周易传义附录》、董真卿《周易会通》、胡一桂《周易本义附录纂疏》、胡炳文《周易本义通释》、陈栎《尚书集传纂疏》、陈师凯《书蔡传旁通》皆以收入④，可见，徐氏将原书刻入丛书，以存原书面貌，以正《五经大全》之失。此实亦保存文献的一种方式。

3. 响应朝廷倡议

程朱之学言心言性正持风俗人心，将伦理纲常上升至"天理"的高度，这是当政者所欢迎的。故自元明以来，于程朱理学朝廷皆以提倡，立为正统

---

① 顾炎武撰：《日知录》卷十八《四书五经大全》条。

② 徐乾学编：《通志堂经解》卷首。

③ 陆陇其撰：《陆清献公日记》卷十。

④ 董真卿《周易会通》，《通志堂经解》本作《周易经传集程朱解附录纂注》；胡一桂《周易本义附录纂疏》，《通志堂经解》本作《周易本义附录纂注》。

哲学。

清军入关之初，新政权以征服者的强势姿态实行剃发易服、圈地占房等高压政策，树立新政权权威的同时，也大大激化了满汉之间的民族矛盾，全国反清斗争一直此起彼伏。圣祖皇帝亲政以后，认识到武力征服之外加强思想统治的重要性，主动调整了统治策略，笼络汉族知识分子，重用汉臣，“其汉人中，素有清操及才能堪任烦剧者，不拘资格，著汉官大学士以下，三品堂官以上，据实保举”[①]。同时大力推行程朱理学，确立其官方正统地位。熊赐履、李光地等理学家皆被委以重任，并让李光地主编《性理大全》《朱子全书》等书。

徐乾学作为朝廷大员，有着敏锐的政治洞察力，对于上层意图予以积极响应。正如他在《通志堂经解》总序中所言：“皇朝弘阐六经，表微扶绝，海内喁喁向风，皆有修学好古之思。余雅欲广搜经解，付诸剞劂，以为圣世右文之一助。”

4. 谄附权臣明珠

《通志堂经解》为徐乾学所刻而让名于纳兰成德，以“通志堂”命名，并署成德校订，其借以逢迎讨好明珠的意图是明显的。明珠乃成德之父，于康熙朝前期权势显赫，位至武英殿大学士、太子太师。乾隆五十年（1785）二月二十九御旨云：“夫明珠在康熙年间柄用有年，势焰熏灼，招致一时名流如徐乾学等互相交结，植党营私。是以伊子成德，年未弱冠，夤缘取得科名，自由关节，乃刊刻《通志堂经解》以见其学问渊博。古称皓首穷经，虽在通儒，非义理精熟，毕生讲贯者，尚不能覃心阐扬，发明先儒之精蕴；而成德以幼年薄植，即能广搜博采，集经学之大成，有是理乎？更可证为徐乾学所裒辑，令成德出名刊刻，借此市名邀誉，为逢迎权要之具耳。”[②]乾隆帝谕旨措辞严厉，应该另有其政治方面的意图，然所论事情也绝非无稽之谈。《续修四库全书总目提要》云：“性德举壬午乡试，徐乾学为主考，乾学借以谄附明珠，是书乃乾学所编刊，而让其名于性德者”。[③]而徐乾学初时依附明珠也是事实，这方面史料记载不少。

---

① 《清实录·圣祖实录》卷四十六。

② 《清实录·高宗实录》卷一千二百二十五乾隆五十年（1785）二月二十九日谕。

③ 柯劭忞等撰：《续修四库全书总目提要》第 14 册，第 751 页《通志堂经解》条。

另外，丁杰又有好名一说。翁方纲《通志堂经解目录》云："丁杰曰：大约东海此书之刻，为一时好名之计，非实好古也。"[①] 王重民在《〈千顷堂书目〉考》一文中亦称："他（指徐乾学）有钱有势而正在要名誉，也就很容易接受潮流，来举办刻《经解》的工作。"[②] 乾学《通志堂经解》之刻，虽有其学术以外的意图，但若如丁氏所称只有好名之计，全无好古之心，则实在有失公允。

第二节 《通志堂经解》编刻的条件

《通志堂经解》收书140种，共1860卷，规模可谓庞大，编刻期间收书选目、底本搜罗、刊刻付梓、校勘修订，加之其间又多有反复，前后历时几至二十年之久，耗费人力财力巨大。故这一工程的完成，除有安定的外部环境外，还当具备资金、底本等直接物质条件，以及大量的刊刻、校勘等专业人才的参与。

一、刊刻资金

《通志堂经解》开雕于康熙十二年（1673）。徐乾学于康熙九年（1670）中一甲第三名进士，其二弟徐秉义为康熙十二年（1673）一甲第三名进士，三弟徐元文则更早于顺治十六年（1659）就中状元。康熙十二年（1673）时，徐氏三兄弟已均在朝中为官，自家财力自不必说。此外，以明珠为后盾的纳兰成德亦提供了部分资金。《经解》卷首徐乾学序有云："门人纳兰容若尤怂恿是举，捐金倡始。"成德序中亦云："请捐赀经始，与同志雕版行世。"清严元照《蕙櫋杂记》称："《通志堂经解》，徐健庵尚书逮刻三月而成。侍卫畀尚书四十万金，故急溃于成。"其称四十万金之数不知所据为何，但以纳兰氏家之财力，及二人序中所言，成德为《经解》的付刻提供了资金支持当是事实。

---

① 翁方纲订：《通志堂经解目录》，第19页。

② 王重民撰：《中国目录学史论丛》，1984年中华书局排印本，第190页。

二、底本来源

《通志堂经解》徐氏总序云:“因悉余兄弟家所藏本，覆加挍勘，更假秀水曹秋岳、无锡秦对岩、常熟钱遵王、毛斧季、温陵黄俞邰及竹垞家藏旧版书若抄本，厘择是正，总若干种，谋雕版行世。”①

徐乾学家有传是楼，藏书十分丰富，民国四年（1915）王存善排印《传是楼书目》，著录传是楼藏书约7500部，《四库全书总目》称“乾学传是楼藏书甲于当代”②。并多宋元善本,其《传是楼宋元版书目》著录宋元版书442部。传是楼藏书宏富，并有如此丰富的宋元版书，必定成为《通志堂经解》底本的重要来源。清姚元之《竹叶亭杂记》即云:“《通志堂经解》，纳兰成德容若校刊，实则昆山徐健庵家刊本也。……徐以其家所藏经解之书荟而付梓，镌成名，携板赠之,《序》中绝不一语及徐氏也。”③徐乾学二弟徐秉义藏书处名培林堂，有《培林堂书目》，著录藏书约3300种，元版数种。三弟徐元文藏书处名含经堂、得树园，有《含经堂书目》，著录藏书约5000种，宋元本200余种。

另外，徐乾学致身高显，又喜交游，与许多藏书家相善，故当时藏于各家之善本多能得以借抄。如序言中提到的曹秋岳（名溶）、秦对岩（名松龄）、钱遵王（名曾）、毛斧季（名扆）、黄俞邰（名虞稷）、朱竹垞（名彝尊），都是当时著名的藏书家。《纂修四库全书档案》称:“(《通志堂经解》) 原系采借秀水朱氏之曝书亭及常熟钱氏述古堂并各藏书家流传秘本,荟萃成编。”④《续修四库全书总目提要》第4册《通志堂经解目录》(沈氏刊本）条则称“《通志堂经解》，昆山徐乾学健庵得章丘李开先中麓家藏书，益以常熟毛氏汲古阁、宁波范氏天一阁二家藏本，编刻于康熙十五年”⑤。《藏书纪事诗》卷四《林佶吉人》条，引《东越文苑传》云:“(林佶）家多藏书，徐乾学锓《通志堂经解》，朱彝尊选《明诗综》，皆就传钞。”翁方纲《通志堂经解目录》之

① 徐乾学编:《通志堂经解》卷首。

② 纪昀等撰:《四库全书总目》卷二十《读礼通考》条。

③ 姚元之撰:《竹叶亭杂记》卷四。

④ 中国第一历史档案馆编:《纂修四库全书档案》，第136页。

⑤ 柯劭忞等撰:《续四库全书总目提要》第4册，第464页。

《定正洪范集说》条引何焯批曰："汲古元刻，李中麓藏本，中阙一叶，从黄黎洲处补全。"① 可见徐乾学为刻《通志堂经解》，曾广泛借抄底本。

今考《通志堂经解》各书所用底本，在能确定其来源的当中，以毛氏汲古阁为最多，计 29 种，又李开先家旧藏 10 种，范氏天一阁 7 种，钱曾述古堂 4 种，焦氏家藏 2 种，传是楼 2 种，黄虞稷千顷堂 1 种，朱彝尊曝书亭 1 种，孙承泽 1 种，叶奕苞 1 种，范必英 1 种，顾湄 1 种。其中当有重复现象，如李开先、钱曾旧藏有为汲古阁收得者。今将所知底本来源情况列为一表，虽知底本但不明来源者均不在此列。

表 2-1 《通志堂经解》底本来源表

序号	书名卷数	底本来源	底本类型	参考资料
1（6）	《汉上易传》十一卷	汲古阁	影宋抄本	何焯批、《藏园订补郘亭知见传本书目》
2（7）	《易璇玑》三卷	汲古阁	元版	何焯批、《汲古阁珍藏秘本书目》
3（8）	《周易义海撮要》十二卷	汲古阁	宋乾道六年刻本	何焯批、《四库全书总目》
4（10）	《复斋易说》六卷	天一阁	抄本	何焯批、《万卷精华楼藏书记》
5（12）	《童溪王先生易传》三十卷	汲古阁	宋本	何焯批
6（17）	《东谷郑先生易翼传》二卷	汲古阁	元大德十一年丁未庐陵学官刻本	卷首元大德十一年郑陶孙跋、何焯批、《铁琴铜剑楼藏书目录》《中国古籍善本书目》
7（22）	《晦庵先生朱文公易说》二十三卷	汲古阁	元刻本	何焯批、《爱日精庐藏书续志》《中华再造善本》影印本
8（26）	《学易记》九卷首一卷	李开先旧藏	明抄本	何焯批、《善本书室藏书志》
9（28）	《俞氏易集说》十三卷	钱曾	元至正八年至十年俞氏读易楼刻本	何焯批、《仪顾堂续跋》

① 翁方纲订：《通志堂经解目录》，第 7 页。

续表

序号	书名卷数	底本来源	底本类型	参考资料
10（30）	《周易发明启蒙翼传》三卷《外篇》一卷	汲古阁	元本	何焯批
11（40）	《书古文训》十六卷	焦氏家藏	宋本	何焯批
12（42）	《程尚书禹贡论》二卷《后论》一卷	天一阁	抄本	何焯批
13（46）	《书集传或问》二卷	汲古阁	元本	何焯批
14（47）	《杏溪傅氏禹贡集解》二卷	传是楼	宋刻元修本	《中华再造善本》影印本、成德序、《铁琴铜剑楼藏书目录》
15（48）	《尚书详解》十三卷	天一阁	红丝栏抄本	何焯批、《天一阁书目》
16（49）	《尚书表注》二卷	顾湄	顾湄手抄宋末建安刊本	《爱日精庐藏书志》《持静斋书目》
17（50）	《尚书纂传》四十六卷	李开先旧藏	元至大元年王振刻本	卷首王振序、成德序、何焯批、《藏园订补郘亭知见传本书目》
18（51）	《书蔡氏传辑录纂注》六卷首一卷	传是楼	元至正十四年建安翠岩精舍刻本	中国台湾《国家图书馆善本书志初稿》《四库提要补正》
19（52）	《书纂言》四卷	曝书亭	明嘉靖二十八年顾应祥滇中刻本	《宋元旧本书经眼录》
20（53）	《书蔡氏传旁通》六卷	汲古阁	元至正五年余氏勤有堂刻本	何焯批、中国台湾《国家图书馆善本书志初稿》
21（55）	《书集传纂疏》六卷首一卷	汲古阁	元版（元泰定四年梅溪书院刊本）	何焯批、《爱日精庐藏书志》《皕宋楼藏书志》《仪顾堂续跋》
22（56）	《尚书通考》十卷	汲古阁	元至正刻本	何焯批、《中华再造善本》影印本
23（58）	《定正洪范集说》一卷首一卷	汲古阁（李开先旧藏）	元刻本	何焯批
24（59）	《毛诗指说》一卷	李开先旧藏	抄本	何焯批

续表

序号	书名卷数	底本来源	底本类型	参考资料
25（60）	《诗本义》十五卷《郑氏诗谱补亡》一卷	钱曾	宋宁宗江西刻本	何焯批、《述古堂宋版书目》《张元济古籍书目序跋汇编》《沈氏研易楼善本图录》
26（67）	《诗集传名物钞》八卷	汲古阁	旧抄本	何焯批
27（68）	《诗经疑问》七卷《附编》一卷	汲古阁	元版（元至正七年建安书林刘锦文刻本）	《中华再造善本》影印本、何焯批、《铁琴铜剑楼藏书目录》
28（69）	《诗解颐》四卷	叶奕苞		何焯批
29（73）	《春秋权衡》十七卷	孙承泽	宋四明史有清江刻本	何焯批、《增订四库简明目录标注》《郑堂读书记》
30（76）	《春秋名号归一图》二卷	海虞某氏家藏	宋本	何焯批
31（79）	《西畴居士春秋本例》二十卷	汲古阁	旧抄本	何焯批、《汲古阁珍藏秘本书目》
32（80）	《木讷先生春秋经筌》十六卷	天一阁		何焯批
33（85）	《春秋左氏传事类始末》五卷《附录》一卷	汲古阁	抄本	何焯批
34（88）	《春秋通说》十三卷	汲古阁（李开先旧藏）	影宋抄本	何焯批、《增订四库简明目录标注》
35（89）	《春秋集注》十一卷《纲领》一卷	汲古阁	影抄宋德祐元年卫宗武华亭义塾刻本	《中华再造善本》影印本、《汲古阁珍藏秘本书目》、何焯批、《郑堂读书记》
36（92）	《则堂先生春秋集传详说》三十卷《纲领》一卷	天一阁	抄本	何焯批、《朴村文集》
37（93）	《春秋类对赋》一卷	汲古阁（李开先旧藏）	抄本	何焯批

续表

序号	书名卷数	底本来源	底本类型	参考资料
38（94）	《春秋诸国统纪》六卷	汲古阁（钱曾旧藏）	元延祐刻本	何焯批、《藏园订补郘亭知见传本书目》《藏园群书经眼录》
39（97）	《春秋集传》十五卷	千顷堂	明嘉靖夏镗刻本	成德序
40（105）	《新定三礼图》二十卷	汲古阁	宋本	何焯批
41（106）	《东岩周礼订义》八十卷首一卷	李开先旧藏	影宋抄本	何焯批、《朴村文集》
42（107）	《鬳斋考工记解》二卷	汲古阁	宋刻本	何焯批、中国台湾《国家图书馆善本书志初稿》
43（109）	《礼记集说》一百六十卷	汲古阁	影宋抄本	何焯批、《汲古阁珍藏秘本书目》《持静斋书目》
44（112）	《夏小正戴氏传》四卷	汲古阁	宋抄本	何焯批
45（117）	《孝经注解》一卷	李开先旧藏		何焯批
46（121）	《南轩先生论语解》十卷	天一阁		何焯批
47（123）	《南轩先生孟子说》七卷	天一阁	棉纸蓝丝栏明抄本	何焯批、《天一阁书目》《鄞范氏天一阁书目内编》
48（124）	《孟子集疏》十四卷	汲古阁	宋本	何焯批
49（126）	《四书纂疏》二十六卷	汲古阁	宋刻本	何焯批、《藏园群书经眼录》
50（127）	《四书集编》二十六卷	李开先旧藏	抄本	何焯批
51（128）	《四书通》二十六卷	汲古阁	元天历二年余志安勤有堂刊本	卷首张存中跋、《铁琴铜剑楼藏书目录》

续表

序号	书名卷数	底本来源	底本类型	参考资料
52（129）	《四书通证》六卷	汲古阁	影元抄本	何焯批、《中华再造善本》影印元刻本、《文禄堂访书记》、中国台湾《国家图书馆善本书志初稿》
53（130）	《四书纂笺》二十八卷	李开先旧藏	元本	何焯批
54（132）	《四书辨疑》十五卷	范必英	元刻本	翁方纲《通志堂经解目录》
55（134）	《经典释文》三十卷	钱曾	明崇祯间叶林宗影宋抄本	何焯批、黄焯《经典释文汇校》前言、上海古籍出版社影印宋刻本末丁瑜跋等
56（137）	《六经正误》六卷	焦氏家藏	元刻本	何焯批、《铁琴铜剑楼藏书目录》《藏园订补郘亭知见传本书目》《中国古籍善本书目》《北京图书馆古籍善本书目》
57（139）	《十一经问对》五卷	汲古阁	元刻本	《中华再造善本》影印元刻本、翁方纲《通志堂经解目录》

说明：

①“序号”一栏括号中的编号是各书在第四至六章《〈通志堂经解〉子书版本源流考》中的编序。

②“参考资料”一栏中“何焯批”指翁方纲所订《通志堂经解目录》中所引的何焯批语。

按，徐乾学序中叙述底本来源时有称“因悉余兄弟家所藏本”云云，故上表所列之外不明底本来源者，当多有徐乾学传是楼及徐元文含经堂、徐秉义培林堂藏本。又，据上文徐氏藏书部分，知传是楼藏书有来自李开先、钱曾及毛氏汲古阁者，而何焯批语在论及《通志堂经解》底本来源时，明确指出李中麓本、汲古阁本、钱遵王本等，则此当为徐乾学未购得部分，或是刻书之时尚未购得，而是如其序中所言，是以借抄的方式用以《通志堂经解》的刊刻的。

现对表中所及各藏书家、藏书楼简介如下：

1. 汲古阁

明末清初常熟毛氏父子藏书楼。毛晋（1599—1659），初名凤苞，字子晋；子毛扆（1640—？），字斧季。汲古阁藏书达84 000册，多宋元秘本。好影宋元抄，号为“毛抄”。又多刻书，其刻书量为古今私家刻书之冠。将汲古阁之书借与《通志堂经解》作为底本者，为毛扆，徐乾学《经解》总序中及之，毛扆《汲古阁珍藏秘本书目》中亦及此事，另徐乾学又有酬赠毛扆之诗收入其《憺园文集》中。

2. 李开先

李开先（1502—1568），字伯华，号中麓，章丘人。明嘉靖八年（1529）进士。家有万卷楼，藏书之富甲于齐东，签帙必精，研朱点勘，并多词曲话本，有“词山曲海”之誉。其书散后，约有一半为徐乾学购得。

3. 天一阁

明嘉靖末范钦所建藏书楼。范钦（1506—1585），字尧卿，鄞县人。明嘉靖十一年（1532）进士，官至兵部右侍郎。天一阁藏书甲于两浙，并多明代方志、登科录等史料。天一阁藏书制度严格，规定外姓人不得入阁，不得借书与外房他姓。直至康熙十二年（1673），黄宗羲才有幸成为外姓人登阁第一人。此后天一阁进入相对开放的时代，故徐乾学得以借抄《通志堂经解》部分底本。

4. 钱曾

钱曾（1629—1701），字遵王，常熟人，钱谦益族孙。家有述古堂、也是园，多蓄宋元佳椠。据王士禛《分甘余话》，钱谦益绛云楼失火后，所余宋刊本尽付钱曾，钱谦益殁后，钱曾将藏书卖于季振宜，后又归徐乾学。徐乾学《经解》总序中言及向钱曾借抄底本事。

5. 焦氏

焦竑后人。焦竑（1540—1620），字弱侯，号澹园，日照人，以军籍居金陵。明万历十七年（1589）进士第一。家藏书甚富，时为南中第一。

6. 孙承泽

孙承泽（1592—1676），字耳伯，号北海、退谷等，益都人，顺天府上林苑监籍。明崇祯四年（1631）进士。家富藏书，精鉴书画。

7. 叶奕苞

叶奕苞（1629—1686），字九来，一字凤雏，号二泉，别署群玉山樵，昆山人。学有根柢，史志、金石、诗文、词曲皆擅。康熙十八年（1679）举博学鸿儒，因故罢归。

8. 范必英

范必英（1631—1692），原名云威，字龙仙，一字秀实，号伏庵，长洲人。康熙十八年（1679）举博学鸿儒，授检讨。

黄虞稷、朱彝尊、顾湄等情况前后文另有交代，此不重复。

三、校勘裁定

关于《通志堂经解》的校勘工作，《经解》卷首徐乾学总序与纳兰成德总序中略有提及。徐氏总序云："因悉余兄弟家所藏本，覆加挍勘，更假秀水曹秋岳、无锡秦对岩、常熟钱遵王、毛斧季、温陵黄俞邰及竹垞家藏旧版书若抄本，厘择是正，总若干种，谋雕版行世。"[①] 成德总序云："间以启于座主徐先生，先生乃尽出其藏本示余小子，曰：'是吾三十年心力所择取而校定者。'"[②] 即《经解》诸书，依二序所言，付刻之前皆经徐乾学认真勘定。

《通志堂经解》付刻时，又有专门的校勘人员。《经解》之刻，工程浩大，参与校勘之事者，亦当不少。徐乾学门客众多，他们中的一部分参与了《经解》的校勘工作。但与此相关的记载不多，可以确定的校勘者很少，其中最为主要的是顾湄，再者为张云章，另外徐秉义、陆元辅等人也在校刻过程中提供了勘定意见。

1. 顾湄

在翁方纲订《通志堂经解目录》所引的何焯批语中，屡次提及顾湄校勘之事，兹几例如下：

《大易集说》条："此遵王元本，惜属伊人所校，板心大谬。"[③]

《尚书表注》条："金仁山《表注》名重，而书仅中等，且元刻有残阙处，补全者未可尽信，是顾湄伊人妄为补全耳。"[④]

---

① 徐乾学编：《通志堂经解》卷首。

② 徐乾学编：《通志堂经解》卷首。

③ 翁方纲订：《通志堂经解目录》，第 4 页。

④ 翁方纲订：《通志堂经解目录》，第 7 页。

《毛诗本义》条："遵王宋本，顾伊人校勘未当，深为可惜。"[①]

《礼记集说》条："《集说》从两钞本付刻，皆未尽善。伊人分校成部，大有乖误。"[②]

《经典释文》条："从遵王钞本付刊。伊人所校，满纸皆讹谬，武林顾氏豹文有宋本，屡劝东海借校，未从也。"[③]

又毛扆《汲古阁珍藏秘本书目》云："《礼记集说》，四十二本。世无其书，止有此影钞宋本一部。今昆山所刻，借此写样。而新刻后半部为顾伊人紊乱次第，幸存此本为正。"《四库全书总目》卷一八三《通志堂集》条称："《九经解》即其所刻，而徐乾学延顾湄校正之。"《续修四库全书总目提要》第4册《通志堂经解目录》（沈氏刊本）条："校者太仓顾湄伊人，本以词学名家，非通经儒士，窜乱移易，讹谬滋多，颇为焯所讥评。"[④]。关文瑛《通志堂经解提要》亦称："延顾伊人（湄）为之校正。"

综上可知，顾湄是《通志堂经解》付刻时徐乾学所延聘的专门校勘者。

顾湄，字伊人，清初太仓人。顾梦麟子。工诗文，尤善诗，清吴伟业编《太仓十子诗选》，收其《水乡集》一卷。顾梦麟精于毛郑之学，顾湄亦颇传父业。徐乾学《读礼通考》卷首所列引用书目，即有顾湄《偲闻录》，又朱彝尊《经义考》在介绍一些经师的生平始末时，也尝引顾湄之说，当并非如《续修四库全书总目提要》所言"本以词学名家，非通经儒士"。又校书如扫尘，难免疏漏，何焯对顾湄的批语，也嫌太过苛刻。

2. 张云章

张云章（1648—1726），字汉瞻，号朴村，清初嘉定人。以布衣终其一生，但颇有名气，朱彝尊、赵执信等都与之结交，徐乾学、宋荦、李煦等皆曾延之为幕客，卒后方苞为作《墓志铭》。《清史列传》入"儒林传"。有《朴村文集》二十四卷《诗集》十三卷传世。

其《朴村诗集》卷首自序有云："东海诸公搜缉《十三经注疏》以下群儒诸经付梓，余亦与雠校。"

---

① 翁方纲订：《通志堂经解目录》，第8页。

② 翁方纲订：《通志堂经解目录》，第14页。

③ 翁方纲订：《通志堂经解目录》，第18页。

④ 柯劭忞等撰：《续修四库全书总目提要》第4册，第464页。

其《朴村文集》卷二十三有《与陆翼王先生》书一通，云：

今岁仍坐馆玉峰，不过借以读未见之书耳，不必有好况也。所校勘者乃已刻诸书，连月来了得《春秋经》几部，如程端学之《本义》、家铉翁之《详说》、孙泰山《尊王发微》、赵鹏飞《经筌》、赵汸《集传》。其原本惟《本义》为最佳，尽卷差不过四五字，而《详说》讹谬颇多，今皆考正，惟二十六卷有两段错简，其前后词意不相贯合，乃曹氏抄本强为联属者。此卷原来有四错简，曹抄皆正之，而两得两失。反复文意，愚已心识其故，未便遽尔改刊。京中有样本，求先生一为捡阅，祈即裁定教下，并以其暇质之两东海先生，以为当何如也。目前方此下手《礼记集说》，此书大概传写之讹亦不少，体例亦有前后未画一者，校正殊难，又卷帙最繁重，要以半年之功，未知能卒业不也。便中时望教及以开警愚塞。

同卷又有《上徐总宪[①]》书一通，有云：

不谓败类之徒巧为谗语，谓某改窜宋本，大坏古书，其言若指夏秋以前所校耶，则《大易辑义》《紫岩易传》《春秋本例》《诗疑》《书疑》等书，则受其颠倒未易显明。若指目前所挍，则莫如《订义》一书为大□，票签具在，凿凿可征，何待呶呶？

又有《上徐大司寇[②]》书一通，有云：

丹铅一事即竭，其区区管见不过一知半解，无当经义醇深，况六时中或有间断，一岁中不免归假，心之负疚，无日能释。覆挍诸书，大约麟经为多，共得数种，拟于旧冬刊正呈阅。近来从事《礼记集说》，讹谬杂出，反复考订，期于详慎精核。此书卷帙繁重，猝难卒业。……又鄙意此书尚当删其繁冗与一二立说纰谬者，约归简当，缉成五六十卷，以便学者循习，未知于高

① 徐总宪即指徐乾学，乾学于康熙二十六年（1687）升任左都御史。

② 徐大司寇即指徐乾学，乾学于康熙二十七年（1688）升任刑部尚书。

明以为何如。

《方苞集》卷十《张朴村墓志铭》云："君始以校勘《宋元经解》客司寇家，其后诸公贵人考订文史，必以相属。"

《嘉定县志》卷十九云："（张云章）游京师，以校勘《宋元经解》客尚书徐乾学所。"

综上各条可知，张云章是《通志堂经解》的一个重要校勘者，经其所校的书很多，又依其书中所言，其所校有未刻之书，又多有已刻之书。

3. 徐秉义

张云章《朴村文集》卷二十三《上徐总宪》有云："如此之类，不可枚举，今略拈数条，详之别纸。邺架原本可按而知。其稍有可疑者，宁听其阙如。如此反复稽考，又必经中允公亲自勘定，然后付之缮写。"中允公，即指徐秉义。

徐秉义（1633—1711），字彦和，号果亭，康熙十二年（1673）探花，官至吏部侍郎、内阁学士。据《清史列传》卷十，徐秉义于康熙二十一年（1682）迁右春坊右中允，寻乞假归里，乾学卒后，又召补原官。张云章写《上徐总宪》一札时，徐秉义正在乞假归里之后，召补原官赴京之前。而此段时间乾学多在京师，故于校刻《通志堂经解》之事，秉义当多有参与，甚至可能代为料理。另，张云章《朴村诗集》卷一有《送徐中允果亭先生恩假南归》一诗。

4. 陆元辅

张云章《朴村文集》卷二十三《与陆翼王先生》（详见上文所引）书中有云：

其原本惟《本义》为最佳，尽卷差不过四五字，而《详说》讹谬颇多，今皆考正，惟二十六卷有两段错简，其前后词意不相贯合，乃曹氏抄本强为联属者。此卷原来有四错简，曹抄皆正之，而两得两失。反复文意，愚已心识其故，未便遽尔改刊。京中有样本，求先生一为捡阅，祈即裁定教下，并以其暇质之两东海先生，以为当何如也。目前方此下手《礼记集说》，此书大概传写之讹亦不少，体例亦有前后未画一者，校正殊难，又卷帙最繁重，要以半年之功，未知能卒业不也。便中时望教及以开警愚塞。

此乃张云章校勘《通志堂经解》时，遇到了疑问，特致书京中请陆元辅帮查检裁定，并还希望他时时能多有指教，故陆氏至少是校勘《经解》的一个间接参与者。

陆元辅（1617—1691），字翼王，一字默庵，号菊隐，清初嘉定人。学识渊博，诗文亦佳，持论严正，为“嘉定六君子”之一。康熙十七年（1678），经荐博学鸿儒，勉强入京，因故未能中。他名气很大，高门大户皆欲延揽，尝客徐乾学家。据张云章撰《菊隐先生墓志铭》①，陆氏有《十三经注疏类抄》《续经籍考》《明季争光录》《菊隐纪闻》《文集》各若干卷。

5. 黄虞稷

黄虞稷与《通志堂经解》的刊刻关系匪浅。徐氏有《经解》之刻，因由之一，便是受黄虞稷、周在浚《征刻唐宋秘本书目》的影响，另黄氏也是《经解》底本提供者之一，如《春秋集传》十五卷，即据黄氏千顷堂所藏明嘉靖夏镗刻本付刻。据王重民的考证，黄虞稷也参与了《通志堂经解》的校刻。王重民在《〈千顷堂书目〉考》一文中称：“清康熙十二年到十九年（一六七三— 一六八〇年），都是校刻《经解》的时期，在这个时期之内，虞稷往来南北，都曾帮徐家刻书的忙，所以就在这一年（一六八〇年）的春天，徐元文荐他入明史馆来修《艺文志》。”②

黄虞稷（1629—1691），字俞邰，号楮园，清初人。祖籍泉州，徙居上元。著名藏书家，家有千顷堂。有《千顷堂书目》，乃《明史·艺文志》之初稿。

6. 何焯

何焯校勘《通志堂经解》的情况主要反映在翁方纲所订《通志堂经解目录》上，翁氏此目大量引用了何焯的批语。何焯自己编有《通志堂经解目录》，这些批语大概是批在这个目录上的，可惜此目未得见。兹举何氏批语如下：

《易璇玑》条：“后得旧本，尚有序文，写样付东海后人，竟未曾刻。其

① 见《朴村文集》卷十四。

② 王重民撰：《中国目录学史论丛》，第191页。

全书亦尚有讹处，不曾修版。”①

《童溪易传》条：“汲古宋本，俞石涧收藏，后阙二卷，非全书。屡考其始末，寄来京师，跋中竟未及此。”②

《春秋本义》条：“元刻最精，有句读圈点抹，因中有阙叶，不敢擅增。句读圈点，鄙见有无皆照元本，而东海必欲一例，竟未刻句读点抹，惜哉！”③

《三礼图》条：“汲古宋本，序文稍有讹处，已经改正，书中讹错亦多，盖通志堂刻本不依原书款式也。”④

《礼记集说》条：“《集说》从两钞本付刻，皆未尽善。伊人分校成部，大有乖误。后数年，有项氏宋本为骨董家所得，中阙十余卷，其板最精，且多魏鹤山序一首。屡劝东海借挍，并补刻魏序，未之从也。其书今在金陵，应物色得之，真至宝也。伊人擅乱补遗卷数，另疏别纸。”⑤

《南轩孟子说》条：“东海从天乙阁钞来，即以付刊，后得最精宋本，余劝其校正修板，未从也。”⑥

《经典释文》条：“从遵王钞本付刊。伊人所校，满纸皆讹谬，武林顾氏豹文有宋本，屡劝东海借校，未从也。”⑦

《十一经问对》条：“汲古元刻付刊，惜缺序文。后汲古复得一本，序文特全。写刻样付京，竟未曾刻。”⑧

从以上各条何批可以发现，何焯所言，皆已有人校过并多是已经刻完的书，何焯又指出其底本选用及校勘不当之处，并建议徐乾学或重校或修版或补刻，而结果多是徐氏“未从”，故何焯的校勘意见多未被采用。

何焯生于清顺治十八年（1661），《通志堂经解》于康熙十二年（1673）开始刊刻时，何焯才十三岁。据沈彤所撰《翰林院编修何先生焯行状》：“康

---

① 翁方纲订：《通志堂经解目录》，第 1 页。
② 翁方纲订：《通志堂经解目录》，第 2 页。
③ 翁方纲订：《通志堂经解目录》，第 12 页。
④ 翁方纲订：《通志堂经解目录》，第 14 页。
⑤ 翁方纲订：《通志堂经解目录》，第 14 页
⑥ 翁方纲订：《通志堂经解目录》，第 17 页。
⑦ 翁方纲订：《通志堂经解目录》，第 18 页。
⑧ 翁方纲订：《通志堂经解目录》，第 19 页。

熙之二十四年，先生年二十三[①]，由崇明县学生拔贡国子监。时昆山徐学士乾学、常熟翁祭酒叔元，方收召后进。其所善，科第立致，先生亦游两人门。”[②]故何焯客徐乾学家时，大约在康熙二十四年（1685）或更后。当时的情况应该是，何焯至徐家，得见《通志堂经解》各书所用底本，但此时《经解》已基本刻完，故何焯亦能得见样本。两相校对，对底本选用及校勘情况多有异议，于是屡劝徐乾学重校、修版、补刻。并且这种状态持续了很长时间，一直到何焯离开徐家，甚至于徐乾学殁后，故有“写样付东海后人”这样的话。因版已刻成，或有其他的原因，徐氏多未再依其修补。然《礼记集说》一百六十卷一书，据何氏批语称：“后数年，有项氏宋本为骨董家所得，中阙十余卷，其板最精，且多魏鹤山序一首。屡劝东海借挍，并补刻魏序，未之从也。”今所见康熙通志堂刻本卷首则有魏了翁序，或即后来补刻者。

何焯生平大概已见本书《绪论》部分。

综合以上所述可以得如下结论：一，参与《通志堂经解》校勘者，实有多人，而太仓顾湄为其主要者。二，由何焯对顾湄的批评可得知，顾湄是早期的校勘者，所校当是未刻之书，而张云章、何焯所校多为已刻之书。三、在《经解》校刻的后期，徐乾学虽多在京师，然遇有问题或有所建议，校刻者则驰书徐氏，仍由其做裁定。四、徐秉义自康熙二十一年（1682）至康熙三十三年（1694）或稍后这段时间皆请假在家，其间参与了《经解》的校刻工作，且有所刊正必经其裁定，当是代徐乾学料理《经解》刊刻之事。

四、付梓刻工

我国在雕版印刷发明以后直到清代后期，刻印本一直是书籍流布的主要形式。雕版印刷的书版都是由刻工雕制而成的，故刻工虽然大都未能名著于后世，却是古籍生产制造过程中必不可少的重要成员。叶德辉《书林清话》云：“古今艺术之良否，其风气不操之于搢绅，而操之于营营衣食之辈。”[③]其所论就是针对书籍的写工、刻工而言的。所以书籍是文化的载体，而刻工则

① 此误，当为二十五。

② 钱仪吉纂录：《碑传集》卷四十七。

③ 叶德辉撰：《书林清话》卷二《刻书分宋元体字之始》条。

是物态文化产品的直接生产者，其对文化的贡献与影响也不可忽视。故古籍刻工的史料对于雕版印刷业甚至于地方文化的研究都具有重要价值。

版刻图籍之记刻工，据张振铎《古籍刻工名录》，五代后晋开运年间曹元忠刊《大慈大悲救苦观世音菩萨图》即记刻工“雷延美”之名，可见其历史由来已久。古籍中刻工名大都记于版心下方，明清刻本也有记于卷尾等处的，又如明无锡顾起经奇字斋刻《类笺唐王右丞诗集》，目录后专刻《无锡顾氏奇字斋开局氏里》一页，其中即专有刻工一项。①

早期的版印书籍多记刻工姓名，如宋版书标记刻工就很普遍。这主要是因为在雕版印刷的前期，雕刻制版还是少数人掌握的复杂技艺，而那时所刻的书籍，数量较少，雕刻质量大多精良，与后来相比，刻工的重要性更为突出，故一般记录刻工姓名，以示不埋没其贡献。随着雕版印刷的发展盛行，特别是到了明中期以后，易于刊刻的宋体字流行，刻版技术逐渐被更多人掌握，成为他们谋生的一种手段，所刻书籍的质量也大多平庸，比不了初期的认真精致，故记刻工的书籍渐少，至清代则更甚。如明末常熟汲古阁大量刻书，为古今私家刻书之冠，周彦文《毛晋汲古阁刻书考》著录汲古阁刻书达659种5776卷。如此庞大的工程，必然有一支数量巨大的刻工队伍参与其事。据称时值乱世之际，汲古阁的众多刻工甚至还起到保卫汲古阁的作用。惜乎汲古阁刻书不记刻工，故其名氏都未得保存。

近代以来，随着对刻工之于雕版印刷、版本鉴定以及地方文化相关研究之重要性的认识，学者对于古籍刻工资料逐渐重视，如张元济《宝礼堂宋本书录》《涵芬楼烬余书录》、傅增湘《藏园群书题记》《藏园群书经眼录》及《中国版刻图录》等，都详细标记刻工姓名。而今人王肇文则编有《古籍宋元刊工姓名索引》，李国庆编有《明代刊工姓名索引》，张振铎编有《古籍刻工名录》等，以备查检。

《通志堂经解》版心下方左侧镌有刻工姓名。

《通志堂经解》规模宏大，总140种1860卷之多。故其刊刻工程必然浩大，参与其事的刻工据笔者统计接近500人。《通志堂经解》一编保存有如此之多的刻工姓名，在整个雕版印刷史上也是很罕见的，更何况是在刻书很少

① 参见杜泽逊撰《文献学概要》，2001年中华书局排印本，第148页。

标记刻工的清代。所以这也是《通志堂经解》在版刻史上的一个重要特点和一大贡献。各版标记刻工名字，作为一种责任到人的方式，也显示了《通志堂经解》对刊刻质量的严格要求，以及对自身版刻质量的一种自信。而事实亦是如此，《通志堂经解》写刻精美，在清刻本中确属上乘之作。故拥有一支数量庞大、技艺精湛的刻工队伍，也是《通志堂经解》得以完成并成为一部在清代写刻本中具有代表性地位的丛书的重要条件。

张振铎《古籍刻工名录》中开列了《通志堂经解》的刻工，但其依据仅是《经解》中 8 种书的刻工，故刻工总数的统计很不全，张氏共得 277 人，此数目不过是《通志堂经解》刻工实际数量的一半稍多，其中还不乏一人误作二人者。此外，仅据张氏《古籍刻工名录》，每一刻工具体参与刊刻了《经解》中的哪些书种也不能明确，如陈章、邓士、范震生、缪天渠、王相臣、张达等参与刊刻的《经解》中书，数目都超过了 40 种，数量很大，这种情况在张氏《古籍刻工名录》中也得不到反映。

笔者将《通志堂经解》140 种 1860 卷全书逐页翻阅，一一记录各书各卷版心刻工信息。最后以刻工个体为统计主项，附以所刻《通志堂经解》中各书及《经解》以外之书等信息，汇为“《通志堂经解》刻工表”（表见书末附录一），以备有需要者检阅。

前文刊刻地点部分已考，《通志堂经解》的刊刻之所乃在太仓，时属苏州。明末清初之际，苏州已成为书籍刊刻重镇，其间亦多高水平刻工。明末胡应麟尝言：“余所见当今刻本，苏、常为上，金陵次之，杭又次之。近湖刻、歙刻骤精，遂与苏、常争价。蜀本行世甚寡，闽本最下。”[①] 清初王士禛则称：“近则金陵、苏、杭书坊刻板盛行，建本不复过岭。蜀更兵燹，城郭邱墟，都无刊书之事，京师亦鲜佳手。数年以来，虞山毛氏、昆山徐氏，雕行古书，颇仿宋椠，坊刻皆所不逮。”[②] 又戴名世亦称：“天下各种书板皆刊刻于江宁、苏州，次则杭州。四方书贾皆集于江宁，往时书坊甚多。”[③] 以上诸家评论足可见苏州在当时全国刻书业的中心地位。而据郑幸对清代主要刻书中心刻工数

① 胡应麟：《少室山房笔丛》卷四，上海书店出版社 2009 年排印本。

② 王士禛撰：《居易录》卷十四。

③ 王树名等编校：《戴名世遗文集》，中华书局 2002 年排印本，第 122 页。

量的统计，得苏州一地刻工 835 人，居全国之首，并且数量远超其他各地。[①]

参与《通志堂经解》刊刻的刻工中有很多是当时苏州一带很活跃的工匠。如其中的齐卿、邓世维、金子重、邓启、邓生、邓顺、邓子珍、甘典、栢公臣、邓钦明、邓明、邓茂卿、金佩卿、甘世明、邓文、邓存等还参加了康熙三十五年（1696）昆山徐氏冠山堂付刊的《读礼通考》一百二十卷（清徐乾学撰）的刊刻；齐卿、甘世明、邓文、士玉、邓子珍、祥卿、邓臣、邓卿、金子重、邓顺、邓世维、巨甫、穆维伯、颖涵、钦明、邓格、子英、邓生、周生、张公化、邓宪生、甘典、君侯、曹洪甫、君宣、邓明等还参加了康熙三十六年（1697）昆山徐氏冠山堂付刊的《憺园文集》三十六卷（清徐乾学撰，子徐树穀编）的刊刻；张公化、邓明、际生、玉宣、芃生等还参加了康熙三十八年（1699）长洲顾嗣立秀野草堂付刊的《昌黎诗集注》十卷（唐韩愈撰，清顾嗣立删补）的刊刻；邓尔仁、邓玉、钦明、际生等还参加了康熙三十九年（1700）朱从延快宜堂付刊的《古欢录》八卷（清王士禛撰）的刊刻；邓玉、芃生、刘公一等还参加了康熙四十七年（1708）昆山徐氏花溪草堂付刊的《李义山文集》十卷（唐李商隐撰，清徐树穀笺、徐炯注）的刊刻等。

又考察《通志堂经解》中的刻工，具有明显的家族性特点。如栢姓、陈姓、邓姓、甘姓、刘姓、缪姓、穆姓、陶姓、王姓、杨姓、张姓、周姓等的刻工都很多。这说明在当时文化发达的刻书中心，很多家庭即以刻书作为一种谋生手段，他们父子相传，兄弟相习，甚至于组建家庭作坊独立接刻小型书籍，也是很有可能的。书版刻工作为书籍这样一种特殊产品的终端生产制造者，对于研究当时小手工业者的生产生活状况，也是有一定参考价值的。

第三节 《通志堂经解》的选目与刊印

一、《通志堂经解》的选目

《中国古籍善本书目》《中国丛书综录》著录《通志堂经解》作 140 种

① 参见郑幸《从刻工题名看清代刻书业的地域变迁与异地流动》,《中国出版史研究》2021 年第 1 期。

1860卷，而其他著录的统计亦有与此略有差异者。《通志堂经解》规模宏大，收书众多，其选目工作徐氏应当得到了经学专家的帮助。

1.所收经解之数量

关于《通志堂经解》所收经解种数和卷数，各书著录莫衷一是。卷首成德序称“钞得一百四十种”；翁方纲《通志堂经解目录》称凡138种；叶德辉《郎园读书志》分类列举各书，统计起来是138种1720卷，而标题和行文中却称1800卷；《续修四库全书总目提要》第14册《通志堂经解》（康熙刻本）条称“前有总序，称书一百四十种，实止一百三十八种”；莫伯骥《五十万卷楼群书跋文》作140种1786卷；关文瑛《通志堂经解提要》作141种1792卷；陶湘《武进陶氏书目丛刊》作139种1750卷；《中国古籍善本书目》《中国丛书综录》及杜泽逊《文献学概要》作140种1860卷；《纂修四库全书档案》、郑伟章《文献家通考》作138种1790卷。等等不一。

称138种者，概依《通志堂经解》卷首《新刊经解目录》，目录中所列为138种。实际上，此目录与丛书内容有多处不合。其一就是有书无目。如宋税与权《古经传》一卷、元赵惪《诗经疑问附编》一卷、未题撰人的《春秋年表》一卷、宋孙觉《龙学孙公春秋经解》十五卷等4种都是有书无目。如将此四种皆作为单书计算在内，则《经解》共收子书142种。《中国古籍善本书目》《中国丛书综录》等将《古经传》附于宋税与权《易学启蒙小传》后，将《诗经疑问附编》附于元朱倬《诗经疑问》后，补《春秋年表》《龙学孙公春秋图解》，故有140种。陶湘《武进陶氏书目丛刊》较《中国古籍善本书目》《中国丛书综录》少《龙学孙公春秋经解》，故有139种。而关文瑛《通志堂经解提要》补《古经传》（题《周易古经》）、《诗经疑问附编》（题《诗辨说》）与《春秋年表》，而缺《龙学孙公春秋经解》，故有141种。

至于《通志堂经解》总卷数，统计起来情况就更复杂得多。因为除了正文以外，相当一部分经解前有卷首、后有附录，正文也有不分卷的情况。这样，各书目对于卷首、附录计算方式的不同，对于不分卷的书处理方法的不同，造成了彼此所著录的《经解》总卷数的差异。

有关资料显示，《通志堂经解》初刻时所收各书存在少量调整的情况，即有若干计划刊刻而复取消者，有最初未入计划而后又加入者，亦有少量几种虽已刻成而后又剔去的情况。如宋林栗《周易经传集解》一书，朱彝尊《曝书亭集》卷四十二《书林氏〈周易经传集解〉后》云:“观其书卷帙繁重，传抄者难，昆山徐尚书原一为其弟子纳兰容若汇刻《经解》，黄中是书业开雕矣。客或语尚书曰:‘黄中获罪朱子，若刊其书，是亦朱子之罪人矣。’乃斧以斯之。”即林栗《周易经传集解》一书当初已刻入《经解》，因有客称其与朱子有违，故复毁书版。又王士禛《居易录》云:“顷得昆山新刻《经解》又数种，如逸斋《补传》、成伯玙《指说》、李樗黄櫄《集解》、朱倬《疑问》、朱善《解颐》，详略虽不同，要皆可互相发明。独王柏《诗疑》、辅广《童子问》、朱鉴《遗说》、朱升《旁注》，传会固陋，无足采录。”[①]而今辅广《诗童子问》、朱升《旁注》均不见于《通志堂经解》中。又据《钦定四库全书荟要总目》称,《四库荟要》本宋严粲《诗缉》三十六卷《图说》一卷，乃依内府所藏通志堂刊本缮录，据明朱本校对，而严氏此书今亦不见于《通志堂经解》中。以上各书盖皆最初曾刻入而后又刊去者。又纳兰成德《通志堂集》收有《雪山王氏诗总闻序》，然王质《诗总闻》亦不见于今《通志堂经解》中，此盖最初计划刊入，而后又放弃者。又元许衡《读易私言》一卷，翁方纲《通志堂经解目录》引何焯批曰:“记昔未曾刻。”[②]而今实已刻入《经解》中，当为后期添入者。因这种情况存在，而《经解》总目录亦未作最后排定，故其目录与正文有不合者，而后人著录数量稍有差别，此亦原因之一。叶德辉《书林清话》云:“是书随刻随印，亦随时排目，故其目录有多寡之不同。”[③]所论是有道理的。

另,《中国丛书综录》《中国古籍善本书目》关于《通志堂经解》的著录均有不准确处。如二目所录清华大学图书馆、山东省图书馆与《中国丛书综录》所录中国科学院图书馆、北京师范大学图书馆、山东大学图书馆所藏康熙刻本《通志堂经解》，均称完书，实以上各馆所藏皆缺宋孙觉《龙学孙公春秋经解》一种，二目所列子目中则列有此书。其他各馆藏本情况未能一一核实，当亦有如此类者。

本书对于《通志堂经解》的种数卷数，乃依《中国古籍善本书目》的著录，作140种1860卷。

---

① 王士禛撰:《居易录》卷十。

② 翁方纲订:《通志堂经解目录》，第4页。

③ 叶德辉撰:《书林清话》卷九《纳兰成德刻〈通志堂经解〉之三》条。

2. 所收经解之分布

《通志堂经解》所收的140种经解之中，易类39种，书类19种，诗类11种，春秋类35种，礼类12种，孝经类4种，四书类13种，群经总义类7种。《经解》卷首附有《新刊经解目录》，其分类则是易、书、诗、春秋、三礼、孝经、论语、孟子、四书、总经解。经查检，不论是其目录，还是《经解》内实际所收各书，种类皆非九类，故《通志堂经解》又有《九经解》之名，实际只是一种沿用传统的笼统概括，并非实指。

《通志堂经解》所收经说以宋元人著作为主，其中宋人书83种[①]附见者1种，元人书47种；另有唐人书3种[②]，后蜀人书1种，明人书3种，清人书2种，著者不明时代姓名者2种。140种经解之中，宋元人著作占130种，故《通志堂经解》又有《宋元经解》之名。

3. 所收经解之选定

《通志堂经解》卷首徐乾学总序有云："皇朝弘阐六经，表微扶绝，海内喁喁向风，皆有修学好古之思。余雅欲广搜经解，付诸剞劂，以为圣世右文之一助，而志焉未逮。"纳兰成德总序有云："间以启于座主徐先生，先生乃尽出其藏本示余小子，曰：'是吾三十年心力所择取而校定者。'"可见，《经解》虽于康熙十二年（1673）付刻，但徐乾学留意收罗、校订各书则早已开始。成德总序又云："余且喜且愕，求之先生，钞得一百四十种，自《子夏易传》外，唐人之书仅二三种，其余皆宋元诸儒所撰述，而明人所著，间存一二。"依其所言，《经解》所收的140种是成德从徐乾学提供的各书中选定的。但因《通志堂经解》是让名于成德的，其作序等等多为配合其冠名之举，不尽可信。

前文提到，《通志堂经解》的刊刻是对黄虞稷、周在浚《征刻唐宋秘本书目》的一次响应，刻了其中大半的经书，而黄虞稷既是《征刻书目》的编定者，又在徐乾学家参与《通志堂经解》的校刻，则黄虞稷参与了《经解》所收书目的选定工作应当是在情理之中。

徐乾学《通志堂经解》总序中称："秀水朱竹垞谂余：书策莫繁夥于今

---

① 其中《孝经注解》一卷，唐玄宗李隆基注，宋司马光指解，宋范祖禹说。

② 其中《孝经注解》一卷，唐玄宗李隆基注，宋司马光指解，宋范祖禹说。

日，而古籍渐替，若经解仅有存者，弥当珍惜矣。”后又有“今感竹垞之言”这样的话。可见徐氏刊刻《通志堂经解》，朱彝尊颇有启发之功。又清陆陇其《陆清献公日记》卷十康熙二十九年庚午（1690）八月：“十二，朱锡鬯来，言永乐时胡广等纂《大全》，多袭取先儒之书，可见其为小人。今宜将先儒原书刊行，庶天下知广等之陋。”而《五经大全》所袭用的原书亦大多刊于《通志堂经解》中。朱氏此言虽晚在康熙二十九年（1690），而其这种思想应该早已有之。朱彝尊有《经义考》之纂，对于各代经书之存亡、价值莫不娴熟于心，又曾提供自己所藏的《书纂言》等作为《通志堂经解》刊刻的底本。又加之徐朱二人交谊甚密，所以可以推断，朱彝尊当亦参与了《经解》所收书目的选定工作。

故徐乾学选定《通志堂经解》所收各书，应当得到了黄虞稷、朱彝尊等学者的参谋协助。

二、《通志堂经解》的刊印经过

《通志堂经解》之刊刻，工程浩大，历时长久，在其刊刻过程中，具有阶段性以及随刻随印的特点。

1. 经始于康熙十二年

《通志堂经解》的刊刻始于康熙十二年（1673）。这一个时间，各家论者并无异议。《经解》卷首徐乾学的总序中即称“经始于康熙癸丑”，康熙癸丑即康熙十二年（1673）。而《经解》卷首成德的总序署“康熙十二年夏五月赐进士出身纳兰成德谨序”，虽然撰写此序的真正时间当非康熙十二年（1673），但之所以署为十二年（1673），其用意当取序于刊刻之始。康熙十一年（1672），徐乾学副德清蔡启僔主顺天乡试，结果因副榜遗取汉军卷被降级回家，当在此时，徐氏即着手《经解》的刊刻。

2. 康熙十五年或已有部分印本

徐乾学在《通志堂经解》卷首总序里有这样的话：“门人纳兰容若尤怂恿是举，捐金倡始，同志群相助成，次第开雕。经始于康熙癸丑，逾二年讫工。”《经解》刊刻始于康熙十二年（1673），并无异议，然“逾二年讫工”之语，让人颇感疑惑，向来论者或直称其有误，或认为“二”当是“七”字之讹，或称《经解》即刻成于康熙十五年（1676），而大多是避而不谈。

徐乾学《憺园文集》卷二十一亦收有此序，题《新刊经解序》，与冠于《通志堂经解》卷首者偶有不同处，然亦称“经始于康熙癸丑，逾二年讫工”，不当为同误。笔者以为，合理的解释或许是，徐乾学最初的刻书计划与现今我们所见到的《经解》规模不同，当非140种之数，而是少得多。这一计划在康熙十五年（1676）或稍前，也就是自刊刻开始的“逾二年”之后即告完成，故徐序有“逾二年讫工”之说。

《续修四库全书总目提要》第4册《通志堂经解目录》(《粤雅堂丛书》本）一条称：“《通志堂经解》，刻于康熙十五年，凡白纸初印，板心无‘通志堂’三字者，均昆山徐乾学刻成时所印。后以板归纳兰成德，始于板心下方，补刻‘通志堂’三字。”①《续修四库全书总目提要》第4册《通志堂经解目录》（沈氏刊本）一条亦称《通志堂经解》“编刻于康熙十五年”②。叶德辉《郎园读书志》记光绪二十年甲午（1894）张冶秋、王懿荣参与检查天禄琳琅藏书一事，据二人讲，“《书目前编》所载无一册之存，《续编》经部宋人书所谓宋版者，往往以白纸初印之通志堂本伪充。当时鉴定诸臣不知何以竟未辨出”③。今湖南省图书馆即藏有宋王与之《东岩周礼订义》一书残卷，上钤有“乾隆御览之宝”等乾隆皇帝的玺印，《天禄琳琅书目后编》卷二宋版经部著录，而是书即实为《通志堂经解》本，该馆亦定为康熙十五年（1676）通志堂刻本。既然得以冒充宋版，可见其版心当无“通志堂”三字。又杜泽逊师尝于蓬莱慕湘藏书楼见通志堂刻宋王柏《书疑》九卷，版心亦无“通志堂”三字。

以上各种无纳兰成德相关标志者，《续修四库全书总目提要》的观点是此即康熙十五年（1676）的印本，此时徐乾学还没有将《通志堂经解》让名于纳兰成德的打算，故此时所印之书版心未刻“通志堂”字样，当然《经解》中各书各卷末亦不会有“后学成德挍订”一行。然近来有学者对所见几种版心无“通志堂”字样的原书进行考察，认为若干版心无“通志堂”字样者，实为被垫去再刷印的捺印本，而非原本未刻，《经解》并未有康熙十五年

① 柯劭忞等撰：《续修四库全书总目提要》第4册，第465页。

② 柯劭忞等撰：《续修四库全书总目提要》第4册，第464页。

③ 叶德辉撰：《郎园读书志》卷一。

（1676）初印本。[①] 但对于徐氏所称“经始于康熙癸丑，逾二年讫工”还是缺乏合理的解释。

3. 康熙十九年主体部分刻完

康熙十四年（1675），徐乾学复原官，仍任编修。十五年（1676），徐乾学升右赞善，纳兰成德也于此年中进士。徐乾学大约于此时出于仕途等方面的考虑，计划将《通志堂经解》让于成德。于是在《经解》版心补刻“通志堂”三字，于《经解》各书卷末刻“后学成德挍订”一行，并在各经解卷首补成德序。成德序多署康熙十五年（1676）、十六年（1677），这也是一条线索。又，成德卷首总序署“康熙十二年夏五月赐进士出身纳兰成德谨序”，其题“十二年”，又题“赐进士出身”，而成德成进士是在康熙十五年（1676），所以这个序也应当是后来补刻的。又据《陆清献公日记》：“锡鬯言，通志堂诸书，初刊时皆有跋，刻在成德名下，后因交不终，刊去。然每页板心，通志堂之名犹在。”[②] 可知，当时还于《通志堂经解》各书刻了署名成德的跋。翁方纲《通志堂经解目录》之《童溪易传》一条引何焯批曰：“汲古宋本，俞石涧收藏，后阙二卷，非全书。屡考其始末，寄来京师，跋中竟未及此。”[③] 而今检《经解》中《童溪王先生易传》一书，前后并无后人序跋，故何焯所称之跋，或即朱彝尊所言开始刻于成德名下后又刊去的跋。

除补刻纳兰成德相关的标志性内容外，收书数量较最初的计划亦有所增加，定为140种之数，成德总序即称“钞得一百四十种”。之后陆续付刻，一直到康熙十九年（1680），《通志堂经解》的主体部分基本刻竣，徐乾学的总序即署此年。

4. 康熙十九年后仍有未刻之书，而大量的经解在校订中

《通志堂经解》的主体部分于康熙十九年（1680）刻毕，故徐乾学撰序以记之。后人大多将徐氏此序所署时间作为判定《经解》完成时间的依据，故《通志堂经解》初刻本见于各家书目著录时，其刊刻时间一项亦多被定为清康熙十九年（1680），如《中国丛书综录》《东北地区古籍线装书联合目录》《山东图书馆馆藏海源阁书目》《山东大学图书馆古籍善本书目》《中国

① 详参杨国彭《〈通志堂经解〉刊刻问题新探》，《中国典籍与文化》2019年第2期。

② 陆陇其撰：《陆清献公日记》卷十。

③ 翁方纲订：《通志堂经解目录》，第2页。

人民大学图书馆古籍善本书目》等。然仔细研究相关资料能够发现，至康熙十九年（1680），《经解》并未完全告竣，十九年（1680）以后仍有刊刻、校勘之事。

（1）与张云章有关的材料分析

张云章是当时《通志堂经解》的主要校勘者之一，已详前文。其《朴村文集》所收信札多有论及《经解》刊刻事者，现摘录如下：

①《朴村诗集》卷首自序：

东海诸公搜缉《十三经注疏》以下群儒诸经付梓，余亦与雠校。览其为言，黑白易辨，纯驳不清，则以考亭诸大贤准之。犹衡悬而不可欺以轻重，绳墨陈而不欺以曲直也……

②《朴村文集》卷二十三《与陆翼王先生》：

……今岁仍坐馆玉峰，不过借以读未见之书耳，不必有好况也。所校勘者乃已刻诸书，连月来了得《春秋经》几部，如程端学之《本义》、家铉翁之《详说》、孙泰山《尊王发微》、赵鹏飞《经筌》、赵汸《集传》。其原来惟《本义》为最佳，尽卷差不过四五字，而《详说》讹谬颇多，今皆考正。惟二十六卷有两段错简，其前后词意不相贯合，乃曹氏抄本强为联属者。此卷原来有四错简，曹抄皆正之，而两得两失。反复文意，愚已心识其故，未便遽尔改刊。京中有样本，求先生一为捡阅，祈即裁定教下，并以其暇质之两东海先生，以为当何如也。目前方此下手《礼记集说》，此书大概传写之讹亦不少，体例亦有前后未画一者，校正殊难，又卷帙最繁重，要以半年之功，未知能卒业不也。便中时望教及以开警愚塞。

③《朴村文集》卷二十三《上徐总宪》：

且如《周礼订义》一书，此影宋本抄成者，其中文义有因一二字句相同遂传写致大段谬乖者，有两段中行墨相比因而纠缠不可辨者，有立说人姓氏错误者，有诸家之说义本相承不当提行而提行者，分文立解当提行而不提行者。大抵此书之成，迫于诏征，在当时亦未暇详核。今无所考正者不敢遽定，愚意依刘贡父读《后汉书》例，用一二语标笺出之，其脱误晓然者，如‘为削必于鲁，为剑必于吴粤’，《考工》经文也，而此书引郑锷有‘为削必于吴粤’之句，则知其句内误脱矣，依经文增入。……如此之类，不可枚举，今略拈数条，详之别纸。邺架原本可按而知。其稍有可疑者，宁听其阙如。如此反复稽考，又必经中允公亲自勘定，然后付之缮写。或藏其疑义于胸中，至累日积月而不能自释，诚恐此事一时卤莽，得罪先儒，贻误来学，非但安坐饱食，有愧下采之意也。不谓败类之徒巧为谗语，谓某改窜宋本，大坏古书，其言若指夏秋以前所校耶，则《大易辑义》《紫岩易传》《春秋本例》《诗疑》《书疑》等书，则受其颠倒未易显明，若指目前所校，则莫如《订义》一书为大□，票签具在，凿凿可征，何待呶呶……

④《朴村文集》卷二十三《上徐大司寇》：

丹铅一事即竭，其区区管见不过一知半解，无当经义醇深，况六时中或有间断，一岁中不免归假，心之负疚，无日能释。覆校诸书，大约麟经为多，共得数种，拟于旧冬刊正呈阅。近来从事《礼记集说》，讹谬杂出，反复考订，期于详慎精核。此书卷帙繁重，猝难卒业……又鄙意此书尚当删其繁冗与一二立说纰谬者，约归简当，缉成五六十卷，以便学者循习，未知于高明以为何如……孟冬，北地早寒，伏希顺时调适，以荷天下重任。总宪师赐环，实社稷生民厚幸，天下颙颙，以为旋乾转坤之一会……

据以上材料可得知，张云章参与了《通志堂经解》的校刻，已毫无疑问。其所论多为校勘事，并称所校多为已刻之书。然而亦当有未刻者，如《上徐总宪》一札有云：“如此反复稽考，又必经中允公亲自勘定，然后付之缮写。”称“然后付之缮写”，则当指未刻之书。又《上徐大司寇》一札，张氏以为《礼记集说》一百六十卷，过于浩繁，建议将其删减成五六十卷付刻，然《经解》成书时《礼记集说》仍以一百六十卷完书面世。故张云章参与《经解》之事时，大量的书业已刻成正在校勘修正，亦有一些书尚未付刻。所以我们需要确定张云章参与其事的时间。现梳理分析如下：

①《朴村文集》卷三有《上三徐先生书》，有云：

今者之来，自以遭时轗轲，历更忧患，年三十余矣。古人四十而仕，相去不过五六年，若及今不自迅奋，则委弃泥涂，老死草野无疑矣……是以决然而来，忘其贵贱之悬绝，求三先生之门而叩之，以三先生之待士如此，而且一物不得其所，引为己忧，今乃闻有颠连困踣如云章者，得不为之一动其心乎？

按，此为张云章投书徐氏兄弟以自荐者，其称“古人四十而仕，相去不过五六年”，则其时张氏约三十四岁，据方苞所撰《张朴村墓志铭》[①]，张云章生于清顺治五年（1648），则其三十四岁为康熙二十年（1681）。即此时张云章尚未至徐氏门。

②《朴村文集》卷二十一有《徐编修果亭先生五十寿序》，云：

今年春浪迹京师，首登三先生之门，接见先生之颜色，煦煦和于物，退而考其燕居，力学不懈，攻苦食淡，一如未第时，以是益莫测先生之涯量也。以余之稚騃，自顾宜见摈于大贤君子，而谬被怜奖，得附门下士之列，其于夙昔区区向往之心，一旦有大足慰者。居三月余，而值先生五十悬弧之辰……

按，据姜亮夫纂《历代人物年里碑传综表》，徐秉义生于明崇祯六年（1633），则其五十岁在清康熙二十一年（1682）。据《寿序》知，张云章即于此年始客徐氏门。这个时间与前《上三徐先生书》所作的推算正相合。徐秉义于康熙二十一年（1682）迁右春坊右中允，寻乞假归里，乾学卒后，又召补原官。张云章《诗集》卷一即有《送徐中允果亭先生恩假南归》诗，知张云章此时尚在京师，徐乾学委其南下校勘《通志堂经解》，则又在此之后矣。

① 见《方苞集》卷十。

所以，前文所引云章各札所论之事，皆发生在康熙二十一年（1682）之后。

③《上徐大司寇》有云："总宪师赐环，实社稷生民厚幸，天下颙颙，以为旋乾转坤之一会。"

按，此当指徐元文官复左都御史之事。徐元文于康熙十九年（1680）迁左都御史，康熙二十二年（1683）因事降三级调用[①]，专领《明史》史局，康熙二十七年（1688）复任原职[②]。又康熙二十七年（1688），徐乾学升任刑部尚书，故有"上大司寇"之称。故此书写于康熙二十七年（1688）。而之前，徐乾学于康熙二十六年（1687）迁左都御史，则前《上徐总宪》一书，即写于康熙二十六年（1687）。

由以上各条可知：《通志堂经解》至少至康熙二十七年（1688），仍有未刻之书，而在康熙二十一年（1682）之后大量的书在做校勘修正的工作。

（2）其他相关证据

①何焯游徐乾学门，在康熙二十四年（1685）或更后，前文已论。则何氏所论与徐乾学讨论《通志堂经解》之事，则都当在康熙二十四年（1685）以后。如何氏批《春秋本义》三十卷云："元刻最精，有句读圈点抹，因中有阙叶，不敢擅增。句读圈点，鄙见有无皆照元本，而东海必欲一例，竟未刻句读点抹，惜哉！"[③]审其语意，此书当时或还未刻。

②《通志堂经解》中有《合订删补大易集义粹言》八十卷，题成德编。朱彝尊有是书序，但通志堂本未刻，见其《曝书亭集》卷三十四，作《合订大易集义粹言序》。序中有云："吾友纳兰侍卫容若，读《易》渌水亭中，聚《易》义百家插架，于温陵曾氏穜《粹言》、隆山陈氏友文《集传精义》一十八家之说有取焉，合而订之，成八十卷。择焉精，语焉详，庶几哉有大醇而无小疵也乎。刑部尚书昆山徐公嘉其志，许镂板布诸通邑大都，用示学者，乍发雕而容若溘焉逝矣。"考成德卒于康熙二十四年（1685），"乍发雕而

---

① 据韩菼《次政大夫文华殿大学士户部尚书掌翰林院事徐公元文行状》《清代职官年表》《清史稿》卷二百五十《列传》三十七《徐元文传》及《清史列传》卷九《徐元文传》。《清史稿》卷二七一《列传》五十八《徐乾学传》及《清史列传》卷十《徐乾学传》作康熙二十三年（1684），当误。

② 据韩菼《次政大夫文华殿大学士户部尚书掌翰林院事徐公元文行状》《清代职官年表》《清史稿》。《清史列传》作康熙二十六年（1687），当误。

③ 翁方纲订：《通志堂经解目录》，第12页。

容若溘焉逝矣”，说明徐乾学将此书刻入《通志堂经解》即在康熙二十四年（1685），而刻成则当在此后。

③《四库全书总目》卷一百八十三《通志堂集》（纳兰成德撰）条下云：“《九经解》即其所刻，而徐乾学延顾湄校正之。以书成于性德殁后，版藏徐氏，世遂称《徐氏九经解》，并通志堂而移之徐氏，实相传之误也。”亦称《经解》书成于成德殁后。

综合以上各条可知：《通志堂经解》至康熙二十四年（1685）仍未刻竣，至少至康熙二十七年（1688）仍有未刻之书，而大量的经解在校勘改订中。

5. 康熙二十九年至三十一年间刻印完毕

①《陆清献公日记》卷十，康熙二十九年庚午（1690）九月：“廿三，在朱锡鬯所，见通志堂所刻敖继公《仪礼集说》、卫湜《礼记集说》、王次点《周礼订义》、杨复《仪礼图》。”

②王士禛《居易录》卷十称：“顷得昆山新刻《经解》又数种，如逸斋《补传》、成伯玙《指说》、李樗黄櫄《集解》、朱倬《疑问》、朱善《解颐》，详略虽不同，要皆可互相发明。”

按，王士禛所记其得书事，据其前后文，时间亦为康熙二十九年（1690），审其语意，之前亦曾有所得。王士禛与徐乾学同为朝中高官，又徐氏《憺园文集》中多有与其唱和之诗作，故私谊应当还好，而朱彝尊与《通志堂经解》及徐乾学的关系之密切前文已有交代，故《经解》刊出以后，王、朱二人都有理由先见到。康熙二十九年（1690）他们所得的《经解》都还不全，说明《经解》当还没有全部印完。

③《陆清献公日记》卷十，康熙三十一年壬申（1692）七月：“初七，到馆见健庵所刻《经解》，此举差强人意。”

按，陆陇其是学宗程朱的理学家，当时已官至御史，有理由和条件较早得到《通志堂经解》的信息。据上条，陆陇其在朱彝尊处初次见到《通志堂经解》零种是在康熙二十九年（1690），而今次所见应该是整套的《通志堂经解》，故最迟在康熙三十一年（1692），已有整套的《通志堂经解》印出。

综合以上所述，可得出以下结论：

《通志堂经解》于康熙十二年（1673）开始刊刻，康熙十五年（1676）或已有少量印本，至康熙十九年（1680）《经解》的主体部分刻完。但在康熙十九年（1680）以后，至少在康熙二十七年（1688），仍有经解在付刻，而大量的已刻经解也在校勘修正中。在这个过程中校订完毕的经解同时在刷印。在康熙二十九年（1690）至三十一年（1692）之间，《通志堂经解》全部校刻完毕，并有整套的《经解》印出。

《通志堂经解》初刻本见于各书目著录时，其刊刻时间一项多有不同，如《北京大学图书馆藏古籍善本书目》作康熙十二至十四年（1673—1675），《续修四库全书总目提要》第4册《通志堂经解目录》条作康熙十五年（1676），关文瑛《通志堂经解提要》《中国丛书综录》《东北地区古籍线装书联合目录》《山东图书馆馆藏海源阁书目》《中国人民大学图书馆古籍善本书目》《山东大学图书馆古籍善本书目》等作康熙十九年（1680），叶德辉《郎园读书志》作康熙五十二年（1713），《续修四库全书总目提要》第14册《通志堂经解》条、莫伯骥《五十万卷楼群书跋文》《中国古籍善本书目》《湖南省古籍善本书目》《中国科学院图书馆藏中文古籍善本书目》等作康熙间，《日本见藏中国丛书目初编》则康熙十五年（1676）、十九年（1680）并存。而其中以康熙十九年（1680）者为最多，特别是晚近所编书目，多取康熙十九年（1680）。其根据，大约即卷首徐乾学序所署时间。笔者以为，徐序虽署康熙十九年（1680），但序又有“经始于康熙癸丑，逾二年讫工”之语，而成德总序则署康熙十二年（1673），故徐序时间不能作为判断《通志堂经解》刊刻完成时间的唯一证据。如上文所考，既然《经解》于康熙十九年（1680）尚未完工，康熙二十七年（1688）仍有书付刻，也不能证明其集中大量刷印是在康熙十九年（1680），故著录其为康熙十九年（1680）刻本不妥，以作康熙间刻本为宜。

第三章 《通志堂经解》的版本

《通志堂经解》于清康熙年间刊印以后，书版即藏于徐乾学苏州家宅。自徐家流出后，为苏州织造府收贮，其间江苏按察使胡季堂（1729—1800）等人曾出资进行补刊整理。乾隆四十八年（1783）书版解运内府，乾隆五十年（1785）《四库全书》馆臣曾奉旨修版重印。至同治十二年（1873）又在两广盐运使钟谦钧的主持下于粤东书局翻刻。足见后世对《通志堂经解》的重视。

第一节 《通志堂经解》的初刻本

《通志堂经解》初刻本于清康熙十二年（1673）开始刊刻，在康熙十九年（1680）以后，至少在康熙二十七年（1688），仍有经解在付刻，而大量的已刻经解也在校勘修正中。在这个过程中校订完毕的经解同时在刷印。在康熙二十九年（1690）至三十一年（1692）之间，《通志堂经解》全部校刻完毕，并有整套的《经解》印出。

一、初刻本的版式特征

《通志堂经解》初刻本写刻严整疏秀而自然大方，可称清初写刻本的典范。黄裳于《清刻之美》一文中称其“精写付刻，也是有代表性的官方刻书的标本”[①]。杜泽逊《文献学概要》则称“初刻工致，为清初写刻本代表之一”[②]。此初刻本行款一般为半页十一行，每行二十字，白口，单黑鱼尾，左右双边。鱼尾上方记字数，下方依次记书名、卷第、页次。版心下方右刻“通志堂”三字，左刻刻工名。每卷末一般有尾题，并署“后学成德挍订”。全书卷首有纳兰成德序（半页十行行十九字），署“康熙十二年夏五月赐进士出身纳兰成德谨序”，次徐乾学序（半页十一行行十九字），署“康熙十有九年庚申日讲官起居注左春坊左赞善兼翰林院捡讨昆山徐乾学谨序”，次《新刊经解目录》（半页十一行）。

二、初刻本的流布与收藏

约在清康熙二十九年（1690）至康熙三十一年（1692）间，始有整套的《通志堂经解》印出，此已详前文。之前亦有陆续刷印，有随刻随印的特点，故朱彝尊、王士禛皆陆续得之。从有关资料记载看，其初刻本印数应当不多，流通不甚广。现所见有关《通志堂经解》初刻本流布情况的资料有如下几条：

① 清王士禛《居易录》卷十：“顷得昆山新刻《经解》又数种，如逸斋《补传》、成伯玙《指说》、李樗黄櫄《集解》、朱倬《疑问》、朱善《解颐》，详略虽不同，要皆可互相发明。”其时间约在康熙二十九年（1690）。

② 清陆陇其《陆清献公日记》卷十，康熙二十九年庚午（1690）九月：“廿三，在朱锡鬯所，见通志堂所刻敖继公《仪礼集说》、卫湜《礼记集说》、王次点《周礼订义》、杨复《仪礼图》。又见宋陈均《皇朝编年录要》，系宋板。又见李焘《长编》，系抄本。锡鬯言，通志堂诸书，初刊时皆有跋，刻在成德名下，后因交不终，刊去。然每页板心，通志堂之名犹在。”

③《陆清献公日记》卷十，康熙三十一年壬申（1692）七月：“初七，到馆见健庵所刻《经解》，此举差强人意。”

④ 据清陆费墀《钦定四库全书荟要总目》，《摛藻堂四库全书荟要》经部

① 黄裳撰：《清代版刻一隅》，第 423 页。

② 杜泽逊撰：《文献学概要》，第 328 页。

书多采用内府所藏《通志堂经解》本缮录。

⑤ 清姚元之《竹叶亭杂记》卷四："武英殿书籍其存而不发卖者，向贮于殿之后敬思殿。甲戌夏清查，将完好者移贮前殿，其残缺者变价……其变价之书，峻生购得《通志堂经解》白纸本，虽缺少《三礼图》，而其本绝佳，书内有谦牧堂印，犹是内府收存之初本也。"

⑥ 叶德辉《书林清话》卷九："今通志堂全书初印者，全部绝少。乾嘉间如孙星衍《孙祠书目》、倪模《江上云林阁书目》所载，缺种极多。吾藏初印全本两部，可以睥睨诸君矣。"

⑦ 叶德辉《郎园读书志》卷一："(《通志堂经解》)全者颇难得，乾嘉中如孙星衍《祠堂书目》、倪模《江上云林阁书目》分入经部各类，案之皆不得其全。……(《天禄琳琅书目》)《前编》所载无一册之存，《续编》经部宋人书所谓宋版者，往往以白纸初印之通志堂本伪充，当时鉴定诸臣不知何以竟未辨出。"

⑧《续修四库全书总目提要》第4册《通志堂经解目录》(《粤雅堂丛书》本)条："《通志堂经解》，刻于康熙十五年(1676)，凡白纸初印，板心无'通志堂'三字者，均昆山徐乾学刻成时所印。后以板归纳兰成德，始于板心下方，补刻'通志堂'三字。"①

综合以上材料可知，《通志堂经解》或在康熙十五年(1676)左右即有少量印本流出。在康熙二十九年(1690)以前，一直陆续刷印，并陆续送人，故朱彝尊、王士禛在康熙二十九年(1690)均已收得部分。在康熙三十一年(1692)或稍前有整套的《经解》印毕，故陆陇其得见。内府有收藏，当是在《经解》印完之后，徐氏即呈送内府。但初印本数量应该不大，流布不甚广，至乾嘉间收藏《经解》整套者已不多。

今中国大陆、中国台湾、日本、韩国、美国等地都有收藏，检《中国丛书综录》《中国古籍善本书目》等书目即可得大陆各图书馆收藏情况。各目多著录为清康熙十九年(1680)通志堂刻本。1969年台北大通书局、2019年北京燕山出版社据初刻本影印出版。

① 柯劭忞等撰:《续修四库全书总目提要》第4册，第465页。

三、书版的流传

《通志堂经解》刻成之后，版即存于徐乾学苏州家宅。何焯在批注《通志堂经解目录》之《易璇玑》条时称："汲古阁。后得旧本，尚有序文，写样付东海后人，竟未曾刻。其全书亦尚有讹处，不曾修版。"① 知在徐乾学殁后版尚存其后人处，此后人当指徐乾学的儿子。书成于康熙四十八年（1709）的王士禛《分甘余话》卷四有云："昆山徐氏所刻《经解》多秘本，仿佛宋椠本，卷帙亦多，闻其版亦收贮内府。"王氏语称听闻，未能确定。据杨国彭考察，《通志堂经解》书版自徐氏家宅流出后，一直收藏于苏州织造府，至乾隆四十八年（1783）才运至宫中。② 乾隆五十年（1785）高宗皇帝命四库馆臣将《通志堂经解》书版修整重印，遂有御定补刊本。之后，据关文瑛《通志堂经解提要》卷首所称，版曾藏于江宁藩府，此外便再未见其他记载线索。

第二节 《通志堂经解》的补刊本与翻刻本

一、乾隆间胡季堂等补刊本

《通志堂经解》初刻本刊成之后，书版即藏于徐乾学苏州家宅。自徐家流出后，为苏州织造府收贮，直至乾隆四十八年（1783）解运内府。据杨国彭撰文考证，《通志堂经解》书版收贮苏州织造府期间，具体在乾隆三十八年（1773）至三十九年（1774）间，胡季堂、舒文（？—1791）、彭元瑞（1731—1803）、袁鉴等人曾出资进行补刊整理。胡季堂《培荫轩诗文集》卷一有《补刊〈徐氏经解〉序》，序云：

昆山《徐氏经解》刻于康熙十二年，学古之士，用借津梁，以济渊海，倭指周星。仅过百腊，而传是楼中竹素缣缃荡然羽化。此板归织造府，亦复

① 翁方纲订：《通志堂经解目录》，第 1 页。

② 杨国彭：《〈通志堂经解〉及其书版入藏内府考》，《故宫博物院院刊》2019 年第 7 期。

漫漶残缺，不经刷印有年矣。余尝与学使彭公、观察袁公论事及此，念我朝稽古右文，旷轶百代，皇上于制科之外，特征通经之士，优擢侍从，此后德音叠沛，广求遗书，开四库之馆，以成古今未有之钜观。上方赐膳，尚书给札，编纂者百员，缮录者千指，各省督抚承诏购募，凡故家之箧衍，寒畯所传钞，虽郢书燕说，寸纸尺蹏，莫不装潢投献，重埒璜球。而此《经解》一书，以前辈荟萃之勤，艺苑菑畬之助，乃听其零落，不复收辑，岂守土者所以佐文明之治，而奖来学之心哉？乃商于尚衣舒公，发藏板，付书院肄业诸生排比校对，缺者补之，蠹者易之，阅数月竣事。费剞劂银三百两有奇，则吾数人醵俸之所出也。……[1]

彭元瑞《恩余堂辑稿》卷一亦有《重补〈通志堂经解〉序》，可与胡序印证：

昆山徐相国汇说经家诸书，锓为《通志堂经解》。迄今年久，板日朽佚，计阙者百数十篇，废摹印者二十余年。坊贾或累数年罕售一帙，盖经学之不讲也久矣。坐肆而鬻，按籍而求，惟讲章、时文二者是骛；词章之士，又以撦摭类书为急计；一二好古之儒，或博览史籍，至经则倦而思卧矣。盖史事新而易识，经学湛而难入，质性所近，其大较然也。予视学三年，每令诸生默写经文，中鲜讹误者百不得一二，至通注疏者绝无其人，矧诸家之籍乎？作之者与汇而传之者之苦心如是，而仅以听之浥烂脱失，至于不可收拾，可慨也！江苏按察使今刑部侍郎光山胡公，慨然起而任之，取校旧本，残者补之，漫漶者厘之，于是《通志堂经解》复为完书。……[2]

时胡季堂为江苏按察使，舒文为苏州织造，彭元瑞为江苏学政，袁鉴则为江苏松太道员。[3]

惜此次补版之后是否有刷印，因缺乏资料记载，亦缺少明确标志，故详

---

① 胡季堂:《培荫轩诗文集》卷一，清道光二年（1822）胡鏻刻本。

② 彭元瑞:《恩余堂辑稿》卷一，清道光七年（1827）刻本。

③ 详参杨国彭《胡季堂与〈通志堂经解〉的补刊》,《文献》2019 年第 1 期。

情不得而知。

二、乾隆五十年御定补刊本

乾隆四十八年（1783），《通志堂经解》书版由苏州织造府运入内府。此时距《经解》原版刻成之时已近百年。此间虽经胡季堂等补版，但仍多剥蚀不全者，又因《经解》流传不甚广，以及高宗皇帝自身的政治考虑，在乾隆五十年（1785）高宗下旨命《四库全书》馆臣对《通志堂经解》修版补刊。其御旨云：

《四库全书》馆进呈补刊《通志堂经解》一书。朕阅成德所作序文，系康熙十二年。计其时，成德年方幼稚，何以即能淹通经术？向即闻徐乾学有代成德刊刻《通志堂经解》之事，兹令军机大臣详查成德出身本末，乃知成德于康熙十一年壬子科中式举人，十二年癸丑科中式进士，年甫十六岁[①]。徐乾学系壬子科顺天乡试副考官，成德由其取中。夫明珠在康熙年间柄用有年，势焰熏灼，招致一时名流如徐乾学等，互相交结，植党营私。是以伊子成德，年未弱冠，夤缘取得科名，自由关节，乃刻《通志堂经解》，以见其学问渊博。古称皓首穷经，虽在通儒，非义理精熟，毕生讲贯者，尚不能覃心阐扬，发明先儒之精蕴；而成德以幼年薄植，即能广搜博采，集经学之大成，有是理乎？更可知为徐乾学所裒辑，令成德出名刊刻，借此市名邀誉，为逢迎权要之具耳。夫徐乾学、成德二人品行本无足取，而是书荟萃诸家，典赡赅博，实足以表章六经。朕不以人废言，故命馆臣将版片之漫漶断阙者补刊齐全，订正讹谬，以臻完善，嘉惠儒林。但徐乾学之阿附权门，成德之滥窃文誉，则不可不抉其隐微，剖悉原委，俾定论昭然，以示天下后世。著将此旨录载书首。[②]

① 据徐乾学《通议大夫一等侍卫进士纳兰君墓志铭》、韩菼《通议大夫一等侍卫进士纳兰君神道碑铭》及《明清进士题名碑录索引》知成德中进士年为康熙十五年丙辰（1676），另据徐乾学《通议大夫一等侍卫进士纳兰君墓志铭》、韩菼《通议大夫一等侍卫进士纳兰君神道碑铭》知成德生于顺治十一年（1654），则其中进士时为二十三岁。

② 《清实录·高宗实录》卷一千二百二十五乾隆五十年（1785）二月二十九日谕。

经此次修补之后的印本，多称为御定补刊本。书前补刻有乾隆五十年（1785）二月二十九日高宗御旨。莫伯骥藏有此补刊本，上有前人朱校，莫氏并撰有《御定补刊〈通志堂经解〉跋文》，见其《五十万卷楼群书跋文》。陶湘则撰有《钦定校正补刻通志堂经解目录》，见《武进陶氏书目丛刊》。

此本除前补刻有高宗御旨外，其他项也偶有与原刻本不同者，如《论语集说》十卷，据崔富章《四库提要补正》称，原刻本封面一页署“宋蔡仲觉先生著”，而乾隆五十年（1785）补刊本则无。

此版既奉旨修补以“嘉惠儒林”，之后当有相当数量的刷印，然所见各书目有关此版的著录犹少。推其原因，此版除书首补刻高宗御旨外，其实质内容与原刻并无不同，故各藏书家所藏，应该多有将书首御旨撤去，以充作初刻原印者。旧时书估最擅此举，但也不排除部分藏书家自行为之。

此补刊本见于各目专门著录者较少，北京大学图书馆、北京师范大学图书馆、台北故宫博物院图书馆、韩国汉城松涧文库等有收藏。其他各馆著录作康熙刻本者，当多有此本。著录作康熙刻本也不能称之为误，因此本实即康熙原刻修版而已，若著录作清康熙间徐乾学刻乾隆五十年（1785）武英殿重修本则最为妥当。

三、同治十二年粤东书局翻刻本

《通志堂经解》于同治十二年（1873）又有翻刻本。主其事者为时任两广盐运使的钟谦钧。版式、行款、字体一仿原刻，惟各卷末“后学成德挍订”六字后，一般增刻“巴陵钟谦钧重刊”一行。全书书首有乾隆五十年（1785）二月二十九日御旨，次重刊《通志堂经解》衔名，次康熙十二年（1673）夏五月纳兰成德序，次康熙十九年（1680）徐乾学序，次同治十二年（1873）十月文华殿大学士兵部尚书兼都察院右都御史两广总督长白瑞麟序，次同治十二年（1873）十月兵部侍郎兼都察院右副都御史广东巡抚潍阳张兆栋序，次同治十二年（1873）十月二品顶戴两广都转盐运使司盐运使巴陵钟谦钧序，次《经解》目录。

此刻历时一年即完成，钟谦钧本人于序中称“原书楷字精工，覆刻必不能及”[1]，关文瑛则称“时日短促，校勘殊嫌草草”[2]，可见其刻功、校勘均有不如意处。如宋俞琰《俞氏易集说》十三卷，是书合《俞氏易上下经》二卷、《周易彖传》二卷、《周易爻传》二卷、《周易象辞》一卷、《周易文言传》一卷、《周易系辞传》二卷、《俞氏易集说说卦》一卷、《俞氏易集说杂卦》一卷、《俞氏易集说序卦》一卷，共十三卷，每篇各冠以自序。康熙初刻本全书书首有康熙十五年丙辰（1676）二月纳兰成德容若《石涧俞氏周易集说序》，次元元贞二年丙申（1296）五月六日林屋山人俞琰玉吾叟自序，次《俞氏易集说题辞》。书末有元皇庆二年癸丑（1313）四月十四日俞琰玉吾叟《俞石涧周易集说后序》。而粤东书局翻刻本，将《俞石涧周易集说后序》改置于书首《题辞》前，又将《周易上下经说序》改置于《后序》前，均不妥。又宋胡方平《易学启蒙通释》二卷图一卷，初刻本卷首有元至元二十九年（1292）刘泾、熊禾二跋，粤东书局翻刻本则削而未刻。又宋程大昌《程尚书禹贡论》二卷《后论》一卷《山川地理图》二卷，其卷首宋淳熙八年（1181）彭椿年序、《直斋书录解题》、卷首成德序皆称有三十一图。初刻本所据，为天一阁抄本，无图，故初刻本《山川地理图》部分亦只刻叙说而无图，只存图之名目。乾隆时四库馆臣于《永乐大典》中录出二十八图，依《通志堂经解》本图叙原目，并为二卷，收入《四库全书》及《摛藻堂四库全书荟要》。粤东书局翻刻本图则已补足三十一数，但其时当亦未能得见宋本，所据盖为四库本，然其补入者又比四库本二十八图少《历代大河误证图》一种，其他《山川总会》及《九河》《三江》《九江》四图为初刻本原有，而此四图实际上又是宋傅寅《禹贡说断》中所附图而误订入者。故粤东书局本所补之图虽凑足三十一数，但与宋本、《通志堂经解》初刻本、四库本均不能全符，实有妄补之嫌。

粤东书局翻刻本亦有较初刻本有所改善处，如宋林之奇《三山拙斋林先生尚书全解》四十卷，康熙初刻本卷三十四原缺，粤东书局本卷三十四亦已补全。

后世影印《通志堂经解》各书时，也颇有以此同治十二年（1873）翻刻

---

① 徐乾学编：《通志堂经解》卷首，1996年江苏广陵古籍刻印社影印清同治十二年（1873）粤东书局重刻本。

② 关文瑛撰：《通志堂经解提要》卷首。

本为底本者，如近人严灵峰所编《无求备斋易经集成》，其中《易图说》三卷、《水村易镜》一卷、《读易私言》一卷、《周易本义通释》十二卷《辑录云峰文集易义》一卷、《易图通变》五卷等书均以同治十二年（1873）本影印。1993 年江苏广陵古籍刻印社所影印出版（2007 年再版）《通志堂经解》全编，亦据此本，而弃康熙原刻未用，并非佳选。

此本今海峡两岸暨香港以及国外如日本等地的图书馆多有收藏，存世数量较原刻为多。

第四章　《通志堂经解》子书版本源流考（上）

《通志堂经解》规模宏大，收子书 140 种，其中易类 39 种，书类 19 种，诗类 11 种，春秋类 35 种，礼类 12 种，孝经类 4 种，四书类 13 种，群经总义类 7 种。这些子书，《通志堂经解》本之外，都有其他版本，有的因为反复刊刻，版本众多，版本之间的递刻关系对于后人而言呈现出一定的复杂性。梳理《通志堂经解》各子书的版本系统，厘清各版本间的先后递刻关系，比较各版本的优劣高下，确定《通志堂经解》本的底本依据，这对于判定各书之《通志堂经解》本的版本地位，评定《通志堂经解》本的价值十分必要。

本书第四章至第六章的内容为《通志堂经解》各子书版本源流考。以各子书的《通志堂经解》本为中心，逐一详细标记各书《通志堂经解》本的版本特征，考察各书其他各版本的著录、存佚、馆藏情况。通过全面考察各书志、题跋等的著录情况，并辅助以校勘手段，厘清各书不同版本间的递刻关系，梳理版本源流，确定《通志堂经解》本的底本依据。因本部分内容较多，故大致依各子书的种类、数量划分了章节；各子书的标序，为照顾本书其他章节内容称引之便，采用连续编号的方式。

第一节　易类（39种）

1. 子夏易传十一卷

题卜子夏撰[①]。

正文首行题“子夏易传卷第一”，次行题“周易”，第三行题“上经乾传第一”。每半页十一行，行二十字，白口，左右双边，单黑鱼尾。鱼尾上方记字数，下方依次记书名、卷第、页次。版心下方右刻“通志堂”三字，左刻刻工名：帜先、蒋天一、宜生、邓世维、季奉生（又季生）、王允高、王子庚、杨天爵、茆召卿、张仲、缪孔亮、吴子仁、张进文、张茂、陈君、王玉、朱士、王方、晋生、君仲、李左、君起、郑孔加、缪用、缪以、邓弘、周圣西、王斐明、甘善长、巨甫、包习先、焦景霞、陶冶。卷首有清康熙丙辰（十五年，1676）仲春纳兰成德容若序。每卷末有尾题，并署“后学成德挍订”。

十一卷本《子夏易传》有明末高承埏稽古堂刻本，《中国古籍善本书目》卷一著录，作《稽古堂订正子夏易传》，藏国家图书馆。叶德辉《郎园读书志》卷一云：“《子夏易传》十一卷，明高承埏稽古堂刻本，大题云‘稽古堂订正子夏易传卷第几’，下钤‘檇李曹氏藏书印’七字朱文椭圆印，又有‘曹宗耀印’四字白文方印，‘维中’二字朱文方印，盖倦圃先生之子也。是书四库著录称内府藏本，疑即通志堂本。此本在通志堂之前传本极少。”十一卷本《子夏易传》，通志堂本之前除明高承埏稽古堂刻本外，未见有他本著录。郎园所称倦圃者，乃清初秀水曹溶号，徐乾学与曹溶交善，《通志堂经解》卷首徐乾学总序中亦言及向曹氏借抄底本事，通志堂本或即从此本出。

《郎园读书志》卷一又称“是书四库著录称内府藏本，疑即通志堂本”。今以《四库全书》本与通志堂本对校，凡通志堂本有墨条及注缺文处，《四库全书》本皆注缺文。如通志堂本卷四第二十二页注“原本阙传”处，《四库全书》本亦注“原本阙传”；通志堂本卷八、卷九末各有三行余的墨条，《四库全书》本皆在相应位置注“阙”。可见，通志堂本或即《四库全书》本底本。

---

① 《易》所谓子夏撰者，多为伪本。宋晁说之称此本为唐张弧伪作，成德序因之，朱彝尊《经义考》卷五则称此恐非张弧本。

又有清嘉庆间虞山张海鹏照旷阁所刊《学津讨原》本，卷首有四库馆臣所撰提要及成德序，亦从通志堂本出。

2. 易数钩隐图三卷遗论九事一卷

宋刘牧撰。牧字先之，一作牧之，号长民，彭城人。

正文首行题“易数钩隐图卷上”，次行题“太极第一”。每半页十一行，行二十字，小字双行，行三十字，白口，左右双边，单黑鱼尾。鱼尾上方记字数，下方依次记书名、卷第、页次。版心下方右刻“通志堂”三字，左刻刻工名：王相臣、范震生、陈元、潘平矦（又潘平侯）、陶冶、周文启、穆君侯、陈子能、蒋荣、潘玉、刘大超、李立、陈心甫、孙祯之。卷首有清康熙丁巳（十六年，1677）纳兰成德容若序，次三衢刘牧序。每卷末有尾题，并署“后学成德挍订”。[①]

是书清钱塘吴焯藏有宋刻本，其《绣谷亭熏习录》经部《易数钩隐图》条下云：“是本为宋椠，通志堂据此翻刻者。”[②]然何焯则称通志堂本所据乃《道藏》本，翁方纲《通志堂经解目录》引何焯语称：“此《道藏》本也。”[③]其说与《绣谷亭熏习录》著录有异。

是书又有《四库全书》本与《摛藻堂四库全书荟要》本。《四库全书总目》提要称“此本为通志堂所刊，何焯以为自《道藏》录出”，又称《遗论九事》于《道藏》“本别为一卷，徐氏刻《九经解》，附之《钩隐图》末，今亦仍之焉”。[④]而《总目》书名下标注底本来源却为“浙江吴玉墀家藏本”。核以全书，《四库全书》本内容与通志堂本同，惟削去成德序及刘牧自序。吴玉墀，为吴焯之子，则吴玉墀所进非家藏宋刻而为通志堂本欤？《四库全书总目》此处著录令人疑惑。《四库全书荟要》卷首《钦定四库全书荟要总目》则称依内府所藏通志堂本缮录。

又，《皕宋楼藏书志》卷一著录是书明影抄宋本、《抱经堂藏书志》卷一著录旧抄本等。近人严灵峰所编《无求备斋易经集成》亦收是书，乃据通志

---

① 山东大学藏本是书书名页中间大字题“大易象数钩深图”，右上题“元张纯先生著”，左下题“通志堂藏板”。此为《通志堂经解》中元张纯《大易象数钩深图》封面页，误订于此。

② 吴焯撰:《绣谷亭熏习录》经部一，1993 年中华书局《清人书目题跋丛刊》影印民国七年（1918）仁和吴氏双照楼刻《松邻丛书》本。

③ 翁方纲订:《通志堂经解目录》，第 1 页。

④ 纪昀等撰:《四库全书总目》卷二。

堂本影印。

3. 横渠先生易说三卷

宋张载撰。载字子厚，郿县人。

正文首行题“横渠先生易说卷第一”，次行题“上经”。每半页十一行，行二十字，小字双行，行二十字，白口，左右双边，单黑鱼尾。鱼尾上方记字数，下方依次记书名、卷第、页次。版心下方右刻“通志堂”三字，左刻刻工名：洪甫、王顺、王相臣、陈心甫、君静、世求、卜奇、岳海、子能、卜升、方惟、周子正、王文、王弘卿、关召、尔公、国甫、陈君侯、陈元、君生、允圣、卜文、范震生、栢子林、栢臣、周文启、李立、葛君宣、李公。卷首有吕大临撰《横渠先生行状》。每卷末有尾题，并署“后学成德挍订”。

是书《中国古籍善本书目》卷一著录明嘉靖十七年（1538）吕柟刻本（存二卷：上经、下经），国家国书馆、上海图书馆等藏。通志堂本以后，又有《四库全书》本、《摛藻堂四库全书荟要》本等，据《四库全书荟要》卷首《钦定四库全书荟要总目》，《四库荟要》本依内府所藏通志堂本缮录。又，严灵峰《无求备斋易经集成》亦收是书，乃据通志堂本影印。

4. 易学一卷

宋王湜撰。

正文首行题“易学”，次行题“论太极”。每半页十一行，行二十字，小字双行，白口，左右双边，单黑鱼尾。鱼尾上方记字数，下方依次记书名、卷第、页次。版心下方右刻“通志堂”三字，左刻刻工名：王相臣、范震生、关君召、王子荣、潘平侯、范哲生、杨中、陶冶、陈子能、陈元、孟仙、刘景超、刘顺之、方惟。卷首有同州王湜《易学序》，次清康熙十六年丁巳（1677）三月纳兰成德容若《同州王氏易学序》。卷末有尾题，并署“后学成德挍订”。

是书又有《四库全书》本，入子部术数类。《四库全书总目》此条下标“内府藏本”，提要称“此书则《通志堂经解》刊之”[①]，之前通志堂本外，亦未见其他版本著录，则《四库全书》本当据内府所藏通志堂本为底本，惟削去成德序。

---

① 纪昀等撰:《四库全书总目》卷一百零八。

5. 紫岩居士易传十卷

宋张浚撰。浚字德远，号紫岩居士，绵竹人。

正文首行题“紫岩居士易传第一”，次行题“张浚”，第三行题“上经”。每半页十一行，行二十字，白口，左右双边，单黑鱼尾。鱼尾上方记字数，下方依次记书名、卷第、页次。版心下方右刻“通志堂”三字，左刻刻工名：陈君、缪臣、宜生、周圣西、天一、仲明、张仲、谈元茂、甘公御、李左、王方、用周、吴子仁、张进文、张进安、王斐明、君仲、王尔荣、晋生、杨天爵、君起、焦景霞、王玉、陶冶、茆德卿、季奉生、季生、朱天又、缪虞臣、王允高、朱士、伯良、郑孔加、缪孔亮、缪尔、世维、谈钦、甘生玉、茆召、缪文安、甘善长、巨甫。每卷末有尾题，并署“后学成德挍订”。

《皕宋楼藏书志》卷一著录旧抄本，并录张浚曾孙献之宋嘉定十三年庚辰（1220）跋，据跋知是书宋嘉定间献之曾刻。

通志堂本所据，翁方纲《通志堂经解目录》引何焯语曰：“明书帕版，恐不足凭。”[①]又陆心源《仪顾堂续跋》卷一《明抄〈紫岩易传〉跋》云：“《紫岩居士易传》十卷首载《易论》一篇，后有嘉定庚申[②]紫岩曾孙献之跋、万历甲戌郭朴跋。朴称得录于林虑李龙冈主事，林录自唐荆州家。成皋王传《易论》及《易注》，因取朴所藏本刻焉。此本盖从王府刊本影写者，第二、第三行空当是明人校刊衔名，故影抄时削之。卷十末有木记云，此书旧本‘贞’‘敦’二字多减去点画，‘恒’字间有更为‘常’字者，皆避宋帝讳也，惟‘敬’字每以‘钦’字代之，似为张公家讳。不知‘敬’亦宋太宗嫌名也。明人之陋至此，无怪何义门以为不足凭矣。然其书源出宋本，献之跋犹存。通志堂所据本亦即明藩府本，削献之跋，并缺卷首《易论》，不若此本之善也。”[③]据陆氏所云，其所藏明抄本与通志堂本皆以明成皋王藩府刻本为底本，陆氏以为，何焯所称明书帕本即明成皋王藩府刻本。

又有《四库全书》本、《摛藻堂四库全书荟要》本。据《钦定四库全书荟要总目》，《四库荟要》本乃依内府所藏通志堂本缮录，又据元张献之本校对。

---

① 翁方纲订：《通志堂经解目录》，第 1 页。

② 庚申，为庚辰之误。

③ 陆心源撰：《仪顾堂续跋》卷一，1993 年中华书局《清人书目题跋丛刊》影印清光绪归安陆氏刻本。

《四库全书》及《四库荟要》本卷首亦无《易论》,《四库全书》卷末录有张献之跋,《四库荟要》本则无。吴寿旸《拜经楼藏书题跋记》卷一则著录旧抄本三册，有朱彝尊藏印，不知自何本出。

6. 汉上易传十一卷周易卦图三卷周易丛说一卷

宋朱震撰。震字子发，荆门人。

正文首行题“周易上经乾传卷第一”，次行题“翰林学士左朝奉大夫知制诰兼侍读兼资善堂翊善长林县开国男食邑三伯户赐紫金鱼袋朱震集传”。《易传》十一卷后为《周易卦图》上中下三卷，再后为《周易丛说》一卷。每半页十三行，行二十三字，小字双行，行三十四字，白口，左右双边，单黑鱼尾。鱼尾上方记字数，下方依次记书名、卷第、页次。版心下方右刻“通志堂”三字，左刻刻工名：陈章、甘典、王玉、张升、尔生、徐士、张达、邓士（又邛士）、邓汉、天渠、高宇、王盛、周用、邛芃、蒋任、祁生、王伦、云登、王枚、子秀、刘和、周仲、邓宣、邓国、王尔吉、栢六吉、邓德、望之、张锡、子元、栢正、张奇、邓佩、邓甘、穆旺、公裔、怀中、王绥吉、尔祚、刘林、徐盛、邵文、邵敬先、子铨、于亮臣、刘荣、达宣、哲士、张玉、杨立本、公纪、尔后、沈芳欣、顾子寿、刘太、邓尹、邓誉、刘全、贞生、王伯、王君盛、王云、顾明、邵先、玉公、张玉、蒋逢太、蒋太、全甫、姚重士、文先、王韵。全书卷首有清康熙丙辰十五年（1676）纳兰成德容若《朱氏汉上易传并易图丛说序》，次朱震《周易集传序》《进周易表》，卷末有《汉上先生履历》。每卷末有尾题，并署“后学成德挍订”。

是书《郡斋读书志》卷一著录，作“朱子发易集传十一卷易图三卷丛记一卷”[①],《直斋书录解题》卷一作“汉上易传十一卷丛说一卷图三卷”[②]。

《中国古籍善本书目》卷一著录宋刻本《汉上周易集传》十一卷（存九卷：卷三至卷十一），藏国家图书馆；又明抄本《汉上易传》十一卷《卦图》三卷《丛说》一卷（《卦图》配清抄本），藏南京图书馆；又清初毛氏汲古阁影宋抄本《汉上易传》十一卷《汉上先生履历》一卷，藏国家图书馆。通志堂本所据，翁方纲《通志堂经解目录》引何焯语曰：“《卦图》及《丛说》，西

① 晁公武撰:《郡斋读书志》卷一，1978 年台北成文出版社《书目类编》影印宋淳祐九年（1249）刻本。

② 陈振孙撰:《直斋书录解题》卷一，1987 年上海古籍出版社排印本。

亭王孙钞本，尚未尽善。其十一卷，影宋本，可据。”[①]王国维亦称清初毛氏汲古阁影宋抄本《汉上易传》十一卷《汉上先生履历》一卷“盖即通志堂祖本也”[②]，与何氏所言合。国家图书馆所藏毛氏汲古阁影宋抄本，钤有“宋本”“甲”“毛晋私印”“汲古主人”“海盐张元济经收”“涵芬楼”等印，当即此本，今《中华再造善本》已影印。而《卦图》《丛说》，据何焯称乃另据明朱睦㮮抄本付刊。

通志堂本之后又有《四库全书》本、《摛藻堂四库全书荟要》本、民国十二年（1923）沔阳卢氏慎始基斋影印《湖北先正遗书》本、《四部丛刊续编》本等。据《钦定四库全书荟要总目》,《四库全书荟要》本依内府所藏通志堂本缮录;《湖北先正遗书》本则据通志堂本影印;《四部丛刊续编》本作《周易集传》十一卷，乃据国家图书馆所藏宋刻本影印，所缺卷一、卷二另影自汲古阁影宋抄本。

按，此书晁、陈所见皆有《卦图》三卷《丛说》一卷，知宋代已然。传世宋本仅有《汉上周易集传》十一卷（存九卷：卷三至卷十一），乃不完之本。汲古阁影宋抄本，亦缺《卦图》三卷《丛说》一卷,《四部丛刊续编》因之，仍非完书。惟《通志堂经解》本以影宋《汉上易传》十一卷配以《卦图》三卷《丛说》一卷刊刻，与晁、陈所著录合，乃为完书。《四库全书》及《摛藻堂四库全书荟要》因之,《湖北先正遗书》更据通志堂本影印，皆为全本。南京图书馆所藏明抄本,《卦图》配清抄本，此清抄本亦当自通志堂本出。由是可知，通志堂本为现存第一足本。

7. 易璇玑三卷

宋吴沆撰。沆字德远，临川人。

书名页中间大字题“易璇玑”，右上题“宋吴环溪先生著”，左下题“通志堂藏板”。正文首行题“易璇玑上卷”，次行题“环溪先生吴沆”，第三行题“法天篇第一”。每半页十一行，行二十字，小字双行，行三十字，白口，左右双边，单黑鱼尾。鱼尾上方记字数，下方依次记书名、卷第、页次。版心下方右刻“通志堂”三字，左刻刻工名：陈章、栢臣、岳海、王相臣、国甫、

---

① 翁方纲订:《通志堂经解目录》，第 1 页。

② 莫友芝撰，傅增湘订补:《藏园订补郘亭知见传本书目》卷一，1993 年中华书局影印写本。

君仁、雍尧之、陈元、关召、李立、范震生、世求、方惟、玉生、尔公、化之、卜升、洪甫。卷首有清康熙丁巳十六年（1677）春纳兰成德《崇仁吴氏易璇玑序》，次宋绍兴十六年（1146）夏五月抚州布衣吴沆《易璇玑序》。每卷末有尾题，并署“后学成德挍订”。

通志堂本所据，据翁方纲《通志堂经解目录》引何焯批语称乃汲古阁本，《汲古阁珍藏秘本书目》著录元版《大易璇玑》，当即此本。何焯又云：“后得旧本，尚有序文，写样付东海后人，竟未曾刻。其全书亦尚有讹处，不曾修版。”①然通志堂本卷首成德序外尚有吴沆自序，署“绍兴十六年夏五月抚州布衣臣吴沆谨序”，何氏称“后得旧本，尚有序文，写样付东海后人，竟未曾刻”，是其所见通志堂本无吴沆自序，还是旧本别有他序，不得而知。

今元刻已不传，通志堂本外，所见惟《四库全书》及《摛藻堂四库全书荟要》本，据《钦定四库全书荟要总目》，《四库荟要》本依内府所藏通志堂本缮录。

8. 周易义海撮要十二卷

宋李衡撰。衡字彦平，江都人。

正文首行题“周易义海撮要卷第一”，次行题“江都李衡彦平”。每半页十三行，行二十三字，白口，左右双边，单黑鱼尾。鱼尾上方记字数，下方依次记书名、卷第、页次。版心下方右刻“通志堂”三字，左刻刻工名：陈章、天渠、张达、邓汉、邓尹、祁生、张奇、邛士、玉明、蒋太、王韵（又王韵）、王尔吉（又王尔极）、公纪、张升、玉宣、邓国、王云、王盛、怀中、邛芃、刘公一、孔仁、刘林、沈芳欣、君明、尔后、高宇臣（又高宇）、于亮臣、颖涵、刘全、子铨、立本、徐盛、邵先、刘太、王伯、玉公、重士、尔生、张玉、公升、甘典、尔仁、刘荣、甘翰伯、允相、王维周、王绥吉、杨英、尚达宣、尔祚、公巳、茂生、邓宣。卷首有清康熙丁巳十六年（1677）纳兰成德容若《周易义海撮要序》，次李衡自序，署“绍兴庚辰十一月辛巳江都李衡彦平遂安双清堂书”。每卷末有尾题，并署“后学成德挍订”。

《四库全书总目》该条称：“是书成于绍兴三十年，至乾道六年，衡以御

① 翁方纲订：《通志堂经解目录》，第2页。

史守婺州，始锓于木。”[①] 知是书初刻于宋乾道六年（1170）。通志堂本所据，据翁方纲《通志堂经解目录》所引何焯批语，乃“汲古宋本”。何氏又云：“每首叶有印，其文云‘淳熙七年，明州恭奉圣旨，敕赐魏王府书籍，谨藏于九经堂，不许借出’，其印精工绝伦，宛然《筠州学记》。”[②] 知该宋本刊成在淳熙七年（1180）之前，当即乾道六年（1170）刻本。

通志堂本之前又有抄本流传，《中国古籍善本书目》卷一著录有明抄本及明祁氏淡生堂抄本，完本藏国家图书馆。又著录清惠栋批清丁晏跋的《通志堂经解》本，藏苏州市图书馆。通志堂本以后有《四库全书》本、《摛藻堂四库全书荟要》本等，《四库荟要》本据通志堂本缮录。

9. 易小传六卷

宋沈该撰。该字守约，一作元约，吴兴人。

正文首行题“易小传卷第一上”，次行题“沈该”，第三行题“上经”。每半页十一行，行二十字，小字双行，行三十字，白口，左右双边，单黑鱼尾。鱼尾上方记字数，下方依次记书名、卷第、页次。版心下方右刻“通志堂”三字，左刻刻工名：巨甫、文裕、张永、六吉、帜先、蒋太、王会、子石、森玉（又森豫）、周圣西、邛弘、邛玉、叙九、陈章、启洲、受亭（又受廷）、句公、习候、王言、公御、公玉、茆德卿、茆召、刘廷、缪亮、孔亮、张升、进文、张文、尔太、君起、彬生、谈钦、谈元茂、季生、陈君、晋生、君仲、天爵、朱天又、李左、朱士、仲明。卷首有《进〈易小传〉札子》《高宗御笔奖谕》并《缴进御笔奖谕石刻札子》及沈该自序。每卷末有尾题，并署“后学成德挍订”。书中有多处墨块。

是书《直斋书录解题》卷一著录。《增订四库简明目录标注》卷一、《藏园订补郘亭知见传本书目》卷一称有宋本，已佚。《天禄琳琅书目后编》卷八著录毛氏汲古阁影宋抄本。《增订四库简明目录标注》卷一、《适园藏书志》卷一、《中国古籍善本书目》卷一著录明祁氏澹生堂抄本，今藏国家国书馆。不知通志堂本所据何本。据各书志所载，宋本、澹生堂抄本后附《系辞补注》十余则，影宋抄本、澹生堂抄本卷末有宋绍兴己卯王之望跋，均不见于通志

① 纪昀等撰:《四库全书总目》卷三。

② 翁方纲订:《通志堂经解目录》，第2页。

堂本。

通志堂本以后，又有《四库全书》本、《摛藻堂四库全书荟要》本、民国十一年（1922）吴兴刘氏嘉业堂刊本（《吴兴丛书》之一）等。《四库荟要》本据通志堂本缮录。《吴兴丛书》本有《系辞补注》一卷。

10. 复斋易说六卷

宋赵彦肃撰。彦肃字子钦，号复斋，建德人。

正文首行题“复斋易说卷第一”，次行题“乾”。每半页十一行，行二十字，白口，左右双边，单黑鱼尾。鱼尾上方记字数，下方依次记书名、卷第、页次。版心下方右刻“通志堂”三字，左刻刻工名：刘良公、王安公、甘琪、方尔英、甘信、玉林、金子重、甘昆、金佩卿、甘世明、甘子贞、周开先、邓子珍、陶善、周行生（又周行）、邓顺、甘君、高元、甘寅、邓甫卿、伯华。卷首有清康熙丙辰十五年（1676）纳兰成德容若《赵氏复斋易说序》，次《复斋先生行实》，卷末有宋嘉定辛巳（十四年，1221）五月朔门人喻仲可、嘉定辛巳（十四年，1221）六月望莆阳许兴裔刻书跋。每卷末有尾题，并署“后学成德挍订”。

据卷末喻、许二跋，知是书于宋嘉定十四年辛巳（1221）由莆阳许兴裔付刻。《天禄琳琅书目》卷三著录影宋抄本，行实在卷首，卷末有喻、许二跋。通志堂本的底本，据何焯称，乃“天乙阁钞本”[①]，清耿文光《万卷精华楼藏书记》卷二亦称“天一阁抄本，徐氏重刊”[②]。

又有《四库全书》本、《摛藻堂四库全书荟要》本等，《四库荟要》本据通志堂本缮录。严灵峰《无求备斋易经集成》收录此书，乃据通志堂本影印。

11. 古周易一卷

宋吕祖谦编。祖谦字伯恭，金华人。

是书收古周易共十五篇。正文首行题“古周易上经”，每半页十一行，行二十字，白口，左右双边，单黑鱼尾。鱼尾上方记字数，下方依次记书名、卷第、页次。版心下方右刻“通志堂”三字，左刻刻工名：周文启、李立、刘景超、刘顺之、陈子能、陈君俟、范哲生、范震生、陶冶、孟仙、杨中、

① 翁方纲订：《通志堂经解目录》，第 2 页。

② 耿文光撰：《万卷精华楼藏书记》卷二，2006 年中华书局《宋元明清书目题跋丛刊》影印民国排印《山右丛书初编》本。

林九占、王相臣。卷末有尾题"古周易"，并署"后学成德挍订"。

是书通志堂本外，有《四库全书》本、《清芬堂丛书》本、《函海》本及清孙葆田《孙氏山渊阁丛刊》本等，另清刘台拱所翻刻《周易本义》后亦附此书。传世各本皆出通志堂本后，盖皆以通志堂本为祖本。

12. 童溪王先生易传三十卷

宋王宗传撰。宗传字景孟，宁德人。

正文首行题"童溪王先生易传卷第一"，次行题"迪功郎前韶州州学教授王宗传景孟撰"。每半页十一行，行二十字，白口，左右双边，单黑鱼尾。鱼尾上方记字数，下方依次记书名、卷第、页次。版心下方右刻"通志堂"三字，左刻刻工名：邓世维、刘良公、甘子贞、邓懋卿（又邓茂卿、邓茂）、金佩卿、刘圣公、陶善、高珩、陈尔工、陈君生（又君生）、甘信、甘生、缪以公、高元、周开、玉成、邓甫卿（邓辅卿）、尔玉、包习先、王君任、邓、邓珍、格生、丁山、金子重、王安、安公、邓吉、邓珏、邓文、邓永、至公、坤玉、甘玉、玉林、甘琪、邓顺、王粲、公善、甘孚、范子茂（又子茂、范茂）、邓玉、邓元哲、邛格、甘慧、邛宪生、公上、公止、梁生。卷首有王宗传自序，次儒林郎知衢州开化县事主管劝农公事林焞炳叔序。每卷末有尾题，并署"后学成德挍订"。

是书有宋开禧元年（1205）建安刘日新宅三桂堂刻本，《天禄琳琅书目后编》卷二、《藏园订补郘亭知见传本书目》卷一、《中国古籍善本书目》卷一等著录，国家图书馆、辽宁省图书馆均藏有不全本[①]，《中华再造善本》据国图藏本影印。

通志堂本所据，据翁方纲《通志堂经解目录》引何焯语曰："汲古宋本，俞石涧收藏，后阙二卷，非全书。"[②]《藏园订补郘亭知见传本书目》亦称"即昆山徐氏原本"[③]。检《中华再造善本》所影印国图藏本，钤"石涧书隐""唐白虎""桂堂""陈元中印""谦牧堂藏书记""汲古阁""毛晋私印""徐健

① 按，据《中国古籍善本书目》著录，此宋本两馆所藏皆存二十八卷：卷一至二十二、二十五至三十。然《北京图书馆古籍善本书目》则称存二十二卷：一至十四、十八至二十二、二十八至三十。《中华再造善本》收是书，乃据国家图书馆所藏宋本影印，所存卷数与《北京图书馆古籍善本书目》著录合。盖《中国古籍善本书目》著录有误。

② 翁方纲订：《通志堂经解目录》，第2页。

③ 莫友芝撰，傅增湘订补：《藏园订补郘亭知见传本书目》卷一。

庵”“乾学”“天禄琳琅”等印。知此即通志堂本底本无疑。然通志堂本并无缺卷，且于全书最后较宋本多出《说卦》《序卦》《杂卦》部分，卷二于宋本缺文处虽均有一空版，然空版处亦比宋本多出十一字，可知通志堂本又据别本补刻。《藏园订补郘亭知见传本书目》卷一亦著录通志堂本，并注曰“何云‘后阙二卷，非全书’”，实通志堂本并无缺卷，何焯所称缺二卷者，当指通志堂本所据之汲古宋本。

此外，又有明抄本（《中国古籍善本书目》卷一著录，藏天一阁文物保管所）、影宋抄本（《天禄琳琅书目》卷四著录）、《四库全书》本、《摛藻堂四库全书荟要》本等，《四库荟要》本据通志堂本缮录，据明毛晋影宋抄本校对。严灵峰《无求备斋易经集成》收录此书，乃据通志堂本影印。

13. 易裨传一卷外篇一卷

宋林至撰。至字德久，松江人。

正文首行题“易裨传”，次行题“法象第一”。每半页十一行，行二十字，小字双行，行三十字，白口，左右双边，单黑鱼尾。鱼尾上方记字数，下方依次记书名、卷第、页次。版心下方右刻“通志堂”三字，左刻刻工名：范震生、孙祯之、周文启、潘平侯、陶冶、杨中、刘顺之、陈子能、林九占、孟仙、陈元、方惟、范质生、王相臣、陈君倏。卷首有清康熙丁巳十六年（1677）端月纳兰成德容若《谷水林氏易裨传序》，次林至自序及识语。每卷末有尾题，并署“后学成德挍订”。

是书《宋史·艺文志》《直斋书录解题》卷一皆有著录，《宋志》作一卷，《书录解题》作二卷《外篇》一卷。有元至正间陈泰刊本。《四库全书》《摛藻堂四库全书荟要》收录是书，皆作一卷《易裨传》一卷《外篇》一卷。《四库荟要》本乃据通志堂本缮录，据元陈泰本校对。《四库全书总目》作《易裨传》二卷，标“两江总督采进本”，并称：“此本为元至正间陈泰所刊，总为二卷，盖泰所并也。”① 则《总目》据陈泰刻本著录。另，《铁琴铜剑楼藏书目录》卷一著录旧抄本，亦称从至正十五年（1355）陈泰刊本传录。《中国古籍善本书目》卷一又著录清抄本，藏国家图书馆。

---

① 纪昀等撰：《四库全书总目》卷三。

14. 易图说三卷

宋吴仁杰撰。仁杰字斗南，河南洛阳人，居昆山。

正文首行题“易图说卷第一”，次行题“河南吴仁杰”。每半页十一行，行二十字，白口，左右双边，单黑鱼尾。鱼尾上方记字数，下方依次记书名、卷第、页次。版心下方右刻“通志堂”三字，左刻刻工名：王相臣、范震生、陈元、曹尔公、陶冶、林九占、周文启、刘顺之、杨中、蒋荣、潘平侯、范哲生、王玉文、王子荣。卷首有清康熙丙辰十五年（1676）二月纳兰成德容若《吴氏易图说序》，卷末有宋端平三年丙申（1236）四月吴人何元寿刻书跋。每卷末有尾题，并署“后学成德挍订”。

《宋史·艺文志》著录作《周易图说》二卷。据通志堂本卷末何元寿刻书跋，知是有宋端平三年（1236）刻本，然未见传世，当已佚。通志堂本之后，又有《四库全书》本。《万卷精华楼藏书记》卷二著录抄本，并录有成德序，盖从通志堂本出。严灵峰《无求备斋易经集成》亦收此书，乃据清同治十二年（1873）粤东书局翻刻通志堂本影印。

15. 易学启蒙通释二卷图一卷

宋胡方平撰。方平字师鲁，号玉斋，婺源人。

正文首行题“易学启蒙通释卷上”，次行题“新安胡方平通释”。每半页十一行，行二十字，中字行三十字，小字双行，行三十字，白口，左右双边，单黑鱼尾。鱼尾上方记字数，下方依次记书名、卷第、页次。版心下方右刻“通志堂”三字，左刻刻工名：甘典、顾明、张锡、王玉、陈章、王枚、子元、蒋太、受廷、邛德、王韵、张达、任臣、茂生、邓国、张奇、邛明、王尔吉、刘和、邛士、徐世、王宪、邛芃、邓佩、祁生、望之、王伦、高宇、张升、六吉、沈芳欣、子秀、邓汉、邓宣。正文前附图。卷首有清康熙丁巳十六年（1677）纳兰成德容若《周易启蒙通释序》，次《易学启蒙通释序》，署“淳熙丙午莫春既望云台真逸手记”①，次启蒙及通释所引姓氏，次元至元壬辰（二十九年，1292）季夏刘泾楫之跋、壬辰仲夏望日武夷熊禾跋②。每卷末有尾题，并署“后学成德挍订”。

① 此为朱子《易学启蒙》原序，此标题为《易学启蒙通释序》，不妥，《四库全书总目》该条已作辨正。国家图书馆所藏元刻明修本犹题《易学启蒙序》。

② 清同治十二年（1873）重刻《通志堂经解》本削此二跋。

卷首成德序云："是书新安旧有椠本，今已不可得。此本为元建阳刘泾所梓，有泾及熊禾去非序。"知是书旧有新安刊本，通志堂本所据乃元至元二十九年壬辰（1292）刘泾刊本。《中国古籍善本书目》卷一著录是书元刻明修本，藏国家图书馆、北京大学图书馆、山东省博物馆等，《中华再造善本》据国家图书馆藏本影印。严绍璗《日藏汉籍善本书录》经部著录元至元二十九年（1292）熊禾刊本，藏尊经阁文库，卷首有元至元壬辰季夏刘泾楫之、壬辰仲夏望日武夷熊禾二跋，行款版式与国图所藏元刻明修本全同（国图本卷首只存熊禾跋后半），可知通志堂本所据底本、国图藏本、尊经阁藏本，当为一刻。

《四库全书》《摛藻堂四库全书荟要》亦收录此书，《四库荟要》本乃据通志堂本缮录，据元新安本、刘泾本校对。

《中国古籍善本书目》又著录明刻本，作《朱子易学启蒙通释》二卷《启蒙图式》一卷，宋胡方平撰，明朱谧述解，有清丁丙跋，藏南京图书馆；又清嘉庆十五年（1810）庆余堂刻本，清孙衣言校并跋，藏杭州大学图书馆。另据《日藏汉籍善本书录》著录，是书于日本又多有写本及重刻本行世，其中有享和二年（清嘉庆七年，1802）刻本，据王宝平主编《中国馆藏和刻本汉籍书目》，乃据通志堂本翻刻。

16. 周易玩辞十六卷

宋项安世撰。安世字平甫，号平庵，祖籍括苍，后移家江陵。

正文首行题"周易玩辞卷第一"，次行题"江陵项安世述"。每半页十一行，行二十字，白口，左右双边，单黑鱼尾。鱼尾上方记字数，下方依次记书名、卷第、页次。版心下方右刻"通志堂"三字，左刻刻工名：缪天渠（又缪天）、重士、邓尹、甘禄、吴天、王绥吉、沈芳欣、陈章、张奇、赵尔祚、刘林、刘林甫、邓尔仁、甘典、王茂林、邓南溪、邓格、陶善、刘良公、甘信孚、王君任、包习先、丁华甫、邓文、邛世维、王尔极、甘子贞（又甘贞）、邛汉卿、张升、尚云、祁生、穆君旺、穆旺、杨立本（又立本）、怀中、刘荣、曾斌、邛宣、于亮臣、杨殿英、王维周、邛士、姚哲、周丹采、张达、刘太、于顺征、尚达宣。卷首有清康熙丙辰十五年（1676）纳兰成德容若序，次虞集序，次元大德丁未（十一年，1307）孟秋冷掾徐之祥序，次大德丁未（十一年，1307）菊月马端临序，次宋庆元四年戊午（1198）秋九月己未及嘉泰二年壬戌（1202）九月丙午江陵项安世两自序。卷末有“咸淳乙丑被命典举以花朝日点毕于礼部贡院鄱阳马廷鸾”两行，又宋嘉定辛未岁（四年，1211）二月中澣江陵乐章跋。每卷末有尾题，并署“后学成德挍订”。

是书项安世之子项寅孙初刻于江阴项氏建安书院，是刻原北平图书馆有藏，王重民《中国善本书提要》著录，现存台北故宫博物院，中国台湾《国立中央图书馆善本书目》著录即是。又有元大德十年（1306）淮西廉访佥事乌克章刻本，世称大德本，今已不传。据王重民《中国善本书提要》，元大德本从宋刻本出，通志堂本又从大德本出。

《四库全书》《摛藻堂四库全书荟要》亦有著录，《四库荟要》本以通志堂本为底本，据元乌克章等本校对。又有《湖北先正遗书》本、《无求备斋易经集成》本，皆据通志堂本影印。此外，《中国古籍善本书目》卷一著录明澹然斋抄本，藏国家图书馆。

17. 东谷郑先生易翼传二卷

宋郑汝谐撰。汝谐字舜举，号东谷，处州人。

正文首行题“东谷郑先生易翼传上经”。每半页十一行，行二十字，白口，左右双边，单黑鱼尾。鱼尾上方记字数，下方依次记书名、卷第、页次。版心下方右刻“通志堂”三字，左刻刻工名：邓世维、高元、邓茂、陈君生（又君生）、范子茂（又子茂）、金佩、甘慧、邓格、金子重、刘良公、徐贞、缪以公、王至公、王君任、王安公（又王安）、丁华甫（又丁华、华甫）、包习先、尔玉、邓宪生、陶善、张公善（又公善）、邓甫卿、公止、梁生、蒋荣臣、谢君甫、陶冶、王相臣、刘大超、甘玉、邓玉林（又玉林）、甘生、邓珍、邓文。卷首有清康熙丙辰十五年（1676）夏五月纳兰成德容若《东谷郑先生易翼传序》，次郑汝谐自序，次汝谐子如冈序，次汝谐曾孙陶孙元大德丁未（十一年，1307）九日跋。每卷末有尾题，并署“后学成德挍订”。

是书郑汝谐子如冈初刻于福建漕司澄清堂。元大德十一年丁未（1307）庐陵学官重刻，何焯云“汲古阁元本，最精”[①]，即指此本，乃通志堂本底本。瞿镛《铁琴铜剑楼藏书目录》卷一著录此元本[②]，并云：“其子如冈初刻于闽，

---

① 翁方纲订:《通志堂经解目录》，第3页。

② 称“元刻存《下经》一卷，补抄《上经》一卷”。

有跋。大德丁未曾孙陶孙复跋而刻于江右，此即陶孙重刻本。何义门校通志堂刻本，谓汲古阁毛氏所藏甚精，即此本也。”①元大德本今存一卷（《下经》），藏国家图书馆，《中国古籍善本书目》卷一著录，《中华再造善本》据以影印。通志堂本则为现存最早之完本。

又有《四库全书》本、《摛藻堂四库全书荟要》本，《四库荟要》本乃据通志堂本缮录，据元郑陶孙本（即元大德十一年庐陵学官本）校对。《四库全书》《四库荟要》本汝谐自序在卷首，如冈及陶孙跋则在卷末。

18. 三易备遗十卷

宋朱元升撰。元升字日华，号水檐，平阳人。

正文首行题“三易备遗卷第一”，第二行题“东嘉朱元升日华述”。每半页十一行，行二十字，白口，左右双边，单黑鱼尾。鱼尾上方记字数，下方依次记书名、卷第、页次。版心下方右刻“通志堂”三字，左刻刻工名：葛君宣（又君宣、葛）、化之、君尽、穆君、陈君矦、君侯、栢子林、国甫、君仁、卜升、王顺、尔公、关召、君茂、世求、李立、六龙、子能、王玉文（又玉文）、卜文、周子振（又周子）、子厚、周世求、君静、王相臣、岳海、玉生、范震生（又震生）、周文启、方惟、洪甫、尔盛、修来。卷首有清康熙丙辰十五年（1676）纳兰成德容若《三易备遗序》；次癸巳腊月朔林千之序；次葛寅炎同叟序；次宋咸淳庚午（六年，1270）冬至朱元升自序；次三易备遗目录；次家铉翁进书状，署“咸淳八年陆月”；次元元贞乙未（元年，1295）立春日男士立跋；次林千之序②。每卷末有尾题，并署“后学成德挍订”。

据元升子士立跋，是书士立于元元贞元年乙未（1295）刊行，此刻今未见。《摛藻堂四库全书荟要》及《四库全书》收录此书，《四库荟要》本乃据通志堂本缮录，据朱士立本校对。《四库全书》本卷首只朱元升自序，卷末有朱士立跋。另据中国台湾《国家图书馆善本书志初稿》经部著录，中国台湾“国家图书馆”藏清乾隆三十八年（1773）浙江巡抚进呈明淡生堂蓝格抄本，书中钤有“臣昀臣锡熊恭阅”朱文长方印等，则为修《四库全书》时采进本。

① 瞿镛撰:《铁琴铜剑楼藏书目录》卷一，2006年中华书局《宋元明清书目题跋丛刊》影印清光绪二十四年（1898）常熟瞿氏刻本。

② 与前林序同，盖装订重复。

又有《无求备斋易经集成》本，则据通志堂本影印。

19. 丙子学易编一卷

宋李心传撰。心传字微之，号秀岩，隆州人。

正文首行题“丙子学易编节本”，次行题“秀岩李心传”。每半页十一行，行二十字，白口，左右双边，单黑鱼尾。鱼尾上方记字数，下方依次记书名、卷第、页次。版心下方右刻“通志堂”三字，左刻刻工名：范震生、君静、曹尔公（又尔公）、周世求、六龙、张君茂（又君茂）、洪甫、王玉文、玉生、子能、化之、王顺、栢臣、君宣。卷首有清康熙丙辰十五年（1676）阳月纳兰成德容若《丙子学易编节本序》，次宋嘉定九年（1216）岁次丙子春三月甲申陵阳李心传自序，次秀岩与黄直卿论易编往来书，次《丙子学易编》目录，目录后接识语。卷末有淳祐八年（1248）上巳日门下生临邛高斯得跋，次泰定元年甲子（1324）十一月十八日俞琰跋。① 卷尾有尾题，并署“后学成德挍订”。

据李心传自序及高、俞二跋，知是书成于宋嘉定九年丙子（1216），原书十五卷，宋淳祐八年（1248）高斯得为刊行，此一卷者乃俞琰于元泰定元年甲子（1324）所节抄。

又有《四库全书》及《摛藻堂四库全书荟要》本，《四库荟要》本乃据通志堂本缮录，《四库全书》本卷首只李心传自序，卷末则有李心传后序及俞琰跋。

20. 易学启蒙小传一卷古经传一卷

宋税与权撰。与权字巽甫，临邛人。

《易学启蒙小传》正文首行题“易学启蒙小传”，次行题“巴郡税与权学”。《古经传》正文首行题“周易古经发题”，次行题“巴郡税与权挍正”。每半页十一行，行二十字，白口，左右双边，单黑鱼尾。鱼尾上方记字数，下方依次记书名、卷第、页次。版心下方右刻“通志堂”三字，左刻刻工名：君宣、仲宣、尔英、方惟、世求、李公、君仁、陈君俟、栢臣、李立、子振、陈心甫、范震生、君茂、王子沾、卿俟。《易学启蒙小传》卷首有宋淳祐戊申（八年，1248）元日巴郡税与权《易学启蒙小传序》，卷末有淳祐八年（1248）

① 此高、俞二跋见于山东省图书馆藏本，而不见于山东大学图书馆藏本。

八月二日丹棱史子翚跋。《古经传》卷末有元大德丙午（1306）九月十六日俞琰跋。卷末皆有尾题，并署“后学成德挍订”。

又有《四库全书》本。

21. 水村易镜一卷

宋林光世撰。光世字逢圣，莆田人。

正文首行题“水村易镜”，次行题“莆田逸民臣林光世述”。每半页十一行，行二十字，白口，左右双边，单黑鱼尾。鱼尾上方记字数，下方依次记书名、卷第、页次。版心下方右刻“通志堂”三字，左刻刻工名：邓尔仁（又尔仁）、王伦、邓宣、张达、天渠、邛士、顾明、邓国、望之、祁生、君正、邛明。卷首有清康熙十五年丙辰（1676）夏五月纳兰成德容若《水村易镜序》；次《十三卦取法图象目录》；次林光世《水村易镜叙》，署“淳祐辛亥（十一年，1251）仲秋逸民莆田水村蚁虱臣林光世书”。卷末有尾题，并署“后学成德挍订”。

是书通志堂本以前未见刊本传世，通志堂本不知自何本出。《四库全书总目》经部易类存目，《四库全书存目丛书》以首都图书馆藏通志堂本影印。严灵峰《无求备斋易经集成》亦收，据清同治十二年（1873）粤东书局翻刻通志堂本影印。

22. 晦庵先生朱文公易说二十三卷

宋朱鉴辑。鉴字子明，婺源人，徙居建阳。

正文首行题“晦庵先生朱文公易说卷第一”，次行题“河图洛书　先天图附”。每半页十一行，行二十字，白口，左右双边，单黑鱼尾。鱼尾上方记字数，下方依次记书名、卷第、页次。版心下方右刻“通志堂”三字，左刻刻工名：葛君宣、陈君矦（又陈君、君矦）、陈、尔公、周子正（又子正）、君静、栢子林、君茂、陈元、岳海、王顺、洪甫、甫、卜升、雍尧之（又雍尧）、卜奇、国甫、君生、王文、陶季贤（又季贤）、栢臣、子文、世求、子能、李公、方惟、范震生、允圣、陈心甫（又心甫）、王相臣（又王相）、范中、范、关召、范玉生（又玉生）、潘平矦、王弘卿（又王弘卩）、陶永、永锡、周文启。卷首有清康熙十五年丙辰（1676）阳月纳兰成德容若《文公易说序》；次《晦庵先生朱文公易说目录》；次朱鉴序，署“淳祐壬子王春正月朔适孙朝请大夫主管绍兴府千秋鸿禧观朱鉴谨识”。每卷末有尾题，并署“后学成德挍订”。

朱鉴序有云：“建阳赵令刊此编于县斋，鉴尝为之序。今复以付之书市，使锓梓以广其传。”知是书宋时有二刻：一建阳令赵氏刻本，一淳祐十二年壬子（1252）朱鉴刻本。《铁琴铜剑楼藏书目录》卷一著录是书，并云：“是宋时有二刻，此即淳祐本。卷中有宋讳阙笔字。每半叶十三行，行廿一字。此书昔藏邑中张氏，载《爱日精庐藏书续志》，即云‘卷一钞补’，盖其阙已久。”并称“卷中有‘汲古阁毛氏’朱记”。检《爱日精庐藏书续志》卷一，实著录作元刊本，称“卷一阙，抄补。每册首俱有毛氏印记”[①]。此本今藏国家图书馆，《中国古籍善本书目》卷一著录，作《晦庵朱文公易说》，亦定为元刻，《中华再造善本》据以影印，半页十三行，行二十一字，钤“宋本”“汲古阁”“毛氏子晋”“铁琴铜剑楼”“瞿氏鉴臧金石记”等印。即《铁琴铜剑楼藏书目录》据汲古阁“宋本”印定为淳祐本者。通志堂本所据，何焯称为“汲古元本”[②]，当即此本。

通志堂本以后，又有《四库全书》本、《摛藻堂四库全书荟要》本等，《四库荟要》本据通志堂本缮录。另据王宝平《中国馆藏和刻本汉籍书目》，日本有宽政十一年（清嘉庆四年，1799）尚友堂冈郫庄助翻刻通志堂本。

23. 大易缉说十卷

元王申子撰。申子，字巽卿，邛州人。

正文首行题“大易缉说卷第一”，次行题“后学临邛王申子述”。每半页十一行，行二十字，白口，左右双边，单黑鱼尾。鱼尾上方记字数，下方依次记书名、卷第、页次。版心下方右刻“通志堂”三字，左刻刻工名：王相臣、潘玉、方惟献、方惟、陶冶、陈子能、陈子、王子荣、吕子、潘平侯（又潘平矦）、蒋荣臣（又蒋荣、蒋荣）、杨中、刘大超、李立、周文启、范震生、穆君侯（又穆君候、穆君）、陈元、陈心甫、刘景超、孙祯之、陈和先、邵子仁、谢君甫、陶永锡、毕玉生、陈君矦、潘卿矦。卷首有元大德辛丑（五年，1301）日长至昌元王履《大易缉说序》，次大德七年（1303）良月朔广平程文海《大易缉说序》，次清康熙十六年丁巳（1677）纳兰成德容若《王

① 张金吾撰：《爱日精庐藏书续志》卷一，1993年中华书局《清人书目题跋丛刊》影印清道光七年（1827）常熟张氏刻本。

② 翁方纲订：《通志堂经解目录》，第3页。

巽卿大易缉说序》，次元延祐三年（1316）十一月望日前进士长沙李琳序，次延祐丙辰（三年，1316）日长至承直郎前常德路总管府推官居延田泽《续刊大易缉说始末》，次《大易缉说目录》。每卷末有尾题，并署“后学成德校订”。

据田泽《续刊大易缉说始末》，知是书元延祐三年丙辰（1316）田泽曾为付刊。今传世有旧抄本，原北平图书馆藏，王重民《中国善本书提要》著录，现存台北故宫博物院，中国台湾《国立中央图书馆善本书目》著录即是。王重民《中国善本书提要》云：“原题：‘后学临邛王申子著述，后学居延田泽校正。’据元刻本有田泽序，因知此钞本从元刊本出……卷内有‘秀水朱氏潜采堂图书’‘包虎臣藏’‘学部图书之印’等印记。”[①]“秀水朱氏潜采堂图书”乃朱彝尊印，则此书曾为朱彝尊所藏，彝尊与乾学交善，并参与了《通志堂经解》的编刻，翁方纲所订《通志堂经解目录》引何焯语称通志堂本“仅从钞本付刊”[②]，或即此本。另何焯曰：“吴志伊有宋本，屡寄札东海，托其借校，竟未借来。”按，王氏此书成于元，何焯称有宋本，当误，其所称吴志伊藏本，当为元本。

另《中国古籍善本书目》卷一著录有清抄本，藏天津图书馆。又有《四库全书》本、《摛藻堂四库全书荟要》本等，《四库荟要》本据通志堂本缮录。严灵峰《无求备斋易经集成》亦收此书，乃据通志堂本影印。

24. 周易辑闻六卷易雅一卷筮宗一卷

宋赵汝楳撰。汝楳，鄞县人。

正文首行题“周易辑闻卷第一”，次行题“汴水赵汝楳述”。《易雅》《筮宗》行款同。每半页十一行，行二十字，白口，左右双边，单黑鱼尾。鱼尾上方记字数，下方依次记书名、卷第、页次。版心下方右刻“通志堂”三字，左刻刻工名：王相臣、潘平侯（又潘平）、范震生（又震生）、陈元、周文启、孟仙、陈君侯、陈心甫（又心甫）、陈子能、吕子、孙祯之（又孙贞之）、范哲生、杨中、方惟、王子荣、潘玉、刘之、林九占、穆君侯、刘景超、以生、陶冶、蒋荣臣（又蒋荣）、刘顺之、刘大超、李立、关君召（又关召）、雍尧

① 王重民撰：《中国善本书提要》，1983 年上海古籍出版社排印本，第 2 页。

② 翁方纲订：《通志堂经解目录》，第 3 页。

之（又雍尧、雍之）、曹尔公（又尔公）、栢子林、杨仲恒（又仲恒）、曹洪甫（又曹洪、洪甫）、石贞、栢君丽、栢功臣。全书卷首有清康熙十五年丙辰（1676）纳兰成德容若《赵氏易叙丛书序》，《周易辑闻》《易雅》《筮宗》卷首各有赵汝楳自序。每卷末有尾题，并署“后学成德挍订”。

据《摛藻堂四库全书荟要》卷首《钦定四库全书荟要总目》，是书有元田泽刊本。《中国古籍善本书目》卷一著录有明朱睦㮮聚乐堂刻本及《通志堂经解》本，前者藏四川省图书馆、国家图书馆（存三卷：二至三、六），后者藏国家图书馆，为四库底本。又有明万历间周藩刊本，《藏园订补郘亭知见传本书目》卷一著录。张金吾《爱日精庐藏书志》卷一则著录有旧抄本。

另有《四库全书》本、《摛藻堂四库全书荟要》本等。《四库荟要》本只《周易辑闻》六卷，而未录《易雅》《筮宗》，乃以通志堂本为底本，又据元田泽本、明毛晋影宋抄本校对。

25. 周易传义附录十四卷首一卷

宋董楷撰。楷字正叔，台州临海人。

正文首行题“周易上经传义附录卷第一”，次行题“后学天台董楷纂集”。每半页十一行，行二十字，小字双行，行三十字，白口，左右双边，单黑鱼尾。鱼尾上方记字数，下方依次记书名、卷第、页次。版心下方右刻“通志堂”三字，左刻刻工名：陈心甫（又心甫）、葛君宣、范玉生、周世求（又世求）、尔盛、六龙、关召、君仁、周允圣（又允圣）、李立、尔公、王顺、周文启、子能、修来、栢臣、君静、玉文、君生、卜奇、陈元、周子振（又子振）、君德、王相臣、栢子林、陈国甫（又国甫）、张君茂（又君茂）、洪甫、李公、吕年、陈君矦、化之、卜文、范震生、卜升、穆君侯（又穆君）、徐彦、岳海、方惟、玉生、王仪公（又仪公）、雍尧之、世洪、子厚。书首一卷依次为清康熙丙辰（十五年，1676）纳兰成德容若《董氏周易程朱氏说序》，宋咸淳丙寅（二年，1266）后学天台董楷《董氏易传义附录序》及其识语，《周易程朱氏说凡例》，宋元符二年己卯（1099）正月庚申河南程颐正叔《易传序》，《程子上下篇义》，《朱子论程传》，《程子易纲领》，《朱子易纲领》，《朱子筮仪》，《朱子周易五赞》及《朱子易图说》。每卷末有尾题。

是书清周中孚《郑堂读书记补逸》卷一著录明晋府藏宋刊本，作《周易程朱先生传义附录》十五卷卷末三卷《易图说》一卷。今国家图书馆有元刻多种：元延祐二年（1315）圆沙书院刻本、元至正二年（1342）居敬书堂刻本、元至正九年（1349）庐陵竹坪书堂刻本，《中国古籍善本书目》卷一著录，均作《周易程朱先生传义附录》二十卷（附《程子上下篇义》《朱子易图说》《周易五赞》《筮仪》各一卷）。此三刻张元济《涵芬楼烬余书录》则皆著录为十七卷[①]。元至正二年（1342）居敬书堂刻本，《拜经楼藏书题跋记》卷一、陆心源《仪顾堂续跋》卷一、罗振常《善本书所见录》均著录作十四卷，卷数与通志堂本同；《爱日精庐藏书志》卷一、《文禄堂访书记》卷一作十七卷，与《涵芬楼烬余书录》同；《日藏汉籍善本书录》经部则作二十卷，日本静嘉堂文库、西尾市立图书馆岩濑文库藏，其中静嘉堂文库所藏本即陆心源皕宋楼旧物，与《仪顾堂续跋》所录实为一本。元至正九年（1349）庐陵竹坪书堂刻本，《日藏汉籍善本书录》经部亦作二十卷，日本尊经阁文库藏；另中国台湾"国家图书馆"藏残卷十七卷，日本内阁文库藏残卷十五卷。是书各版本既有分卷之不同[②]，各书志计卷方法亦有不同，以致卷数著录各异。通志堂本不知自何本出。

通志堂本以后，又有《四库全书》本、《摛藻堂四库全书荟要》本等，《四库荟要》本据通志堂本缮录。

26. 学易记九卷首一卷

元李简撰。简字士廉，信都人。

正文首行题"学易记上经卷第一"。每半页十一行，行二十字，白口，左右双边，单黑鱼尾。鱼尾上方记字数，下方依次记书名、卷第、页次。版心下方右刻"通志堂"三字，左刻刻工名：允圣、李公、范震生、周子正（又子正）、陶季贤（又季贤）、陶永、卜奇、岳海、卜升、洪甫、国甫、方惟、王相臣、葛君宣、栢子林、君生、关召、王弘卿、王文、雍尧之、君静、王顺、王、子能、陈君侯、世求、尔公、栢臣、陈元、陈心甫（又心甫）、李立、范中、周文启、潘平侯、李金生（又金生）、子文、张君茂（又君茂）。

---

① 国图所藏元延祐二年（1315）园沙书院刻本钤有"海盐张元济经收""涵芬楼"等印，与《涵芬楼烬余书录》所录实为一本，《中华再造善本》据以影印。

② 如国图所藏元延祐二年（1315）圆沙书堂刻本，《周易上经程朱先生传义附录》分八卷，《下经》七卷，共十五卷；而通志堂本《周易上经传义附录》分五卷，《下经》四卷，共九卷。二者内容则同。

书首一卷依次为中统建元庚申秋七月望日信都李简《学易记序》,《学易记》目录,《古今注解诸儒姓氏》,《学易记图说》及《学易纲领》。每卷末有尾题,并署“后学成德挍订”。

是书有元初中统刻本，是为初刻。清初叶树廉曾藏有一部，后入清内府，《天禄琳琅书目后编》卷八著录作元刊本。今此书前半藏辽宁省图书馆，后半藏国家图书馆,《中国古籍善本书目》卷一著录作元刻本者即是，近来《中华再造善本》又付影印。

《中国古籍善本书目》又著录明抄本（卷一、四至五、八至九配清抄本),有清丁丙跋，藏南京图书馆。检《善本书室藏书志》卷一，知丁丙所跋明抄配本，乃毛晋藏书，并云:“通志堂从李中麓[①]家藏本付雕，后得元椠，惜未校正修版。”[②]何焯亦曰:“从李中麓家藏钞本发刊。后健庵得一元刻，书贾伪作刘跂者，并假造刘跂序文。健翁云‘近得刘跂《学易》’，余狂喜叫绝，急索观之，开卷，即李简之书也。余云:‘即宜校正，去伪序并传。’皆未从也。”[③]知通志堂本所据乃李开先所藏明抄本。而何焯所称健庵后得之元本,或即中统刻本。

通志堂本以后，又有《四库全书》本、《摛藻堂四库全书荟要》本等,《四库荟要》本乃据通志堂本缮录。严灵峰《无求备斋易经集成》亦收，乃据清同治十二年（1873）粤东书局翻刻通志堂本影印。

27. 读易私言一卷

元许衡撰。衡字平仲，号鲁斋，河内人。

正文首行题“读易私言”，次行题“许衡”。每半页十行，行十八字，白口，左右双边，单黑鱼尾。鱼尾上方记字数，下方依次记书名、卷第、页次。版心下方右刻“通志堂”三字，左刻刻工名：祁生、邓宣、邓汉、邛明、徐世、子元。卷首有清康熙十五年丙辰（1676）夏五月纳兰成德容若《读易私言题辞》。卷末有尾题，并署“后学成德挍订”。

是书仅十数页，传世之本多入丛书，未见有单行本。通志堂本外，据

---

① 明李开先字，章丘人。

② 丁丙撰:《善本书室藏书志》卷一，1993年中华书局《清人书目题跋丛刊》影印清光绪二十七年（1901）钱塘丁氏刻本。

③ 翁方纲订:《通志堂经解目录》，第4页。

《中国丛书综录》，又有《说郛》（宛委山堂本）本、《四库全书》本、乾隆五十五年（1790）刻《许文正公遗书》本、《学海类编》本、《丛书集成初编》本、《无求备斋易经集成》本等。《无求备斋易经集成》本，乃据清同治十二年（1873）粤东书局翻刻《通志堂经解》本影印。

28. 俞氏易集说十三卷

宋俞琰撰。琰字玉吾，号石涧，又号林屋山人，吴县人。

是书合《俞氏易上下经》二卷、《周易彖传》二卷、《周易爻传》二卷、《周易象辞》一卷、《周易文言传》一卷、《周易系辞传》二卷、《俞氏易集说说卦》一卷、《俞氏易集说杂卦》一卷、《俞氏易集说序卦》一卷，共十三卷，每篇各冠以自序。正文首行题"俞氏易集说上经"，次行题"林屋山人俞琰集说"。每半页十一行，行二十字，白口，左右双边，单黑鱼尾。鱼尾上方记字数，下方依次记书名、卷第、页次。版心下方右刻"通志堂"三字，左刻刻工名：刘良公（又良公）、玉林、甘君、陈聚甫（又聚甫）、伯华、陈三吉、邓圣甫（又邓圣）、金子重、方子进、甘坤、陶善、丁山、至公、范茂、刘圣公（又刘圣、圣公）、高元、尔玉、王安公（又王安）、邓甫卿（又甫卿）、世维、甘世明、邓子珍（又邓珍）、公善、甘信、甘银、玉成、周行生（又周行）、甘生、陈尔工、选臣、闇生、甘玉、甘子贞、方尔英、甘琪、高祥、玉存、周开先、周开、子仁、邓顺（又邛顺）、方汝、甘昆玉、甘简德、公止、刘美成、公化、王志公、吴观卿、陶开卿、王和、金佩卿、甘寅、天池、陈望之。全书卷首有清康熙十五年丙辰（1676）二月纳兰成德容若《石涧俞氏周易集说序》，次元元贞二年丙申（1296）五月六日林屋山人俞琰玉吾叟自序，次《俞氏易集说题辞》。《题辞》依次收录孟淳、王都中、李克宽、白珽、张瑛、颜尧焕、杨载、黄溍及干文传等九人序。卷末有元皇庆二年癸丑（1313）四月十四日俞琰玉吾叟《俞石涧周易集说后序》。每卷末有尾题，并署"后学成德挍订"。

《中国古籍善本书目》卷一著录是书元至正九年（1349）俞氏读易楼刻公文纸印本，作《周易集说》，存十一卷，总卷数未知，藏国家图书馆。中国台湾《国家图书馆善本书志初稿》经部著录元至正十年（1350）俞氏读易楼刊本，存一卷。另，陆心源《皕宋楼藏书志》卷二著录元刊元印本，作《周易集说》不分卷，并录元泰定元年（1324）十月甲子金华黄溍序，元元贞丙申

（二年，1296）五月六日、元皇庆癸丑（二年，1313）四月十四日俞琰自序。又录琰子仲温刊书跋三则：《上经》后跋曰："嗣男仲温校正，命儿桢缮写，谨锓梓于家之读易楼。至正八年（1348）岁在戊子十二月二十五日谨志。"《下经》后跋曰："嗣男仲温点校，孙贞木缮写，锓梓于家之读易楼。至正九年岁在己丑十二月朔旦志。"《彖传》后跋曰："嗣男仲温校正，命儿桢植缮写，谨锓梓于家之读易楼。至正十年岁在庚寅八月旦志。"[①]据此三跋可知，是书乃俞琰子仲温于元至正八年（1348）至十年（1350）陆续刊梓于家之读易楼。则以上《中国古籍善本书目》、中国台湾《国家图书馆善本书志初稿》、陆氏《皕宋楼藏书志》三目所录实为一刻，《中国古籍善本书目》定为至正九年（1349）刻本，尤为不妥。

通志堂本之底本，据翁方纲《通志堂经解目录》所引何焯批语称，"此遵王元本，惜属伊人所校，板心大谬"[②]，知通志堂本所据乃钱曾所藏元本，据陆心源《仪顾堂续跋》称，当即元至正十年（1350）俞氏读易楼刻本。惟削去俞仲温各跋。

通志堂本以后，又有《四库全书》本、《摛藻堂四库全书荟要》本等，《四库荟要》本据通志堂本缮录。《四库全书》本题作《周易集说》，且析全书为四十卷。《摛藻堂四库全书荟要》本亦作《周易集说》，仍十三卷。又有严灵峰《无求备斋易经集成》本，亦据清通志堂本影印。

可见，《俞氏易集说》虽有元本传世，但已非完书，通志堂本自元本出，虽较元本稍有出入（削去俞仲温跋），但就内容而言，可称足本。通志堂本以后的完本，当皆从通志堂本出。另，是书同治十二年（1873）粤东书局重刻《通志堂经解》本，将《俞石涧周易集说后序》改置于书首《题辞》前，又将《周易上下经说序》改置于《后序》前，均不妥。

29. 周易本义附录纂注十五卷

元胡一桂撰。一桂字庭芳，号双湖，婺源人。

---

① 陆心源撰：《皕宋楼藏书志》卷二，2006年中华书局《宋元明清书目题跋丛刊》影印清光绪八年（1882）陆氏万卷楼刻本。

② 翁方纲订：《通志堂经解目录》，第4页。另，陆心源《仪顾堂续跋》卷一该条有云："通志堂刊本据何义门说亦借汲古元刻付梓，所见当与此本同。"今据《通志堂经解目录》所引，何焯所称乃遵王元本，非汲古元刻也。至于遵王元本是否为汲古阁旧藏，则不得而知。

正文首行题“周易上经第一”，次行题“朱子本义”，第三行题“新安后学胡一桂附录纂注”。每半页十一行，行二十字，小字双行，行三十字，白口，左右双边，单黑鱼尾。鱼尾上方记字数，下方依次记书名、卷第、页次。版心下方右刻“通志堂”三字，左刻刻工名：葛君宣（又君宣）、栢子林（又子林）、卜奇、范震生（又震生）、陈心甫（又心甫）、卜升、王顺、子能、化之、陈君侯、雍尧之、王玉文、仲恒、王相臣、栢臣、方惟、子振、洪甫、关召、李立、君仁、君茂、李公、尔盛、国甫、卜文、修来、周世求（又世求）、尔公、范玉生（又玉生）、王仪公、周文启（又文启）、穆君、君侯、君静、扬先、六龙。卷首有清康熙十六年丁巳（1677）阳月纳兰成德容若《胡一桂易本义附录纂注启蒙易翼传合序》。每卷末有尾题，并署“后学成德挍订”。

是书今四川省图书馆藏元刻本残卷（存三卷），《中国古籍善本书目》卷一著录，作《周易本义附录纂疏》十五卷。《善本书室藏书志》亦著录元刊本残卷，存十卷，并称：“《通志堂经解》中有此书，其图录、卦序、图卦、互体、图易十翼论、文言辨、本义启蒙论原缺之字，即此帙纸敝字灭之处，当时即据此以登木者也。康熙间已无别本可补，流传之稀，益可贵矣。”[①]由此可知，通志堂本乃以元刊本为底本，并知此书康熙间即流传极少，唯不知今川图所藏与《善本书室藏书志》所录是否一刻。

通志堂本以后，有《四库全书》本、《摛藻堂四库全书荟要》本，《四库荟要》本乃据通志堂本缮录。又有《无求备斋易经集成》本，作《周易本义附录纂注》，亦据通志堂本影印。另据《中国馆藏和刻本汉籍书目》，是书又有日本文化十一年（清嘉庆十九年，1814）刻本，北京大学图书馆等有藏。

可见，是书虽有元本传世，但仅残存三卷，而通志堂本自元本出，为现存最早足本。

30. 周易发明启蒙翼传三卷外篇一卷

元胡一桂撰。

正文首行题“周易发明启蒙翼传上篇”，次行题“新安前乡贡进士胡一桂学”。每半页十一行，行二十字，小字双行，行三十字，白口，左右双边，

① 丁丙撰：《善本书室藏书志》卷一。

单黑鱼尾。鱼尾上方记字数，下方依次记书名、卷第、页次。版心下方右刻“通志堂”三字，左刻刻工名：卜升、王顺、君仁、周文启（又文启）、卿侯、卜奇、穆君侯（又君侯）、曹洪甫（又洪甫）、君宣、尔开、子振、范震生（又震生）、陈子能、世求、史弘、方惟、陈心甫（又心甫）、仲恒、子弘、陈元、君茂、子林、陈君侯、关召、李立、尔公、君静、子文、栢臣、范玉生、王相臣。卷首有胡一桂自序，署“皇庆癸丑岁一阳来复之日新安后学胡一桂庭芳父序”，又《周易发明启蒙翼传》目录。每卷末有尾题，并署“后学成德挍订”。

是书《中国古籍善本书目》卷一著录元刻本，作《周易本义启蒙易传》四卷，上海图书馆等有藏。《中华再造善本》据上海图书馆藏本影印。是刻卷首有胡一桂自序及目录，与通志堂本同，惟目录及各卷首行题“周易本义启蒙易传”，通志堂本“本义”作“发明”。通志堂本所据，据何焯说，乃“汲古元本”[①]。不知与上海图书馆所藏元本是否为一刻。

《中国古籍善本书目》又著录有明刻本、明万历四十三年（1615）刻本、明末胡之珩刻本、明范氏天一阁抄本、清抄本等。通志堂本后，又有《四库全书》本、《摛藻堂四库全书荟要》本等，《四库荟要》本乃据通志堂本缮录，据元刻本校对。

31. 周易本义通释十二卷辑录云峰文集易义一卷

元胡炳文撰。炳文字仲虎，号云峰，婺源人。

正文首行题“周易本义通释卷一”，次行题“新安云峰胡炳文通”，第三行题“周易上经”。每半页十一行，行二十字，白口，左右双边，单黑鱼尾。鱼尾上方记字数，下方依次记书名、卷第、页次。版心下方右刻“通志堂”三字，左刻刻工名：邓世维、云生、习候、张进文（又进文、张文）、天一、朱天又、谈元茂、李左、巨甫、王尔荣、陈君、德卿、尔太、王方、晋生、伯良、甘公御（又公御、公玉）、王玉、谈钦、王允高、甘生玉、郑孔加（又孔加）、刘廷实、天爵、王斐明、孔亮、张仲、朱士、君起、周圣西、君仲、茆召、吴子仁（又子仁）、用周、宜生、焦景霞、甘善长、季生、陈章、邛芃、云生、端子石、子石、仲明、受廷、甘典、召卿、元升、文裕、蒋太、

① 翁方纲订：《通志堂经解目录》，第4页。

张永、刘廷、王言、王允文（又王文）、句公、甘森玉、王和、和生。卷首有元延祐丙辰（三年，1316）春新安后学胡炳文仲虎父《周易本义通释序》，次《周易总目》，次《周易本通释例》，次《辑录云峰文集易义》一卷（此卷题后有胡珙识语）。每卷末有尾题，并署“后学成德挍订”。

《四库全书》收录《周易本义通释》十二卷，《四库全书总目》云：“（胡炳文）所著《云峰集》中有《与吴澄书》，曰：‘《本义通释》，郭文卿守浮梁时为刊其半。出之太早，今悔之无及也。刊本今以呈似，中有谬戾，阁下削之绳之，幸甚’云云。考炳文生于宋理宗淳祐十年（1250），其与澄书时称年七十，则当在延祐七年庚申（1320），在作序之后三年。”[①]知是书于元延祐间郭文卿曾刊其半，据崔富章《四库提要补正》称，当即是书之上、下经部分。

《中国古籍善本书目》卷一著录是书明嘉靖元年（1522）潘旦、邓杞刻本，署“元胡炳文撰，明胡珙辑”，藏国家图书馆、常熟市图书馆等馆；中国台湾“国家图书馆”亦藏此刻本，唯无《辑录云峰文集易义》一卷，中国台湾《国家图书馆善本书志初稿》经部著录；丁丙《善本书室藏书志》亦著录此刻本，称：“嘉靖元年知邵武府事新安后学潘旦命邓教谕杞校而传之，前有其前后撰序，九世孙珙亦有后序。有‘淡生堂经籍记’‘旷翁手识’‘曹溶之印’‘洁躬’‘鉏菜翁’诸印。”[②]而中国台湾《国家图书馆善本书志初稿》所录无胡炳文、潘旦序及邓杞跋。

中国台湾《国家图书馆善本书志初稿》经部又著录旧抄本，并称卷首有元延祐胡炳文序；次有明嘉靖邵武知府潘旦重刊序；在周易下经之后，有胡珙正德十五年（1520）的跋，嘉靖元年（1522）邵武县儒学教谕盱江邓杞之跋。朱彝尊《经义考》卷四十三《周易本义通释》条下录潘旦跋云：“书经兵燹，多至亡逸。其九世孙珙暨弟玠法祖讲《易》，募遗书得上、下经，而阙《十翼》，乃复汇搜诸集中以补之，几为全书。旦读之不忍释手，畀邓教谕杞校而传之，以诏后之学《易》者见云峰氏有功于《易》，而珙、玠又有功于祖也。”[③]通志堂本不载潘旦、邓杞序跋，其底本何焯称为“汲古元本”[④]，但据上

① 纪昀等撰：《四库全书总目》卷四。

② 丁丙撰：《善本书室藏书志》卷一。

③ 朱彝尊撰：《经义考》卷四十三，1998 年中华书局影印《四部备要》本。

④ 翁方纲订：《通志堂经解目录》，第 4 页。

文所录潘旦跋，知是书《十翼》部分及所附《辑录云峰文集易义》一卷皆为胡珙所辑录，《经解》本《辑录云峰文集易义》亦有胡珙识语，而珙为明中叶人，故何焯所称当有误。据《续修四库全书总目提要》第4册《通志堂经解目录》（沈氏刊本）条，《经解》本所据，即明嘉靖元年（1522）潘旦、邓杞刻本。

通志堂本以后，又有《四库全书》本、《摛藻堂四库全书荟要》本等。《四库荟要》本据通志堂本缮录。《四库全书》本及《四库荟要》本皆未附《辑录云峰文集易义》。王宝平《中国馆藏和刻本汉籍书目》著录是书，署元胡炳文撰，明胡洪辑[①]，为日本享和二年（清嘉庆七年，1802）东都出云寺万次郎翻刻通志堂本，是刻山东大学图书馆有藏。[②]严灵峰《无求备斋易经集成》亦收《周易本义通释》，乃据清同治十二年（1873）粤东书局翻刻通志堂本影印。

32. 易纂言十二卷首一卷

元吴澄撰。澄字幼清，号草庐，崇仁人。

正文首行题“易　吴澄学”，次行题“周易（下接双行小字）”，第三行题“上经第一（下接双行小字）”。每半页十一行，行二十字，小字双行，行三十字，白口，左右双边，单黑鱼尾。鱼尾上方记字数，下方依次记书名、卷第、页次。版心下方右刻“通志堂”三字，左刻刻工名：邓世维、巨甫、蒋天一（又蒋天、天一）、王允高、王尔荣、季生、朱天又、朱士、曾宗、周圣西、宜生、孔亮、陈君、用周、公玉、王玉、谈元茂、张仲、李左、君仲、君起、郑孔加、张进文、甘生玉、晋生、德卿、甘公御（又公御）、甘善长、谈钦、仲明、李左、陈君、君起、君仲、焦景霞、杨天爵、王方、伯良、张茂。正文前有《易纂言卷首》一卷。每卷末有尾题，并署“后学成德挍订”。

是书朱彝尊《经义考》著录，作十卷，并录元至治三年癸亥（1323）观生跋云：“先生著是书几四十年，其间藁成改易者凡数四。壬戌秋书成，然未

---

① 按，“洪”当为“珙”之误。

② 《日藏汉籍善本书录》经部《周易本义通释》条称中御门天皇享保二年（清乾隆五十六年，1791），有官刊本《周易本义通释》十卷行世。同年，东都出云寺万次郎亦刊《周易本义通释》十卷。按，今检山东大学图书馆所藏东都出云寺万次郎翻刻本，时间为享和二年（清嘉庆七年，1802），《日藏汉籍善本书录》作享保二年（清乾隆五十六年，1791）误。

尝以示人。明年春，观生固请锓诸梓以示学者，先生慨然许之。”[①] 知是书于元至治三年癸亥（1323）初刻，是刻今已不传。吴焯《绣谷亭熏习录》经部一著录明成化三年丁亥（1467）林鹗一刻本。《中国古籍善本书目》卷一则著录有明万历刻本，藏中国科学院历史研究所、山东省图书馆；是刻中国台湾“国家图书馆”亦有藏，《国家图书馆善本书志初稿》经部著录，作明万历甲寅（四十二年，1614）谈自省等南京刊本，并称有元至治三年癸亥（1323）五月观生跋；陆心源《皕宋楼藏书志》卷三亦著录是刻，惟作十卷。

《万卷精华楼藏书记》卷三著录通志堂本，作十三卷，盖合卷首一卷计之，并录有焦竑序及黄虞稷语，而此二者皆不见于山东大学图书馆与山东省图书馆藏本。又《经义考》所录元至治三年（1323）观生跋，同治粤东书局翻刻《经解》本附于《杂卦传》第十卷末，而亦不见于山大、山东二馆所藏康熙刻本。

通志堂本以后，又有《四库全书》本、《摛藻堂四库全书荟要》本等，《四库荟要》本据通志堂本缮录，据明焦竑本校对，焦竑本未详。严灵峰《无求备斋易经集成》亦有收录，乃据通志堂本影印。

33. 周易本义集成十二卷首一卷

元熊良辅撰。良辅字任重，号梅边，南昌人。

正文首行题“周易本义集成上经卷第一”，次行题“南昌熊良辅编”。每半页十一行，行二十字，小字双行，行三十字，白口，左右双边，单黑鱼尾。鱼尾上方记字数，下方依次记书名、卷第、页次。版心下方右刻“通志堂”三字，左刻刻工名：祁生、张升、六吉、周停、邛士、高宇、邓汉、尔吉、王宪、子元、张达、受廷、王伦、王枚、任臣、望之、邓国、刘和、邛明、张锡、沈芳欣（又芳欣）、茂生、邛芃、子秀、穆旺、邛德、周仲、王韵、甘典、顾明、天渠、陈章、蒋太、邓宣、张奇、徐世。卷首有清康熙十六年丁巳（1677）纳兰成德容若《周易本义集成附录序》，次元至治壬戌（二年，1322）五月辛卯南昌熊良辅自序，次元至治二年（1322）六月望日盱江陈榉序，次《周易本义附录姓氏》，次《纲领》，次《易图》。每卷末有尾题，并署“后学成德挍订”。

① 朱彝尊撰：《经义考》卷四十二。

据熊良辅自序云："于是缮写成编，凡一十三卷，藏之以俟，会丁巳以易贡，而同志益信其僭说，闵其久勤，闲出工费，勉锓诸梓。"知是书于元延祐间刊布。《中国古籍善本书目》卷一著录有元刻明修本，全本藏国家图书馆，另山东省图书馆藏有残本。《中华再造善本》据国家图书馆藏本影印，卷首只宋元符二年己卯（1099）五月庚申河南程颐《易程子传序》，每卷次行题"南昌熊良辅编"，第三行题"泉峰龚焕校正"，与通志堂本不同。

通志堂本以后，又有《四库全书》本、《摛藻堂四库全书荟要》本等，据《钦定四库全书荟要总目》，《四库荟要》本依通志堂本缮录，据元刘直方本校对。

34. 周易经传集程朱解附录纂注十四卷首一卷附一卷

元董真卿撰。真卿字季真，鄱阳人。

正文首行题"周易经传集程朱解附录纂注卷第一"，次行题"后学鄱阳董真卿编集"，第三行题"周易上经（下接双行小字）"。每半页十一行，行二十字，小字双行，行三十字，白口，左右双边，单黑鱼尾。鱼尾上方记字数，下方依次记书名、卷第、页次。版心下方右刻"通志堂"三字，左刻刻工名：邓尔仁（又尔仁）、邓汉、高宇臣（又高宇）、陈章、邓宣、王盛、茂生、张达、张升、沈芳欣、祁生、王枚、受廷、王尔吉（又尔吉）、任臣、刘和、子元、望之、王伦、周停、张锡、徐世、蒋太、邓佩、子秀、邛德、邛明、天渠、张奇、邓国、栢六吉（又六吉）、顾明、穆旺、周仲、王韵、甘典、邛士、邛芃、王宪、钦明、公裔、君正、刘纪。卷首有清康熙丁巳（十六年，1677）二月纳兰成德容若《鄱阳董氏周易会通序》，《周易经传集程朱解附录纂注序》，署"天历初元苍龙戊辰天开之月阳复后十日庚辰后学鄱阳董真卿季真父自序于审安书室"；次元元统二年（1334）九月朔旦董僎识语；次《周易会通总目》；次《周易会通凡例》；次《周易会通》引用诸书群贤姓氏；次《周易经传》历代因革；《古易朱子后序》；次朱子《易学启蒙序》；次《〈易〉程子序》；次程子《易程子传序》；次《双湖先生易图》；次《程子说易纲领》；次《朱子易图附录纂注》。卷末附《朱子启蒙五赞附录纂注》《朱子筮仪附录纂注》。每卷末有尾题，并署"后学成德挍订"。

是书又多著录作《周易会通》。据卷首董真卿自序及其子董僎识语，知是书成于元天历元年（1328），元统二年（1334）董僎"负笈闽关，谋绣诸梓"。

《日藏汉籍善本书录》经部著录元后至元二年（1336）翠岩精舍刊本，作《周易经传集程朱解附录纂注》十四卷附录二卷，藏日本东洋文库，每半页十一行，行十九字，注文小字双行，行二十二字，细黑口，双黑鱼尾，四周双边，卷首《周易会通总目》后有“至元二年丙子翠岩精舍新刊”十二字双边木记[①]。《铁琴铜剑楼藏书目录》卷一著录元刊本，作《周易经传集程朱解附录纂注》十四卷；王文进《文禄堂访书记》卷一著录元建刊本，作《周易会通》十四卷附录一卷；《中国古籍善本书目》卷一著录元刻本，作《周易经传集程朱解附录纂注》十四卷《朱子易图附录纂注》一卷《朱子启蒙五赞附录纂注》一卷《朱子筮仪附录纂注》一卷，全本藏国家图书馆、上海图书馆等。以上各志所录，行款版式与《日藏汉籍善本书录》所录同[②]，当为一刻。

又有明洪武二十一年（1388）务本堂刻本，上海图书馆、台北故宫博物院有藏，《中国古籍善本书目》、王重民《中国善本书提要》、中国台湾《国立中央图书馆善本书目》著录。通志堂本所据不知何本。

通志堂本以后，又有《四库全书》本、《摛藻堂四库全书荟要》本、严灵峰《无求备斋易经集成》本等。据《钦定四库全书荟要总目》，《四库荟要》本据通志堂本缮录，据元董僎本、明杨士奇本校对。《无求备斋易经集成》本据通志堂本影印。

35. 易图通变五卷

宋雷思齐撰。思齐字齐贤，临川人。

正文首行题“易图通变卷第一”，次行题“临川雷思齐学”，第三行题“河图传上”。每半页十一行，行二十字，白口，左右双边，单黑鱼尾。鱼尾上方记字数，下方依次记书名、卷第、页次。版心下方右刻“通志堂”三字，左刻刻工名：范震生、玉宣、邓汉、高宇臣、邓尹、张达、邓士、杨立本、王韵（又王韵）、张升、公纪、王盛、姚重士、谈茂生、天渠。卷首有清康熙十六年丁巳（1677）阳月纳兰成德容若《雷思齐二种易序》；次《空山先生

① 《东洋文库所藏汉籍分类目录》著录作元至正二年（1342）翠岩精舍刊本，“至正”当为“至元”之误。

② 《铁琴铜剑楼藏书目录》所录元刊本与《中国古籍善本书目》所录国家图书馆藏元刻本实为一书，今《中华再造善本》据以影印，钤有“瞿氏鉴臧金石记”“铁琴铜剑楼”等印，行款版式与《日藏汉籍善本书录》所录全同，然卷首《周易会通总目》后无“至元二年丙子（1336）翠岩精舍新刊”木记。

易图通变序》，依次录元至元丙辰[①]嗣天师简斋张宗演序，元至顺三年（1332）三月揭傒斯序，至顺三年（1332）六月旦日吴全节序，元大德庚子（四年，1300）九月临川雷思齐序；次《易图通变图》。每卷末有尾题，并署“后学成德挍订”。

是书卷首有成德序，题《雷思齐二种易序》，序称：“《易图通变》五卷《易筮通变》三卷，元临川道士雷思齐著。《易图》世有传本，《易筮》则得之《道藏》中。二书固相为表里，宜并行者也。”实《通志堂经解》只刻《易图通变》一种，并无《易筮通变》。《四库全书》则二书皆收，《摛藻堂四库全书荟要》亦只收《易图通变》一种。

是书传世有明范氏天一阁抄本，《中国古籍善本书目》卷一著录，藏上海图书馆。又有《道藏》本，《四库全书总目》卷三《易图通变》五卷《易筮通变》三卷条下云：“白云霁《道藏目录》载二书于‘太元部若字号’中。盖图书之学，实出道家。思齐又本道家衍说之，以附于《易》，固亦有由云。”《摛藻堂四库全书荟要》本即据通志堂本缮录，据《道藏》本校。《四库全书》本则与《易筮通变》三卷并录。

《无求备斋易经集成》亦收是书，据清同治十二年（1873）粤东书局翻刻通志堂本影印。

36. 易象图说内篇三卷外篇三卷

元张理撰。理字仲纯，清江人。

正文首行题“易象图说内篇卷上”，次行题“清江后学张理仲纯述”。每半页十一行，行二十字，白口，左右双边，单黑鱼尾。鱼尾上方记字数，下方依次记书名、卷第、页次。版心下方右刻“通志堂”三字，左刻刻工名：葛君宣、世求、洪甫、尔公、雍尧之、王顺、子能、李公、允圣、岳海、子文、栢子林、方惟、君生、君静、卜奇、王弘卿、金生、陈君矦、范中、栢臣、王文、周子正、范震生、卜升。卷首有元至正丁酉（十七年，1357）秋七月昭武紫云山人黄镇成序；次张理自序，署“至正二十有四年青龙甲辰三月上巳日清江后学张理书于三山之艮所”。

是书有《道藏》本，检《道藏子目引得》，入洞真部灵图类云字号。据翁

---

① 按，至元无丙辰，疑有误字。

方纲《通志堂经解目录》所引何焯语，知通志堂本即自《道藏》本出。《皕宋楼藏书志》卷五十著录是书明抄本，即影抄《道藏》本者，今藏日本静嘉堂文库，《日藏汉籍善本书录》经部著录。

通志堂本以后，又有《四库全书》本、《摛藻堂四库全书荟要》本，《四库荟要》本乃据通志堂本缮录。《四库全书》本入子部术数类数学之属，《摛藻堂四库全书荟要》则入经部。《中国丛书综录》第二册《子目》著录是书《四库全书》本作“四库全书·经部易类”，误。

37. 大易象数钩深图三卷

元张理撰。理字仲纯，清江人。

正文首行题“大易象数钩深图卷上”。每半页十一行，行二十字，白口，左右双边，单黑鱼尾。鱼尾上方记字数，下方依次记书名、卷第、页次。版心下方右刻“通志堂”三字，左刻刻工名：穆君侯、曹洪甫（又洪甫）、仲恒、子林、卜奇、潘卿侯（又卿矦）、史子弘（又子弘）、李公、栢臣、尔公、文启、范震生（又震生）、君静、王相臣、陈君矦、君侯、君仁、尔盛、王玉文、陈心甫（又心甫）、李立、君茂、国甫、王顺、世求、子能、君宣、子振。每卷末有尾题，并署“后学成德挍订”。

是书有《道藏》本，检《道藏子目引得》，入洞真部灵图类阳字号，惟署“宋刘牧”，而任继愈主编的《道藏提要》则又署“（南宋）杨甲编撰”。《四库全书》及《摛藻堂四库全书荟要》收是书，署“元张理撰”。《四库全书总目》云：“其书初少传本，《通志堂经解》刻本与刘牧之书均从《道藏》录出。诸家著录，卷帙亦复不同……今以徐氏刻本定著三卷，并详考舛误之故，以祛来者之疑焉。”[①]与翁方纲《通志堂经解目录》所引何焯语称“《道藏》本”符，则通志堂本自《道藏》出，而《四库全书》本又自通志堂本出。又据《钦定四库全书荟要总目》，《四库荟要》本亦依通志堂本缮录，而据《道藏》本校。

其他见于著录者，又有明刊本，《日藏汉籍善本书录》经部著录，藏日本蓬左文库；明人影写《道藏》本，《皕宋楼藏书志》卷三著录，今藏日本静嘉堂文库；国家图书馆藏明抄本，《中国古籍善本书目》卷一著录，与《周易

---

① 纪昀等撰：《四库全书总目》卷四。

图》三卷合抄;《藏园订补郘亭知见传本书目》卷一著录明写本，十行二十字，钤有乾隆三十八年（1773）工部侍郎李友棠进书木记，又有翰林院印，为四库采进之书。

38. 周易参义十二卷

元梁寅撰。寅字孟敬，新喻人。

正文首行题“周易上经第一”，次行题“后学梁寅参义”。每半页十一行，行二十字，白口，左右双边，单黑鱼尾。鱼尾上方记字数，下方依次记书名、卷第、页次。版心下方刻“通志堂”（右）及刻工名（左）。刻工有：关召、元沛、穆君侯（又穆君候）、陈和先、李君立（又君立）、周文启、王相臣、李立、王子荣、范震生、周子震、陶冶、刘大超、陈心甫、吕子、潘平矦、潘卿矦、方惟、方惟献、穆维伯、杨中、杨中行、陈君矦、潘玉、缪天衢、邵名之、蒋荣臣（又蒋荣）、王弘卿、陶永锡、邵子仁、潘俊、谢君甫、毕玉生。卷首有清康熙十六年丁巳（1677）纳兰成德容若序；次梁寅自序，署“临江后进生梁寅叙”。每卷末有尾题，并署“后学成德挍订”。

是书成于元至元六年（1340）。现残存元末刊本八卷（卷三至卷十），原北平图书馆藏，王重民《中国善本书提要》著录，现藏台北故宫博物院，中国台湾《国立中央图书馆善本书目》著录即是。上海图书馆藏有明初刻本、明范氏天一阁抄本,《中国古籍善本书目》卷一著录。通志堂本不知自何本出。通志堂本以后，又有《四库全书》本。

39. 合订删补大易集义粹言八十卷

清纳兰成德编。成德，一名性德，字容若，满洲正黄旗人。

正文首行题“合订删补大易集义粹言卷第一”，次行题“后学成德”，第三行题“上经”。每半页十三行，行二十三字，小字双行，行三十三字或三十四字，白口，左右双边，双黑鱼尾，鱼尾相随。鱼尾上方记字数，中间记书名、卷第，下方记页次。版心下方右刻“通志堂”三字，左刻刻工名：甘信、王允文（又允文）、子良、汉臣、吴观、良甫、陶善、公化、高元、邓闇生（又邓闇、邛闇）、王（启 + 戈）、王安公、甘简、甘简德、连生、金祥、缪以功（又以功）、邛启、子荣、金士玉（又金士、士玉）、甘世明（又世明、甘世）、洪运、甘寅、尔仲、王林、方尔英、大超、穆坤、邵吉士（又吉士）、邵士、王至公（又至公）、永相、甘宣、邛玉舟、启如、上之、邓廷（又邛廷）、甘君宣、张公止（又公止）、子云、王贞、玉成、子良、甘昆玉、甘艮玉（又甘艮）、邓子珍（又子珍）、周召、邛宪、邛顺、子茂、陶士、公廷、陈章、葛宣、子文、甘、邓宣（又邛宣）、尔仁、张达、钦明、君正、君胜、天渠、顾明、圣启、斉卿、王伦、立本、望之、际生、邓国、芃生、陈君、君仲、邛太、天爵、高宇、邛汉。卷首有清康熙十六年丁巳（1677）春二月成德自序。每卷末有尾题。

朱彝尊有是书序，见《曝书亭集》卷三十四，作《合订大易集义粹言序》，序中有云："吾友纳兰侍卫容若，读《易》渌水亭中，聚《易》义百家插架，于温陵曾氏穜《粹言》、隆山陈氏友文《集传精义》一十八家之说有取焉，合而订之，成八十卷。择焉精，语焉详，庶几哉有大醇而无小疵也乎。刑部尚书昆山徐公嘉其志，许镂板布诸通邑大都，用示学者，乍发雕而容若溘焉逝矣。"成德卒于康熙二十四年（1685），"乍发雕而容若溘焉逝矣"，则此书之刻当在康熙二十四年（1685）前后。而朱氏此序则未刊入。

又有《四库全书》本，底本当即通志堂本。惟削去卷首成德序。

有称是书实为陆元辅所编者。《四库全书总目》卷六此书条下云："相传谓其稿本出陆元辅，性德殁后，徐乾学刻入《九经解》，始署性德之名，莫之详也。"《续修四库全书总目提要》第14册《通志堂经解》条下云："而《合订删补大易集义粹言》,署性德自编者,相传为陆翼王之稿。"[①]《清史列传》卷七十一《成德传》称，"尝延友人陆元辅，合订删补《大易集义萃言》八十卷、《陈氏礼记集说补正》三十八卷"。朱彝尊序本来可作为此书为成德所编的有力证据，然又未随书附刻，让人颇感蹊跷。《经解》中另有署名纳兰成德的《陈氏礼记集说补正》三十八卷，基本上可以确定为陆元辅代撰，详见本篇第五部分礼类。另结合本文第一章第二节所述成德序与朱彝尊序有雷同、朱彝尊所言《经解》各书原有刻在成德名下的跋后又刊去等情况，故传言此书为陆元辅代编，或并非无中生有。陆元辅生平始末见本文第二章第二节"《通志堂经解》编刻的条件"。

① 柯劭忞等撰:《续修四库全书总目提要》第14册，第751页。

第二节　书类（19种）

40. 书古文训十六卷

宋薛季宣撰。季宣字士龙，号艮斋，永嘉人。

正文首行题“书古文训卷第一　永嘉薛季宣”。每半页十行，行二十字，白口，左右双边，单黑鱼尾。鱼尾上方记字数，下方依次记书名、卷第、页次。版心下方右刻“通志堂”三字，左刻刻工名：甘典、邓德、蒋太、张达、张锡、周用、子秀、王盛、王尔吉、邓国、张奇、高宇、蒋任、栢六吉（又六吉）、子元、邓佩、邛士、沈芳欣、祁生、邓宣、张升、王伦、受廷、望之、穆旺、尔生、栢正、公裔、徐世、天渠、王枚、王玉、周仲、邛芃、刘和。卷首有薛季宣自序。每卷末有尾题。

是书通志堂本所据底本，据何焯称，乃“焦氏家藏宋本”[①]，即明焦竑旧藏。今宋本已不传。《日藏汉籍善本书录》经部著录明刊本，藏广岛大学文学部。《四库全书总目》经部易类存目，《四库全书存目丛书》以首都图书馆藏通志堂刻本影印。

41. 三山拙斋林先生尚书全解四十卷

宋林之奇撰。之奇字少颖，号拙斋，侯官人。

正文首行题“三山拙斋林先生尚书全解卷第一”，次行题“三山拙斋林之奇少颖”，第三行题“尧典　虞书”。每半页十一行，行二十字，白口，左右双边，单黑鱼尾。鱼尾上方记字数，下方依次记书名、卷第、页次。版心下方右刻“通志堂”三字，左刻刻工名：甘世明（又世明、甘世）、子良、甘信、陈章、孔云、子云、邛廷、王贞、甘玉、甘简、金士玉（又金士）、高元、邓子珍（又子珍）、玉成、邛顺、邛启、允文、葛宣、邛太、君仲、子茂、陈、关召、相臣、齐卿、钦明、高宇、邛德、天爵、邓宣、正生、邓尹、连生、邛闇、尔仁、天渠、立本、圣启、张达、王伦、邓国、望之、邓弘、君正、顾明、芃生、君胜、际生、章。卷首有林之奇自序，署“左宣教郎秘书正字兼权中书舍人林之奇少颖撰”；次宋淳祐十年（1250）林之奇嗣孙林畊序，署“淳祐庚戌夏五嗣孙迪功郎衡州州学教授兼石鼓书院山长畊谨书”；次

① 翁方纲订:《通志堂经解目录》，第5页。

宋淳祐十年（1250）邓均序，署“淳祐十年七月既望后学盱江邓均拜手书于湖南漕司湘山观”。每卷末有尾题，并署“后学成德挍订”。卷三十四原缺。

是书《宋史·艺文志》及陈振孙《直斋书录解题》卷二皆著录作五十八卷，《宋志》题作《集解》，《直斋书录解题》作《拙斋书集解》。又据林畊序，知是书初有麻沙本①，继而婺女、蜀中均有翻刻。然由于锓梓仓促，未加参订，自《洛诰》以后皆讹。后畊得宇文氏所传林之奇门人所录《书说拾遗》手稿一册、建安余氏所精刊《尚书全解》完本及叶真家藏写本《林、李二先生书解》，参校验证，厘为四十卷，重新命工刊刻。今林畊刻本已不传。

《日藏汉籍善本书录》经部著录明刊本，藏日本蓬左文库。又有清初毛氏汲古阁抄本。毛抄本与通志堂本皆缺卷三十四《多方》篇②，乾隆间，四库馆臣从《永乐大典》中录出卷三十四《多方》篇，才补为完书，收入《四库全书》及《摛藻堂四库全书荟要》。《四库荟要》本即据通志堂本缮录，据宋林耕本、明《永乐大典》本校对。同治十二年（1873）粤东书局翻刻通志堂本卷三十四亦已补全。

周中孚《郑堂读书记》著录《通志堂经解》本，作《尚书全解》三十九卷，当所缺第三十四卷未计在内。而条下云“《四库全书》著录作四十卷，盖据《永乐大典》补完第三十九卷也”③，则“三十九卷”应为“三十四卷”之误。

42. 程尚书禹贡论二卷后论一卷山川地理图二卷

宋程大昌撰。大昌字泰之，休宁人。

正文首行题“程尚书禹贡论上”，次行题“朝请大夫权尚书刑部侍郎兼侍讲臣程大昌上进”。每半页十一行，行二十字，白口，左右双边，单黑鱼尾。鱼尾上方记字数，下方依次记书名、卷第、页次。版心下方右刻“通志堂”三字，左刻刻工名：邓世维（又世维）、陈君、句公、叙九、周圣西（又圣西）、甘典、帜先、六吉、茆召、圣启、天池、王允高、仲明、君善、天爵、公玉、茆德卿（又德卿）、陈章、王和、王会、邛臣、邛弘、王允文、周停、

① 盖即《直斋书录解题》所著录之本。

② 国家图书馆所藏汲古阁抄本卷三十四配清抄本。

③ 周中孚撰：《郑堂读书记》卷九，1993 年中华书局《清人书目题跋丛刊》影印 1958 年商务印书馆排印本。

邓汉、甘简。卷首有清康熙十六年丁巳（1677）阳月纳兰成德容若《程泰之禹贡图论序》。正文内容依次为《程尚书禹贡论上、下》《程尚书禹贡山川地理图》《程尚书禹贡后论》。《程尚书禹贡论》前有程大昌《进表》[①]、《程尚书经进禹贡论总》目录；《程尚书禹贡山川地理图》前有宋淳熙辛丑（八年，1181）孟春既望承议郎提举福建路市舶彭椿年《程尚书禹贡论图序》《程尚书经进禹贡图》总目，后有宋淳熙辛丑（八年，1181）上元五日迪功郎充泉州州学教授陈应行跋，跋后刻“直学林冠英、陈谠[②]，学录王伯修、石起山，学正林元镇，校勘掌膳王冲远”四行衔名；《程尚书禹贡后论》前亦有程大昌自序。每卷末有尾题，并署“后学成德挍订”。

是书陈振孙《直斋书录解题》《宋史·艺文志》皆著录。《宋志》作《禹贡论》五卷《禹贡论图》五卷《禹贡后论》一卷；《直斋书录解题》则作《禹贡论》二卷《图》二卷，并称“凡论五十三篇，后论八篇，图三十一”[③]。据彭椿年序及陈应行跋，大昌于宋淳熙七年（1180）出守泉州，市舶彭椿年得其副本而嘱教授陈应行刻于郡庠。据序跋所署时间，知书刻成于淳熙八年辛丑（1181），当为成书后初刻。此淳熙八年（1181）泉州州学刻本国家图书馆有藏，《中国古籍善本书目》卷一著录，中华书局曾影入《古逸丛书》三编，近来《中华再造善本》又作影印。按，国家图书馆所藏淳熙八年（1181）泉州州学刻本，《禹贡论》上、下二卷五十二篇，《后论》一卷八篇，篇卷与《禹贡论》卷首彭椿年序中所称合。图则共计三十幅，其中汴济分合图上、下，已按二图计。然彭序称“图三十有一”，《直斋书录解题》亦作“图三十一”，不知所据为何。通志堂本卷首成德序因之，亦称“图本三十有一，今仅存序说，兼有所阙”，检正文，图之名称以黑底白字标示，亦共计三十，数量、名目与宋本同。四库馆臣不见宋本，惟于《永乐大典》中检出二十八图，亦不出宋本三十图之外。淳熙八年（1181）本既为初刻，图计三十，则称图三十有一者实不知何据。

此后是书多有抄本见于著录，陆心源《仪顾堂题跋》卷一《《程尚书经

---

① 所见山东大学藏本《进表》不全，结尾处较国家图书馆藏淳熙八年（1181）泉州州学刻本少五十七字。

② “谠”，宋淳熙八年（1181）泉州州学刻本作“傥”。

③ 陈振孙撰：《直斋书录解题》卷二。

进禹贡论》二卷《后论》一卷《禹贡图》二卷，影写宋刊本）、沈德寿《抱经楼藏书志》卷三（《禹贡论》二卷，明抄本）、丁丙《善本书室藏书志》卷一（《禹贡山川地理图》二卷，抄本）、张金吾《爱日精庐藏书续志》卷一（《禹贡山川地理图》二卷，文澜阁传抄本）、瞿镛《铁琴铜剑楼藏书目录》卷二（《禹贡山川地理图》二卷，抄本）、《中国古籍善本书目》卷一（《禹贡山川地理图》二卷，清抄本，清王振声校并跋，藏国家图书馆；《程泰之禹贡山川地理图》一卷，清嘉庆七年（1802）焦循抄本，清焦循跋，藏上海图书馆）、中国台湾《国家图书馆善本书志初稿》（旧抄本、影宋抄本残卷，藏中国台湾“国家图书馆”）皆著录有抄本。

通志堂本所据，何焯称，“从天乙阁钞本，惜乎无图，应访有图者补之”[①]。检《天一阁书目》，卷一之二著录《禹贡论》二卷《后论》一卷，称“凡五十二篇”[②]，当即此本。通志堂本篇卷与彭椿年序中所述及《直斋书录解题》所著录合，惟《山川地理图》只刻叙说并无图[③]。卷首成德序有云：“图本三十有一，今仅存序说，兼有所阙。考归熙甫为跋时图已不及见，况又百余年乎？”知底本图已缺。乾隆时，四库馆臣于《永乐大典》中录出二十八图，尚缺最首《九州岛岛山川实证总图》与《今定禹河汉河对出图》两幅，依通志堂本图叙原目，所缺两图只存图名，并为二卷，收入《四库全书》及《摛藻堂四库全书荟要》。但《四库全书总目》沿《宋志》，《禹贡论》仍题作五卷，而库书则实分上、下两卷，二者不合。《四库荟要》则只收录《禹贡山川地理图》，无《禹贡论》《后论》。

此外，《程尚书禹贡论》二卷《后论》一卷又有《清芬堂丛书》本，《禹贡山川地理图》二卷又有《指海》本、《丛书集成初编》本等。

另，同治十二年（1873）粤东书局翻刻《通志堂经解》本，图已补足三十一数，但其时当亦未能得见宋本，所据盖为四库本，然其补入者又比四库本二十八图少《历代大河误证图》一种，其他《山川总会》及《九河》《三江》《九江》四图为通志堂本原有，但此四图实际上又是宋傅寅《禹贡说断》中所附图而误订入者。故粤东书局本所补之图虽凑足三十一数，但与宋本、

① 翁方纲订：《通志堂经解目录》，第 6 页。

② 范邦甸等编：《天一阁书目》卷一，清嘉庆十三年（1808）扬州阮氏文选楼刻本。

③ 按，内有四图，乃《经解》中宋傅寅《禹贡说断》附图而误装入者。

《通志堂经解》初刻本、四库本均不能全符，实有妄补之嫌。

43. 尚书说七卷

宋黄度撰。度字文叔，号遂初，新昌人。

正文首行题“尚书说卷第一”，次行题“礼部尚书兼龙图阁学士新昌黄度著”，第三行题“虞书”。每半页十一行，行二十字，小字双行，行三十字，白口，左右双边，单黑鱼尾。鱼尾上方记字数，下方依次记书名、卷第、页次。版心下方右刻“通志堂”三字，左刻刻工名：范震生、陶冶、刘大超、陈心甫（又心甫）、王相臣、杨中、周文启、蒋荣、潘平侯、陈元、潘玉、王子荣、孙祯之（又孙贞之）、穆君侯、吕子、孟仙、陈君侯、范哲生、方惟、陈子能、林九占（又九占）、陈、李立、林之、徐化之、关召。卷首有清康熙十五年丙辰（1676）纳兰成德容若《新昌黄氏尚书说序》。每卷末有尾题，并署“后学成德挍订”。

是书《中国古籍善本书目》卷一著录明万历三年（1575）吕光洵刻本（存六卷），藏山西省文史研究馆。此本道光九年（1829）沃川黄氏重刊，耿文光《万卷精华楼藏书记》卷四著录。另张金吾《爱日精庐藏书志》卷二、瞿镛《铁琴铜剑楼藏书目录》卷二、《中国古籍善本书目》卷一均著录有明抄本[①]，《铁琴铜剑楼藏书目录》云：“明人录本。旧藏黄俞邰家。注用大字，注中间有疏语，则用双行夹注。明吕氏光洵与荆川唐氏校刊是书改注为细字，尽删小注。通志堂据以传刻，遂鲜完书。此本曾著录《爱日精庐藏书志》。”据此，明吕光洵刻本较明抄本有删削之处，而通志堂则又据吕光洵刻本付刻，何焯称通志堂本自“明书帕本”[②]出，盖即吕光洵本。

通志堂本以后，有《四库全书》《摛藻堂四库全书荟要》本等，《四库荟要》本乃据通志堂本缮录，《四库全书总目》则据吕光洵本著录。

44. 增修东莱书说三十五卷首一卷

宋吕祖谦撰，宋时澜辑。祖谦字伯恭，金华人；澜字子澜，自号南堂拙叟，祖籍开封，后家东阳。

正文首行题“增修东莱书说卷第一”，次行题“门人时澜修定”，第三行

---

① 《中国古籍善本书目》所录本存六卷，藏辽宁省图书馆。

② 翁方纲订：《通志堂经解目录》，第6页。

题“尧典第一 虞书”。每半页十一行，行二十字，白口，左右双边，单黑鱼尾。鱼尾上方记字数，下方依次记书名、卷第、页次。版心下方右刻“通志堂”三字，左刻刻工名：邓茂卿、方尔英、陶善、金子重、周行生、尔玉、甘琪、邓圣、范茂、王安公（又王安、安公）、甘子贞（又甘子）、邓甫卿、陈三吉、公善、选臣、甘生、高祥、丁山、刘圣公（又圣公）、侯伯华（又伯华）、邓珍、王至公（又至公）、高珩、陈尔公、刘良公、邓圣甫、王君任、甘坤、陈君生（又君生）、格生、习先、包习先、甘信、甘世明、玉成、邓文、邓世维、玉林、甘玉、周开、范子茂、邓辅卿、高养元（又高养元）、高元、丁华甫、邓宪生（又邓宪）、甘慧、缪以公、邓茂、邓吉、邓永、邓珏、王粲。卷首有清康熙十五年丙辰（1676）纳兰成德容若《时氏增修东莱书说序》，次宋开禧丁卯十有一月日南至门人金华时澜《增修东莱先生书说序》，次《君臣名号》，次《书篇名》，次《东莱先生禹贡图说》，次《唐虞夏商周谱系图》及《诸儒传授书学图》。

是书《郡斋读书志》卷五上、《直斋书录解题》卷二及《宋史·艺文志》皆著录。《郡斋读书志》作《书说》六卷，《直斋书录解题》作《东莱书说》十卷，《宋史艺文志》则作《书说》三十五卷。丁丙《善本书室藏书志》卷一又著录十三卷本：“《东莱先生书说》十三卷，严九能手钞宋本。东莱吕祖谦伯恭述，门人巩丰仲至钞。”日本东洋文库藏有此本之民国十七年（1928）南京中社影印本，《东洋文库所藏汉籍分类目录》著录。陆心源《仪顾堂题跋》卷一则又著录二十五卷本，并注“宋吕祖谦撰，其门人时澜所增修也”①。可见此书屡经刊刻传抄，版本众多。据崔富章考证，吕祖谦尚在世时，门人曾笔录其《书说》稿并“亟以板行”（时澜《增修自序》），此即六卷本，刊版于淳熙七年（1180）、八年（1181）间。后祖谦因不满于“听之有浅深，记之有工拙，传习既广，而漫不可收拾”，“取《尚书》置几间而为之《说》。未再岁，伯氏下世。闻南康史君曾侯取而刊之学宫。”（大愚叟《东莱书说》十卷本《书后》）此则十卷本《东莱书说》，刊版于淳熙九年（1182）。之后门人时澜编定祖谦原书为十三卷，并增修二十二卷，合成《增修东莱书说》三十五卷《图说》一卷，即《宋史·艺文志》著录之本。至于丁丙《善本书室藏书志》

① 陆心源撰：《仪顾堂题跋》卷一，1993年中华书局《清人书目题跋丛刊》影印清光绪归安陆氏刻本。

所著录十三卷本，乃严元照依残宋本手录十六卷，出门人巩丰传录本，与时澜所编定者无涉，而丁氏为《四库提要》所囿，误注为十三卷。[①]而《仪顾堂题跋》所著录二十五卷本，则不知自何本出。

《天禄琳琅书目后编》卷二著录宋巾箱本《增修东莱书说》三十五卷，为毛氏汲古阁旧藏，卷一至十二（《中国古籍善本书目》作卷一至十一）、卷三十一至三十五配毛氏影宋抄本。此本之一至十一卷及《图说》一卷辗转入国家图书馆，《中国古籍善本书目》卷一著录即是。

通志堂本所据，据何焯称，乃“影钞宋本”[②]。另外，又有《四库全书》本、《摛藻堂四库全书荟要》本、清同治八年（1869）永康胡氏退补斋刊本（《金华丛书》之一）、《丛书集成初编》本等。《四库荟要》本据通志堂本缮录。

45. 书疑九卷

宋王柏撰。柏字会之，号鲁斋，金华人。

正文首行题“书疑卷第一”，次行题“金华王栢著”，第三行题“书大序”。每半页十一行，行二十字，白口，左右双边，单黑鱼尾。鱼尾上方记字数，下方依次记书名、卷第、页次。版心下方右刻“通志堂”三字，左刻刻工名：高元、玉成、金子重、周开、君生、邓格、邓顺、陈尔工、范茂、高珩、甘信、甘生、邓珍、王粲、子文、包习先、邓甫卿、甘玉、刘圣公、高祥、邓茂、陶善、刘良公、格生、安公、至公、王君任、丁山。卷首有清康熙十六年丁巳（1677）纳兰成德容若《王鲁斋书疑序》及《书疑》目录。每卷末有尾题，并署“后学成德挍订”。

是书清江标《宋元本书目行格表》卷下、清洪颐煊《宋元刊本读书丛录》卷二十四皆著录有宋刊本，行二十一字，黑口，已不传。通志堂本所据不知何本。《中国古籍善本书目》著录有清抄本，藏湖南省图书馆。《四库全书总目》经部易类存目，《四库全书存目丛书》以首都图书馆藏通志堂本影印。又日本明治三年（清乾隆三十一年，1766）有翻刻《通志堂经解》本，《中国馆藏和刻本汉籍书目》著录，浙江图书馆有藏。此外，又有清同治八年（1869）

① 参见崔富章撰《四库提要补正》，1990年杭州大学出版社排印本，76—78页。

② 翁方纲订：《通志堂经解目录》，第6页。

永康胡氏退补斋刊本（《金华丛书》之一）等。

46. 书集传或问二卷

宋陈大猷撰。大猷，东阳人。

正文首行题“书集传或问卷上”，第二至第六行为陈大猷识语，第七行题“尧典”。每半页十一行，行二十字，小字双行，行三十字，白口，左右双边，单黑鱼尾。鱼尾上方记字数，下方依次记书名、卷第、页次。版心下方右刻“通志堂”三字，左刻刻工名：王玉、张奇、重士、邓宣（又邘宣）、张升、邘士、杨殿英（又殿英）、刘子荣、祁生、姚哲、缪天渠（又缪天）、甘典、尚达宣、王尔极、于亮臣、赵尔祚、王维周、穆旺、王茂林、邓尹、邘芃、周丹采、杨立本、甘禄、沈芳欣、曾斌、陈、陈章、刘林、穆君旺、王绥吉、于顺真、刘荣、怀中。卷首有清康熙十五年丙辰（1676）纳兰成德容若序。每卷末有尾题，并署“后学成德挍订”。

瞿镛《铁琴铜剑楼藏书目录》著录宋陈大猷《书集传》十二卷《或问》二卷，题作宋刊本。《藏园订补郘亭知见传本书目》卷一则以为瞿氏所藏实为元末明初间刊本。《铁琴铜剑楼藏书目录》称：“（《书集传》十二卷《或问》二卷）《宋史·艺文志》失载，惟见叶氏《菉竹堂》及西亭王孙《万卷楼书目》。今则传本绝稀，通志堂搜访不获，仅刻《或问》二卷，此犹完好如新，洵秘籍也。《或问》二卷与通志堂本同。然通志本颇多讹脱。”[①]《中国古籍善本书目》卷一著录《书集传》十二卷《或问》二卷，元刻本，藏国家图书馆。通志堂本的底本，据翁方纲《通志堂经解目录》引何焯语，乃“汲古元本”[②]。《铁琴铜剑楼藏书目录》《中国古籍善本书目》所著录及通志堂本的底本或即一刻。

通志堂以后，《书集传或问》二卷又有《四库全书》本、《续金华丛书》本，均作《尚书集传或问》二卷。

47. 杏溪傅氏禹贡集解二卷

宋傅寅撰。寅字同叔，义乌人。

正文首行题“杏溪傅氏禹贡集解卷第一”，次行题“禹贡　夏书”。每半

---

① 瞿镛撰：《铁琴铜剑楼藏书目录》卷二。

② 翁方纲订：《通志堂经解目录》，第 6 页。

页十一行，行十八字，小字双行，行十八字，白口，左右双边，单黑鱼尾。鱼尾上方记字数，下方依次记书名、卷第、页次。版心下方右刻“通志堂”三字，左刻刻工名：祁生、陈章、周停、邓汉、天渠、张奇、张升、张达、邗宣、穆旺、邗芃、邗士、蒋任、徐世、子秀、高宇、王枚、周仲、任臣、受廷、蒋太、六吉、邗明、张锡、望之、邓国、王韵、子元、王伦。卷首有清康熙十五年丙辰（1676）纳兰成德容若《杏溪傅氏禹贡集解序》，次东阳乔行简寿朋《杏溪傅氏禹贡集解序》。卷一末有尾题，并署“后学成德挍订”。卷一缺第三十五至七十一页；卷二第一、二十三、二十四、八十一页（最末页）皆为空版，第二十七页有多处墨块。

卷首成德序云：“是本为王止仲藏书，其后归于都少卿穆。其第一卷阙三十有七版，第二卷又阙其四版。验少卿前后私印，则知当日已非足本。亟刊行之，俟求其完者嗣补入焉。”知通志堂本所据即非足本。今考原书，卷一缺第三十五至七十一页；卷二第一、二十三、二十四、八十一页皆为空版，与成德序合。

是书国家图书馆藏有宋刻元修本，《中国古籍善本书目》卷一著录，《中华再造善本》据以影印，半页十一行，行十八字，钤有“王止仲”“玄敬”“刘体仁”“乾学”“徐健庵”“铁琴铜剑楼”等印。瞿镛《铁琴铜剑楼藏书目录》作宋刊本，并云：“宋傅寅撰。东阳乔行简序。首列《山川总会》及《九河》《三江》《九江》四图。序首行题曰‘杏溪傅氏禹贡集解’。图后又题曰‘尚书诸家说断’，次行曰‘禹贡第一’。故《永乐大典》本曰《禹贡说断》，而《通志堂经解》本曰《禹贡集解》，名遂两歧也……此本为王止仲所藏，后归都玄敬、刘公戬，入传是楼。今所传《经解》本，即据之以刻者。所阙四十余简及《五服辨》《九州岛岛辨》者一一吻合，惟‘尚书诸家说断’六字亦改作‘杏溪傅氏禹贡集解’，为失其真耳。若四图之编入程氏《禹贡论》中，乃装书者之失，非刻本有误也。观成容若序自明。”[①] 则国家图书馆所藏、通志堂本所据、《铁琴铜剑楼藏书目录》所录，为同一本。通志堂本版式仍仿宋刻，卷内所缺所空页次皆与宋刻同，又如卷一第二十七页宋刻多有字迹模糊处，通志堂本则相应为墨块。惟图后“尚书诸家说断”六字改作“杏

① 瞿镛撰：《铁琴铜剑楼藏书目录》卷二。

溪傅氏禹贡集解”。

是书于《永乐大典》中题作《禹贡说断》。《四库全书》本、《摛藻堂四库全书荟要》本即自《永乐大典》出，仍题作《禹贡说断》，并析为四卷，又以通志堂本校对。《四库全书总目》云：“《永乐大典》载其书，则题曰《禹贡说断》，无《集解》之名。又《经解》所刊本称原阙四十余简，今检《永乐大典》，不独所阙咸在，且其《五服辨》三千余言、《九州岛岛辨》千数百言，较之原注阙文，多至数倍。”① 知《永乐大典》所收为完书。

此外，又有《武英殿聚珍版书》本、清嘉庆中海虞张氏刊《墨海金壶》本、清道光二十四年（1844）金山钱氏刊《守山阁丛书》本、清同治八年（1869）永康胡氏退补斋刊本（《金华丛书》之一，作《禹贡集解》二卷）、民国商务印书馆排印《丛书集成初编》本等。以上除永康胡氏退补斋本作《禹贡集解》二卷外，皆作《禹贡说断》四卷，永康胡氏本乃据通志堂本付刻。

48. 尚书详解十三卷

宋胡士行撰。士行，庐陵人。

正文首行题“尚书全解卷第一”，次行题“尧典第一　虞书”。每半页十一行，行二十字，小字双行，行三十字，白口，左右双边，单黑鱼尾。鱼尾上方记字数，下方依次记书名、卷第、页次。版心下方右刻“通志堂”三字，左刻刻工名：天池、叙九、句公、陈章、君善、王会、邛玉、公玉、茆德卿、君仲、王允高、六吉、帜先、邛弘、茆召、仲明、天爵、甘典、邓世维、陈君、周圣西、张永、王允文、邛芃、吴朋、善长、王和、生云、云生、蒋太。每卷末有尾题，并署“后学成德挍订”。

是书朱彝尊《经义考》卷八十四著录，作《初学尚书详解》。通志堂本底本，据翁方纲《通志堂经解目录》引何焯语曰，“从天乙阁钞本”②。检《天一阁书目》，卷一之二著录《尚书》十三卷，红丝栏抄本，称“前临江军军学教授卢陵胡士行编”，当即此本。《天禄琳琅书目后编》卷一著录宋刊本，并称“是书《通志堂经解》内翻刻，此其原本也”，与何焯所云不合，不知其所据为何。

① 纪昀等撰：《四库全书总目》卷十一。

② 翁方纲订：《通志堂经解目录》，第6页。

通志堂以后，又有《四库全书》本、《摛藻堂四库全书荟要》本等，《四库荟要》本据通志堂本缮录。

49. 尚书表注二卷

宋金履祥撰。履祥字吉父，号仁山，兰溪人。

正文首行题“尚书　金履祥表注”。每半页十行，行十八字，小字双行，白口，左右双边，双黑鱼尾，鱼尾相随。鱼尾上方记字数，中间记书名、卷第，下方记页次。版心下方右刻“通志堂”三字，左刻刻工名：邛启、甘简、刘良公、甘信、邓子珍、高元、孔云、王允文（又允文）、子茂、甘寅、公化、王安公、陶善、启如、以功、邓闇□（又邓闇、邛闇）、邛宪、公止、良甫、王戠、玉成、邛顺、子云、甘玉、金士玉、甘世明（又世明）。书栏四周有小字注。卷首有婺州金履祥《尚书表注序》，又未署名《尚书序》。每卷末有尾题“尚书表注上、下”，并署“后学成德重挍”。

是书张金吾《爱日精庐藏书志》卷二、张钧衡《适园藏书志》卷一著录宋刊本，《藏园群书经眼录》卷一则作宋末元初刊本。《爱日精庐藏书志》录周春跋，称为顾湄藏书，后归马思赞道古楼、吴焯瓶花斋，又归周春。又录顾湄跋曰：“岁癸亥夏五，予在毗陵得金仁山先生《尚书表注》。比藏书家多欲借抄，予宝爱是书，恐纸墨刓敝，因手抄二帙，以广其传。今昆山所刻者是也。”是书后归丁日昌，其《持静斋书目》卷一云：“通志堂所刻即向顾伊人借抄者。然缺抄序，四阑外之上下左右标识亦多脱误。盖借抄时伊人不示以原本，但据另本过抄，辗转讹传，遂致鲁鱼亥豕。迨婺州本复以通志堂本重刻缩小标识位置尤多错脱。今此本灵光岿然，真可宝贵。顾伊人、周松霭曾藏。……仁山卒于元大德间，今此刻犹避宋讳，大约刊于宋末元初可知也。”①合顾湄跋、丁氏言可知，通志堂本所据当为顾湄手抄所藏宋刊本。此宋刻今藏中国台湾“国家图书馆”，中国台湾《国家图书馆善本书志初稿》经部著录，作南宋末年建安刊本，书中钤有周春、张钧衡等人藏印可证。何焯曰：“金仁山《表注》名重，而书仅中等，且元刻有残阙处，补全者未可尽信，是顾湄伊人妄为补全耳。”②据中国台湾《国家图书馆善本书志初稿》载，是书前

---

① 丁日昌撰：《持静斋书目》卷一，清同治九年（1870）丰顺丁日昌刻民国印本。

② 翁方纲订：《通志堂经解目录》，第7页。

有三序，俱为抄补，其一即为顾湄所抄，正文中亦有抄补页。

此外，是书还有《率祖堂丛书》本、《四库全书》本、清同治八年（1869）永康胡氏退补斋刊本（《金华丛书》之一）、《丛书集成初编》本等。《四库全书》本的底本，崔富章《四库提要补正》引毛春翔之说云："底本乃淡生堂抄本，余尝于重庆亲见之，原不分卷，《总目》作二卷者，大抵据通志堂刻本。"① 永康胡氏本所据，则通志堂本。

50. 尚书纂传四十六卷

元王天与撰。天与字立大，梅浦人。

正文首行题"尚书纂传卷第一"，次行题"后学王天与立大　纂类"，第三行题"集斋彭应龙翼夫　增挍"，第四行题"尧典第一　虞书"。每半页十行，行二十一字，小字双行，行三十一字，白口，左右双边，单黑鱼尾。鱼尾上方记字数，下方依次记书名、卷第、页次。版心下方右刻"通志堂"三字，左刻刻工名：蒋太、邓尔仁（又尔仁）、甘典、张升、祁生、陈章、顾明、范震生、君宣、王相臣、陈心甫（又心甫）、周文启（又文启）、方惟、洪甫、君茂、君侯、徐世、葛君宣、张奇、王玉、天渠、六吉、穆旺、邓宣、邓汉、高宇、邛士、子林、化之、子文、卜升、潘平侯、子能、王顺、国甫。卷首有清康熙十六年丁巳（1677）纳兰成德容若《梅浦王氏天与尚书纂传序》，次彭应龙序，次丙戌暮春刘坦序，次二月庐陵刘辰翁序，次至大元年（1308）三月朔嗣子王振序，次戊子长至日崔君举序。每卷末有尾题，并署"后学成德挍订"。

据卷首王天与子王振序知，是书于元至大元年（1308）王振为刊行。又成德序云："大德中，鄞人臧梦解为宪使，以其书上于朝，得授临江路儒学教授。其子振板行之。予所见者即至大锓本也。"翁方纲《通志堂经解目录》引何焯语曰"李氏元刻，最精"②。《藏园订补郘亭知见传本书目》卷一称"李中麓有元刊本"。则通志堂所据乃明李开先旧藏元至大元年（1308）王振刊本。

此外，张金吾《爱日精庐藏书续志》卷一、傅增湘《藏园群书经眼录》等著录有影抄元刊本。彭元瑞等《天禄琳琅书目后编》卷二十则著录是书明

① 崔富章撰：《四库提要补正》，第 83 页。

② 翁方纲订：《通志堂经解目录》，第 7 页。

抄本。通志堂本以后，又有《四库全书》本、《摛藻堂四库全书荟要》本等。《四库荟要》本据通志堂本缮录，据元王振本校。

51. 书蔡氏传辑录纂注六卷首一卷

元董鼎撰。鼎字季亨，鄱阳人。

正文首行题“书卷第一”，次行题“朱子订定蔡氏集传”，第三行题“后学鄱阳董鼎辑录纂注”。每半页十一行，行二十字，小字双行，行三十字，白口，左右双边，单黑鱼尾。鱼尾上方记字数，下方依次记书名、卷第、页次。版心下方右刻“通志堂”三字，左刻刻工名：邓世维、甘典、叙九、陈君、茆德卿、句公、周圣西、杨天爵（又天爵）、王会、君仲、天池、仲明、邛玉、包习先（又习先）、蒋太、栢六吉（又六吉）、陈章、张永、公玉、王允文、王文、邛弘、王允高、帜先、焦景霞、谈钦、子石、伯良、习候、王言、受廷、巨甫、云生、尔朋、谈元、王和、君善、邛顺、善长、进文、吴朋。卷首有宋嘉定己巳（二年，1209）三月既望武夷蔡沈《书集传序》，次元至大戊申（元年，1308）十二月己未后学鄱阳董鼎《书蔡氏传辑录纂注序》，次《朱子说书纲领》，次《书蔡氏传辑录纂注》凡例，次《书序》，次《书》，次《书蔡氏传辑录》引用诸书，次《辑录》所载朱子门人姓氏，次《纂注》引用诸书，次《纂注》引用诸家姓氏。“《纂注》引用诸家姓氏”后有“建安后学余安定编校”一行。每卷末有尾题，并署“后学成德挍订”。

是书成于元至大元年戊申（1308）。据各书志著录及所见各刻影印本，知是书元时即有数刻。一为延祐五年戊午（1318）建安余志安勤有堂刊本，是为初刻。是刻正文首行题“书卷第一”，次行题“朱子订定蔡氏集传”，第三行题“后学鄱阳董鼎辑录纂注”。每半页十行，行二十字，小字双行，行二十四字，黑口，四周双边，双黑鱼尾。鱼尾间记书名、卷第，下方记页次。卷首有嘉定己巳（二年，1209）三月既望武夷蔡沈《书集传序》，次至大戊申（元年，1308）十二月己未后学鄱阳董鼎《书蔡氏传辑录纂注序》，次延祐戊午十月朔日男真卿跋，次《书蔡氏传辑录纂注》凡例，次《书蔡氏传辑录》引用诸书，次《辑录》所载朱子门人姓氏，次《纂注》引用诸书，次《纂注》引用诸家姓氏，次《朱子说书纲领》，次《书》。《书序》则在卷末。《纂注》引用诸家姓氏后有“延祐戊午”钟形印、“勤有堂”鼎形印，《朱子说书纲领》后有“建安余氏勤有堂刊”木记，《书序》后有“男真卿编校侄济卿登卿同校建安余志安刊行”墨记三行。

是刻《天禄琳琅书目后编》卷八、《铁琴铜剑楼藏书目录》卷二（作《书传辑录纂注》六卷）、《宋元旧本书经眼录》卷二（作《书传辑录疏》六卷《书序》一卷）、《持静斋藏书纪要》卷上（作《尚书蔡氏传辑录纂注》六卷《书序纂注》一卷）、《涵芬楼烬余书录》经部（作《书蔡氏传辑录纂注》六卷）等均有著录。《天禄琳琅书目后编》所录有“万卷楼图籍”等印，为明项笃寿万卷楼旧藏。《铁琴铜剑楼藏书目录》所录本通篇朱笔点勘，卷四后有朱笔“延祐己未八月点校讫”一行，《书序》后有“王元亮点校讫”一行。书中钤有“顾贞观印”“汪士钟印”“阆源真赏”“唐越国公四十二世孙”“铁琴铜剑楼”“虞山瞿绍基藏书之印”等印，知为清初顾贞观藏书，后归汪士钟艺芸书社、汪振勋修汲轩、瞿氏铁琴铜剑楼等，今藏国家图书馆，《中国古籍善本书目》卷一著录，《中华再造善本》据以影印。《宋元旧本书经眼录》《持静斋藏书纪要》《涵芬楼烬余书录》所录均有“秀水朱氏潜采堂图书”印，乃秀水朱彝尊藏书，后归丰顺丁日昌，民国间入上海商务印书馆涵芬楼。另据《中国古籍善本书目》著录，北京大学图书馆、上海图书馆亦有是刻残本。

一为元至正十四年（1354）甲午建安翠岩精舍刻本，《仪顾堂续跋》卷一、《皕宋楼藏书志》卷四、《中国古籍善本书目》卷一、《沈氏研易楼善本图录》、中国台湾《国家图书馆善本书志初稿》经部等著录。据《国家图书馆善本书志初稿》，是刻正文首行题“书卷第一”，次行题“朱子订定蔡氏集传”，第三行题“后学鄱阳董鼎辑录纂注”。每半页十一行，行二十字，小字双行，行二十四字，黑口，双鱼尾，四周双边。卷首有蔡沈序，次至大戊申（元年，1308）董鼎序，次《朱子说书纲领》，次《辑录纂注》引用诸书及诸家姓氏，次《书序说》。《纲领》末有“至正甲午孟夏翠岩精舍新刊”[①]双行木记。又据《仪顾堂续跋》及《皕宋楼藏书志》，“《辑录纂注》引用诸书及诸家姓氏”末有“建安后学余安定编校”一行，《书序》在全书末。国家图书馆藏有残卷（卷一至二），台北故宫博物院、中国台湾“国家图书馆”则有完本。

又，山东省博物馆藏元刻本，每半页十一行，行二十字，小字双行，行二十四字。蝴蝶装。《书序》在卷首，《书序》至卷二前部分缺佚。此为明鲁

① “至正”二字原被剜去，而以墨笔填入“庆元”二字。

荒王朱檀墓出土文献之一。《中国古籍善本书目》卷一著录，《中华再造善本》影印。

通志堂本所据，翁方纲《通志堂经解目录》未言及，惟《铁琴铜剑楼藏书目录》卷二著录延祐五年戊午（1318）建安余志安勤有堂刊本，并云："此本刻书之年距自序时甚近，是为此书第一刻本，而此又为初印致佳者。通志堂本宜即从之出。"然通志堂本与此刻多有不同，仅"纂注引用诸家姓氏"一项，据《铁琴铜剑楼藏书目录》所校，二刻相异者即十一处之多，且通志堂本"《纂注》引用诸家姓氏"后有"建安后学余安定编校"一行，亦为延祐本所无。故《铁琴铜剑楼藏书目录》又云："是通志堂所据之本后人已有窜入，非复延祐初刻矣。"今据中国台湾《国家图书馆善本书志初稿》，中国台湾"国家图书馆"所藏至正十四年（1354）翠岩精舍刻本钤有"健庵审定"朱文长方印，则曾为徐乾学所藏，且是刻卷首各项次序与通志堂本基本相合，"《辑录纂注》引用诸书及诸家姓氏"末亦有"建安后学余安定编校"一行，故通志堂本所据，当即今中国台湾"国家图书馆"所藏至正十四年（1354）建安翠岩精舍刻本，崔富章《四库提要补正》亦称"清康熙间，据元至正重刊本刻入《通志堂经解》中"①。

通志堂本以后，又有《四库全书》本、《摛藻堂四库全书荟要》本等。《钦定四库全书荟要总目》称《四库荟要》本据通志堂本缮录，据元闽本校。

52. 书纂言四卷

元吴澄撰。澄字幼清，号草庐，崇仁人。

正文首行题"书卷第一　临川吴澄纂言"。每半页十一行，行二十字，白口，左右双边，单黑鱼尾。鱼尾上方记字数，下方依次记书名、卷第、页次。版心下方右刻"通志堂"三字，左刻刻工名：邓世维、刘圣公（又刘圣）、邓甫卿、邓子珍（又邓珍）、伯华、周行生、陶善、刘良公（又刘良）、甘寅、高元、金佩卿、邓顺、周开先（周开）、玉成、邓茂卿、王安公（又王安）、子仁、甘世明、甘昆、甘琪、甘信、公善、金子重（又子重）、方子进、邓圣、尔玉、高祥、至公、陈三吉、陈尔工、丁山、甘泉、甘玉、玉林、方尔英、甘君宣（又甘君）、甘银。卷首有清康熙丁巳（十六年，1677）纳兰成德

① 崔富章撰：《四库提要补正》，第85页。

容若《今文尚书纂言序》。每卷末有尾题，并署“后学成德挍订”。

莫友芝《宋元旧本书经眼录》卷二云：“《书经纂言》四卷，元吴澄撰。明嘉靖己酉顾应祥据正德辛巳本重刊于滇中。是曝书亭旧藏，通志堂即依此本付雕，今归丰顺丁氏。卷首有竹垞翁题识云：‘是书购之海盐郑氏，简端所书犹是端简公[①]手迹也。会通志堂刊《经苑》，以此畀之，既而索还存之笥。壬申岁归田，检椟中藏本，半已散失，幸此书仅存。又七年，曝书于亭南，因识。竹垞七十一翁。’”[②]知是书有明正德十六年辛巳（1521）刊本，明嘉靖二十八年己酉（1549）顾应祥于滇中又据之重刻。通志堂本则据朱彝尊所藏顾氏刻本付刊。朱氏旧藏本又经海宁马瀛、丰顺丁日昌等收藏，今归中国台湾“国家图书馆”，中国台湾《国家图书馆善本书志初稿》经部著录。据《国家图书馆善本书志初稿》，是刻正文首行题“书卷第一　临川吴澄纂言”，每半页九行，行二十字，版心花口，四周双边，双鱼尾，卷首有明嘉靖二十八年己酉（1549）吴兴顾应祥刻书序，卷四末有明正德十六年辛巳（1521）十世孙吴理识语，卷末有嘉靖二十八年己酉（1549）云南府知府莆田陈光华后序，朱彝尊手书题识在第一册前护页，第二册前护页则有清道光四年甲申（1824）九月梅会里李富孙手书题识。通志堂本虽据嘉靖二十八年（1549）顾氏刻本付梓，然顾氏原本之前后序跋则全削去未刊。

另，《天禄琳琅书目后编》卷二十著录明抄本，作二十八卷，《皕宋楼藏书志》卷四著录旧抄本。通志堂以后，又有《四库全书》本、《摛藻堂四库全书荟要》本等。《四库全书》本、《四库荟要》本前后亦无序跋，《四库荟要》本据通志堂本缮录，据明顾应祥本校。

53. 书蔡氏传旁通六卷

元陈师凯撰。师凯字叔才，都昌人。

正文首行题“书蔡氏传旁通卷第一上”，次行题“后学东汇泽陈师凯撰”。每半页十一行，行二十字，白口，左右双边，单黑鱼尾。鱼尾上方记字数，下方依次记书名、卷第、页次。版心下方右刻“通志堂”三字，左刻刻工名：陶冶、周文启、陈元、蒋荣臣（又蒋荣）、吕子、李立、陈子能、穆君侯（穆

① 端简，明郑晓谥。晓字窒甫，号淡泉，海盐人。

② 莫友芝撰：《宋元旧本书经眼录》卷二，2008年中国书店《海王邨古籍书目题跋丛刊》影印清同治十二年（1873）独山莫绳孙刻《影山草堂六种》本。

君）、方惟、陈心甫、刘大超、王子荣、杨中、王相臣、范震生、孙祯之、陈君筷、潘平筷、潘玉、陈和先、潘卿筷、刘顺之、周子震、元沛。卷首有元至治元年（1321）岁次辛酉四月六日后学东汇泽陈师凯《书蔡传旁通序》，次《蔡传旁通》引用书目，《蔡传旁通》隐字审音，次《蔡传旁通》卷目。每卷末有尾题，并署“后学成德挍订”。

是书成于元至治元年辛酉（1321）。元至正五年乙酉（1345）余氏勤有堂付刊，《爱日精庐藏书志》卷二、《经籍访古志》卷一、中国台湾《国家图书馆善本书志初稿》经部著录。据《国家图书馆善本书志初稿》，是刻正文首行题“书蔡氏传旁通卷之一上”，次行题“后学东汇泽陈师凯撰”，第三行题“后学豫章朱万初校正”，每半页十三行，行二十五字，黑口，双鱼尾，四周双边，卷首有至治元年（1321）陈师凯序、引用书目、隐字审音，卷末有“至正乙酉岁四月余氏勤有堂印行”双行木记。《铁琴铜剑楼藏书目录》卷二、《仪顾堂题跋》卷一著录像元抄本，即影抄至正五年（1345）余氏勤有堂本者。中国台湾“国家图书馆”亦藏传抄至正余氏勤有堂本，中国台湾《国家图书馆善本书志初稿》经部著录。

翁方纲《通志堂经解目录》该条云：“何焯曰‘汲古元版’。”① 检中国台湾《国家图书馆善本书志初稿》所录元至正五年（1345）余氏勤有堂刻本，称钤有“毛晋”“毛氏子晋”“汲古主人”等印，则通志堂本所据，或即此本。《铁琴铜剑楼藏书目录》于影元抄本下称“通志堂本即从此出”，不知何据。

通志堂本以后，又有《四库全书》本，作《书蔡传旁通》六卷。又《中国古籍善本书目》卷一著录清抄本，藏国家图书馆。

54. 尚书句解十三卷

元朱祖义撰。祖义字子由，庐陵人。

正文首行题“尚书句解卷第一”，次行题“庐陵朱祖义子由”。每半页十一行，行二十字，小字双行，行三十字，白口，左右双边，单黑鱼尾。鱼尾上方记字数，下方依次记书名、卷第、页次。版心下方右刻“通志堂”三字，左刻刻工名：君宣、范震生（又震生）、王顺、卜升、尔公、陈子能、王相臣、尔开、仲恒、子振、子林、君静、陈君筷、龙伯、周文启（又文启）、栢

① 翁方纲订：《通志堂经解目录》，第7页。

臣、陈心甫（又心甫）、关召、君茂、方惟、穆君侯、史弘、卜奇、洪甫、君仁、陈元、子文、潘平。卷首有孔安国《尚书序》。每卷末有尾题。

是书《涵芬楼烬余书录》经部、《中国古籍善本书目》卷一著录元敏德堂刻本，作《直音傍训尚书句解》，为杨守敬旧藏。据杨氏《留真谱》卷一，是刻正文首行题"直音傍训尚书句解卷之一"，次行题"庐陵朱祖义子由"，每半页十二行，行二十二字[①]，《尚书序》后有"敏德书堂刊行"双行长方木记。此本现藏国家图书馆。《涵芬楼烬余书录》称："《通志堂经解》刊本中多墨揶，取校是刻，可补者凡数十字。"[②] 又《北京图书馆古籍善本书目》元敏德堂刻本"《直音傍训尚书句解》十三卷"一条，又著录日本小林辰所撰《考证》一卷《〈经解〉本磨灭补》一卷稿本，《经解》本当即《通志堂经解》本，则知通志堂本不如此本之善也。通志堂本以后，又有《四库全书》本、《摛藻堂四库全书荟要》本等，《四库荟要》本据通志堂本缮录。

55. 书集传纂疏六卷首一卷

元陈栎撰。栎字寿翁，号定宇，休宁人。

正文首行题"书卷第一"，次行题"朱子订定蔡氏集传　后学新安陈栎纂疏"。每半页十一行，行二十字，小字双行，行三十字，白口，左右双边，单黑鱼尾。鱼尾上方记字数，下方依次记书名、卷第、页次。版心下方右刻"通志堂"三字，左刻刻工名：邓汉、天渠、子铨、贞生、王尔极、刘公一（又公一）、杨英、颖涵、邓尹、刘太、王绥吉、邛芃、邓存（又邛存）、邓宣（又邛宣）、重士、王维周、王维、刘林甫、杨殿英、刘荣、赵尔祚、张升、王韵、谈贞生、于亮臣、邵文、邵先、王云、尔后、玉宣、杨立本、缪天、张达、刘林、公纪、沈芳欣、张奇（又张竒）、邓士、怀中、周丹采、高宇、甘禄、穆旺、尔祚、孔加、聚之、甘典、君明、徐盛、陈章、祁生、王伯、尚达宣（又达宣）。卷首有元泰定四年丁卯（1327）正月望日后学新安陈栎序，次《书蔡氏传纂疏》凡例，次宋嘉定己巳（二年，1209）三月既望武夷蔡沈序，次读《尚书》纲领，次孔安国序，次《书序》。每卷末有尾题。

是书有元泰定四年（1327）梅溪书院刊本，《爱日精庐藏书志》卷二、

① 《涵芬楼烬余书录》作行二十二、三、四字不等，《北京图书馆古籍善本书目》作行二十三字。

② 见张人凤编《张元济古籍书目序跋汇编》，2003年商务印书馆排印本，第391页。

《经籍访古志》卷一、《皕宋楼藏书志》卷四、《仪顾堂续跋》卷一著录。是刻书首一卷内容与通志堂本同，惟次序稍异，蔡沈序后有“泰定丁卯阳月梅溪书院新刊”木记。翁方纲《通志堂经解目录》称:“何焯曰:汲古元板。”[①]《爱日精庐藏书志》《皕宋楼藏书志》《仪顾堂续跋》皆称有“毛晋私印”“汲古主人”等印记，知为毛氏汲古阁旧藏，当即通志堂本所据之底本。

此外尚有明范氏天一阁抄本，《中国古籍善本书目》卷一著录，藏上海图书馆。通志堂本以后则有《四库全书》本、《摛藻堂四库全书荟要》本等。《钦定四库全书荟要总目》称《四库荟要》本据通志堂本缮录，据元张禹本校。《四库全书》本作《书集传纂疏》六卷，首尾无序跋。

56. 尚书通考十卷

元黄镇成撰。镇成字符镇，邵武人。

正文首行题“尚书通考卷第一”，次行题“昭武存斋黄镇成元镇父编辑”。每半页十一行，行二十字，小字双行，行三十字，白口，左右双边，单黑鱼尾。鱼尾上方记字数，下方依次记书名、卷第、页次。版心下方右刻“通志堂”三字，左刻刻工名：邓尹、刘子荣（又刘荣）、缪天渠（又缪天）、邓尔仁（邛尔仁）、祁扬生（又祁生）、张达、邓士（又邛士）、怀中、穆君旺（又穆旺）、王维周、王尔极、于亮臣、邛汉卿（又邓汉）、张奇、王绥吉、邛芃、甘典、赵尔祚（又尔祚）、周丹采、杨立本、张升、王茂林、沈芳欣、邛宣、元哲、刘林（又刘林）、尚云、姚哲、邓哲、曾斌、重士、陈章、吴天、甘禄、邓南溪、杨英。卷首有清康熙丁巳（十六年，1677）纳兰成德容若《尚书通考序》，次元天历三年（1330）岁名上章敦牂月旅太蔟日得壬子后昭武黄镇成《尚书通考叙意》，次《尚书通考》目录。每卷末有尾题，并署“后学成德挍订”。

是书有元至正刻本，《爱日精庐藏书续志》卷一、《铁琴铜剑楼藏书目录》卷二、《经籍访古志》卷一、《中国古籍善本书目》卷一著录，国家图书馆、北京大学图书馆有藏，《中华再造善本》据国家图书馆藏本影印。据《中华再造善本》所影印国家图书馆藏元至正刻本，正文首行题“尚书通考卷之一”，次行题“昭武存斋黄镇成元镇父编辑”，每半页十二行，行二十四字，黑口，

① 翁方纲订:《通志堂经解目录》，第7页。

左右双边。卷首有元至正丁亥（七年，1347）冬十月建安雷几子枢父序，次《尚书通考叙意》，次《尚书通考》目录。雷几序前有沈祥龙手跋，云："此元至元年间印本也，国初通志堂重刻即仿此本，第一卷内原缺五、六两叶[①]，故通志堂刻本亦缺。余于壬申之春得诸书肆中，数百年旧本，可宝也。"翁方纲《通志堂经解目录》亦引何焯语云："汲古元刻，惜有阙叶，应为标出。"[②]检通志堂本，卷一六、七两页为空版，正与国图元本所补刻者合，卷四有墨块若干，国图元刻则相应为"□"。知通志堂本所据为汲古阁所藏元至正刻本，惟于雷几序削而未刻。

又有《四库全书》本，卷首有黄镇成《叙意》及目录，无雷几序，亦无成德序。通志堂本空版及墨块处，《四库全书》本均相应注"阙"。

57. 王耕野先生读书管见二卷

元王充耘撰。充耘字与耕，号耕野，吉水人。

正文首行题"王耕野先生读书管见卷上"，次行题"尧典"。每半页十一行，行二十字，小字双行，行三十字，白口，左右双边，单黑鱼尾。鱼尾上方记字数，下方依次记书名、卷第、页次。版心下方右刻"通志堂"三字，左刻刻工名：邓世维（又世维）、陈君、公玉、周圣西（又圣西）、天爵、王和、陈章、章、六吉、帜先、王会、君仲、邘玉、邘弘、仲明。卷首有未署名《读书管见序》。每卷末有尾题，并署"后学成德挍订"。

《仪顾堂题跋》卷一、《藏园订补郘亭知见传本书目》卷一著录明初刊本。前者为明黄氏千顷堂旧藏，后归清吴氏拜经楼，又归陆氏皕宋楼；后者为范氏天一阁旧藏，后为傅增湘收得。据《仪顾堂题跋》，是刻每半页十行，行十七字，前有无名氏序，后有梅鹗跋。

汪璐《藏书题识》卷一亦著录是书，录王三省跋云："《读书管见》多前贤未发之意，而训释明畅，一洗世儒牵强补矮之谬，为功于九峰也巨矣。郡政之暇，余过后渠先生精舍，论《尚书》，马先生出此示之。携归，公退之室，读之忘倦。爰命训导秦兰校正，刻之郡斋。嘉靖乙未六月。"[③]则又有明嘉

① 按，今所见国图藏本已补全。

② 翁方纲订：《通志堂经解目录》，第 7 页。

③ 汪璐撰：《藏书题识》，2002 年北京图书馆出版社《国家图书馆藏古籍题跋丛刊》影印民国一箫一剑馆绿丝栏抄本。

靖十四年乙未（1535）王三省刻本。又有《四库全书》本，《增订四库简明目录标注》卷二著录许氏有抄本等。

58. 定正洪范集说一卷首一卷

元胡一中撰。一中字允文，诸暨人。

正文首行题“定正洪范集说”，次行题“会稽胡一中纂述”。每半页十行，行十八字，小字双行，行二十七字，白口，左右双边，单黑鱼尾。鱼尾上方记字数，下方依次记书名、卷第、页次。版心下方右刻“通志堂”三字，左刻刻工名：周行生（又周行、行生）、陈三吉、玉林、刘良公、方尔英、丁山、甘子琪、陶善、邓甫卿、甘子贞、刘圣、陈尔工、高元、甘世明、周开先（又周开）、甘信、金子重。卷首有元至正甲午（十四年，1354）春会稽胡一中《定正洪范集说序》，次至正二十年（1360）闰五月二十又六日宣城贡师泰序，次引用《集说》诸贤姓氏，次定正洪范图，次河图洛书作范宗旨，次《洪范》经文。卷末有至正廿又四祀甲辰岁春三月稧日毗陵陈显曾跋。每卷末有尾题，并署“后学成德挍订”。

卷末元至正二十四年（1364）陈显曾刊书跋称“今刻之三山郡庠”，知是书有元至正刻本。翁方纲《通志堂经解目录》：“何焯曰：‘汲古元刻，李中麓藏本，中阙一叶，从黄黎洲处补全。’”①知通志堂本所据乃汲古阁所藏元刻本，为明李开先旧物，不知此刻是否即至正三山郡庠刻本。《中国古籍善本书目》卷一又著录明抄本，藏天一阁文物保管所。《四库全书》入存目，题定正洪范二卷。《四库全书存目丛书》据藏天一阁文物保管所藏明抄本影印。

① 翁方纲订:《通志堂经解目录》，第7页。

第五章 《通志堂经解》子书版本源流考（中）

第一节 诗类（11种）

59. 毛诗指说一卷

唐成伯玙撰。

正文首行题“毛诗指说”，次行题“唐成伯瑜述”。每半页十一行，行二十字，小字双行，行二十七字，白口，左右双边，单黑鱼尾。鱼尾上方记字数，下方依次记书名、卷第、页次。版心下方右刻“通志堂”三字，左刻刻工名：杨立本、杨尔生、沈芳欣、邗芃、王韵、尚达宣、王盛、天渠。卷末有宋乾道壬辰（八年，1172）三月十九日建安熊克跋，次清康熙丙辰（十五年，1676）纳兰成德容若跋。卷末有尾题，尾题后署“后学成德挍订”。

据熊克跋，知宋乾道八年（1172）克尝刊是书于京口。《增订四库简明目录标注》卷三、《藏园订补郘亭知见传本书目》卷二又称有宋沈必毅刊本。《中国古籍善本书目》卷二则著录清冠山堂抄本，又清抄本[①]，皆藏国图。据翁方纲《通志堂经解目录》所引何焯语，知通志堂本的底本为“李中麓钞本”[②]。通志堂本以后，又有《四库全书》本、《摛藻堂四库全书荟要》本，《增订四库简明目录标注》卷三、《藏园订补郘亭知见传本书目》卷二又著录《艺园搜

① 有清吴骞校，《拜经楼藏书题跋记》卷一著录是书旧抄本，当即此本。

② 翁方纲订:《通志堂经解目录》，第8页。

奇》本。《四库荟要》本据通志堂本缮录，据宋熊克本校对。

60. 诗本义十五卷郑氏诗谱补亡一卷

宋欧阳修撰。修字永叔，号醉翁、六一居士，庐陵人。

《诗本义》正文首行题“诗本义卷第一”，次行题“欧阳氏”。《郑氏诗谱补亡》正文首行题“郑氏诗谱”，次行题“欧阳修补亡”，前有《诗图总序》。每半页十一行，行二十字，白口，左右双边，单黑鱼尾。鱼尾上方记字数，下方依次记书名、卷第、页次。版心下方右刻“通志堂”三字，左刻刻工名：邛顺、子云、高元、甘简、邓子珍、邛廷、王贞、邛启、王允文（又允文）、子良、甘信、甘玉、金士玉（又金士）、邛闇、子茂、方尔英、张公止、金祥卿、甘世明（又世明）、王至公、玉成。每卷末有尾题，并署“后学成德挍订”。

是书今台北故宫博物院有南宋宁宗时江西刻本。是刻每半页十行，行二十字，白口，左右双边，单鱼尾。首五卷及卷十五全佚，卷八第十至十五页、卷九首页、卷十四末页亦缺，均经后人依原式抄配。是书原为明顾元庆旧藏，又曾归清潘祖荫，民国间张元济将其影入《四部丛刊》三编，后为山阴沈仲涛收得，1980年沈氏将其与研易楼其他藏书一并捐归台北故宫博物院。是帙为现今唯一传世宋本。《滂喜斋藏书记》卷一、《沈氏研易楼善本图录》著录。张元济有是书跋云：“通志堂本即从此出，然校勘未精，字句不免讹误，篇次亦偶见颠倒。”①《沈氏研易楼善本图录》亦云：“通志堂刊本即从此出，然校勘未精。”②翁方纲《通志堂经解目录》引何焯云：“遵王宋本，顾伊人校勘未当，深为可惜。”③知通志堂本所据，即此南宋宁宗江西刻本，时为钱曾所藏。检钱曾《述古堂宋版书目》，是书亦著录在目。

是书又有明刻本，浙江省图书馆、辽宁省图书馆、甘肃省图书馆等有藏，又明抄本，上海图书馆、山东省图书馆有藏，皆见于《中国古籍善本书目》卷二著录（作《欧阳文忠公毛诗本义》十六卷）。《皕宋楼藏书志》卷五、《抱经楼藏书志》卷四亦分别著录明刊本、旧抄本（作《毛诗本义》十六卷），均称有开禧三年（1207）张爟序，台北故宫博物院所藏宋本张序已佚，通志

---

① 张人凤编：《张元济古籍书目序跋汇编》，第928页。

② 台北故宫博物院编辑委员会编：《沈氏研易楼善本图录》，1986年台北故宫博物院出版。

③ 翁方纲订：《通志堂经解目录》，第8页。

堂本亦未刻。又有《四库全书》本、《摛藻堂四库全书荟要》本，亦无张序。《四库荟要》本乃据通志堂本缮录。《藏园订补郘亭知见传本书目》卷二又著录清江西祠堂刊本。

61. 李迂仲黄实夫毛诗集解四十二卷首一卷

宋李樗、黄櫄讲义，宋吕祖谦释音。樗字若林，一字迂仲，闽县人；櫄字实夫，龙溪人；祖谦字伯恭，金华人。

正文首行题“李迂仲黄实夫毛诗集解卷第一”，次行题“三山先生李樗迂仲讲义”，第三行题“南剑教授黄櫄实夫讲义”，第四行题“三山先生李泳深卿挍正”，第五行题“东莱先生吕祖谦伯恭释音”。每半页十一行，行二十字，白口，左右双边，单黑鱼尾。鱼尾上方记字数，下方依次记书名、卷第、页次。版心下方右刻“通志堂”三字，左刻刻工名：君茂、王顺、卜文、卜升、周世求（又世求）、范震生（又震生）、关召、君仁、周文启（又文启）、李立、葛君宣、陈元、陈心甫（又心甫）、王相臣、洪甫、方惟、方、王仪公（又仪公）、栢臣、史弘、元沛、陈君矦（又君矦、君侯）、国甫、仲恒、雍尧之（又雍尧）、卜奇、平侯、范玉生、子文、陈子能（又子能）、尔英、君静、子林、仲恒、王玉文（又玉文）、尔公、化之、尔盛、玉生、君德、李公、卿矦、穆君侯（又穆君）、徐彦、陈国甫、六龙、栢子林、子厚、君生、周允圣（又周允圣、允圣）、周子振（又子振）、修来、元士、栢岳海（又岳海）。卷首有《毛诗纲目》，次《毛诗图谱总论》。每卷末有尾题，并署“后学成德挍订”。

是书各书目罕见著录，今《日藏汉籍善本书录》经部著录明刊本，藏日本蓬左文库。《藏园订补郘亭知见传本书目》卷二又著录旧写本，称蓝格，十二行二十三字，卷五以下每行十六字，版心下方有“耕野堂钞本”五字。又有《四库全书》本、《摛藻堂四库全书荟要》本等。《四库荟要》本据通志堂本缮录，《四库全书》本无卷首一卷。

62. 毛诗名物解二十卷

宋蔡卞撰。卞字符度，兴化仙游人。

正文首行题“毛诗名物解卷第一”，次行题“宋蔡元度集解”。每半页十一行，行二十字，白口，左右双边，单黑鱼尾。鱼尾上方记字数，下方依次记书名、卷第、页次。版心下方右刻“通志堂”三字，左刻刻工名：高元、邓甫卿、丁山、王安、陶善、甘玉、伯华、刘良公、陈三吉（又三吉）、高珩、王君任、高祥、金子重、公善、选臣、甘世明、周行生、刘圣公（又刘圣、圣公）、包习先、尔玉、陈君生、邓顺、甘银、邓珍、甘昆、甘琪、子仁、邓圣、甘信、方尔英、李哥、玉林。卷首有清康熙丙辰（十五年，1676）孟夏纳兰成德容若序。每卷末有尾题，并署“后学成德挍订”。

是书《直斋书录解题》卷二著录，作《诗学名物解》二十卷。《藏园订补郘亭知见传本书目》卷二著录宋刊本，称十一行二十字。《抱经楼藏书志》卷四著录旧抄本，慈溪费棻旧藏。《中国古籍善本书目》著录明秦氏雁里草堂抄本，藏上海图书馆；又清抄本，有清朱昌燕跋，藏国家图书馆。又有《四库全书》本。

63. 诗说一卷

宋张耒撰。耒字文潜，号柯山，楚州淮阴人。

正文首行题“诗说”，次行题“张耒”。每半页十一行，行二十字，白口，左右双边，单黑鱼尾。鱼尾上方记字数，下方依次记书名、卷第、页次。版心下方右刻“通志堂”三字，左刻刻工名：王宪、邓汉。卷末有清康熙丙辰（十五年，1676）二月纳兰成德容若跋。卷末有尾题，并署“后学成德挍订”。

卷末成德跋云：“文潜《诗说》一卷，杂论《雅》《颂》之旨，仅十二条，已载《宛丘集》中，后人抄出别行者。……《宛丘集》今不甚传，此亦经学一种，因挍而梓之。”《四库全书总目》卷一百五十四《宛丘集》条云：“是书载《柯山集》中。纳喇性德以其集不甚传，因刻之《通志堂经解》中，凡十二条。”《宛丘集》《柯山集》皆张耒别集也。

张耒《柯山集》五十卷，有《四库全书》本、《武英殿聚珍版书》本、《丛书集成初编》据聚珍版排印本等，其卷三十九有《诗杂说十四首》，即此书。张耒《宛丘先生文集》七十六卷，有国家图书馆藏清康熙吕无隐抄本，内有《诗杂说十三首》。张耒《张右史文集》六十卷，有《四部丛刊初编》影印清抄本，其卷五十二有《诗杂说十三首》。1998年中华书局排印李逸安、孙通海校点《张耒集》第四十六卷有《诗杂说十四首》。

单行本又有明万历胡文焕文会堂刻《格致丛书》本，作《新刻宛丘诗说》，首都图书馆、上海辞书出版社等藏。又明刻清顺治三年（1646）宛委山堂印《说郛》本、清嘉庆南汇吴氏听彝堂刻《艺海珠尘》庚集本、民国二十八年（1939）商务印书馆《丛书集成初编》据《艺海珠尘》本排印本、南京图书馆藏清抄《养素轩丛录》本等。

是书凡十四条，通志堂本以“老子曰”“武奏《大武》”二条误与前条连为一条，故成德跋称“仅十二条”，《四库全书总目》因成德跋亦云“凡十二条”。《艺海珠尘》本从通志堂本出，《丛书集成初编》又从《艺海珠尘》本出，均沿其误。又《宛丘先生文集》本、《张右史文集》本均十三条，则以第十四条别为《答闵周》一篇，独立于《诗说》之外也。①

64. 诗疑二卷

宋王柏撰。柏字会之，号鲁斋，金华人。

正文首行题“诗疑卷第一”，次行题“金华王栢著”。每半页十一行，行二十字，白口，左右双边，单黑鱼尾。鱼尾上方记字数，下方依次记书名、卷第、页次。版心下方右刻“通志堂”三字，左刻刻工名：陶善、金子重、公善、高元、王至公、邓吉、玉林、邓文、君生、王安公（又王公）、尔玉、梁生、高珩、范子茂。卷首有清康熙丁巳（十六年，1677）纳兰成德容序。每卷末有尾题，并署“后学成德挍订”。

是书湖南图书馆藏清初抄本，《中国古籍善本书目》卷二著录。又有清嘉庆南汇吴氏听彝堂刻《艺海珠尘》革集本。又民国二十五年（1936）商务印书馆据《艺海珠尘》本排印，收入《丛书集成初编》。又清同治八年（1869）永康胡氏退补斋刻本（《金华丛书》之一）。又清张作楠辑抄《翠微山房丛书》本，金华图书馆藏。又民国十九年（1930）北平朴社排印顾颉刚校点本（《辨伪丛刊》之一）。《四库全书》入存目，《四库全书存目丛书》用首都图书馆藏康熙间通志堂刻本影印。②

65. 诗传遗说六卷

宋朱鉴撰。鉴字子明，婺源人，徙居建阳。

正文首行题“诗传遗说卷第一”，次行题“纲领”。每半页十一行，行二十字，白口，左右双边，单黑鱼尾。鱼尾上方记字数，下方依次记书名、卷

① 该条参杜泽逊撰《四库存目标注》卷四《诗说》条，2007年上海古籍出版社排印本。

② 该条参《四库存目标注》卷四《诗疑》条。

第、页次。版心下方右刻“通志堂”三字，左刻刻工名：范震生、李立、君茂、王相臣、葛君宣（又葛君）、君仁、化之、卜升、方惟、尔公、君静、卜文、陈元、元士、雍尧之、修来、穆、六龙、尔盛、栢子林、栢臣、李公、周允圣、王仪公、洪甫。卷首有清康熙丁巳（十六年，1677）纳兰成德容若《诗传遗说序》，卷末有宋端平乙未（二年，1235）五月朔孙承议郎权知兴国军兼管内劝农营田事节制屯戍军马鉴识语。每卷末有尾题，并署“后学成德挍订”。

是书通志堂本之前罕见著录，不知通志堂本所据何本。通志堂本以后，有《四库全书》本、《摛藻堂四库全书荟要》本等，《四库荟要》本据通志堂本缮录。

66. 逸斋诗补传三十卷篇目一卷

宋范处义撰。处义号逸斋，金华人。

正文首行题“诗补传卷第一”，次行题“国风　逸斋”。每半页十一行，行二十字，小字双行，白口，左右双边，单黑鱼尾。鱼尾上方记字数，下方依次记书名、卷第、页次。版心下方右刻“通志堂”三字，左刻刻工名：邵士、天池、方尔英、甘分、子上、洪运、甘信、尔仲、甘世、邓子珍、金士玉（又金士）、周开、公止、尔朋、邛宪、子耒、大超、缪以功（又以功）、陶善、公化、君珍、良甫、甘先、邛顺、王安公（又安公）、刘良公（又刘公）、高元、甘简德（又甘简）、吴千、玉生、邛启、子相、吴正生、观卿、允文、甘琪、邓廷、季文、吉士、甘寅、连生、士仁、玉成、金子重、俊卿、王臣、贞卿。卷首有逸斋自序，次诗篇目，次《明序篇》。每卷末有尾题，并署“后学成德挍订”。

是书通志堂本之前罕见著录，不知通志堂本所据何本。通志堂本以后，有《四库全书》本、《摛藻堂四库全书荟要》本等，《四库荟要》本据通志堂本缮录，通志堂本卷三第四页有墨条三行，《四库全书》本则注“原缺”。《浙江采集遗书总录》甲集著录写本，作《诗补传》三十卷，称“前有《诗篇目》及《明序篇》二则”。①

---

① 沈初编：《浙江采集遗书总录》第1册，2006年北京图书馆出版社《〈四库全书〉提要稿辑存》影印清乾隆四十年（1775）刻本，第158页。

67. 诗集传名物钞八卷

元许谦撰。谦字益之，金华人。

正文首行题“诗集传名物钞卷第一”，次行题“东阳许谦”。每半页十一行，行二十字，小字双行，白口，左右双边，单黑鱼尾。鱼尾上方记字数，下方依次记书名、卷第、页次。版心下方右刻“通志堂”三字，左刻刻工名：际生、张达、天渠、圣启、顾明、邓国、士玉、邓宣、王伦、尔仁、祁生、钦明、望之、君正、邓弘（又邛弘）、陈君。卷首有元后至元五年（1339）吴师道序，署“至元重纪之五年岁在己卯六月戊子朔友生吴师道序”。每卷末有尾题，并署“后学成德挍订”。

《抱经楼藏书志》卷四著录是书明抄本，慈溪费棻旧藏。《中国古籍善本书目》著录明秦氏雁里草堂抄本，藏国家图书馆；又明怡颜堂抄本，藏湖南省图书馆。通志堂本的底本，据翁方纲《通志堂经解目录》引何焯语为“汲古旧钞本”。

通志堂本之后，又有《四库全书》本、《摛藻堂四库全书荟要》本、清同治八年（1869）永康胡氏退补斋刊本（《金华丛书》之一）、《丛书集成初编》本。《四库荟要》本据通志堂本缮录，《丛书集成初编》本乃据《金华丛书》本排印。又《增订四库简明目录标注》卷二著录日本文化十年（清嘉庆十八年，1813）刻本，乃据通志堂本翻刻。

68. 诗经疑问七卷附编一卷

元朱倬撰，附编宋赵悳撰。倬字孟章，建昌新城人；悳，始末不详。

正文首行题“诗经疑问卷第一”，次行题“进士盱黎朱倬孟章编”。每半页十一行，行二十字，小字双行，白口，左右双边，单黑鱼尾。鱼尾上方记字数，下方依次记书名、卷第、页次。版心下方右刻“通志堂”三字，左刻刻工名：高元、高珩、刘圣公（又圣公）、格生、邓文、刘良公、尔玉、陈尔工、甘世明、周行生、缪以公（又缪以功）、王安公（又安公）、周开、金子重、甘玉、玉林、王君任、方子达、三吉、邓甫卿、邓珍、至公。卷首有清康熙丙辰（十五年，1676）纳兰成德容若《朱孟章诗疑问序》，次元至正丁亥（七年，1347）蒲节建安书林刘锦文叔简跋，次《诗经疑问》纲目。每卷末有尾题，并署“后学成德挍订”。

是书有元至正七年（1347）建安书林刘锦文刻本，国家图书馆藏，《中国古籍善本书目》卷二著录，《中华再造善本》影印。是刻正文首行题“诗经疑问卷之一”，次行题“进士盱黎朱倬孟章编”。每半页十一行，行二十字，小字双行，黑口，四周双边。卷首有刘锦文识语，次《诗经疑问》纲目，纲目后有黑底白文“至正丁亥菖节刻”一行，及“嘉靖己亥大溪书屋置”朱记一行。书中钤“毛晋”“子晋”“毛氏子晋”“子晋书印”“毛晋私印”“海虞毛晋子晋图书记”“汲古主人”“汲古阁”“汪士钟读书”“铁琴铜剑楼”“菰里瞿镛”“瞿氏秉渊”等印，知为毛氏汲古阁旧藏，尝归长洲汪士钟，后归常熟瞿氏铁琴铜剑楼。通志堂本所据，翁方纲《通志堂经解目录》引何焯语曰“汲古元板”①，《铁琴铜剑楼藏书目录》著录建安书林刘锦文刻本，亦称“通志堂刻即出此本”②。又检国图是刻，卷首刘锦文识语中多有缺佚，通志堂本亦几乎同为空缺，卷七首有漫漶不可识者，通志堂本则为墨丁，为空版者，通志堂本亦同为空，则通志堂本底本为此本无疑。

另，《文禄堂访书记》卷一著录清初影元抄本，半页十一行，行二十字，末有“至正建安书林刘锦文因书以识卷末”一行，即影抄元至正七年（1347）建安书林刘锦文刻本者。《中国古籍善本书目》卷二著录国家图书馆、湖北省图书馆藏有清抄本。通志堂本之后，又有《四库全书》本、《摛藻堂四库全书荟要》本等。《四库荟要》本据通志堂本缮录，《四库全书》本卷首有《诗经疑问》总目，而无刘锦文跋，其卷七注“阙”处凡三，与通志堂本空版处正合。

附编《诗辨说》一卷，又有清道光海昌蒋氏刊《别下斋丛书》本、光绪十三年（1887）刊本（《槐庐丛书初编》之一）、光绪十三年（1887）刊本（《孙溪朱氏经学丛书初编》之一）、民国间商务印书馆排印《丛书集成初编》本等。

69. 诗解颐四卷

明朱善撰。善字备万，号一斋，丰城人。

正文首行题“诗解颐卷第一”，次行题“丰城朱善备万学”。每半页十一行，行二十字，白口，左右双边，单黑鱼尾。鱼尾上方记字数，下方依次

---

① 翁方纲订:《通志堂经解目录》，第9页。

② 瞿镛撰:《铁琴铜剑楼藏书目录》卷三。

记书名、卷第、页次。版心下方右刻“通志堂”三字，左刻刻工名：甘世明（又世明）、葛君宣、世求、范震生、王相臣、栢子林、王顺、国甫、方惟、陈心甫（又心甫）、卜升、栢臣、周文启、王文、陶季贤（又季贤）、李公、陈君疾、王弘卿、允圣、君茂、卜奇、洪甫、周子正、陈元、岳海、子能、关召。卷首有《诗图总序》，卷末有明洪武三十五年（建文四年，1402）岁在壬午孟夏上澣后学丰城丁隆跋。每卷末有尾题，并署“后学成德挍订”。

据卷末丁隆跋，知是书朱善子叔明尝锓诸梓，洪武三十五年（建文四年，1402）丁隆又重刊。今上海图书馆藏明初刻本（存卷三），《中国古籍善本书目》卷二著录，未知是朱刻还是丁刻。又《天禄琳琅书目后编》卷二十、《中国古籍善本书目》卷二著录清初毛氏汲古阁抄本①，藏国家图书馆。通志堂本所据，翁方纲《通志堂经解目录》引何焯语曰“叶九来藏本”②，亦不知是刻是抄。

通志堂本之后，又有《四库全书》本、《摛藻堂四库全书荟要》本等。《钦定四库全书荟要总目》称《四库荟要》本据内府所藏通志堂刊本缮录，据其子叔明本及丁隆本校;《四库全书》所据注为内府藏本。以通志堂本校之，《四库全书》本、《四库荟要》本未录《诗图总序》，又通志堂本卷二《巷伯》第六章有墨条十六字，卷三《桑柔》第七章有墨条计三版余，《四库全书》《四库荟要》本本皆注“阙”，缺文相合。然亦颇有通志堂本缺文作墨丁，而库书却不缺者，则当另据校本补之。

第二节 春秋类（35种）

70. 春秋尊王发微十二卷附录一卷

宋孙复撰。复字明复，平阳人。

正文首行题“春秋尊王发微卷第一”，次行题“孙复撰”。每半页十一行，行二十字，白口，左右双边，单黑鱼尾。鱼尾上方记字数，下方依次记书名、

---

① 《天禄琳琅书目后编》著录作《诗经解颐》一函二册，明抄本，并称“此本乃汲古阁藏，收书家所珍为毛钞也”，当即《中国古籍善本书目》所著录清初毛氏汲古阁抄本。

② 翁方纲订:《通志堂经解目录》，第9页。叶奕苞字九来，昆山人。

卷第、页次。版心下方右刻“通志堂”三字，左刻刻工名：邓尔仁、邓宣、玉宣、王后、王尔极、张达、杨立本、邘芃、王永、高宇、张升、刘荣、刘林甫（又刘林）、王岈、王绥吉、缪天、尔祚、尚达宣、刘全甫、于亮臣、邓士、王韵、祁生、甘典、王维周、哲士、王君盛、邓汉、刘太、沈芳欣、穆旺、尔后、周丹采、邓尹、茂林、子铨、天渠、公纪、邓国、邵文先（又邵先）、邓存、贞生。卷首有清康熙丙辰（十五年，1676）纳兰成德容若《孙泰山春秋尊王发微序》，次《举张问孙复状》，次欧阳修《孙先生墓志铭》，次宋绍兴辛未（二十一年，1151）五月日鄱阳魏安行跋。每卷末有尾题，并署“后学成德挍订”。

是书有宋绍兴二十一年辛未（1151）魏安行刊本。《钱遵王述古堂藏书目录》卷一著录抄本，《拜经楼藏书题跋记》卷一、《仪顾堂续跋》卷二、《季沧苇藏书目》著录像抄本，皆影抄绍兴魏氏刊本者。据各目所记藏书印章，各抄本实为一书，为明末无锡顾宸旧藏，清初归虞山钱曾，后归泰兴季振宜，乾隆间归海宁吴骞[①]，后归归安陆心源，今则藏日本静嘉堂文库，《日藏汉籍善本书录》经部著录。《仪顾堂续跋》该书跋云“与通志堂刊本同出一源，而通志本稍有脱误”，并举例若干。依陆氏之言，通志堂本所据当即宋绍兴二十一年辛未（1151）魏安行刊本，惟校勘未精。

另，《中国古籍善本书目》卷三又著录明抄本，存一至四、九至十二共八卷，藏天一阁文物保管所。《善本书室藏书志》卷三著录乾隆间卢文弨家抄本，此书后归归安阆昆，又归钱塘丁丙，现藏南京图书馆，有卢文弨校并跋，又丁丙跋，《中国古籍善本书目》卷三著录。此外，又有《四库全书》本、《摛藻堂四库全书荟要》本等，《四库荟要》本据通志堂本缮录，据宋魏安行本校。

71. 春秋皇纲论五卷

宋王皙撰。太原人。

---

① 按，《仪顾堂续跋》卷二该书跋称“嘉庆中归吴兔床”，不确。《皕宋楼藏书志》卷八《春秋尊王发微》条，录吴骞手跋云：“予收得旧钞本《春秋尊王发微》，书体颇端楷。玩其图记，盖虞山钱尊王先生藏本，尝载诸《读书敏求记》者殆即此也。述古堂之书后尽归于季沧苇侍御，沧苇既没，又复散去。此虽昆山片玉，犹足以想见当时之盛也。因取通志堂刊本手校而藏之。”跋署“乾隆己亥秋日兔床骞”，知是书乾隆四十四年（1779）已归于吴骞。

正文首行题“春秋皇纲论（下接双行小字：凡二十三篇总五卷）”，次行题“太原王晳”，第三行题“春秋皇纲论卷第一”。每半页十行，行二十字，白口，左右双边，单黑鱼尾。鱼尾上方记字数，下方依次记书名、卷第、页次。版心下方右刻“通志堂”三字，左刻刻工名：邓尔仁、陈章、邙生、邵先、邙芃、张升、尚达宣、高宇臣、王韵、张玉、沈芳欣、姚重士、玉公、邙士、王尔吉、王盛、天渠、谈茂生。卷首有清康熙丙辰（十五年，1676）阳月纳兰成德容若序。每卷末有尾题，并署“后学成德挍订”。

是书宋陈振孙《直斋书录解题》卷三著录。传世版本很少，通志堂本以外，又有《四库全书》本。

72. 春秋刘氏传十五卷

宋刘敞撰。敞字原父，临江新喻人。

正文首行题“春秋刘氏传第一 隐公”。每半页十一行，行二十字，白口，左右双边，单黑鱼尾。鱼尾上方记字数，下方依次记书名、卷第、页次。版心下方右刻“通志堂”三字，左刻刻工名：李立、子能、洪甫、尔公、王玉文、子林、关召、史弘、心甫、栢臣、君静、王顺、范震生、化之、卜文、子振、雍尧之（又雍尧）、李公、穆君侯（又穆君）、徐彦、卜奇、张君茂（又君茂）、六龙、君仁、玉文、陈君侯、吕年、玉生、王生、子振、陈国甫（又国甫）、君侯、卜升、周世求（又世求）、王仪公。卷首有康熙丙辰（十五年，1676）纳兰成德《刘公是春秋序》，每卷末有尾题，并署“后学成德挍订”。

是书《袁本昭德先生郡斋读书志》卷一下、《直斋书录解题》卷三（作《春秋传》十卷）、《宋史・艺文志》著录。刘敞《春秋权衡》明写本卷首有刘龟从刊书跋，云：“曾伯祖公是先生所作《春秋传》《说例》《权衡》《意林》四书，元祐间被旨刊行，今吴、蜀、江东、西皆有本。龟从修县学既成，锓板于中，以广其传。淳熙十三年（1186）十二月初吉曾侄孙通直郎知温州瑞安县主管劝农公事兼主管双穗盐场龟从谨题。”[①] 知宋元祐间是书与《春秋传说例》《春秋权衡》《春秋意林》同奉旨刊行，吴、蜀、江东、江西皆有刻本，宋淳熙十三年丙午（1186）刘龟从又重刊于瑞安县学。《增订四库简明目录标

① 傅增湘撰：《藏园群书经眼录》卷一《春秋权衡》条，1983年中华书局排印本。

注》卷三、《藏园订补郘亭知见传本书目》卷二均著录是书宋刊本，唯不知为元祐刻还是淳熙刻。《四库全书总目》卷二十六《春秋传》条云："敞所作《春秋权衡》及《意林》，宋时即有刊本。此《传》则诸家藏弆，皆写本相传。近时通志堂刻入《经解》，始有版本。"《总目》所谓刘氏《春秋传》自通志堂刻入《经解》始有版本，当属不确。且《四库全书》本是书卷首有未署名序一篇，有云："宋四明史有之刊《权衡》《意林》于清江，其本犹有传者。《传》则出于录本，人或以为非真。观其文义与二书合，疑非赝鼎，故并刊之以传示学者。"亦明言是书已付刊刻。

周中孚《郑堂读书记》卷十著录是书通志堂本，云："此本纳喇容若以宋四明史有之本重刊，并为之序。"检是书通志堂本，并无史有之序跋，亦无纳兰氏序言及，郑堂所称不知何据。且据是书《四库全书》本卷首未署名序，史氏似仅刻《权衡》《意林》，而未刻《春秋传》。

通志堂本以后，又有清乾隆十六年（1751）水西刘氏刊《公是遗书》本、《四库全书》本、《摛藻堂四库全书荟要》本等。《四库荟要》本据通志堂本缮录。《四库全书》本卷首有未署名序一篇，通志堂本及《四库荟要》本则无。

此外，《增订四库简明目录标注》卷三、《藏园订补郘亭知见传本书目》卷二著录内府藏写本、《三刘全集》本，《增订四库简明目录标注》卷三又著录明抄本。

73. 春秋权衡十七卷

宋刘敞撰。

正文首行题"春秋权衡卷第一　左氏第一"。每半页十一行，行二十字，白口，左右双边，单黑鱼尾。鱼尾上方记字数，下方依次记书名、卷第、页次。版心下方右刻"通志堂"三字，左刻刻工名：王相臣、王仪公、徐彦、李立、卜奇、栢子林、六龙、穆君、君侯、国甫、卜升、元沛、洪甫、玉生、君仁、周子振、雍尧之、君静、子能、陈君侯、王顺、栢臣、张君茂、关召、尔公、李公、周文启、吕年、世洪、范震生、周世求、方惟、化之、葛君宣、修来、陈心甫（又心甫）、卜文。卷首有清康熙甲寅（十三年，1674）十月后学秀水朱彝尊序，次未署名序。每卷末有尾题，并署"后学成德校订"。

是书明写本卷首有刘龟从刊书跋："曾伯祖公是先生所作《春秋传》《说例》《权衡》《意林》四书，元祐间被旨刊行，今吴、蜀、江东、西皆有本。

龟从修县学既成，锓板于中，以广其传。淳熙十三年十二月初吉曾侄孙通直郎知温州瑞安县主管劝农公事兼主管双穗盐场龟从谨题。”[①]知是书宋元祐间奉旨刊行，吴、蜀、江东、江西皆有刻本，宋淳熙十三年丙午（1186）刘龟从又刊于瑞安县学。傅增湘《藏园群书经眼录》卷一有《明写本春秋权衡跋》，其明写本即据龟从瑞安县学本所影写者。傅氏曾以此明写本校通志堂本，发现通志堂本颇多脱误。[②]

《增订四库简明目录标注》卷三又著录吕鹤田[③]藏宋刊本，称半页十三行，行二十二字，行款与瑞安县学本十二行二十字不同，傅增湘称吕氏藏本行款为北宋吴、蜀诸本之式，与瑞安县学本非为一刻[④]。则吕氏所藏当元祐间奉旨刊行者。

又《四库全书》本《春秋传》卷首未署名序云：“宋四明史有之刊《权衡》《意林》于清江，其本犹有传者。”则是书又有宋四明史有之清江刊本。

通志堂本的底本，何焯称“孙北海藏宋本，惜未遵行款”[⑤]。《增订四库简明目录标注》卷三《春秋权衡》条亦称：“通志堂本，从孙北海家宋本付刊，惜未遵行款。”[⑥]周中孚《郑堂读书记》卷十《春秋权衡》条又称：“纳喇容若得宋四明史有之本重刊，朱竹垞因为之序。”综合以上所言，则通志堂本所据，为孙承泽家藏宋四明史有之清江刊本。然《增订四库简明目录标注》该条“续录”又称“孙北海有影宋刊本，佳”，则孙氏此影宋刊本与何焯所称宋本是一是二，尚不得而知。

《藏园订补郘亭知见传本书目》卷二称是书又有元刻本，又著录十二行二十字旧写本及十三行二十二字旧写本。此外，国家图书馆、复旦大学图书馆有明抄本，上海图书馆、南京图书馆有清抄本。南图所藏清抄本有朱彝尊、丁丙跋，本为朱彝尊据衡府高唐王朱厚煐（号岱翁）本所抄，后归丁氏八千卷楼，又归江南图书馆，即今南京图书馆。又有清乾隆十六年（1751）水西刘氏刊《公是遗书》本、《四库全书》本、《摛藻堂四库全书荟要》本。《四库

① 傅增湘撰：《藏园群书经眼录》卷一《春秋权衡》条。

② 详见《藏园群书题记》卷一《明写本春秋权衡跋》。

③ 吕贤基，字羲音，号鹤田，旌德人。清道光十五年（1835）进士。

④ 参《藏园群书题记》卷一《明写本春秋权衡跋》。

⑤ 翁方纲订：《通志堂经解目录》，第 9 页。北海，清孙承泽号，顺天府上林苑人。

⑥ 邵懿辰撰，邵章续录：《增订四库简明目录标注》卷三，1979 年上海古籍出版社排印本。

荟要》本据通志堂本缮录，据宋史有之本校。《增订四库简明目录标注》《藏园订补郘亭知见传本书目》还著录有《三刘全集》本。

74. 刘氏春秋意林二卷

宋刘敞撰。

正文首行题“刘氏春秋意林卷上”。每半页十一行，行二十字，白口，左右双边，单黑鱼尾。鱼尾上方记字数，下方依次记书名、卷第、页次。版心下方右刻“通志堂”三字，左刻刻工名：李公、方惟、尔盛、关召、王相臣、世求、君茂、卜奇、尔公、君仁、葛君宣、周文启、雍尧之、玉文、洪甫、王顺、化之、修来、陈元、栢臣、子能、君静、陈心甫（又心甫）、李立、君生、君德、允圣、范玉生（又玉生）、岳海、卜升、栢子林。卷末附勘误一页十九条。每卷末有尾题，并署“后学成德挍订”。

据刘敞《春秋权衡》明写本卷首刘龟从刊书跋，知是书宋元祐间奉旨刊行，淳熙十三年丙午（1186）刘龟从又重刊于瑞安县学。又据《四库全书》本《春秋传》卷首未署名序：“宋四明史有之刊《权衡》《意林》于清江，其本犹有传者。”则是书又有宋四明史有之清江刊本。

今是书犹有宋刻存世，辽宁省图书馆有藏，《中国古籍善本书目》卷三著录，作《春秋意林》二卷，《中华再造善本》据以影印。是刻每半页十二行，行二十字，行款与瑞安县学本《春秋权衡》同。白口，左右双边，有刻工。正文末有“军学学录王与能校正”一行，并附“勘误”一版。据其避讳字推之，当刻于南宋初年。钤“季振宜印”“振宜之印”“沧苇”“昆山徐氏家藏”“乾学之印”“健庵”“天禄琳琅”“天禄继鉴”“嘉庆御览之宝”等印。知为清初泰兴季振宜旧藏，后归徐乾学，又入内府。既为徐氏藏书，通志堂本所据，或即此本。又《增订四库简明目录标注》卷三《春秋权衡》条，称吕鹤田有宋刊《意林》，纸版甚宽大，半页十四行，行二十二字[①]，行款与此不同，当为另一宋刻。

又有明抄本（存卷上），藏国家图书馆。又清乾隆十六年（1751）水西刘氏刊《公是遗书》本、《四库全书》本。《增订四库简明目录标注》卷三、《藏园订补郘亭知见传本书目》卷二又著录元刊本、聚珍本、闽覆本、《三刘全

① 《藏园订补郘亭知见传本书目》卷二《春秋权衡》条作半页十二行，行十二字，当抄写之误也。

集》本。

75. 春秋年表一卷

不著撰人名氏。

每半页横二十三行，行大字十小字二十，白口，左右双边，单黑鱼尾。鱼尾上方记字数，下方依次记书名、卷第、页次。版心下方右刻“通志堂”三字，左刻刻工名：周停、张达、天渠、王伦、望之、邛士。卷末有尾题，并署“后学成德挍订”。

又作《春秋二十国年表》。《四库全书总目》云：“其书在宋本自单行，岳珂雕印《九经》，乃以附《春秋》之后。”① 是书存世版本甚多，多附《春秋》经传之后。今国家图书馆藏宋刻本，与《春秋名号归一图》《春秋图说》合刊；上海图书馆则有另一宋刻巾箱本，附《春秋经传集解》前。另据《中国古籍善本书目》卷三著录，附于《春秋经传集解》三十卷后者，又有元岳氏荆溪家塾刻本，藏国家图书馆，上海图书馆则有影元岳氏荆溪家塾抄本；附于《春秋胡氏传》三十卷后者，有元刻本、明永乐四年（1406）广勤堂刻本；附于《春秋四传》三十八卷后者，有明嘉靖吉澄刻本、明嘉靖建宁府书坊刻本、明杜莼刻本、明陈允升刻本、明汪应魁贻经堂刻本、明崇祯四年（1631）孙爗刻本等；附于《春秋集传大全》三十七卷后者，有明永乐内府刻本、明嘉靖九年（1530）安正堂刻本、明隆庆三年（1569）郑氏宗文书堂刻本、明万历三十三年（1605）书林余氏刻《五经》本等；附于《春秋四家五传平文》四十一卷后者，有明崇祯十四年（1641）君山堂刻本。

国家图书馆所藏元相台岳氏荆溪家塾刻《春秋经传集解》三十卷《春秋名号归一图》二卷《春秋年表》一卷，《中华再造善本》影印。检此书钤有“徐健庵”“乾学”藏印，则曾为徐乾学藏书，通志堂本或自此出。通志堂本之后，又有《四库全书》本、清乾隆四十八年（1783）武英殿刊《仿宋相台五经》本（《春秋经传集解》附）、日本光格天皇享和元年（清嘉庆六年，1801）昌平坂学问所刊本（《春秋名号归一图》附，《日藏汉籍善本书录》经部著录）、清道光十九年（1839）仪征汪氏刊本（《春秋经传集解》附，《正谊斋丛书》之一）、民国十九年（1930）上海中华书局排印《袖珍古书读本》本

① 纪昀等撰：《四库全书总目》卷二十六。

（《春秋经传集解》附）、民国二十五年（1936）上海中华书局排印《四部备要》本（《春秋经传集解》附）等。

76. 春秋名号归一图二卷

后蜀冯继先撰。

正文首行题“春秋名号归一图卷上”。每半页十行，行二十字，小字双行，行二十一字，白口，左右双边，单黑鱼尾。鱼尾上方记字数，下方依次记书名、卷第、页次。版心下方右刻“通志堂”三字，左刻刻工名：顾明、天渠、尔仁、邓汉、甘典、高宇、子秀、蒋太、祁生、任臣、周仲、张升、邛芃、张奇、邛士、邓宣、六吉、穆旺、周停、王韵、尔吉、子元。每卷末有尾题，并署“后学成德挍订”。

是书版本甚多，多附于《春秋》经传之后。《中国古籍善本书目》卷三著录国家图书馆藏宋刻三种：一半页十一行，大小字不等，细黑口，四周双边，与《春秋二十国年表》《春秋图说》合刻；一半页十一行，大小字不等，细黑口，左右双边，清毛扆校；一龙山书院刻本，半页十一行，行二十一字，小字双行，行二十五字，细黑口，左右双边，附于《春秋经传集解》三十卷后。另据《中国古籍善本书目》所录，附于《春秋经传集解》三十卷之后者，又有元岳氏荆溪家塾刻本，及明万历八年（1580）金陵亲仁堂刻本、明万历十五年（1587）刘怀恕刻《春秋战国评苑》本、明万历十六年（1588）世德堂刻本等多种明刻本；附于《春秋胡氏传》三十卷之后者，有元刻本、明永乐四年（1406）广勤堂刻本等，作一卷；附于《春秋四家五传平文》四十一卷后者，有明崇祯十四年（1641）君山堂刻本；此外，上海图书馆又有清影元岳氏荆溪家塾抄本（与《年表》合抄），南京图书馆有清康熙五十八年（1719）汪由敦抄本。另，《日藏汉籍善本书录》经部著录日本光格天皇享和元年（清嘉庆六年，1801）昌平坂学问所刊本（附《春秋年表》一卷），又有尾张藩明伦堂木活字印本。

通志堂本所据，《通志堂经解目录》引何焯批称为“海虞某氏家藏宋本”[①]。国家图书馆所藏元相台岳氏荆溪家塾刻《春秋经传集解》三十卷《春秋名号归一图》二卷《春秋年表》一卷，钤有“徐健庵”“乾学”藏印，知此曾为徐乾学藏书，则徐氏此书或为后得，或其舍此元刻而选用宋刻。南京图书

① 翁方纲订：《通志堂经解目录》，第9页。

馆所藏清康熙五十八年（1719）汪由敦抄本则自通志堂本出[①]。

通志堂本之后，又有《四库全书》本、清乾隆四十八年（1783）武英殿刊《仿宋相台五经》本（《春秋经传集解》附）、日本光格天皇享和元年（清嘉庆六年，1801）昌平坂学问所刊本（附《春秋年表》一卷，《日藏汉籍善本书录》经部著录）、清道光十九年（1839）仪征汪氏刊本（附《考证》，《春秋经传集解》附，《正谊斋丛书》之一）、民国十九年（1930）上海中华书局排印《袖珍古书读本》本（《春秋经传集解》附）、民国二十五年（1936）上海中华书局排印《四部备要》本（《春秋经传集解》附）等。

77. 龙学孙公春秋经解十五卷

宋孙觉撰。觉字莘老，高邮人。

扉页题“宋孙莘老先生著 春秋经解 通志堂藏板”。正文首行题“龙学孙公春秋经解隐上第一”，次行题“孙觉莘老”。每半页十一行，行十九字，白口，左右双边，单黑鱼尾。鱼尾上方记字数，下方依次记书名、卷第、页次。版心下方右刻“通志堂”三字，左刻刻工名：陈章、刘荣、张奇、天渠（又缪天）、邓士（又邛士）、王维周（又维周）、怀中、祁生、刘太、周丹采、王绥吉、王韵（又王韵）、于亮臣（又于亮陈）、王尔极（又尔极）、高宇臣（又高宇）、甘禄、杨立本、张达、王后、邓尹、穆旺、邛芃、尔祚、甘典、张升、尔后、陈伟、王君盛（又君盛）、沈芳欣（又芳欣）、王茂林、邓国、张敬元、刘林、子铨、公一、玉公（又王公）、刘太、王云、张玉、邓文光、颖涵、贞生、邓钦、哲士、刘全甫（又全甫）、王伯、尚达宣（又达宣）、邓贤、徐盛、公纪、玉宣、尔生、逢台、姚重士、谈茂生、蒋太、陈辛、李芳、刘尹。卷首有清康熙丙辰（十五年，1676）纳兰成德容若序，次孙觉《春秋经解》自序，次国史传。卷末有海陵周麟之茂真后序，次绍熙四祀仲春阳羡邵辑叙，次庆元改号朔旦槜李张颜跋。每卷末有尾题，并署“后学成德挍订”。[②]

① 按，南京图书馆所藏清康熙五十八年（1719）汪由敦抄本原为清丁丙旧藏，《善本书室藏书志》卷三著录即是。《书志》该条称：“此为康熙己亥夏六月望汪由敦手钞者。”并录汪氏识语，有云：“适读纳兰成氏所刻《经解》，得冯继先《春秋名号归一图》，与余意颇合，但间有舛漏，因录置巾笥，以为他日起本。”则知汪氏抄本所据为通志堂本。

② 按，此据浙江图书馆藏本。浙图另有一部，序跋位置与此有异：卷首依次为成德序、孙觉自序、国史传、周麟之序、邵辑序，卷末附张颜跋。另《郑堂读书记》卷十著录通志堂刻本，称卷首有自序、杨时序、汪纲跋、国史传，卷末有周麟之序、邵辑序、张颜跋。

是书宋绍熙四年（1193）阳羡邵辑刻于高邮郡斋，是为初刻，后庆元元年（1195）檇李张颜又补刻周麟之后序，嘉定九年（1216）新安汪纲又补刻杨时后序。

宋刻本后，多有抄本见于著录。《皕宋楼藏书志》卷八著录旧抄本，为朱彝尊旧藏，每页二十行，每行十九字，《仪顾堂续跋》卷二称“盖从邵辑刊本影写者”，卷首有孙觉自序，卷末有邵辑序、张颜跋、杨时后序、汪纲跋、周麟之后序及本传，此本今藏日本静嘉堂。王重民《中国善本书提要》经部著录明抄本，原藏北平图书馆，现藏台北故宫博物院，卷内钤：“延古堂李氏珍藏”印记，亦称从宋邵辑刻本出，有自序、张颜序、杨时序、汪纲跋、邵辑序、国史本传、周麟之跋。《浙江采集遗书总录》乙集著录天一阁写本。《抱经楼藏书志》卷六著录抄本，并录有孙觉自序、张颜跋、周麟之后序、杨时后序、汪纲跋。《铁琴铜剑楼藏书目录》卷五著录旧抄本，为孙星衍平津馆旧藏，此本后入国家图书馆，《中国古籍善本书目书名索引》著录。

又有《四库全书》本，作《春秋经解》十三卷，乃据纪昀家藏本著录。又《武英殿聚珍版书》（武英殿木活字本、福建本、广雅书局本）本、清道光间仪征汪氏刊《正谊斋丛书》本、民国二十四年至二十六年（1935—1937）上海商务印书馆排印《丛书集成初编》本等。

78. 春秋臣传三十卷

宋王当撰。当字子思，眉山人。

正文首行题“春秋臣传卷第一”，次行题“宋龙游县尉眉山王当子思撰”。每半页十一行，行二十字，小字双行，白口，左右双边，单黑鱼尾。鱼尾上方记字数，下方依次记书名、卷第、页次。版心下方右刻“通志堂”三字，左刻刻工名：张志、公佩、张玉、邓玉、陈聚甫、甘简、周岱、邓本立、邓齐、金士玉、甘典、周生。卷首有《宋史·儒林传·王当传》，次《春秋臣传》目录。每卷末有尾题，并署“后学成德挍订”。

是书《郡斋读书志》卷三、《直斋书录解题》卷三著录作《春秋列国诸臣传》五十一卷，《宋史·艺文志》亦作五十一卷，王当《本传》则作五十卷，《四库总目提要》疑为“三”“五”字形相近，或传写而误。

各书志罕有刊本著录，多抄本流传。《钱遵王读书敏求记校证》卷一上（作《春秋臣传》三十卷）、《爱日精庐藏书志》卷五（作《新刊标注蜀本王学士当春秋臣传》三十卷）、《铁琴铜剑楼藏书目录》卷十（作《蜀本王学士春秋臣传》三十卷）均著录旧抄本。《铁琴铜剑楼藏书目录》云："是本额上有标注，卷首题'直学省元曾基之、学谕省元邱闻之同校正'，当从元刊本传录。"知是书元时蜀中当有刊本。今国家图书馆有明抄本；天一阁文物保管亦有明抄本，作《标注蜀本王学士当春秋名臣传》三十卷，明曾基之、丘闻之校正，二者均见于《中国古籍善本书目》卷八著录。

此外又有《四库全书》及《摛藻堂四库全书荟要》本，前者入史部传记类，后者则入经部。《四库荟要》本乃据通志堂本缮录。通志堂本卷十《郑公子归生》条："解扬受命，不为利回，不为威屈，古之□使也。"文中有一墨丁，《四库全书》本此处注"阙"。

79. 西畴居士春秋本例二十卷

宋崔子方撰。子方字彦直，号西畴居士，涪陵人。

正文首行题"西畴居士春秋本例卷第一"，次行题"涪陵崔氏"。每半页十一行，行二十字，小字双行，行三十字，白口，左右双边，单黑鱼尾。鱼尾上方记字数，下方依次记书名、卷第、页次。版心下方右刻"通志堂"三字，左刻刻工名：甘琪、周开、范茂、陶善、安公、玉林、甘子贞、甘生、格生、玉成、缪以公、高元、刘良公（又良公）、邓茂、陈尔工、邓世维、王君任、金子重、至公、君生、邓珍、丁山、甘玉、邓文、邓吉、刘圣公、公善、尔玉、陈三吉、包习先、高珩。卷首有清康熙丙辰（十五年，1676）纳兰成德容若《涪陵崔氏春秋本例序》，次未署名《西畴居士春秋本例序》。每卷末有尾题，并署"后学成德挍订"。

是书上海图书馆有宋刻本，正文首行题"西畴居士春秋本例卷第一"，次行题"涪陵崔氏"。每半页十二行，行二十字，小字双行，行二十五字左右，白口，左右双边，无鱼尾。钤"宋本""毛表之印""赤奏""季振宜""沧苇"等印，为毛氏汲古阁、季振宜等旧藏。《中国古籍善本书目》卷三著录，《中华再造善本》影印。

又有明抄本，为李盛铎木犀轩旧藏，后入北京大学图书馆，又清初抄本，天一阁文物保管所藏，均见《中国古籍善本书目》著录。通志堂本底本，据翁方纲《通志堂经解目录》所引何焯批称，为“汲古旧抄本”[①]。检《汲古阁珍藏秘本书目》著录有《春秋本例》旧抄本，当即此书。

通志堂本之后，又有《四库全书》本、《摛藻堂四库全书荟要》本等。《四库荟要》本据通志堂本缮录。

80. 木讷先生春秋经筌十六卷

宋赵鹏飞撰。鹏飞字企明，号木讷，绵州人。

正文首行题“木讷先生春秋经筌卷第一”，次行题“左绵赵鹏飞企明”。每半页十一行，行二十字，白口，左右双边，单黑鱼尾。鱼尾上方记字数，下方依次记书名、卷第、页次。版心下方右刻“通志堂”三字，左刻刻工名：张升、王伦、邓汉、祁生、王韵、周停、受廷、周仲、张奇、子元、蒋太、王枚、邛明、张锡、徐世、邛士、张达、任臣、子秀、王宪、宪公、望之、邓国、天渠、甘典、刘和、邛芃、陈章、高宇、穆旺、沈芳欣、王尔吉（又尔吉）、周用、邓宣、公纪、王云登（又云登）、王玉、栢六吉（又六吉）、谈茂生（又茂生）、蒋任、邓德、顾明、邓佩。卷首有左绵赵鹏飞企明《春秋经筌序》，次宋咸淳壬申（八年，1272）阳月后学石泉青阳梦炎序[②]，次清康熙丁巳（十六年，1677）二月纳兰成德容若《春秋经筌序》。每卷末有尾题，并署“后学成德挍订”。

据卷首青阳梦炎序，知宋咸淳时梦炎尝刊是书于家塾。《增订四库简明目录标注》卷三续录称“李中麓有残宋本”。今国家图书馆、上海图书馆、辽宁省图书馆等均藏有明抄本残本，《中国古籍善本书目》卷三著录。《藏园订补郘亭知见传本书目》卷二该条称“收明抄残本前九卷，卷首校通志堂本，多自序一篇”，通志堂本卷首有自序一篇，或明抄有两自序？《通志堂经解目录》引何焯语曰：“全书从天乙阁钞来，汲古得李中麓残本三册，用以校勘，有整句脱落者，其新钞皆未惬意。”[③]则通志堂本所据天一阁藏本，是刻是抄亦不得而知，且以李中麓残宋本校之，亦颇多脱误。

通志堂本之后，又有《四库全书》本、《摛藻堂四库全书荟要》本等，

---

① 翁方纲订：《通志堂经解目录》，第 10 页。

② 按，青阳梦炎，宋末成都人，字梓卿。《郑堂读书记》卷十该条作“青阳留梦炎序”，误。留梦炎，宋末衢州人，字汉辅，非青阳梦炎也。序中称“余与先生居同里”可证。

③ 翁方纲订：《通志堂经解目录》，第 10 页。

《四库荟要》本据通志堂本缮录。

81. *石林先生春秋传二十卷*

宋叶梦得撰。梦得字少蕴，号石林，吴县人。

正文首行题“石林先生春秋传卷第一”，次行题“叶氏”。每半页十一行，行二十字，白口，左右双边，单黑鱼尾。鱼尾上方记字数，下方依次记书名、卷第、页次。版心下方右刻“通志堂”三字，左刻刻工名：君宣、卜升、王相臣、王子沾、方惟、王仪公、洪甫、尔英、陈子能（又子能）、文启、君仁、仲恒、君侯、范震生（又震生）、子林、陈元、李立、国甫、尔公、世求、君茂、陈心甫（又心甫）、范玉生（又玉生）、子文、化之、史弘、君静、李公、卿侯、陈君侯（又君侯）、卜奇、关召、王顺、王玉文、扬先、君德、雍尧之、子振、栢臣、卜文。卷首有清康熙丁巳（十六年，1677）纳兰成德容若《叶石林春秋传序》，次叶梦得自序。卷末有宋开禧乙丑岁（元年，1205）九月一日孙朝散郎权发遣剑南州（当作“南剑州”）军州兼管内劝农事叶筠跋，次宋开禧乙丑（元年，1205）九月一日挍勘文林郎南剑州军事判官真德秀跋。每卷末有尾题，并署“后学成德挍订”。

据卷末叶筠跋，知宋开禧元年（1205）筠刊《春秋传》《春秋考》《春秋谳》三书于南剑州郡斋。《直斋书录解题》卷三著录是书作《春秋传》十二卷，与今本二十卷不符，《郑堂读书记》卷十《春秋传》条称“盖误倒其字也”。

《郑堂读书记》又云:“纳喇容若仅得是《传》宋刊本，序而重刊之。”[①]卷首成德序亦云:“宋吴郡叶少蕴当绍兴中著《春秋传》《考》《谳》三书，凡七十卷，又为《指要总例》二卷、《例论》五十九篇，开熙中公孙筠守延平，刊于郡斋。历世既久，其书不可尽见，所见者《传》二十卷而已。”据此知通志堂本所据，当即宋开禧元年（1205）叶筠刊本。

此外，《浙江采集遗书总录》乙集著录余姚黄氏续抄堂藏写本，《中国古籍善本书目》卷三著录清抄本，藏上海图书馆。

又有《四库全书》本、《摛藻堂四库全书荟要》本等。《四库荟要》本据通志堂本缮录，据叶筠本校。《四库全书》本只卷首存叶氏自序，真德秀一跋

① 周中孚:《郑堂读书记》卷十《春秋传》条。

则在《春秋考》卷末。

82. 止斋先生春秋后传十二卷

宋陈傅良撰。傅良字君举，号止斋，温州瑞安人。

正文首行题“止斋先生春秋后传卷第一”，次行题“永嘉陈傅良”。每半页十一行，行二十字，小字双行，行三十字，白口，左右双边，单黑鱼尾。鱼尾上方记字数，下方依次记书名、卷第、页次。版心下方右刻“通志堂”三字，左刻刻工名：卜升、李立、周文启、潘平侯、杨中、范震生（又震生）、穆君侯、陶冶、刘大超、蒋荣、吕子、潘玉、王顺、化之、王子沾（又王沾）、陈子能、君仁、关召、子振、子林、洪甫、尔开、世求、王仪公、仲恒、方惟、君静、尔英、君宣、君茂、陈元、尔公、国甫、陈君侯、陈心甫（又心甫）、栢臣、卜奇、文启、尔盛。卷首有宋开禧三年（1207）冬至日四明楼钥《春秋后传左氏章指序》，次宋嘉定元年（1208）七月朔日门人周勉跋，次明万历三十六年（1608）三月十八日清常道人跋。每卷末有尾题，并署“后学成德挍订”。

《直斋书录解题》卷三著录作《止斋春秋后传》十二卷;《郡斋读书志附志》卷三著录作《春秋左氏后传》十二卷，并称“四明楼忠简公钥序其前，清海崔清献公与之识其后，而刻于惟扬郡庠”①。知有宋扬州郡庠刻本。《藏园订补郘亭知见传本书目》卷二、《增订四库简明目录标注》卷三又著录宋勤有堂刊本、宋施械刊本（皆作《春秋后传》),《钱遵王读书敏求记校证》卷一上著录茶陵刊本②、元建安余氏勤德堂刊本（作《陈止斋春秋后传》)。

翁方纲《通志堂经解目录》称“从勤德堂刊本钞写者也”③，又卷首万历三十六年（1608）三月十八日清常道人跋云:“止斋《春秋传》十二卷，金陵焦太史内阁抄本也，录之，又假唐太常节抄本挍焉。”则通志堂本乃自清常道人抄本出，清常道人本自焦竑内阁抄本出，焦竑本当抄自元建安余氏勤德堂本。

通志堂本之后，又有《四库全书》本、《摛藻堂四库全书荟要》本等。

---

① 赵希弁撰:《郡斋读书志附志》卷三，1978年台北成文出版社《书目类编》影印宋淳祐九年（1249）刻本。

② 据崔富章《四库提要补正》，茶陵本系元大德间陈仁子所刻。

③ 翁方纲订:《通志堂经解目录》，第10页。

《四库荟要》本据通志堂本缮录，据赵与之本[①]校对。《四库全书》及《四库荟要》本皆未录清常道人跋。又，据《郡斋读书志附志》，宋扬州郡庠刻本后有崔与之跋，通志堂本、四库本亦未见。

83. 春秋集解三十卷

题宋吕祖谦撰。

正文首行题“春秋集解卷第一”，次行题“东莱吕祖谦伯恭”。每半页十行，行二十一字，小字双行，行三十字，白口，左右双边，单黑鱼尾。鱼尾上方记字数，下方依次记书名、卷第、页次。版心下方右刻“通志堂”三字，左刻刻工名：邓尔仁（又尔仁）、王伦、尔吉、周亭、钦明、徐世、顾明、望之、君正、邓宣、尚云、王韵、周仲、邘士、林伯、李治、子秀、高宇、邘明、天渠、远之、邘德、张奇、张达、邓汉、穆旺、祁生、邓国、沈芳欣、公衣、邵敬。卷首有清康熙丙辰（十五年，1676）二月纳兰成德容若《吕氏春秋集解序》，次吕东莱先生《春秋集解》目录。每卷末有尾题，并署“后学成德挍订”。

是书实为宋吕本中撰，成德序中已疑之，《四库全书总目》更为考证，崔富章《四库提要补正》则考之更详，可为定论。本中，字居仁，寿州人。

赵希弁《郡斋读书志附志》卷三著录，称“东莱先生所著也，长沙陈邕和父为之序”。《直斋书录解题》卷三则著录作十二卷，称为吕本中撰。又有《四库全书》本、《摛藻堂四库全书荟要》本，《四库荟要》本据通志堂本缮录，《四库全书》本所据《四库全书总目》称为内府藏本，当亦为通志堂本。二者皆径题宋吕本中撰，《四库全书》本卷首录有成德序，《四库荟要》本则未录。又，《郡斋读书志附志》所称长沙陈邕和父序，通志堂本、四库本皆未见。《增订四库简明目录标注》卷三又著录日本安政五年（清咸丰八年，1858）萨摩府学重刊乾隆本，附《名号归一图》二卷《年表》一卷。

84. 左氏传说二十卷

宋吕祖谦撰。祖谦字伯恭，金华人。

正文首行题“左氏传说卷第一”，次行题“东莱吕祖谦伯恭”。每半页十一行，行二十字，小字单行，白口，左右双边，单黑鱼尾。鱼尾上方记字数，

---

① 赵与之本，不详，或即《郡斋读书志附志》所称崔与之扬州郡庠刻本，“崔”误为“赵”。

下方依次记书名、卷第、页次。版心下方右刻“通志堂”三字，左刻刻工名：徐世、陈章、子元、蒋太、张达、邛明、望之、高宇、张奇、邛芃、任臣、张升、祁生、受廷、邓国、王宪、王韵、周仲、王伦、王枚、张锡、天渠、邛士、邓汉、子秀、周停、穆旺、甘典、尔吉。卷首有《看左氏规模》，次《左氏传说》目录。每卷末有尾题，并署“后学成德挍订”。

是书《直斋书录解题》卷三著录，作《左氏说》三十卷。《文禄堂访书记》卷一著录明蓝格抄本，为王士禛旧藏。《抱经楼藏书志》卷六著录抄本，作《春秋左氏传说》。此外，又有《四库全书》本、《摛藻堂四库全书荟要》本（作《春秋左氏传说》）、同治八年（1869）永康胡氏退补斋刊本（《金华丛书》之一）、民国间上海商务印书馆排印《丛书集成初编》本等。通志堂本不知所据何本。《四库荟要》本则据通志堂本缮录，《四库全书》本所据《四库全书总目》称为两江总督采进本。通志堂本文中有墨块若干，《四库全书》本相应处则多为全文。

85. 春秋左氏传事类始末五卷附录一卷

宋章冲撰。冲字茂深，乌程人。

正文首行题“春秋左氏传事类始末卷第一”，次行题“隐公　十一年”。每半页十三行，行二十三字，小字双行，行三十五字，白口，左右双边，双黑鱼尾。上鱼尾上方记字数，下方记书名、卷第，下鱼尾下方记页次。版心下方右刻“通志堂”三字，左刻刻工名：任臣、子秀、王韵、顾明、王伦、六吉、天渠、沈芳欣、子元、邓汉、祁生、邓国、徐世、张锡、邛士、邓宣、茂生、周仲、张达、邛明、望之、高宇、蒋太、王宪、王枚、王玉、刘和、陈章、陈尔吉（又尔吉）、邛芃、张升、甘典、穆旺、张奇、邓德（又邛德）、邓佩、受廷、周用。卷首有谢谔《春秋左传事类始末序》，署“淳熙十五年十二月十二日癸酉临江谢谔序于摛文堂”，次宋淳熙丁未（十四年，1187）十月望日奉直大夫知台州军事兼管内劝农事使章冲《春秋左氏传事类始末序》，次《春秋左传事类始末》目录，次《春秋左传事类始末》附录。每卷末有尾题，并署“后学成德挍订”。

据卷首章冲自序，知宋淳熙十二年乙巳（1185）冲自刻于山阳郡庠，校正后于淳熙十四年丁未（1187）重刊。《增订四库简明目录标注》卷五、《藏园订补郘亭知见传本书目》卷四著录宋淳熙乙巳刊本。通志堂本所据，据翁方纲《通志堂经解目录》所引何焯批语，为“汲古钞本，原为姚舜咨所藏”[①]。另，此书尚有通志堂抄本，藏北京大学图书馆，《中国古籍善本书目》卷六著录，入史部纪事本末类。

通志堂本之后，又有《四库全书》本、《摛藻堂四库全书荟要》本，前者入史部纪事本末类，后者入经部。二者附录均在正文末，《四库荟要》本卷首依次为《春秋左传事类始末》目录、谢谔序、章冲序，《四库全书》本则未录卷首序文。《四库荟要》本乃据通志堂本缮录。

86. 春秋提纲十卷

宋陈则通[②]撰。则通，生平始末未详。

正文首行题“春秋提纲卷第一”，次行题“铁山先生陈则通撰”。每半页十三行，行二十三字，小字双行，白口，左右双边，双黑鱼尾。上鱼尾上方记字数，下方依次记书名、卷第，下鱼尾下方记页次。版心下方右刻“通志堂”三字，左刻刻工名：范哲生、陈子能、范震生（又震生）、方惟、潘平侯、周文启、扬先、李立、陈元、穆君侯、杨中、林之、陈君矦、刘顺之、王相臣、蒋荣臣（又蒋荣）、吕子、陈心甫（又心甫）、陶冶、曹尔公（又曹尔）、邵名之、孟仙、孙祯之。卷首有胡光世《春秋提纲序》，署“大比之岁夏四月丙戌盱江后学胡光世书于石泉书院”，次《春秋提纲》目录。卷末有小山陈应龙跋。每卷末有尾题，并署“后学成德挍订”。

据卷首胡光世序，知是书有元胡光世刊本，其序但题“大比之岁”，未详具体何年，《藏园订补郘亭知见传本书目》卷二、《增订四库简明目录标注》卷三均著录是刻。国家图书馆藏有明抄本，《中国古籍善本书目》卷三著录。此外又有《四库全书》本、《摛藻堂四库全书荟要》本等，《四库荟要》本据通志堂本缮录。

87. 春秋王霸列国世纪编三卷

宋李琪撰。琪字开伯，吴郡人。

正文首行题“春秋王霸列国世纪编卷第一”，次行题“㈠王世纪”。每半页十三行，行二十三字，小字双行，行约三十四字，白口，左右双边，双黑

---

① 翁方纲订：《通志堂经解目录》，第11页。

② 陈则通，《国史经籍志》《经义考》《四库全书总目》《中国丛书综录》《中国古籍善本书目》均作元人。

鱼尾。上鱼尾上方记字数，下方依次记书名、卷第，下鱼尾下方记页次。版心下方右刻“通志堂”三字，左刻刻工名：范震生、栢君、陈子能（又陈子）、关召、雍尧之（又尧之）、周文启、蒋荣臣（又蒋荣）、陈元、方惟、李立、陈君篌、陈心甫（又心甫）、杨仲恒（又仲恒）、尔公、陶冶、卜奇、林之、栢子林、曹洪甫（又洪甫）、范哲生、曹尔公。卷首有宋嘉定辛未（四年，1211）秋七月甲子吴郡李琪自序，次元至正乙酉岁（五年，1345）八月壬子朔渝川后学周自得序，次《春秋王霸列国世纪编》目录。每卷末有尾题，并署“后学成德挍订”。

据卷首李氏自序，知是书成于宋嘉定四年辛未（1211）。《藏园订补郘亭知见传本书目》卷二、《增订四库简明目录标注》卷三著录元延祐元年（1314）刊本。又有元至正初年（1341）罗中行刊本[①]，《浙江采集遗书总录》乙集则著录天一阁写本。

通志堂本之后，又有《四库全书》本、《摛藻堂四库全书荟要》本、乾隆末年当涂朱煌刻本（《增订四库简明目录标注》卷三、《藏园订补郘亭知见传本书目》卷二著录）等。《四库荟要》本据通志堂本缮录，据元罗中行本校。《四库全书》本未录周自得序。

88. 春秋通说十三卷

宋黄仲炎撰。仲炎字若晦，永嘉人。

正文首行题“春秋通说卷第一”，次行题“永嘉黄仲炎若晦”。每半页十一行，行二十字，白口，左右双边，单黑鱼尾。鱼尾上方记字数，下方依次记书名、卷第、页次。版心下方右刻“通志堂”三字，左刻刻工名：至公、丁山、选臣、甘世明、高祥、方尔英、邓圣、尔玉、刘良公、刘圣公（又刘圣）、公善、邓甫卿、周行生、甘信、陈三吉、范茂、高元、甘生玉（又甘生、甘玉）、王安（又安公）、甘银、甘子贞、邓世维（又世维）、陈尔工、邓圣甫、伯华、包习先（又习先）、金子重、陶善、格生、缪以公、高珩、甘

---

① 按，《藏园订补郘亭知见传本书目》卷二、《增订四库简明目录标注》卷三著录有宋罗仲行刊本，不确。卷首周自得序云：“今庐陵罗中行以家藏善本梓而传之，斯文必盛行于世。学者由是而会经传之大全，以探笔削之深意，则未必非通经之一助云。”序署至正乙酉岁（五年，1345）八月壬子，则罗氏非为宋人，此刻则在元至正初年（1341）。《钦定四库全书荟要总目》著录是书《荟要》本校本时，即称元罗中行本。

坤、祥生、周开、王君任、玉林、邓茂、子文、玉成、邓吉、君生。卷首有宋绍定三年（1230）五月朔黄仲炎自序，次黄仲炎进书表及宋端平三年（1236）李鸣复、游侣奏举状。每卷末有尾题，并署“后学成德挍订”。

是书成于宋绍定三年（1230），于端平三年（1236）表进于朝。《直斋书录解题》卷三著录。

翁方纲《通志堂经解目录》引何焯语云：“东海先有钞本，从黄俞邰处来，仍伪书也。后汲古得李中麓所藏影钞宋本，用以付刊。”[①]《增订四库简明目录标注》卷三著录通志堂本，亦称“从影宋本刊”。知通志堂本所据乃汲古阁所藏影抄宋本，为明李开先旧物。

今国家图书馆有明抄本，作四卷，《中国古籍善本书目》卷三著录。丁丙《善本书室藏书志》著录旧抄本，云：“原有进书表及自序，此本无之……有‘竹垞藏书记’‘竹趣山房’‘敦复顾氏珍藏’‘竹泉珍秘书籍’‘何元锡印’诸印。”[②]知此旧抄为朱彝尊藏书，后历经钱塘何元锡、太仓顾锡麒、海盐夏宸英等收藏，又归丁丙，现藏南京图书馆（存卷一至六、十一至十三共九卷），《中国古籍善本书目》卷三著录。

此外，又有《四库全书》本、《摛藻堂四库全书荟要》本等。《四库荟要》本据通志堂本缮录，卷首未录奏举状，《四库全书》本卷首未录奏举状及进表。

89. 春秋集注十一卷纲领一卷

宋张洽撰。洽字符德，清江人。

正文首行题“春秋卷第一（下接双行小注）”，次行题“张洽集注”。每半页十一行，行二十字，小字双行，行三十字，白口，左右双边，单黑鱼尾。鱼尾上方记字数，下方依次记书名、卷第、页次。版心下方右刻“通志堂”三字，左刻刻工名：甘典、孔仁、邓尔仁、邓宣（又邛宣）、邓汉、王盛、邓士、高宇、张玉、王尔极、贞生、刘林、尔后、邓国、玉宣、邛芃、刘太、公巳、邓尹、张达、王韵（又王韵）、刘全、于亮臣、王云、王文、王绥吉、

---

① 翁方纲订：《通志堂经解目录》，第 11 页。

② 《善本书室藏书志》卷三。按，“敦复顾氏珍藏”当作“敦淳顾氏珍藏”，清顾锡麒之印，锡麒字敦淳，号竹泉，太仓人，参林申清《中国藏书家印鉴》、郑伟章《文献家通考》；“竹泉珍秘书籍”疑为“竹泉珍秘畐籍”，清顾锡麒之印。

杨立本、刘公一（又公一）、徐盛、天渠、王维周、张奇（又张奇）、刘荣、张升、穆旺、沈芳欣（又芳欣）、重士、王茂林、甘禄、王后、颖涵、允相、缪天、刘林甫、杨殿英、尚达宣（又达宣）、尚云、姚哲、怀中。卷首有康熙丁巳（十六年，1677）二月纳兰成德容若《清江张氏春秋集注序》，次宋德祐乙亥（元年，1275）菊节后学卫宗武序，次宋端平元年（1234）九月临江军牒，次端平元年（1234）八月初壹日省札，次端平二年（1235）七月、元年（1234）九月张洽状，次小贴子，次《春秋纲领》。每卷末有尾题，并署“后学成德挍订”。

是书有宋宝祐三年（1255）临江郡庠刻本，《中国古籍善本书目》卷三著录，藏国家图书馆，《中华再造善本》据以影印。正文首行题“春秋卷第一（下接双行小注）”，次行题“张洽集注”。每半页八行，行十六字，小字双行同，白口，左右双边，双黑鱼尾。鱼尾上方记大小字数，中间记卷第、页次。版心下方记刻工。卷首有宋端平元年（1234）八月初壹日省札，次端平元年（1234）九月临江军牒，次端平元年（1234）九月、二年（1235）七月张洽状，次小贴子，次《春秋纲领》。卷末有宋宝祐乙卯（三年，1255）中和节日郡文学莆阳方应发跋，次常山杨子文跋。

又宋德祐元年（1275）卫宗武华亭义塾刻本，辽宁省图书馆有藏，《中华再造善本》据以影印。正文首行题“春秋卷第一（下接双行小注）”，次行题“张洽集注”。每半页十行，行十八字，小字双行，行二十七字，白口，左右双边，单黑鱼尾。卷首有宋端平元年（1234）九月临江军牒，次端平元年（1234）八月初壹日省札，次端平二年（1235）七月、元年（1234）九月张洽状，次小贴子，次宋德祐乙亥（元年，1275）菊节后学卫宗武序，次《春秋纲领》。是刻《天禄琳琅书目后编》卷三、《故宫善本书影初编》亦有著录，乃清初休宁汪文柏藏书，后入内府。

《文禄堂访书记》卷一所录作宋临江刻本，仅存卷四，行款版式却与辽宁省图书馆藏宋德祐元年（1275）卫宗武华亭义塾刻本大致相同，惟半页作十一行，较卫宗武刻本多一行，亦不知是著录之误抑或另一刻本。

通志堂本所据，翁方纲《通志堂经解目录》引何焯语曰“汲古宋版”[①]，

① 翁方纲订：《通志堂经解目录》，第 11 页。

《郑堂读书记》卷十该条亦称“纳喇容若得宋本重刊”，知通志堂本底本乃汲古阁所藏宋本。通志堂本卷首有卫宗武序，卷首各项次序与卫宗武刻本亦大致相同。又《中国古籍善本书目》卷三著录清初毛氏汲古阁影宋抄本，藏国家图书馆，每半页十行，行十八字，小字双行，行二十七字，白口，左右双边。行款与宋德祐元年（1275）卫宗武华亭义塾刻本全同。检毛扆《汲古阁珍藏秘本书目》，亦只著录旧抄《春秋本例》二本，未见有宋刻著录。故通志堂本所据，当为汲古阁影抄宋德祐元年（1275）卫宗武华亭义塾刻本。

是书又有上海图书馆藏清影宋抄本，上海图书馆、天津图书馆、西北大学图书馆藏明嘉靖四十三年（1564）朱睦㮮聚乐堂刻本，国家图书馆藏明抄本，《中国古籍善本书目》卷三均有著录。

又有《四库全书》本、《摛藻堂四库全书荟要》本等。《四库全书》本卷首有《纲领》一卷，序跋、军牒、省札之类一并未录，《四库荟要》本则《纲领》一卷外，又保留卫宗武一序。《四库荟要》本据通志堂本缮录，据宋卫宗武本校。

90. 春秋或问二十卷

宋吕大圭撰。大圭字圭叔，号朴乡，南安人。

正文首行题“春秋或问卷第一”，次行题“进士温陵吕大圭述”。每半页十行，行二十字，白口，左右双边，单黑鱼尾。鱼尾上方记字数，下方依次记书名、卷第、页次。版心下方右刻“通志堂”三字，左刻刻工名：邓尔仁（又作尔仁）、王伦、邘士、天渠、周仲、高宇、尚云、顾明、邓宣、望之、徐世、周亭、林伯、周仲、李治（又治）、尔吉、王韵、张达、远之、钦明、君正、邘德、子秀、祁生、张奇、邘明、穆旺、世卿、沈芳欣。卷首有宝祐甲寅（二年，1254）正阳之月门人元公书院堂长何梦申《春秋或问跋》①，次《春秋或问》目录。每卷末有尾题，并署“后学成德挍订”。书中多空版。

据何梦申跋，知是书有宋宝祐二年（1254）何梦申刻本，是为初刻。《重整内阁大库残本书影》著录元刻本，是刻正文首行题“春秋或问卷第一”，次行题“进士温陵吕大圭述”，第三行题“进士温陵吕中校正”，半页十行行二十字，左右双边，白口，双黑鱼尾，上鱼尾上方记字数，下方记书名、卷第、

① 此据山东省图书馆藏本，山东大学图书馆藏本无何氏跋。

页次，下鱼尾下方记刻工。中国台湾《国家图书馆善本书志初稿》经部著录元刊明修本，藏中国台湾“国家图书馆”，其版式行款与《重整内阁大库残本书影》所录全同，当即一刻。据《国家图书馆善本书志初稿》，是刻卷首有宋宝祐二年甲寅（1254）何梦申序，书中多处缺页及缺文，钤有“汪琬”朱文印。《经解》本书中亦多处缺页及缺文，与《国家图书馆善本书志初稿》合，当即从此刻出。汪琬字苕文，号钝庵，清初长洲人，与徐乾学私交甚密，曾为徐氏传是楼作《传是楼记》，通志堂本所据不知是否即汪氏本。

通志堂本之后，有《四库全书》本、《摛藻堂四库全书荟要》本等。《四库荟要》本据通志堂本缮录，据何梦申本校对，卷首有《春秋或问》目录，无何梦申序跋，通志堂本书中空缺处，《四库荟要》本不缺，当又据他本校补。《四库全书》本卷首无目录，卷末有何梦申跋，书中亦无空缺。

91. 春秋五论一卷

宋吕大圭撰。

正文首行题“春秋五论”，次行题“朴乡先生温陵吕大圭述”。每半页十行，行十八字，白口，左右双边，单黑鱼尾。鱼尾上方记字数，下方依次记书名、卷第、页次。版心下方右刻“通志堂”三字，左刻刻工名：葛君宣、玉生、世求、尔公、王顺、李公、卜升、李立、王相臣、陈君奂。卷首有康熙丁巳（十六年，1677）纳兰成德容若《春秋五论序》。每卷末有尾题，并署“后学成德挍订”。

据《春秋或问》卷首何梦申跋，知宋宝祐二年（1254）何氏将是书与《春秋或问》《春秋集传》一并付刻，《藏园订补郘亭知见传本书目》卷二亦有著录。

《藏园群书经眼录》卷一、《涵芬楼烬余书录》经部、《中国古籍善本书目》卷三又著录明隆庆元年（1567）姚咨茶梦斋抄本，半页十二行，行二十二字，有明姚咨、清范彭寿跋，范氏天一阁旧藏，今藏国家图书馆。《涵芬楼烬余书录》载姚跋称“旧借故编修王尧衢懋中家藏本手录，尧衢则自其内兄荆川宫谏处得之者也”[①]，而王尧衢藏本则不知是刻是抄。中国台湾“国家图书馆”又有清真州吴氏据天一阁藏姚咨抄本传抄者，中国台湾《国家图书馆善

① 张人凤编：《张元济古籍书目序跋汇编》，第418页。

本书志初稿》经部著录。又有明蓝格抄本，半页十行，行二十字，递经清泰兴季振宜、昌平王蕙铃收藏，归江安傅增湘，《藏园群书题记》卷一著录。

通志堂本不知从何本出。通志堂本以后，又有《四库全书》本、《摛藻堂四库全书荟要》本等。《四库全书》及《四库荟要》本均附《春秋或问》后。《四库荟要》本据通志堂本缮录，据何梦申本校对。

92. 则堂先生春秋集传详说三十卷纲领一卷

宋家铉翁撰。铉翁号则堂，眉山人。

正文首行题“则堂先生春秋集传详说卷第一”，次行题“隐公上（下接双行小注）”。每半页十一行，行二十字，小字双行，行三十字，白口，左右双边，单黑鱼尾。鱼尾上方记字数，下方依次记书名、卷第、页次。版心下方右刻“通志堂”三字，左刻刻工名：陶善、玉成、刘良公、玉生、高元、周开、邘宪、王玉、尔仲、邵士、子相、尔朋、良甫、公化、王安公、金子重、甘世明（又甘世）、邘顺、金士玉、甘信、邓子珍、甘分、连生、允文、方尔英、天池、洪运、君珍、子上、王贞、甘简、公止、子耒、上之、吴正生（又正生）、周运、大超、邘启、甘先、观卿、邓廷、范子茂、季文、吉士、缪以功（又以功）、王慎修（又王真修）、甘琪。卷首有眉山后学寓古杭家铉翁《读春秋序》，次《春秋集传详说纲领》。卷末有高邮龚璛跋。每卷末有尾题，并署“后学成德挍订”。

据卷末龚璛跋，知是书有元泰定二年乙丑（1325）刻本，是为初刻，今中国台湾“国家图书馆”有藏，中国台湾《国家图书馆善本书志初稿》经部著录，半页九行，行二十字，白口，单鱼尾，四周双边，蓝格，卷首有家铉翁《读春秋序》，卷末有龚璛跋，第二卷尾题后隔一行题“宁国路儒学学正余泽老校正”，再隔一行题“泰定乙丑宁国路儒学新刊”。

《中国古籍善本书目》卷三著录明抄本残卷，上海图书馆、天一阁文物保管所藏。通志堂本所据，翁方纲《通志堂经解目录》引何焯语曰“从天乙阁钞本”[①]，张云章《朴村文集》卷二十三则称为曹氏抄本，则天一阁所藏当即曹氏抄本。

《增订四库简明目录标注》卷三又著录清抄本，又有《四库全书》本、

① 翁方纲订:《通志堂经解目录》，第 11 页。

《摛藻堂四库全书荟要》本等。《四库荟要》本据通志堂本缮录，据元泰定本校对。

93. 春秋类对赋一卷

宋徐晋卿撰。晋卿，始末未详。

正文首行题“春秋类对赋”，次行题“将仕郎试秘书省校书郎徐晋卿”。每半页十一行，行二十字，小字双行，白口，左右双边，单黑鱼尾。鱼尾上方记字数，下方依次记书名、卷第、页次。版心下方右刻“通志堂”三字，左刻刻工名：陶冶、周文启、杨中、刘大超、范震生、李立、陈元、王相臣、潘平侯、潘玉、蒋荣。卷首有宋皇祐三年辛卯（1051）正月望日徐晋卿《春秋经传类对赋序》，次清康熙丙辰（十五年，1676）纳兰成德容若《春秋经传类对赋题辞》。卷末有元至大戊申（元年，1308）腊月教授长沙区斗英跋。卷末有尾题，并署“后学成德挍订”。

据卷末区斗英刻书跋，知是书元至大元年戊申（1308）曾刻。通志堂本所据，翁方纲《通志堂经解目录》引何焯语称，为“汲古李中麓钞本”①。是书入《四库全书》子部类书存目，《四库全书存目丛书》据首都图书馆藏清康熙间通志堂刻本影印。另，《艺风藏书再续记》著录旧抄本，有清康熙二十三年甲子（1684）首夏周笂手跋，钤“古香楼”“休宁汪季青家藏书籍”印，为汪文柏藏书。又有清刻本，清高士奇注，浙江图书馆、南京图书馆等馆藏。

94. 春秋诸国统纪六卷

元齐履谦撰。履谦字伯恒，大名人。

正文首行题“春秋诸国统纪卷第一”，次行题“沙鹿齐履谦叙类”。每半页十一行，行二十字，小字双行，白口，左右双边，单黑鱼尾。鱼尾上方记字数，下方依次记书名、卷第、页次。版心下方右刻“通志堂”三字，左刻刻工名：范震生、方惟、周文启、林之、陈君侯、雍尧之（又尧之）、曹洪甫、潘平、陈子能、关召、王相臣、李立、蒋荣、石贞、杨仲恒（又仲恒）、陈元、陶冶、陈心甫（又心甫）、曹尔公。卷首有临川吴澄序，次《春秋诸国统纪》目录。每卷末有尾题，并署“后学成德挍订”。

是书有元延祐刻本。正文首行题“春秋诸国统纪卷第一　沙鹿齐履谦

---

① 翁方纲订:《通志堂经解目录》，第12页。

叙类”。半页八行，行二十字，白口，四周双边，双黑鱼尾。鱼尾间记卷第，下记页次。版心下刻刻工名：余德渊刊、余刊、四明胡宁刊、胡宁、胡刊、胡、汪等。卷首有临川吴澄序，次元延祐庚申（七年，1320）五月己卯朔沙鹿齐履谦自序，次《春秋统纪》目录。卷末有元延祐丁巳（四年，1317）秋九月其弟思恭跋。全书颜体，镌工精善。《天禄琳琅书目》卷五、《增订四库简明目录标注》卷三、《藏园订补郘亭知见传本书目》卷二、《藏园群书经眼录》卷一、《文禄堂访书记》卷一著录。《天禄琳琅书目》所录系明末毛氏汲古阁旧藏。《藏园订补郘亭知见传本书目》《藏园群书经眼录》作元延祐七年（1320）四明刊本，卷首有“袁氏静思斋”大木记，录颜氏家训语，又有“尚宝卿袁氏忠彻印”朱文印，后有“尚宝少卿袁记”木记，为明初宁波袁忠彻旧藏，民国十年（1921）十一月十七日傅增湘访书宁波，得之大酉山房主人林集虚，后该书入辽宁省图书馆，《中国古籍善本书目》卷三所录元延祐刻本即是，今《中华再造善本》据以影印。《文禄堂访书记》所录钤有“翰林院”大方印、“姑苏吴岫家藏”“姚氏世昌”“绣谷亭藏书”印，为明嘉靖间归吴县吴岫家藏书，清初归钱塘吴焯绣谷亭。检《四库采进书目·浙江省第四次吴玉墀家呈送书目》著录《春秋诸国统纪》六卷《目录》一卷一本，当即此本，乃乾隆间修《四库全书》时吴焯子玉墀献入内府，故又有“翰林院”之印。

通志堂本所据，翁方纲《通志堂经解目录》引何焯语称“汲古元板，颜书最精”[①]，《藏园订补郘亭知见传本书目》《藏园群书经眼录》亦称“汲古阁元本，颜书甚精，系述古堂旧藏”[②]，知通志堂所据即元延祐刻本，经钱曾述古堂、毛氏汲古阁收藏。惟延祐本卷首齐履谦自序及卷末其弟思恭跋，通志堂本皆削而未刻。

另据《中国古籍善本书目》卷三著录，又有明秦氏雁里草堂抄本，藏北京师范大学图书馆，又明抄本、清抄本，国家图书馆有藏。又有《四库全书》本，《四库全书总目》该条下注“浙江吴玉墀家藏”，知其底本即《文禄堂访书记》所录元延祐刻本，钤有“绣谷亭藏书”印者。检《四库全书》本是书卷首尾，除卷首未录齐履谦自序外，余者则与延祐本同。

---

① 翁方纲订：《通志堂经解目录》，第 12 页。

② 莫友芝撰，傅增湘订补：《藏园订补郘亭知见传本书目》卷二、傅增湘：《藏园群书经眼录》卷一。

95. 春秋本义三十卷首一卷

元程端学撰。端学字时叔，号积斋，庆元人。

正文首行题“春秋本义卷第一”，次行题“四明程端学学”。每半页十一行，行二十字，小字双行，行三十字，白口，左右双边，单黑鱼尾。鱼尾上方记字数，下方依次记书名、卷第、页次。版心下方右刻“通志堂”三字，左刻刻工名：王维周、张达、王绥吉、杨英、沈芳欣（又芳欣）、玉宣、王尔极（又王尔吉）、尚达宣（又达宣）、穆旺、王岉、缪天、祁生、周丹采、邓汉、于亮臣（又亮臣）、甘典、王后、刘荣、尔后（又尔厚）、王韵、天渠、邛宣（又邓宣）、邛芃、怀中、王君盛（又君盛、王盛）、刘太、尔祚、贞生、子铨、刘林、刘公一（又公一）、王云、公纪、邓士誉（又邓士）、邵文先（又文先、邵先）、刘全甫（又刘全）、杨立本（又立本）、张奇、王伯、颖涵、张玉、徐盛、孔仁、邓尹、玉公、玉文、尔生、邓国、张升、君明、陈章、高宇臣（又高宇）、钦明、姚重士（又重士）、陈、宪章、蒋太、谈茂生、杨尔生、邓钦、奇、玉明、邵国。卷首有元至正五年（1345）十二月望日金华张天祐序，次元元统元年（1333）五月既望程端学总序，次元泰定丁卯（四年，1327）四月既望四明程端学《春秋本义序》，次《春秋本义》问答，次《春秋本义》牒文，次《春秋本义》点抹例，次提调刊行《春秋本义》各官姓氏，次《春秋本义通论》，次《春秋纲领》，次《春秋传》姓氏。每卷末有尾题，并署“后学成德挍（又作‘校’）订”。

据卷首张天祐序，是书有元至正五年（1345）浙东官刻本，是为初刻。《藏园订补郘亭知见传本书目》卷二著录元庆元路学刊本，十行二十二字。《中国古籍善本书目》卷三著录元刻本，浙江省图书馆、天一阁文物保管所藏有残卷，行款与《藏园订补郘亭知见传本书目》所录同[①]。二目所录实皆至正五年（1345）浙东官刻本，傅氏所据当为卷首庆元路提调刊行各官姓氏，《中国古籍善本书目》盖因所见之本前半皆缺，故笼统定为元刻本。通志堂本的底本，据翁方纲《通志堂经解目录》引何焯语所称，为元刻本，惜原刻之句读圈点抹通志堂本未刻，卷首尚保留点抹例。

另，《中国古籍善本书目》又著录明甬东书屋抄本残卷，天一阁文物保管

① 《中国古籍善本书目书名索引》亦初定为元庆元路学刻本。

所藏。《藏园订补郘亭知见传本书目》又著录清初写本，并称抄于通志堂本刊之前，钤有秋树山房藏书印，四明卢址抱经楼藏。又有《四库全书》本、《摛藻堂四库全书荟要》本等。《钦定四库全书荟要总目》称《四库荟要》本据通志堂本缮录，据元集庆路本、张天祐本校对。集庆路本未详，张天祐本则即元至正五年（1345）浙东官刻本。《四库全书》本卷首有《目录》，而无张天祐序、程端学元统元年（1333）总序、牒文、点抹例、提调刊行各官姓氏。《四库荟要》本卷首则依次为《春秋传》名氏、《春秋纲领》《春秋本义通论》《春秋本义》问答。

96. 春秋或问十卷

元程端学撰。

正文首行题“春秋或问卷第一”，次行题“四明程端学述”。每半页十一行，行二十字，白口，左右双边，单黑鱼尾。鱼尾上方记字数，下方依次记书名、卷第、页次。版心下方右刻“通志堂”三字，左刻刻工名：尔吉、邛明、张达、穆旺、邓国、张锡、祁生、甘典、周停、天渠、高宇、蒋太、周仲、任臣、王枚、王伦、邓汉、张升、王韵、子秀、子元、徐世、望之、张奇、尔仁、六吉、邛芃、受廷、王宪、邛士、顾明。卷首清康熙丙辰（十五年，1676）纳兰成德容若《程积斋春秋序》。每卷末有尾题，并署“后学成德挍订”。书中多有缺文。

《增订四库简明目录标注》卷三、《藏园订补郘亭知见传本书目》卷二著录元至正官刻本，《皕宋楼藏书志》卷九著录旧抄本。通志堂所据未知何本，书中多有缺文，以卷一、卷十所缺为多，当所据之本如此。又有《四库全书》本。通志堂本空版处，《四库全书》本多注“阙文”，然亦有通志堂本为墨条而《四库全书》本完而不缺者。据崔富章《四库提要补正》，库书底本乃《浙江采集遗书总录》所载瓶花斋写本。

97. 春秋集传十五卷

元赵汸撰。汸字子常，休宁人。

正文首行题“春秋集传卷第一”，次行题“新安东山赵汸辑”。每半页十一行，行二十字，小字双行，白口，左右双边，单黑鱼尾。鱼尾上方记字数，下方依次记书名、卷第、页次。版心下方右刻“通志堂”三字，左刻刻工名：范震生、陶冶、元沛、关召、杨中、陈心甫（又心甫）、李立、陈君侯、周文启、陈元、方惟、孟仙、王相臣、陈子能、林九占（又九占）、孙祯之（又孙贞之）、刘景超、王子荣、曹洪甫（又曹洪）、林之、范哲生、雍尧之（又尧之）、曹尔公（又尔公）、蒋荣、栢功臣、栢子林、潘平、栢君丽（又栢丽）、潘卿侯、张君茂、石贞、杨仲恒（又仲恒）。卷首有清康熙丁巳（十六年，1677）纳兰成德容若《赵氏春秋集传序》，次新安赵汸自序。卷末有明嘉靖十一年壬辰（1532）秋七月朔后学东峰汪玄锡《春秋集传后序》，次学生倪尚谊后序。每卷末有尾题，并署“后学成德挍订”。

据卷末汪玄锡后序，知是书有明嘉靖夏镗刻本，今清华大学图书馆有藏，《中国古籍善本书目》卷三著录。《善本书室藏书志》卷三、《皕宋楼藏书志》卷九、《中国古籍善本书目》卷三又著录明嘉靖三十四年（1555）金曰鏳刻蓝印本，九行二十一字，白口，四周双边，南京图书馆藏。《善目》又著录西北大学图书馆藏明刻本，九行二十一字，白口，左右双边，行款与夏镗刻本同。《增订四库简明目录标注》卷三该条称朱学勤[①]曰，曾见明刊本，半页十三行，行二十七字，则又为另一明刻也。

通志堂本之底本，据成德序称“予得千顷堂藏本，因论次焉”，又云：“先生卒后，门人辑成藏弆，故人不见。嘉靖中东阿刘隅始得其书于先生乡人汪元锡，而属教谕夏镗传之。”[②]卷末刻嘉靖十一年（1532）汪玄锡后序，而无金曰鏳序跋。汪序有云：“休邑刘判薄时济恐其钞录日久，不免鲁鱼亥豕之讹，属夏司训镗重加挍订，捐俸刻之，俾与《属辞》并行于世。”故通志堂本所据，当为明末黄虞稷千顷堂所藏明嘉靖夏镗刻本。

另，《中国古籍善本书目》又著录清抄本，藏国家图书馆。又有《四库全书》本、《摛藻堂四库全书荟要》本等，《四库荟要》本据通志堂本缮录。

98. 春秋属辞十五卷

元赵汸撰。

正文首行题“春秋属辞卷第一”，次行题“新安赵汸学”。每半页十一行，行二十字，小字双行，行三十字，白口，左右双边，单黑鱼尾。鱼尾上方记字数，下方依次记书名、卷第、页次。版心下方右刻“通志堂”三字，左刻

---

① 朱学勤字修伯，仁和人，清咸丰三年（1853）进士。

② 按，据卷末汪玄锡后序，属教谕夏镗校订付梓者为休宁刘时济，而非东阿刘隅。

刻工名：君仁、栢臣、周文启、王顺、史子弘（又子弘、史弘）、仲恒、卜升、潘卿侯（又卿侯）、王相臣、陈心甫（又心甫）、范哲生、陈君矦、曹尔公（又尔公、曹尔）、陈子能、方惟、栢子林（又子林）、关召、曹洪甫（又洪甫）、张君茂（又君茂）、卜竒、范震生、尧之、雍尧、林之、栢君丽、陈元、李立、陶冶、陈君仁、蒋荣、杨仲恒、王、穆君侯。卷首有前史官金华宋濂《春秋属辞序》，次新安赵汸自序，次《春秋属辞》目录，次金居敬《题跋》，目录后有赵汸识语。每卷末有尾题，并署"后学成德挍订"。

是书有元至正二十二年（1362）至二十四年（1364）休宁商山义塾刻本，《天禄琳琅书目后编》卷八（作元末刊本）、《善本书室藏书志》卷三（作元刊本）、《皕宋楼藏书志》卷九（作元刊本）、《仪顾堂续跋》卷三（作元椠本，又作十八卷，当十五卷之误）、《抱经楼藏书志》卷六（作元刊本）、《雁影斋题跋》卷一（作元本）、《群碧楼善本书录》卷二（作元刻本）、《中国古籍善本书目》卷三［作元至正二十年（1360）至二十四年（1364）休宁商山义塾刻明弘治六年，1493，高忠重修本］、中国台湾《国家图书馆善本书志初稿》经部（作元末商山义塾刊本）、《日藏汉籍善本书录》经部（作元至正二十四年，1364，商山义塾刊明洪武元年，1368，修补本）等均有著录，国家图书馆、上海图书馆、南京图书馆等多处均有收藏，《中华再造善本》据国家图书馆、上海图书馆藏本影印。是刻每半页十三行，行二十七字，左右双边，细黑口，双鱼尾。版心下方记字数，间记刻工名：月、肖、文、左等。卷首有宋濂序，次赵汸自序，次《春秋属辞》目录，目录后有汸识语。卷十五尾题之后有校正者衔名三行："金居敬覆校　学生倪尚谊校对　前乡贡进士池州路儒学学正朱校正。"上海图书馆藏本卷末有明洪武元年（1368）程性跋，云："右《春秋属辞》一十五卷，序目跋尾，共该板三百二十三片。《左氏传补注》十卷，共该板一百片。《春秋师说》三卷《附录》二卷，共该板六十九片。总计板四百九十二片。初，商山义塾奉命以是书刻梓，自庚子（元至正二十年，1360）迄癸卯（元至正二十三年，1363），计会廪膳赋输之余，誊本鸠工，刻板一百一十片，皆直学黄权视工。甲辰（元至正二十四年，1364）春，县主簿张君桌复奉命勾考续工，而《属辞》一书告成。是年秋，县丞胡君仲德复奉命并刻《师说》《补注》二书，始属性董其事，因得备完《属辞》讹阙。迄岁乙巳（元至正二十五年，1365），学事既废，刊书亦结局矣。纸墨之费，则有星溪程君道、江君光大、同邑程君仁及子宗，先后所助，可渐模印。其《集传》一十五卷，又谋陆续梓行，以备一家之言云。新刻书多舛谬，雠校不时，故刊补之工亦不一而足，因修《补注》误字。谨书此以志岁月。洪武元年（1368）五月朔日诸生程性谨书。"

《仪顾堂续跋》著录作元椠，即至正二十四年（1364）休宁商山义塾刻本，并有跋云："字皆赵体，刻手甚工，即通志堂刻本所祖。"[①]今以通志堂本与商山义塾本相校，通志堂本书中多有墨条及空缺，商山义塾本则或为空缺，或漫漶不可识读，二者相合。通志堂本之前，商山义塾刻本外未见他本著录。则通志堂本所据，当即元至正二十四年（1364）休宁商山义塾刻本，惟通志堂本削程性跋未刻，卷首之《题跋》，则原在商山义塾本《春秋师说》卷首。

又有《四库全书》本、《摛藻堂四库全书荟要》本，《四库荟要》本据通志堂本缮录。两库本卷首无《题跋》，通志堂本书中缺文处，四库本往往完而不缺。

99. 春秋师说三卷附录二卷

元赵汸撰。

正文首行题"春秋师说卷上"，次行题"新安赵汸编"。每半页十一行，行二十字，白口，左右双边，单黑鱼尾。鱼尾上方记字数，下方依次记书名、卷第、页次。版心下方右刻"通志堂"三字，左刻刻工名：包习先、张公化（又公化）、高元、金子重（又金重）、甘子贞、贞卿、甘简德、王安公、甘信、邓甫卿、邓顺、玉成、刘良公（又良公）、伯华、聚甫、陶善、甘君、周开先（又周开）、方尔英、天池、陶开卿、金佩卿、方汝、刘景超。卷首有元至正戊子（八年，1348）八月几望门人新安赵汸《春秋师说题辞》，次《附录上、下》，次金居敬《题跋》。每卷末有尾题，并署"后学成德挍订"。

是书有元至正二十四年（1364）至二十五年（1365）商山义塾刻本，《天禄琳琅书目后编》卷八（作元版）、《善本书室藏书志》卷三（作元刊本）、《皕宋楼藏书志》卷九（作元刊本）、《仪顾堂续跋》卷三（作元椠本）、《抱经楼藏书志》卷六（作元刊本）、《雁影斋题跋》卷一（作元本）、《群碧楼善本书录》卷二（作元刊本）、《中国古籍善本书目》卷三（作元至正二十年至二

---

① 陆心源撰：《仪顾堂续跋》卷三。

十四年休宁商山义塾刻明弘治六年高忠重修本，又元至正二十四年休宁商山义塾刻明弘治六年高忠重修本[①]）、中国台湾《国家图书馆善本书志初稿》经部（作元末商山义塾刊本）、《日藏汉籍善本书录》经部（作元至正二十五年商山义塾刊明洪武元年修补本）等均有著录，国家图书馆、上海图书馆、南京图书馆等多处均有收藏，《中华再造善本》据国家图书馆、上海图书馆藏本影印。是刻半页十三行，行二十七字，左右双边，细黑口，双鱼尾。版心下方记字数（亦有记于上方者）及刻工名。行款、版式、字体、刻工皆与《春秋属辞》一致，系与之同刻者。卷首有《春秋师说题辞》，《春秋师说》三卷后为《附录上、下》，次《题跋》，次商山诸生汪文跋。

通志堂本书中有多处墨条，以之与商山义塾本相校，凡通志堂本墨条处，商山义塾本则皆为漫漶不可识读者。通志堂本之前，除商山义塾本外，亦未见他本著录。则通志堂本所据，当即为元至正二十四年（1364）至二十五年（1365）商山义塾本，惟通志堂本未刻汪文跋。

通志堂本之后，又有《四库全书》本、1955 年刊《复性书院丛刊》本等。《四库全书》本卷首未录《题辞》，元本、通志堂本书中缺文处，《四库全书》本往往完而不缺，当另有所据。《复性书院丛刊》本则据《通志堂经解》本付刊。

100. 春秋左氏传补注十卷

元赵汸撰。

正文首行题“春秋左氏传补注卷第一　新安赵汸学”，次行题“隐公　杜氏集解隐第一”。每半页十一行，行二十字，小字双行，行三十字，白口，左右双边，单黑鱼尾。鱼尾上方记字数，下方依次记书名、卷第、页次。版心

① 按，《中国古籍善本书目》定为元至正二十年（1360）至二十四年（1364）刻，或元至正二十四年（1364）刻，均不确。上海图书馆藏元至正商山义塾刻明弘治六年（1493）高忠重修本《春秋属辞》，卷末有程性跋云：“初，商山义塾奉命以是书（《春秋属辞》）刻梓，自庚子（元至正二十年，1360）迄癸卯（元至正二十三年，1363），计会廪膳赋输之余，眷本鸠工，刻板一百一十片，皆直学黄权视工。甲辰（元至正二十四年，1364）春，县主簿张君臬复奉命勾考续工，而《属辞》一书告成。是年秋，县丞胡君仲德复奉命并刻《师说》《补注》二书，始属性董其事，因得备完《属辞》讹阙。迄岁乙巳（元至正二十五年，1365），学事既废，刊书亦结局矣。”则是书之刻，始于元至正二十四年（1364），至至正二十五年（1365）刻成。《日藏汉籍善本书录》经部作元至正二十五年（1365）商山义塾刊则不误。

下方右刻“通志堂”三字，左刻刻工名：陶善、陈三吉、高元、甘世明、刘圣、邓甫卿、邓圣、邓子珍、甘琪、王安公、周开先、陈聚、金子重、金佩卿、甘昆、甘信、方尔英、伯华、邓顺、周行生、玉林、刘良公、甘君宣、甘银、甘子贞、邓世维。卷首有新安赵汸自序。每卷末有尾题，并署“后学成德挍订”。

是书有元至正二十四年（1364）至二十五年（1365）商山义塾刻本，《天禄琳琅书目后编》卷八（作元版）、《善本书室藏书志》卷三（作元刊本）、《皕宋楼藏书志》卷九（作元刊本）、《仪顾堂续跋》卷三（作元椠本，又其作《春秋属辞》十八卷，十八卷当十五卷之误）、《抱经楼藏书志》卷六（作元刊本）、《雁影斋题跋》卷一（作元本）、《群碧楼善本书录》卷二（作元刻本）、《中国古籍善本书目》卷三（作元至正二十四年休宁商山义塾刻[①]明弘治六年高忠重修本）、中国台湾《国家图书馆善本书志初稿》经部（作元末商山义塾刊明弘治六年修补本）、《日藏汉籍善本书录》经部（作元至正年间海宁商山义塾刊明弘治六年黄伦修补本）等均有著录，国家图书馆、上海图书馆、南京图书馆等多处均有收藏，《中华再造善本》据上海图书馆藏本影印。是刻每半页十二行，行二十四字，小字双行同，左右双边，细黑口，双鱼尾。版心下方记字数（亦有记于上方者）及刻工名。版式、字体、刻工皆与《春秋属辞》《师说》一致，系与之同刻者。卷首有赵汸序。

通志堂本书中有多处墨条，以之与商山义塾本相校，凡通志堂本墨条处，商山义塾本则皆为漫漶不可识读者。通志堂本之前，除商山义塾本外，亦未见他本著录。则通志堂本所据，当即为元至正二十四年（1364）至二十五年（1365）商山义塾本。

通志堂本之后，又有《四库全书》本。元本、通志堂本书中缺文处，《四

---

① 按，《中国古籍善本书目》定为元至正二十四年（1364）刻，不确。上海图书馆藏元至正商山义塾刻明弘治六年（1493）高忠重修本《春秋属辞》卷末程性跋云：“初，商山义塾奉命以是书（《春秋属辞》）刻梓，自庚子（元至正二十年，1365）迄癸卯（元至正二十三年，1363），计会廪膳赋输之余，眷本鸠工，刻板一百一十片，皆直学黄权视工。甲辰（元至正二十四年，1364）春，县主簿张君㮚复奉命勾考续工，而《属辞》一书告成。是年秋，县丞胡君仲德复奉命并刻《师说》《补注》二书，始属性董其事，因得备完《属辞》讹阙。迄岁乙巳（元至正二十五年，1365），学事既废，刊书亦结局矣。”则是书之刻，始于元至正二十四年（1364），至至正二十五年（1365）刻成。

库全书》本多完而不缺，且文字亦多有不同者，当另有所据。

101. 春秋诸传会通二十四卷首一卷

元李廉撰。廉字行简，庐陵人。

正文首行题“春秋诸传会通卷第一”，次行题“庐陵进士李廉辑”。每半页十一行，行二十字，小字双行，行三十字，白口，左右双边，单黑鱼尾。鱼尾上方记字数，下方依次记书名、卷第、页次。版心下方右刻“通志堂”三字，左刻刻工名：邘茂卿、甘简、邵吉士（又邵士）、缪以功（又以功）、金士玉、方尔英、陶善、洪运、吴观、允文、邘启、玉生、玉成、吴正生（又正生）、大超、尔朋、天池、刘良公、甘分、公止、高元、君珍、甘先、甘信、邘顺、子耒、子上、公化、连生、周开、上之、王安公、金子重、穆坤、良甫、邘玉舟、吉士、邓子珍、子相、甘世明（又世明）、士玉、王真修、王真、王贞、邘宪、观卿、子茂。卷首有元至正九年己丑（1349）七月朔后学庐陵李廉自序，次《春秋诸传会通》凡例，次《春秋》诸传各家序，次《读春秋纲领》。每卷末有尾题，并署“后学成德挍订”。

卷首李廉自序云：“迩年颇有传写者，弗克禁，而丰城揭恭乃取而刻之梓，亟欲止之，则已成功矣。书来求序，拒之弗可，且念其力之勤而费之重也，姑识于卷端，与我同志尚加订正焉。”知是书初刻为揭恭刻本，序署元至正九年（1349），是时书已刻成。

又有元至正十一年（1351）虞氏明复斋刻本，《天禄琳琅书目后编》卷八（作元版）、《拜经楼藏书题跋记》卷一（作元刻）、《爱日精庐藏书志》卷五（作元至正刊本）、《铁琴铜剑楼藏书目录》卷五（作元刊本）、《仪顾堂续跋》卷三（作元椠）、《艺风藏书续记》卷一（作元刊本）、《涵芬楼烬余书录》（作元至正刊本）、《文禄堂访书记》卷一（作元至正刻本）、《中国古籍善本书目》卷三、《日藏汉籍善本书录》经部（元至正十一年崇川书府刊本）等均有著录，现国内外尚有多部传世，近来《中华再造善本》据国家图书馆所藏两部分别影印。据《中华再造善本》所影国家图书馆藏本，是刻半页十二行，行二十二字，小字双行同，左右双边，细黑口，双黑鱼尾。卷首有元至正九年（1349）李廉自序，次《读春秋纲领》，次《春秋》诸传各家序，次《春秋诸传会通》凡例。自序后有“至正辛卯腊月崇川书府重刊”双行牌记，卷二十四末有“南溪精舍”“至正辛卯仲冬虞氏明复斋刊”两墨记。另一部自序佚去，钤“丛书堂印”“兔床经眼”“何焯之印”“涵芬楼”等印，为明吴宽、清吴骞、何焯等藏书，即《拜经楼藏书题跋记》《涵芬楼烬余书录》所著录者。

《铁琴铜剑楼藏书目录》卷五所录元刊本，即元至正十一年（1351）刻本，其称“通志堂本即其所出”，则通志堂本所据，当即元至正十一年（1351）虞氏明复斋刻本。

又有天一阁写本（《浙江采集遗书总录》乙集著录）、《四库全书》本、《摛藻堂四库全书荟要》本等。《摛藻堂四库全书荟要》本据通志堂本缮录，《四库全书》本，据崔富章《四库提要补正》称据天一阁写本缮录。

102.春秋集传释义大成十二卷首一卷

元俞皋撰。皋字心远，新安人。

正文首行题“春秋集传释义大成卷第一”，次行题“后学新安俞皋述”。每半页十一行，行二十字，小字双行，行三十字，白口，左右双边，单黑鱼尾。鱼尾上方记字数，下方依次记书名、卷第、页次。版心下方右刻“通志堂”三字，左刻刻工名：张升、邓汉、邛士、穆旺、天渠、张锡、徐世、王宪、高宇、张奇、子秀、王韵、周仲、张达、王玉、祁生、茂生、邓国、甘典、望之、邛芃、子元、王尔吉（又尔吉）、刘和、邛明、栢六吉（又六吉）、邓宣、顾明、邓德（又邛德）、王伦、陈章、宪公、邓佩、蒋任、沈芳欣、周用、王云登（又云登）、王枚、任臣、周停、蒋太。卷首有清康熙丙辰（十五年，1676）纳兰成德序，次《春秋》诸传序，次《春秋集传释义大成》凡例，次《程子朱子说春秋纲领》，次《春秋世次图说》。每卷末有尾题，并署“后学成德挍订”。

《增订四库简明目录标注》卷三、《藏园订补郘亭知见传本书目》卷二著录元泰定二年乙丑（1325）刊本。杨守敬《日本访书志》卷一、日本涩江全善、森立之《经籍访古志》卷二又著录元至元四年戊寅（1338）日新堂刻本，正文首行题“春秋集传释义大成卷之一”，次行题“后学新安俞皋述”。每半页十行，行二十字，小字双行，行二十七字，四周双边。首吴澄序，次引用诸家名氏，次凡例，次《程朱说春秋纲领》，次自序，次三传序、程传序、胡传序。凡例后有“至元后戊寅日新堂刊行”木记。为日本求古楼所藏。《钱遵王读书敏求记校证》卷一上著录元刊本，称“元刻中之佳者”，《日本访书志》《经籍访古志》均认为钱氏《敏求记》所录即日新堂刻本。

通志堂本所据不知何本，日新堂刻本卷首之吴澄序、自序及“至元后戊寅日新堂刊行”木记均不见于通志堂本。通志堂本之后，又有《四库全书》本、《摛藻堂四库全书荟要》本等，《四库荟要》本据通志堂本缮录。

103. 清全斋读春秋编十二卷

元陈深[①]撰。深字子微，平江人。

正文首行题“清全斋读春秋编卷第一”，次行题“吴郡陈深撰”。每半页十一行，行二十字，小字双行，行三十字，白口，左右双边，单黑鱼尾。鱼尾上方记字数，下方依次记书名、卷第、页次。版心下方右刻“通志堂”三字，左刻刻工名：陈章、张达、邓尹、邓汉、王韵、谈茂生（又茂生）、王盛、高宇臣（又高宇）、天渠、玉明、沈芳欣、公纪、张奇、孔仁、王尔吉（又王尔极）、张升、邓宣、蒋太、杨尔生、杨立本、尚达宣、邵国、邓士、文先、刘太、邓国、重士、尔生、刘林、刘公一、玉宣、刘全、尔后、君明、邵先、颖涵、王伯、怀中、邛芃、蒋逢太、祁生、贞生、王云。卷首有清康熙丁巳（十六年，1677）纳兰成德容若序。每卷末有尾题，并署“后学成德挍订”。

是书《增订四库简明目录标注》卷三、《藏园订补郘亭知见传本书目》卷二著录元泰定二年乙丑（1325）刊本。卷首成德序云：“《读春秋编》十二卷，原本左、胡，采摭诸说，深有益于学者。偶获元椠本，为加校勘而属之梓。”知通志堂本乃据元刻本付刊。翁方纲《通志堂经解目录》引何焯语曰“元人钞本”[②]，其称“钞本”，或属偶误。通志堂本之后，又有《四库全书》本、《摛藻堂四库全书荟要》本，《四库荟要》本据通志堂本缮录。

104. 春秋春王正月考一卷辨疑一卷

明张以宁撰。以宁字志道，号翠屏，古田人。

正文首行题“春秋春王正月考　前集”，次行题“后学晋安张以宁述”。每半页十一行，行二十字，小字双行，行三十字，白口，左右双边，单黑鱼尾。鱼尾上方记字数，下方依次记书名、卷第、页次。版心下方右刻“通志堂”三字，左刻刻工名：邓汉、邓士、邓尹、尚达宣、重士、怀中、穆旺、

---

① 翁方纲订：《通志堂经解目录》（第 13 页）：“元陈深清全。入元不仕，当入宋人，列家铉翁之后。”《四库全书总目》亦定为宋人。

② 翁方纲订：《通志堂经解目录》，第 13 页。

邘芃、甘典、于亮臣、缪天、杨立本、刘林甫、王茂林、刘荣、王尔极、王绥吉、邘宣、沈芳欣、赵尔祚、张升。卷首有清康熙丁巳（十六年，1677）纳兰成德容若《张翠屏春秋春王正月考序》，次明洪武三年（1370）春三月三日晋安后学张以宁自序。卷末有明宣德元年（1426）岁丙午中秋嗣孙隆跋。每卷末有尾题，并署“后学成德挍订”。

据卷末张以宁嗣孙张隆跋，知是书成于明洪武三年（1370），宣德元年（1426）张隆付刊，是刻《读书敏求记校证》卷一上（作《春王正月考》前卷《春王正月考辨疑》后卷）、《增订四库简明目录标注》卷三、《藏园订补郘亭知见传本书目》卷二著录。《日藏汉籍善本书录》经部著录明宣德年间刊本，当即此刻，藏日本东北大学附属图书馆，称卷首有明洪武三年（1370）张以宁自序，后有明宣德元年（1426）跋。《四部总录天文编·若水斋古今算学书录补注》又著录明正统元年（1436）刊本。《皕宋楼藏书志》卷九则著录明刊本，未明哪一刻。通志堂本卷首有明洪武三年（1370）张以宁自序，末有宣德元年（1426）张隆跋，与宣德元年（1426）本同，成德序亦及隆刻书事，当即从宣德元年（1426）张隆本出。

通志堂本以后，又有《四库全书》本、《摛藻堂四库全书荟要》本、清道光三十年（1850）金山钱氏漱石轩刊《艺海珠尘》本、清光绪十六年（1890）黄梅梅氏慎自爱轩刊《清芬堂丛书》本、民国二十四年至二十六年（1935—1937）上海商务印书馆排印《丛书集成初编》本等。《四库荟要》本据通志堂本缮录，据明张士隆（当即张隆）本校。

第六章 《通志堂经解》子书版本源流考（下）

第一节 礼类（12种）

105. 新定三礼图二十卷

宋聂崇义集注。崇义，洛阳人。

正文首行题“新定三礼冕服图卷第一”。第二卷首行题“新定三礼后服图卷第二”，次行题“通议大夫国子司业太常博士柱国赐紫金鱼袋臣聂崇义集注”。每半页十六行，行二十六至三十七字不等，小字双行，行二十八至三十九字不等，白口，左右双边，双黑鱼尾。上鱼尾上方记字数，下方记书名、卷第，下鱼尾下方记页次。卷首有清康熙丙辰（十五年，1676）纳兰成德序，次窦俨序[①]。卷末有陈伯广跋五行云：“《三礼图》，始熊君子复得蜀本，欲以刻于学，而予至，因属予刻之。予观其图，度未必尽如古昔，苟得而考之，不犹愈于求诸野乎？淳熙乙未闰月三日永嘉陈伯广书。”每卷末有尾题。

《四库全书总目》卷二二《三礼图集注》条云：“世宗诏崇义参定郊庙祭玉，因取三礼图，凡得六本，重加考订。宋初上于朝，太祖览而嘉之，诏颁行。”知聂氏《三礼图》，宋初即有刊本。朱彝尊《经义考》又节录聂氏自序，盖旧本有之，现传世各本及各书志所录，已不见。又据卷末陈伯广跋所云，知是书有宋淳熙二年乙未（1175）刻本，乃据蜀刻本重刊。

---

① 原书未署名。

宋淳熙二年（1175）刻本，今国家图书馆有藏，《中国版刻图录》《中国古籍善本书目》卷二著录，作宋淳熙二年（1175）镇江府学刻公文纸印本，近来《中华再造善本》影印。是刻半页十六行，行二十二至四十三字不等，小字双行，白口，左右双边，双黑鱼尾。卷首有窦俨序，卷末有陈伯广跋，书末有钱谦益手跋。历经各朝名家收藏，钤印甚伙。《天禄琳琅书目后编》卷一、卷二著录宋版三部，其一有乾隆皇帝题诗；其二钤“史氏家传翰苑收藏书画图章”“赵孟頫印”“王英时彦”“内府图书之印”，为宋元时史氏、赵孟頫旧藏，明时归金溪王英，后入内府。二部均有陈伯广跋，当即宋淳熙二年（1175）镇江府学刻本。另一部，据崔富章《四库提要补正》，实则通志堂本。《天禄琳琅书目》卷四又著录像宋抄本一部，前有窦俨序后有陈伯广跋，则影抄淳熙二年（1175）镇江府学刻本者。

翁方纲《通志堂经解目录》引何焯批曰：“汲古宋本，序文稍有讹处，已经改正，书中讹错亦多，盖通志堂刻本不依原书款式也。”[①]知通志堂本所据乃毛氏汲古阁藏宋本。国家图书馆所藏宋淳熙二年（1175）镇江府学刻公文纸印本，有“徐健庵”“乾学”印，而无汲古阁印，依何焯之言，通志堂本所据，当非此本，此或《经解》刻竣后徐氏后得者。

又有蒙古定宗二年（1247）析城郑氏家塾刻本，乃以宋本翻刻，卷末有至道二年（996）李至记及长南阳山昌元王履重刊后跋，而无陈伯广跋。今国家图书馆藏有是刻，卷一、二配毛氏汲古阁影宋抄，为汲古阁旧物，即《涵芬楼烬余书录》经部、《藏园群书经眼录》卷一、《中国版刻图录》《中国古籍善本书目》卷二等所著录者，《四部丛刊》三编即据之影印。

《抱经楼藏书志》卷五又著录东洋刊本。又有《四库全书》本、《摛藻堂四库全书荟要》本等。《四库荟要》本据内府所藏毛氏汲古阁影宋抄本缮录，而据通志堂本校对。《四库全书》本各卷首行题“三礼图集注”，《四库荟要》本各卷首题“三礼图”，二者皆未录陈伯广跋。

106. 东岩周礼订义八十卷首一卷

宋王与之撰。与之字次点，乐清人。

正文首行题“东岩周礼订义卷第一”，次行题“天官冢宰”。每半页十三

① 翁方纲订：《通志堂经解目录》，第13页。

行，行二十三字，小字双行，行三十五字，白口，左右双边，双黑鱼尾。上鱼尾上方记字数，下方记书名、卷第，下鱼尾下方记页次。版心下方右刻“通志堂”三字，左刻刻工名：陈聚甫（又聚甫）、刘良公（又刘良、良公）、邓顺、金子重（又金重）、邓子珍、方尔英、高元、邓宪、子仁、周行、王安公（又王安、安公）、甘昆、甘坤、甘寅、玉林、金佩卿、甘世明、甘君、陶善、邓甫卿、甘银、周开先（又周开）、周行生、甘信、陶开卿、邓闓、方子进、陈三吉、高祥、范茂、尔玉、邓珍、陈尔工、丁山、公善、甘子贞、至公、甘琪、玉存、刘圣公（又刘圣）、甘生、高珩、王君任、穆选臣（又选臣）、邓圣甫（又邓圣）、邓世维（又世维）、包习先（又习先）、甘泉、天渠、邝芃、王伦、邝士、张达、邓汉、蒋太、周用、张升、徐世、王盛、陶开、甘简德、贞卿、公止、侯伯华（又伯华）、邓文、格生、甘君宣、君宣、栢臣、君仁、周文启、卜竒、雍尧之（又尧之）、曹尔公（又尔公）、栢子林（又子林）、陈章、甘典、君用、潘卿侯（又卿侯）、甘奋彝（又奋彝）、祥生、蒋任臣、蒋任、高宇臣（又高宇）、王玉、子秀、甘生玉、甘玉、子文、张君茂（又君茂）、关召、公止。卷首有宋绍定五年（1232）闰九月甲戌建安真德秀序，次清康熙丙辰（十五年，1676）二月纳兰成德容若序，次宋嘉熙丁酉（元年，1237）夏中伏日古汴赵汝腾茂实序[①]，次州状省牒，次编集条例，次《周礼订义序论》，次《周礼订义序目》。每卷末有尾题，并署“后学成德挍订”。

是书《天禄琳琅书目后编》卷二著录宋刻本，所记卷首卷末各项，与通志堂本同，惟次序稍异。《中国古籍善本书目》卷二著录宋刻本，藏国家图书馆，半页十二行，行二十六字，白口，左右双边。《经解》本所据，翁方纲《通志堂经解目录》引何焯语称“李中麓宋本”[②],张云章《朴村文集》称“且如《周礼订义》一书，此影宋本抄成者”[③]，则所据为李开先家旧藏影宋抄本。

又有《四库全书》本、《摛藻堂四库全书荟要》本。《四库荟要》本据通志堂本缮录。通志堂本中多墨丁，《四库荟要》本往往不缺，当又据他本校

① 题称后序，署“嘉熙丁酉夏中伏日古汴赵汝腾茂实序于卷末”，乃后序置前者。

② 翁方纲订:《通志堂经解目录》，第 14 页。

③ 张云章撰:《朴村文集》卷二十三《上徐总宪》条。

补。《四库全书》本作《周礼订义》，卷首无成德序，其他与通志堂本同，惟次序有异，赵汝腾序在卷末。《四库荟要》本并成德序、州状省牒、《周礼订义序目》皆未录，赵汝腾序亦在卷末。

107. 鬳斋考工记解二卷

宋林希逸撰。希逸字肃翁，号鬳斋，福清人。

正文首行题“鬳斋考工记解上”，次行题“鬳斋林希逸撰”。每半页十行，行二十字，白口，左右双边，单黑鱼尾。鱼尾上方记字数，下方依次记书名、卷第、页次。版心下方右刻“通志堂”三字，左刻刻工名：邓尔仁（又尔仁）、邓珍、邓本立（又本立）、王贞、金子重、邛顺、张玉、张志、穆彩、邛玉、邛存、朱士、邛明、邛卿。每卷末有尾题，并署“后学成德挍订”。书中多墨块。

是书傅增湘《藏园群书题记》卷一著录宋刻二本，半页十行，行十八字，白口，左右双边，版心上记字数，下记刻工。其一为慈溪李湛侯藏书，钤有“晋府书画之印”“燕超堂书画记”“吴郡赵颐光家经籍”“乾隆御览之宝”诸印。另一本称有元延祐四年（1317）补刊者三十六页，为清初海宁查慎行藏书，并有查氏手跋。此为明叶盛菉竹堂旧藏，后归毛氏汲古阁，又归查慎行氏，今则藏于中国台湾“国家图书馆”，中国台湾《国家图书馆善本书志初稿》经部著录，定为南宋后期刊元延祐四年（1317）修补本。通志堂本所据，翁方纲《通志堂经解目录》引何焯语称为“汲古宋本”，或即今中国台湾“国家图书馆”所藏宋刻元修本。原书当有残缺，据傅增湘以所见宋本校，《释音》卷上“函人”以下，通志堂本较原本脱去九行，其他改正、填补者亦颇多。①

又清潘祖荫《滂喜斋藏书记》卷一著录宋刻本，卷首有“古香楼”“汪季子文柏柯庭氏”“双溪草堂图记”印，《中国古籍善本书目》卷二著录宋刻元明递修本，上海图书馆、浙江图书馆藏残本，加之《藏园群书题记》卷一所著录李湛侯藏宋刻本，据所记行款，与中国台湾“国家图书馆”所藏宋本均为一刻。

《中国古籍善本书目》卷二又著录南京图书馆藏明抄本、国家图书馆藏清抄本。又有《四库全书》本、《摛藻堂四库全书荟要》本等，《四库荟

① 详见《藏园群书题记》卷一《重校查初白藏宋本鬳斋考工记解跋》。

要》本据通志堂本缮录。通志堂本作墨块处，《四库全书》《四库荟要》本均注“阙”。

108. 仪礼图十七卷旁通图一卷附仪礼本经十七卷

宋杨复撰。复字茂才，号信斋，福州人。

正文首行题“仪礼图第一”，次行题“士冠礼第一（下接小字双行：冠古乱反）”。每半页十一行，行二十字，小字双行，行三十字，白口，左右双边，单黑鱼尾。鱼尾上方记字数，下方依次记书名、卷第、页次。版心下方右刻“通志堂”三字，左刻刻工名：顾明、邓宣、邓国、君正、望之、尔仁、祁生、张达、天渠、钦明、王伦、邛士玉、邛士、邓弘、圣启、邛明。卷首有晦庵朱文公乞修《三礼》奏札，次宋绍定戊子（元年，1228）正月望日秦汉杨复序，次长至前五日宁德陈普序，次《仪礼图》目录。每卷末有尾题，并署“后学成德挍订”。

是书各书志多有著录，版本亦多。《天禄琳琅书目后编》卷二（《仪礼图》十七卷附《旁通图》）、《思适斋书跋》卷一（《仪礼图》十七卷《仪礼旁通图》一卷）、《爱日精庐藏书志》卷四（《仪礼图》十七卷《仪礼旁通图》一卷）、《经籍访古志》卷一（《仪礼图》十七卷）、《皕宋楼藏书志》卷六（《仪礼图》十七卷《旁通图》一卷）等均著录宋刊本①。《经籍访古志》卷一云：“《仪礼图》十七卷，宋椠本，昌平学藏。首载晦庵朱文公乞修《三礼》奏札，次宋绍定戊子扬复自序，序后有陈普序（陈序每行上空一字，行书）及目录。每半板十行，行二十一字。界长六寸，幅四寸。明代补刊亦甚多，补刊板心上方有校正名氏，下方有刻工名氏。”是书今藏日本内阁文库，《日藏汉籍善本书录》经部著录，作《仪礼图》十七卷《旁通图》一卷，白口，左右双边。

《天禄琳琅书目》卷五（《仪礼图》十七卷附《仪礼旁通图》一卷）、《拜经楼藏书题跋记》卷一（《仪礼图》十七卷附《旁通图》，又一部无《旁通图》）、《铁琴铜剑楼藏书目录》卷四（《仪礼图》十七卷《仪礼旁通图》一卷）、《善本书室藏书志》卷二（《仪礼图》十七卷）、《适园藏书志》卷一（《仪礼图》十七卷《旁通图》一卷）等又著录元刊本。中国台湾《国家图书

① 按，《天禄琳琅书目后编》该条提要称复自序后刻“崇化余志安刊于勤有堂”，则即《中国古籍善本书目》卷二所录元余志安勤有堂刻本，而非宋刻。

馆善本书志初稿》经部作元昭武谢子祥刊明代修补本，半页十行，行二十字，注文小字双行同，卷首有晦庵朱文公乞修三礼奏札，次宋绍定戊子正月望日秦汉杨复自序，次陈普[①]序，次《仪礼图》目录。又《爱日精庐藏书志》卷四著录元刊本《仪礼图》十七卷《仪礼旁通图》一卷，称杨氏自序后有“崇化余志安刊于勤有堂”木印，又有朱子乞修三礼奏札、自序；中国台湾《国家图书馆善本书志初稿》经部著录元崇化余志安勤有堂刊本残卷;《中国古籍善本书目》卷二著录多本元刻明修本外，又另为著录元余志安勤有堂刻本，各本版式亦不尽相同，则元时不止一刻。

《增订四库简明目录标注》卷二（《仪礼图》十七卷《仪礼旁通图》一卷）著录明正德刊本。《藏园订补郘亭知见传本书目》卷二（《仪礼图》十七卷《仪礼旁通图》一卷）、《皕宋楼藏书志》卷六（《仪礼图》十七卷《旁通图》一卷）、《中国古籍善本书目》卷二（《仪礼图》十七卷《旁通图》一卷，国家图书馆、北京大学图书馆、山东省图书馆、天一阁文物保管所藏）等著录明嘉靖十五年（1536）吕柟刻本，是刻每半页十行，行二十字，白口，四周单边。《皕宋楼藏书志》称有嘉靖十五年丙申（1536）吕柟序、贾公彦序、绍定戊子杨复序、陈普序、童承叙后序。《涵芬楼烬余书录》经部（《仪礼图》附《旁通图》十八卷）著录明覆宋本，未明具体年代。《经籍访古志》卷一（《仪礼图》十七卷）著录求古楼藏朝鲜国刊本，前有明嘉靖十五年（1536）国子祭酒吕柟序，次汉汭童承叙序，当源于明嘉靖十五年（1536）吕柟刻本。

通志堂本所据不知何本，卷首刻晦庵朱文公乞修三礼奏札，次杨复自序，次陈普序，并无吕柟、童承叙序，当源于宋元本。翁方纲《通志堂经解目录》引陈鳣曰：“吴槎客尝以鲍以文所赠元刻校通志堂刊本，则通志刻本之图甚谬也。”[②]知通志堂本校勘不精。

通志堂本之后，有《四库全书》本，又《增订四库简明目录标注》卷二著录日本宽政十一年（清嘉庆四年，1799，）刊本等。《四库全书》本卷只《仪礼图》目录，余皆未录，据崔富章《四库提要补正》,《四库全书》本据《天禄琳琅书目》卷五所载元版缮录。

---

① 陈普，字尚德，号惧斋，宋末元初宁德人。中国台湾《国家图书馆善本书志初稿》误作陈德普。

② 翁方纲订:《通志堂经解目录》，第 14 页。吴槎客为吴骞，鲍以文为鲍廷博。

109. 礼记集说一百六十卷

宋卫湜撰。湜字正叔，吴郡人。

正文首行题“礼记集说卷第一”，次行题“曲礼上第一”。每半页十三行，行二十三字，白口，左右双边，双黑鱼尾。上鱼尾上方记字数，下方依次记书名、卷第，下鱼尾下方记页次。版心下方右刻“通志堂”三字，左刻刻工名：张升、公止、陶善、甘寅、金子重、高元、方尔英、尔朋、子上、邓子珍、张公化（又公化）、金士玉（又金士）、甘分、天池、至公、周开、朋生、刘廷、王贞、包习先（又习先）、金佩卿、甘世明（又世明、甘明、甘明世）、甘琪、刘良公、王如、王安公、陶士、杨廷、邓闇、王和、邓世维、邓廷、陈相、启如、玉成、甘泉、吴正生（又正生）、邛启（又邛起）、邛顺、包生、邓茂卿、侯伯华（又伯华）、孔云、钟君珍（又钟珍、君珍、钟君）、方汝、周生、子相、子荣、缪以功（又以功）、甘简德（又甘简）、邓甫卿（又邛甫）、甘艮、陶开卿、吴观卿（又观卿、观夕）、甘奇、甘信孚（又甘信）、玉林、刘大超（又大超）、邛杨、周连生（又连生）、甘先、邓宪（又邛宪）、甘昆、扬庭、王慎修（又慎修、王真修）、甘林、卜奇、吕年、李立、君仁、栢子林（又子林）、君静、曹尔公（又尔公）、雍尧之（又雍尧）、李公、栢臣、王顺、卜文、化之、周世求（又世求）、洪甫、陈国甫（又国甫）、穆君侯（又穆君）、王玉文（又王玉、玉文）、甘六、邓佩、茂生、王伦、望之、王宪、刘和、张君茂（又君茂）、六龙、卜升、范震生（又震生）、包豹臣（又包臣）、周行、李文、刘荣、邛羊、龙生、尔开、关召、陈元、王相臣、陈君矦、陈子能（又子能）、王子沾、王仪公、徐世、周用、子秀、张锡、张达、张奇、王盛、祈生、栢六吉（又六吉）、邓国、高宇、蒋太、子元、沈芳欣（又沈欣）、顾明、陈章、邛士、邓宣、受廷、宪公、穆旺、蒋任、王尔吉（又尔吉）、王枚、甘典、周仲、史弘、尔盛、邓德、邛明、王韵、邛芃、刘公纪（又刘纪）、任臣、谈茂、方惟、陈心甫（又心甫）、修来、王云、周文启（又文启）、周子振（又子振）、葛君宣（又君宣）、世洪、范玉生（又玉生）、栢岳海、邓汉、周停。卷首有清康熙丁巳（十六年，1677）纳兰成德容若序，次宋宝庆丙戌（二年，1226）七月既望吴郡卫湜正叔自序，次宝庆元年（1225）冬十有一月甲申临邛魏了翁序，次宝庆丙戌（二年，1226）至日吴郡卫湜后序，次嘉熙庚子（四年，1240）六月卫湜跋，署“庚子六月书于新定郡斋”，次《进礼记集说表》，次统说，次《集说》姓氏。每卷末有尾题，并署“后学成德挍订”。

据卫湜前后序及跋尾，知是书始作于宋开禧、嘉定间，宝庆二年丙戌（1226）官武进令时表进于朝，绍定四年辛卯（1231）赵善湘为刊于江东漕院，之后湜复加核定，定为此本，于嘉熙四年庚子（1240）别刊于新定郡斋。

宋嘉熙四年（1240）新定郡斋刻本国家图书馆有藏，内卷三十四至四十、九十三至九十五、一百至一百六配清抄本，有黄丕烈跋，《中国古籍善本书目》卷二著录，《中华再造善本》影印。是刻半页十三行，行二十五字，左右双边，白口，单黑鱼尾。卷首有《集说》姓氏、《统说》，卷末有卫湜后序、跋尾，又《西山先生回翰》。钤“华亭朱氏珍藏”“秦蕙田味经氏”“味经窝藏书印”“汪士钟印”“阆源真赏”“郁松年印”等印，则历经明朱大韶、清秦蕙田、汪士钟、郁松年等藏，同治间又归丰顺丁日昌。汪氏《艺芸书舍宋元本书目》所录宋本、丁氏《持静斋书目》卷一所录宋刊本，即此书，又见于王文进《文禄堂访书记》卷一著录，作宋绍定刻本。《通志堂经解目录》所引何焯批有云“后数年，有项氏宋本为骨董家所得，中阙十余卷，其板最精，且多魏鹤山序一首”[①]，即指此本，其时魏了翁序尚存。至丁日昌时，“首卷首页魏鹤山序已残缺，仅存‘了翁’二字、‘鹤山书院’一印”[②]。

《通志堂经解》刊刻时，未得见宋版，乃据抄本付刻。《通志堂经解目录》引何焯批云：“《集说》从两钞本付刻。”《持静斋书目》卷一亦曰“通志堂刻时仅见抄本”。毛扆《汲古阁珍藏秘本书目》著录《礼记集说》绵纸旧抄，四十二本，并云：“世无其书，止有此影抄宋本一部。今昆山所刻，借此写样。”[③]知通志堂本所据，即毛氏汲古阁所藏影宋抄本。然通志堂付刻时未遵底本次第，将赵善湘付刻后卫湜又增补的各条，移入各卷正文（原本在卷末），致失旧本面目，多获批评。何焯注《通志堂经解目录》云：“《集说》从两钞本付刻，皆未尽善。伊人分校成部，大有乖误。后数年，有项氏宋本为骨董家所得，中阙十余卷，其板最精，且多魏鹤山序一首。屡劝东海借挍，并补刻魏序，未之从也。其书今在金陵，应物色得之，真至宝也。伊人擅乱补遗卷数，

① 翁方纲订：《通志堂经解目录》，第14页。

② 丁日昌撰：《持静斋书目》卷一。

③ 毛扆撰：《汲古阁珍藏秘本书目》，第1页。

另疏别纸。”毛扆《汲古阁珍藏秘本书目》云：“《礼记集说》，四十二本。世无其书，止有此影抄宋本一部。今昆山所刻，借此写样。而新刻后半部为顾伊人紊乱次第，幸存此本为正。公自跋云：‘绍定辛卯，某备员江东漕筦，大资政赵公善湘见余《集说》，欣然捐赀锓木。次年秋，余秩满而归。迨嘉熙己亥，越九年矣。里居需次，搜访新闻，遇有可采，随笔添入，视前所刊，增十之三。竭来严濑，别刊此本。’庚子六月跋也。所以有卷第几之后添入几条者，乃赵公刻后所增也。昆山刻书时，下半部乃伊人校对，竟将后添者移入前去，失之矣。赖此本犹存卫公之旧。”《持静斋书目》卷一云：“通志堂刻时仅见抄本，而未见此本，故多谬误。”何焯又称“屡劝东海借挍，并补刻魏序，未之从也”，今所见通志堂本前实有魏序，盖何焯见时尚未刻入。其所称“伊人擅乱补遗卷数”，即原本卫氏所增补顾湄移入前文者，则“七十三卷《玉藻》，七十六卷《玉藻》，七十七卷《玉藻》，九十三卷《乐记》，九十四卷《乐记》，九十六卷《乐记》，九十七卷《乐记》，九十九卷《乐记》”①。

南京图书馆又藏有明抄本，《中国古籍善本书目》卷二著录，有清丁丙跋，即丁丙《善本书室藏书志》卷二著录作影宋抄本者，为清吴焯绣谷亭、孙仰曾寿松堂旧藏。天一阁文物保管所亦藏明抄残卷。

又有《四库全书》本、《摛藻堂四库全书荟要》本等。《四库荟要》本据通志堂本缮录，通志堂本作墨丁缺文处，《四库荟要》本多完而不缺，当又据他本校补。《四库全书》本卷首有魏了翁序，次卫湜序，次《进礼记集说表》，次《统说》，次《集说》姓氏，无卫湜后序及跋。《四库荟要》本卷首与《四库全书》本同，卷末则有卫湜后序及跋。另，通志堂本作墨丁缺文处，《四库全书》本亦多完而不缺。

110. 礼经会元四卷

宋叶时撰。时字秀发，自号竹埜愚叟，钱塘人。

正文首行题“礼经会元卷第一”，次行题“龙图阁学士光禄大夫赠开府仪同三司南阳郡开国公食邑二千一百户食实封一百户谥文康叶时著”，第三行题“礼经”。每半页十一行，行二十字，白口，左右双边，单黑鱼尾。鱼尾上方

① 见翁方纲《通志堂经解目录》之《礼记陈氏集说补正》条、清法式善《陶庐杂录》卷四所录《通志堂经解目录》《礼记集说》条。

记字数，下方依次记书名、卷第、页次。版心下方右刻“通志堂”三字，左刻刻工名：尔仁、邓汉、张升、陈章、张奇、子秀、蒋太、王伦、邓国、周仲、邓明（又邛明）、祁生、周停、任臣、甘典、张达、王韵、望之、六吉、邓宣、栢正、邛芃、高宇、君正、邛士、穆旺、尔吉、天渠、子元、王宪、张锡、钦明、受廷。卷首有元至正二十六年（1366）岁丙午正月甲辰后学临海陈基序，次元至正乙巳（二十五年，1365）中秋日荣禄大夫江浙行省右丞兼同知行枢密院事海陵潘元明序，次《礼经会元》目录，次《竹埜先生传》，次元至正二十五年（1365）八月吉日六世孙将仕郎江浙等处儒学副提举叶广居跋。每卷末有尾题，并署“后学成德挍订”。

是书《天禄琳琅书目》卷五、《天禄琳琅书目后编》卷八、《增订四库简明目录标注》卷二、《藏园订补郘亭知见传本书目》卷二、《宋元旧本书经眼录》卷二、《铁琴铜剑楼藏书目录》卷四、《皕宋楼藏书志》卷六、《善本书所见录》卷一、《艺风藏书记》卷一、《五十万卷楼群书跋文》经部二等著录元刊本，《日藏汉籍善本书录》经部作元至正年间刊本，皆元至正二十六年（1366）海陵潘元明刻本，今日本静嘉堂文库、御茶之水图书馆、蓬左文库有藏。每半页十一行，行二十四字，黑口，双黑鱼尾，左右双边。卷首有元至正乙巳（二十五年，1365）中秋日荣禄大夫江浙行省右丞兼同知行枢密院事潘元明序，次至正二十六年（1366）岁丙午正月甲辰后学临海陈基序，次至正二十五年（1365）八月吉日六世孙将仕郎江浙等处儒学副提举叶广居《竹埜先生传》，次《礼经会元》目录。《天禄琳琅书目》卷五称：“《宋史・艺文志》及晁公武、陈振孙、马端临诸人书目皆不载是书。书中广居识语称‘荣阳公敦古尚治，命锓梓以不朽其传’云云，则知此书宋时并未刊行，故不显于世。”[①]《善本书室藏书志》卷二亦称：“此书在宋时未经刊行，故《宋史・艺文志》及晁公武、陈振孙、马端明[②]诸人书目皆不载。”《铁琴铜剑楼藏书目录》亦称“此书第一刻本也”。莫伯骥《五十万卷楼群书跋文》该条按语亦云：“此书不见《宋志》，晁、陈、马诸家目录亦不载，意当时必未尝刊行。而潘序谓旧版之废已久，当是考之未确也。”然《藏园订补郘亭知见传本书目》

① 于敏中等撰：《天禄琳琅书目》卷五，1993年中华书局《清人书目题跋丛刊》影印清光绪十年（1884）王先谦刻本。

② 按，“明”当作“临”。

卷二又著录宋刊本，《增订四库简明目录标注》卷二、《藏园订补郘亭知见传本书目》卷二又著录元至元刊本，不知何据，或有误。

中国台湾《国家图书馆善本书志初稿》经部著录明初期覆元至正二十六年（1366）江浙行省刊明代修补本；《涵芬楼烬余书录》经部亦著录明覆元本，称刊刻时间录在明正德、嘉靖间；《虚静斋宋元明本书目》著录明嘉靖丙戌（五年，1526）萧默林翻元刻本，《中国古籍善本书目》卷二作明嘉靖五年（1526）萧默林刻本，此本有丁祖荫跋，现藏国家图书馆，另上海图书馆、北京大学图书馆、复旦大学图书馆等馆亦藏是刻。以上《涵芬楼烬余书录》未记行款版式，中国台湾《国家图书馆善本书志初稿》《中国古籍善本书目》所记则同，均为十一行二十四字，白口，左右双边，三目所录当为一刻。《中国古籍善本书目》又著录多部明刻本，行款版式不尽相同，则明时不止一刻。

通志堂本所据不知何本，《郑堂读书记》卷三称“盖是本（指通志堂本）从元刊重锓者”，审其卷首各项，亦与元至正二十六年（1366）海陵潘元明刻本合，惟《宋元旧本书经眼录》卷二称元本“篇中具刻点抹”，通志堂本则尽去之。

又有《四库全书》本、《摛藻堂四库全书荟要》本、清乾隆中仁和黄氏刊《文藻四种》本、清乾隆中藤花榭刊《经学五种》本、清道光间仪征汪氏刊《正谊斋丛书》本、清道光中贺长龄贵州刊本等。《四库荟要》本据通志堂本缮录，又以内府所藏潘元明刻本校对，其《竹埜先生传》、叶广居跋均置于卷末。《四库全书》本则序跋、目录、《竹埜先生传》一并削而未录。《四库荟要》本、《四库全书》本亦四卷，惟每卷又分上下。

111. 太平经国之书十一卷首一卷

宋郑伯谦撰。伯谦字节卿，永嘉人。

正文首行题“太平经国之书卷第一”，次行题“永嘉郑伯谦节卿”。每半页十一行，行二十字，白口，左右双边，单黑鱼尾。鱼尾上方记字数，下方依次记书名、卷第、页次。版心下方右刻“通志堂”三字，左刻刻工名：尔吉、邘士、周停、天渠、任臣、周仲、子元、张升、张锡、徐世、王伦、邓汉、祁生、顾明、子秀、邘芃、张达、甘典、蒋太、邓国、邓宣、尔仁、陈章、邘明、张奇、望之、王韵、栢六吉、穆旺。卷首有修职郎衢州府学教授永嘉郑伯谦节卿自序，次大中大夫山西左参政后学祥符高叔嗣序，次《太平经国之书》目录，次秦汉官制图、成周官制图、汉官制图、汉南北军图。每卷末有尾题，并署“后学成德挍订”[①]。

是书《抱经楼藏书志》卷五、《善本书室藏书志》卷二、《皕宋楼藏书志》卷六、《艺风藏书续记》卷一、《群碧楼善本书录》卷四著录明刊本，乃明嘉靖十五年丙申（1536）祥符高叔嗣山西布政司刻本，卷首有郑伯谦自序、高叔嗣序，又列秦汉官制图、成周官制图、汉官制图、汉南北军图。是刻今国家图书馆、上海图书馆、天津图书馆、山东省图书馆[②]、中国台湾“国家图书馆”、日本东洋文库等馆有收藏，《中国古籍善本书目》卷二、中国台湾《国家图书馆善本书志初稿》经部、《日藏汉籍善本书录》经部均著录。《中国古籍善本书目》又著录明嘉靖十七年（1538）孔天胤刻本，藏清华大学图书馆、中国科学院图书馆；又明樊川别业抄本（存三卷，卷三至五），藏中山图书馆。《日藏汉籍善本书录》又著录明嘉靖二十七年（1548）仁和芮氏刊本，藏日本东京大学东洋文化研究所大木文库。

又有《四库全书》本、《摛藻堂四库全书荟要》本、清乾隆中藤花榭刊《经学五种》本、清嘉庆十年（1805）虞山张氏照旷阁刊《学津讨原》本、清道光间仪征汪氏刊《正谊斋丛书》本、民国二十四年至二十六年（1935—1937）上海商务印书馆排印《丛书集成初编》本等。《摛藻堂四库全书荟要》本据通志堂本缮录，据元潘叔嗣本校对，未详元潘叔嗣本为何本，不知是否为明高叔嗣之误。《四库全书》本卷首有郑伯谦自序、高叔嗣序及四图，《四库荟要》本则无高叔嗣序。另，《四库全书》本四图中，“成周官制图”移于“秦汉官制图”前。通志堂本有墨丁若干，《四库全书》《四库荟要》本亦已补完。

112. 夏小正戴氏传四卷

宋傅崧卿注。崧卿字子骏，山阴人。

正文首行题“夏小正戴氏传卷第一”，次行题“山阴傅崧卿”。每半页十一行，行二十字，小字双行，行三十字，白口，左右双边，单黑鱼尾。鱼尾

① 山东大学藏本“后学”与“挍订”之间为墨块。

② 山东省图书馆藏本正文首行题“太平经国之书卷之一”，次行题“永嘉郑伯谦节卿”。每半页十行，行二十二字，白口，左右双边，版心下记刻工“名”“保”“舒”“林”“奉”“贤”等。卷首有郑伯谦《太平经国之书总序》《太平经国之书目录》及“秦汉官制图”等四图。

上方记字数，下方依次记书名、卷第、页次。版心下方右刻“通志堂”三字，左刻刻工名：关召、方惟、卜升、李立。卷首有宋宣和辛丑（三年，1121）九月一日山阴傅崧卿自序。卷末有“男右通直郎知泉州晋江县事稹刊版，孙右廸功郎前静江府修仁县尉穡校勘”二行。每卷末有尾题，并署“后学成德挍订”。

清傅以礼《华延年室题跋》卷上该条云：“先族祖给事公《夏小正戴氏传》四卷，又名《夏小正解》，宋时刻在会稽学宫，重锓于元至大戊申，再刊于明嘉靖丙午。我朝康熙癸丑长白纳兰性德刊入《通志堂经解》，道光辛丑吴县黄丕烈又刊入《黄氏丛书》。”[①] 据此可知是书刊刻之大略。又据黄丕烈《荛圃刻书题识·袁本傅崧卿本夏小正校录》，明嘉靖二十五年丙午（1546）袁褧刻本乃据宋本重刊，而黄氏则又据袁本重刊，收入《士礼居黄氏丛书》。黄氏付梓时，尝取《通志堂经解》本及惠栋手抄本并校袁本异同，撰《校录》一卷，附于正文之后。今宋元本已不传，惟明嘉靖本尚在，国家图书馆、天一阁文物保管所有藏，《中国古籍善本书目》卷二著录。

通志堂本所据，据翁方纲《通志堂经解目录》引何焯所称，为“汲古宋人钞本”[②]。

又有《四库全书》本、清宝章阁刻本（有黄丕烈《校录》一卷，藏上海图书馆，《中国古籍善本书目》卷二著录）、清傅以礼刻本（据《华延年室题跋》卷上《夏小正戴氏传》条）、群玉斋活字本（与《禹贡锥指节要》合订，据《四部总录天文编·若水斋古今算学书录补注》之《夏小正传》条）、民国二十四年至二十六年（1935—1937）上海商务印书馆排印《丛书集成初编》本（有黄丕烈《校录》一卷）等。据崔富章《四库提要补正》，《四库全书总目》所据“两江总督采进本”，或即通志堂本，如是，则《四库全书》本亦当据通志堂本缮录。

113. 仪礼集说十七卷

元敖继公撰。继公字君善，长乐人，家于吴兴。

---

① 傅以礼撰：《华延年室题跋》卷上，2002 年北京图书馆出版社《国家图书馆藏古籍题跋丛刊》影印清宣统元年（1909）俞人蔚铅印本。另按，道光辛丑为道光二十一年（1841），据黄丕烈《荛圃刻书题识》之《袁本傅崧卿本夏小正校录》条，黄氏刊刻是书在道光元年辛巳（1821）。

② 翁方纲订：《通志堂经解目录》，第 15 页。

正文首行题“仪礼卷第一”，次行题“敖继公集说”。每半页十一行，行二十字，小字双行，白口，左右双边，单黑鱼尾。鱼尾上方记字数，下方依次记书名、卷第、页次。版心下方右刻“通志堂”三字，左刻刻工名：张升、邓汉、张达、子秀、穆旺、蒋任、天渠、邓国、张锡、王尔吉（又尔吉）、王伦、蒋太、王玉、王盛、周用、望之、公裔、周仲、祁生、邓宣、张奇、高宇、甘典、子元、栢六吉（又六吉）、刘和、邘士、邓佩、沈芳欣、尔生、邘芃、邓德、（又邘德）、邘明、邓茂卿、王枚、受廷、徐世、顾明、宪公、云登、陈章、王韵、王、任臣、王宪、茂生、刘纪。卷首有清康熙丁巳（十六年，1677）纳兰成德容若序，次元大德辛丑（五年，1301）孟秋望日长乐敖继公自序，次《仪礼篇目》。卷末有大德辛丑仲秋望日长乐敖继公后序。每卷末有尾题，并署“后学成德挍订”。各卷末附“正误”或案语一版，卷一、十三、十五末无之。

是书初刻为元大德五年辛丑（1301）刻本。是刻半页十二行，行十八字，小注双行同，左右双边，白口，双黑鱼尾。卷首有元大德五年辛丑（1301）孟秋望日敖继公自序，卷末有大德五年（1301）孟秋望日敖继公后序。《仪顾堂续跋》卷二（作元椠）、《郘园读书志》卷一、《适园藏书志》卷一（作元刊本）、《五十万卷楼群书跋文》经部二（作元刻本）、《文禄堂访书记》卷一（作元大德刻本）、《中国古籍善本书目》卷二（作元大德刻本）、《沈氏研易楼善本图录》、中国台湾《国家图书馆善本书志初稿》经部（作元大德间刊本）、《日藏汉籍善本书录》经部（作元大德年间刊本）等著录即是。《仪顾堂续跋》所录原为清上海郁松年旧藏，后归陆氏，现藏日本静嘉堂文库，即《日藏汉籍善本书录》所录者。《郘园读书志》所录原为清初季振宜、秦恩复旧藏，后归叶氏，又归莫伯骥五十万卷楼，即《五十万卷楼群书跋文》所录者。《文禄堂访书记》所录者后归沈氏研易楼，《沈氏研易楼善本图录》所录即是，今藏台北故宫博物院。张钧衡《适园藏书志》所录现藏中国台湾“国家图书馆”，中国台湾《国家图书馆善本书志初稿》著录即是。《中国古籍善本书目》著录是刻两部，其一缺第八卷，藏天一阁文物保管所；其一为元大德刻明修本，国家图书馆、山东省博物馆有藏，《中华再造善本》据国家图书馆本影印。国家图书馆藏本为徐乃昌积学斋旧藏，中多缺页缺文，无敖继公后序，各卷末之“正误”，所缺亦较通志堂本多，非是刻之精善者。

通志堂本所据，即元大德五年（1301）刻本。《仪顾堂续跋》卷二云：“卷十一末‘大功二’[①]、‘小功二’句下，通志堂本空四字[②]，此本损破四字，以白纸补之，则通志堂所刊，即以此为祖本矣。”国家图书馆所藏大德刻明修本此处亦为三字墨丁。《郘园读书志》卷一亦云：“此元大德辛丑刊本，《通志堂经解》本即从此出。”

《持静斋书目》卷五又著录明初刊本，《中国古籍善本书目》卷二又著录国家图书馆藏清抄本。又有《四库全书》本、《摛藻堂四库全书荟要》本等，《四库荟要》本据通志堂本缮录。

114. 仪礼逸经传一卷

元吴澄撰。澄字幼清，号草庐，崇仁人。

正文首行题“礼　吴澄学”。每半页十一行，行二十字，小字双行，行三十字，白口，左右双边，单黑鱼尾。鱼尾上方记字数，下方依次记书名、卷第、页次。版心下方右刻“通志堂”三字，左刻刻工名：君宣、卜升、子林、尔公、化之、李立、王顺、方惟、君静、雍尧之、陈君矦、范玉生（又玉生）、君侯、君茂、关召、洪甫、王相臣。卷末有（明弘治十年丁巳，1497）冬十有二月六日新安后学程敏政跋。卷末有尾题“礼”，并署“后学成德挍订”。[③]

据山东省图书馆藏本卷首李俊民序，知是书元至正十四年（1354）李俊民曾刻，是刻《增订四库简明目录标注》卷三、《藏园订补郘亭知见传本书目》卷二、《皕宋楼藏书志》卷六著录，均作二卷。又明弘治十年（1497）程敏政刻本，《中国古籍善本书目》卷二著录，作《仪礼逸经》一卷《传》一卷，国家图书馆有藏。通志堂本有程敏政跋，所据或即程敏政刻本。

通志堂本之后，又有《四库全书》本、清嘉庆十年（1805）虞山张氏照旷阁刊《学津讨原》本、民国二十四年至二十六年（1935—1937）上海商务

---

① 按，元大德刻本、《四库全书》本皆作“大功三”。

② 按，通志堂本实空三字。

③ 按，此据山东大学藏本。山东省图书馆藏本卷首有至正十四年（1354）岁次甲午七月既望奉直大夫国子司业李俊民序，而无程敏政跋。而《郑堂读书记》卷四著录《通志堂经解》本，作二卷，称“卷首有至正甲午李俊民序，卷末有成化甲辰程敏政序”。又程敏政序中所及成化甲辰，为其于吴门杨君谦处寻得是书原本之年，而非其作序之年，其序是书时为弘治十年丁巳（1497）冬十有二月六日，郑堂所言未审。

印书馆排印《丛书集成初编》本等，均作二卷。

115. 经礼补逸九卷附录一卷

元汪克宽撰。克宽字德辅，一字仲裕，号环谷，祁门人。

正文首行题“经礼补逸卷第一”，次行题“吉礼”。每半页十一行，行二十字，小字双行，行三十字，白口，左右双边，单黑鱼尾。鱼尾上方记字数，下方依次记书名、卷第、页次。版心下方右刻“通志堂”三字，左刻刻工名：邓宣、邛士、子秀、穆旺、王宪、任臣、邛明、邛芃、张奇、尔仁、望之、王伦、张锡、周停、周仲、张达、王韵、顾明、蒋太、邓国、子元、张升、栢六吉、甘典、高宇、天渠、邓汉、尔吉、祁生、徐世。卷首有明洪武二年（1369）岁在己酉秋八月下澣临江诸生曾鲁序，次后学新安汪克宽自序，次《经礼补逸》附录（包括《修史还关文》《环谷汪先生行状》《请春秋胡传纂疏刊行启》《环谷精舍募助刊书疏》）。每卷末有尾题，并署“后学成德挍订”。

是书《善本书室藏书志》卷二、《适园藏书志》卷一、《日藏汉籍善本书录》经部著录明弘治刊本，《皕宋楼藏书志》卷六著录明初刊本（作《经礼补逸》十卷《附录》一卷，十卷者，当字之误也。），《中国古籍善本书目》卷二作明弘治十年（1497）汪璋、汪珙等刻本，中国台湾《国家图书馆善本书志初稿》经部则作明弘治间祁门汪氏刊本，皆为一刻。据《国家图书馆善本书志初稿》，是刻每半页十三行，行二十七字，白口，双鱼尾，左右双边，卷首有明洪武二年（1369）岁在己酉秋八月下澣临江诸生曾鲁序，次汪克宽自序，末有附录一卷（包括《修史还关文》《环谷汪先生行状》《请春秋胡传纂疏刊行启》《环谷精舍募助刊书疏》等文），最末页署“五世孙文椿六世孙焞焰爌六世从孙恕祐勅仁义仁信七世孙杲泮济八世孙璋珙族孙澍同刊”；另一部卷首二序前有环谷汪先生真像，像后附“画像记”，署“弘治六年岁次癸丑上元日赐进士及第中顺大夫詹事府省詹事兼翰林院侍讲学士同修国史经筵官同郡后学程敏政拜书”，卷末有明弘治十年（1497）程敏政跋。

《中国古籍善本书目》卷二、中国台湾《国家图书馆善本书志初稿》经部又著录明嘉靖十七年（1538）姚漉刻本，均作《经礼补逸》九卷。每半页十一行，行二十二字，白口，单黑鱼尾，四周单边。卷首有明洪武二年（1369）曾鲁《重刊仪礼补逸述》，明嘉靖十七年（1538）姚漉序，汪克宽自序，无附录。

《爱日精庐藏书志》卷四著录旧抄本，有曾鲁序及自序；中国台湾《国家图书馆善本书志初稿》经部著录清乾隆三十八年（1773）两淮盐政李质颖进呈旧抄本，每半页十行，行二十四字，注文小字双行同，卷前有汪克宽自序、明弘治六年（1493）程敏政“汪克宽先生画像记”、洪武二年（1369）曾鲁序，卷末附录一卷。

通志堂本卷首有曾鲁序、汪克宽自序及附录一卷，而无姚潓序，与中国台湾《国家图书馆善本书志初稿》所录明弘治本之前一部相合，故通志堂本来自明弘治十年（1497）刻本的可能性为大，惟中国台湾“国家图书馆”藏本附录在卷末。

通志堂本之后，有《四库全书》本、《摛藻堂四库全书荟要》本等。《四库荟要》本据通志堂本缮录，据明程敏政本（即明弘治十年本）校对。《四库全书》本卷首只汪克宽自序，《四库荟要》本则只曾鲁序，二本附录一卷均在卷末。

116. 礼记陈氏集说补正三十八卷

清纳兰成德撰。

正文首行题“礼记陈氏集说补正卷第一”，次行题“纳兰成德”。每半页十一行，行二十字，白口，左右双边，单黑鱼尾。鱼尾上方记字数，下方依次记书名、卷第、页次。版心下方右刻“通志堂”三字，左刻刻工名：甘简德（又甘简）、士仁、甘信、方尔英、邓子珍、子荣、君珍、子上、邛启、王安公、玉生、缪以功（又以功）、子相、邛宪、邓廷、刘良公（又刘良）、周开、陶善、金士玉（又金士）、甘寅、栢上、栢、甘先、季文、甘分、金子重、天池、尔朋、吴正生、洪运、邵士、公止、高元、允文、公化、尔仲、邛顺、吴千、观卿、玉成、邛玉、良甫、子耒。每卷末有尾题。

又有《四库全书》本、日本享和二年（清嘉庆七年，1802）刻本（《增订四库简明目录标注》卷三、《中国馆藏和刻本汉籍书目》著录，南京图书馆、北京大学图书馆、华东师范大学图书馆有藏），当皆出自通志堂本。

是书多称实为陆元辅所撰。《增订四库简明目录标注》卷三该条云：“此书本嘉兴陆元辅撰，见《方望溪集》及《陆清献日记》。”《藏园订补郘亭知见传本书目》卷二亦云：“此书本嘉兴陆元辅撰，见《陆清献日记》及《方望溪集》。”张之洞《书目答问》卷一亦称“陆元辅代纳兰性德撰”。《清史列传》卷七十一《成德传》云：“尝延友人陆元辅，合订删补《大易集义萃言》八十卷、《陈氏礼记集说补正》三十八卷”。莫伯骥《五十万卷楼群书跋文》经部

《御定补刊〈通志堂经解〉百四十种一千七百八十六卷跋》云："《礼记集说补正》亦出资购稿，余别有考证。"

检《陆清献公日记》，康熙三十一年壬申（1692）七月："十一月初二，侯大年言，陆翼王所著《礼记集说补正》，徐氏以三百金买之，刻在成德名下。"① 又《方苞集》卷五云："余少治《戴记》，见《陈氏集说》于《记》之本指，时有未达而反以蔽晦之者。及得昆山徐司寇所刻《集说补正》，而惑之解者过半。念此必吴中老儒勤一世以为之，恨子孙不能守而流传世家，又怪司寇听其假托而不辨也。既而思秦、周以前，作者名不概见，盖胸中所知见，不能自已，而欲传之其人，岂以争名于没世邪？厥后见嘉定张朴村，叩之，曰：'此吾乡陆翼王先生所述也。先生于诸经多开阐，兹其仅存者耳。'夫秦、周以前，作者虽不知其谁何，而无有假托者。吕不韦、刘安名以书传，然众知其非不韦、安作也。若陆氏此书，非朴村为征，则他人据而有之矣。以是知无实而掠美者，必有物焉以败之也。"②

陆翼王即陆元辅，侯大年则侯开国。陆元辅、张云章始末已详前文。侯开国，字大年，与陆、张同为嘉定人。张云章与陆元辅同列嘉定"六君子"中，且二人交谊很深，张云章《朴村文集》收有致陆元辅的信及为其所撰的墓志铭，二人曾同客徐乾学家，并都与校《通志堂经解》。侯大年与张云章亦多有唱和，见张云章《朴村诗集》，故可知三人当皆相熟。徐乾学《憺园集》中也有送侯大年的诗多首。故张云章、侯大年当为知情者，其言应该不虚。此外，《经解》中另一署名成德的《合订删补大易集义粹言》，亦多有称实为陆元辅所撰者，又第一章第二节所论成德序与朱彝尊序多有雷同情况，可作为是书为他人代撰的佐证。

第二节　孝经类（4种）

117. 孝经注解一卷

唐玄宗李隆基注　宋司马光指解　宋范祖禹说。光字君实，夏县人；祖

① 陆陇其撰：《陆清献公日记》卷十。

② 方苞撰：《方苞集》卷五《书陈氏集说补正后》条。

禹字淳父，华阳人。

正文首行题“孝经”，次行题“唐玄宗皇帝注”，第三行题“宋司马光指解”，第四行题“范祖禹说”。每半页十行，行十六字，小字双行，行二十一字，白口，左右双边，单黑鱼尾。鱼尾上方记字数，下方依次记书名、卷第、页次。版心下方右刻“通志堂”三字，左刻刻工名：正生、高元、高宇、邓汉、子云、邓子珍、甘简、邛德、天爵、君仲、邛闇、相臣。卷首有《古文孝经说序》，署“修实录检讨官承议郎秘书省著作郎兼侍讲臣范祖禹上进”，次《古文孝经指解序》，署“朝奉郎守殿中丞充集贤挍理史馆检讨臣司马光上进”，次《今文孝经序》，署“唐玄宗皇帝”。卷末有尾题，并署“后学成德挍订”。

是书《善本书室藏书志》卷四著录明刊本，《抱经楼藏书志》卷八著录旧抄本（作《古文孝经指解》一卷）。通志堂本所据，翁方纲《通志堂经解目录》引何焯语称“李中麓本”，版本不详。又有《四库全书》本、清道光十四年（1834）福山王氏日省吾斋刊本（收入《今古文孝经汇刻》），均作《孝经指解》；又道光二十七年（1847）广州拾芥园刻本等。《四库全书》本卷首有唐玄宗《今文孝经序》，次司马光《古文孝经指解序》，次范祖禹《古文孝经说序》，与通志堂本同，只次序有异。

118. 孝经大义一卷

元董鼎撰。鼎字季亨，鄱阳人。

正文首行题“孝经大义（下接双行小字：文公刊误古文）”，次行题“鄱阳董鼎注”。每半页十行，行十六字，小字双行，行二十四字，白口，左右双边，单黑鱼尾。鱼尾上方记字数，下方依次记书名、卷第、页次。版心下方右刻“通志堂”三字，左刻刻工名：立本、天渠、张达、邓国、君胜、钦明、斉卿、际生、王伦、望之。卷首有元大德九年乙巳（1305）阳复之月前进士武夷熊禾序，次《孝经》篇目。卷末有尾题，并署“后学成德挍订”。

卷首熊禾序有云：“一日，余友胡庭芳挈其高弟董真卿，访予云谷山中，手携《孝经大义》一书。取而阅之，则其家君深山先生董君季亨父所辑也。其书为初学设，故其词皆明白而切实。熟玩之则义味精深，又有非浅见謏闻所能窥者。族兄明仲敬为刊之书塾，以广其传。”则是书初刻乃元大德熊敬刻本。

《皕宋楼藏书志》卷十一、《抱经楼藏书志》卷八著录明刊本，均作《孝经大义》三卷，题宋鄱阳董鼎注，并录元大德九年（1305）熊禾序。又有明万历刻《孝经丛书》本（作《文公刊误古文孝经》一卷）、明内府抄《孝经总函》本（作《文公刊误古文孝经》一卷）、明抄《孝经总类》本（作《文公刊误古文孝经》一卷）、明崇祯四年（1631）程一础闲拙斋刻《孝经古注》本（作《孝经大义刊误》一卷）、明崇祯刻《孝经大全》本（作《朱文公刊误古文孝经》一卷）、《四库全书》本（作《孝经大义》一卷）、清道光十五年（1835）福山王氏日省吾斋刊本（作《孝经大义》一卷，收入《今古文孝经汇刻》）等。《四库全书》本卷首有熊禾序，无《孝经》篇目。

119. 孝经一卷

元吴澄校定。澄字幼清，号草庐，崇仁人。

正文首行题“孝经　草庐校定古今文（双行小字）　吴澄学”。每半页十行，行十七字，小字双行，行二十五字，白口，左右双边，单黑鱼尾。鱼尾上方记字数，下方依次记书名、卷第、页次。版心下方右刻“通志堂”三字，左刻刻工名：玉成、高元、连生、金士玉、允文、子良、甘信、子茂。卷首有《孝经题辞》，卷末有元大德癸卯（七年，1303）十月甲寅朔门人河南张恒跋。卷末有尾题，并署“后学成德挍订”。

卷末门人张恒跋有云：“既得录本，而求者沓来，应之不给。同门诸友共为锓木，以公其传。而所闻师说并记于其后。”知是书初刻于元大德七年（1303）。

《皕宋楼藏书志》卷十一著录明刊本，作《孝经》四卷，题元吴澄注，并录元大德七年（1303）张恒跋。又有明万历刻《孝经丛书》本（作《草庐校定古今文孝经》一卷）、明内府抄《孝经总函》本（作《草庐校定古今文孝经》一卷）、明抄《孝经总类》本（作《草庐校定古今文孝经》一卷）、明崇祯刻《孝经大全》本（作《吴文正公较定今古文孝经》一卷）、清康熙至乾隆间刊《朱文端公藏书》本（作《孝经》一卷，元吴澄校定、清朱轼按，）、清道光十五年（1835）福山王氏日省吾斋刊本（作《孝经定本》一卷，元吴澄校定、清朱轼按，收入《今古文孝经汇刻》）、《四库全书》本（作《孝经定本》一卷）等。《四库全书总目》称“后有大德癸卯澄门人河南张恒跋”，今检文渊阁《四库全书》并未见此跋。

120. 晦庵先生所定古文孝经句解一卷

宋朱申撰。申字周翰，新安人。

正文首行题“晦庵先生所定古文孝经句解”，次行题“后学朱申周翰注”。每半页十行，行十八字，小字双行同，白口，左右双边，单黑鱼尾。鱼尾上方记字数，下方依次记书名、卷第、页次。版心下方右刻“通志堂”三字，左刻刻工名：邘誾、邘德、邓子珍、邓汉、陈章、甘简、邘臣。卷末有尾题，并署“后学成德挍订”。

是书有明万历十三年（1585）仁和朱鸿刻本，作《古文孝经》一卷，与《孝经今文直解》合刻，九行十八字，白口，四周单边，有朱鸿跋，谓所本为张天永藏宋版。[①] 又有明万历刻《孝经丛书》本（作《文公所定古文孝经注》一卷）、明内府抄《孝经总函》本（作《文公所定古文孝经》一卷）、明抄《孝经总函》本（作《文公所定古文孝经》一卷）、明抄《孝经总类》本（作《文公所定古文孝经》一卷）、明崇祯刻《孝经大全》本（作《朱文公定古文孝经》一卷）等。不知通志堂本所据何本。《四库全书》入存目，《四库全书存目丛书》用首都图书馆所藏清康熙间通志堂刻本影印。

第三节 四书类（13种）

121. 南轩先生论语解十卷

宋张栻撰。栻字敬夫，一字乐斋，绵竹人。

正文首行题“南轩先生论语解卷第一”，次行题“学而篇”。每半页十一行，行二十字，小字双行，行三十字，白口，左右双边，单黑鱼尾。鱼尾上方记字数，下方依次记书名、卷第、页次。版心下方右刻“通志堂”三字，左刻刻工名：陈心甫（又心甫）、君静、栢子林、尔盛、卜升、雍尧之、国甫、世求、王相臣、栢臣、王顺、六龙、方惟、关召、洪甫、范震生、卜文、周子振、君仁、李立、卜奇、玉文、陈元、君茂、子能、葛君宣、允圣、周文启、李公、君生、化之、玉生、尔公、君德、岳海。卷

① 据《四库存目标注》卷七《孝经句解》条。

首有宋乾道九年（1173）五月壬辰朔广汉张栻自序。每卷末有尾题，并署“后学成德校订”。

又作《癸巳论语解》《论语解》等。《抱经楼藏书志》卷七著录抄本，并录乾道九年（1173）张栻自序。此即王重民《中国善本书提要》经部著录作明抄本者，作《论语张宣公解》，钤“四明卢氏抱经楼藏书印”“延古堂李氏珍藏”印记，现藏台北故宫博物院。又《浙江采集遗书总录》丙集著录写本。通志堂本所据，为天一阁藏本，版本未详，翁方纲《通志堂经解目录》引何焯批曰：“东海从天乙阁钞来，未可尽信。”①

通志堂本以后，又有《四库全书》本、《摛藻堂四库全书荟要》本、康熙三十六年（1697）仇兆鳌刊本（据《增订四库简明目录标注》卷二、《藏园订补郘亭知见传本书目》卷二）、清嘉庆十年（1805）虞山张氏照旷阁刊《学津讨原》第三集本、清道光二十九年（1849）绵邑洗墨池刊《张宣公全集》本、清咸丰四年（1854）绵邑南轩祠刊《张宣公全集》本、民国上海商务印书馆排印《丛书集成初编》本等。《四库荟要》本据通志堂本缮录；据周中孚《郑堂读书记》，《学津讨原》本从文澜阁本写出付梓。

122. 论语集说十卷

宋蔡节撰。节，永嘉人。

正文首行题“论语集说卷第一”，次行题“永嘉蔡节编”。每半页十行，行十八字，小字双行同，白口，左右双边，单黑鱼尾。鱼尾上方记字数，下方依次记书名、卷第、页次。版心下方右刻“通志堂”三字，左刻刻工名：世求、王弘卿、王相臣、王文、葛君宣、方惟、洪甫、范中、范震生、尔公、子能、王顺、卜升、君静、金生、潘卿侯、李公、君茂、岳海、周子正、尔英、栢臣、君生、栢子林、陈君矦、玉文、国甫、子文、允圣、卜奇。卷首有清康熙丙辰（十五年，1676）夏五纳兰成德容若序，次宋淳祐五年（1245）五月日朝散郎试太府乡兼枢密副都承旨臣蔡节《进论语集说表》，次宋淳祐丙午（六年，1246）冬至文学掾姜文龙跋，次《论语集说例》。每卷末有尾题，并署“后学成德校订”。

是书有宋淳祐六年（1246）湖頖刻本传世，藏于国家图书馆，《中国古

① 翁方纲订：《通志堂经解目录》，第17页。

籍善本书目》卷三著录，《中华再造善本》据以影印。是刻半页十行，行十八字，小字双行同，白口，左右双边，双黑鱼尾，版心上方记字数，下方记刻工。字体疏朗大方，甚是美观。卷首有摹行书姜文龙跋，次蔡节《进论语集说表》，次《论语集说例》。据钤印，知为明永嘉张璁、章丘李开先旧藏。通志堂本除成德另为一序外，卷首各项与此刻同，行款、页次，每页每行起讫，亦一依是刻，是刻卷中有若干墨丁，通志堂本则为空缺，知通志堂本据此覆刻。

《天禄琳琅书目》卷四著录像宋抄本，称前载节《进书表》并《集说例》、宋姜文龙序。又云影抄字画通体匀整，其摹姜序，行书学黄庭坚笔法，尤得神理。则即影抄宋淳祐六年（1246）湖頖刻本者。

又有《四库全书》本、《摛藻堂四库全书荟要》本等。《四库荟要》本据通志堂本缮录，而据毛氏影宋抄本校对。《四库全书》本姜文龙跋、《进论语集说表》《论语集说例》皆削而未录，《四库荟要》本则只录有《论语集说例》。另，《四库全书》《四库荟要》本文中若干缺文处与宋淳祐六年（1246）湖頖本、通志堂本同，则《四库荟要》本所据以校对之毛抄本亦缺。

123. 南轩先生孟子说七卷

宋张栻撰。

正文首行题“南轩先生孟子说卷第一”，次行题“梁惠王上”。每半页十一行，行二十字，小字双行，白口，左右双边，单黑鱼尾。鱼尾上方记字数，下方依次记书名、卷第、页次。版心下方右刻“通志堂”三字，左刻刻工名：邓玉、尔仁、穆彩、张志、张玉、周岱、金子重、公佩、邓本立、采生、邛卿、王贞、德洪。卷首有乾道九年（1173）十月二十日广汉张栻自序。每卷末有尾题，并署“后学成德挍订”。

又作《癸巳孟子说》《孟子说》等。《天禄琳琅书目》卷一著录宋刊本，称前有《癸巳孟子说序》《讲义发题》一则，又卷四末有“景定五年甲子诏：岁二月二十日，重装于元吉山房”，卷七末有“正统十三年戊辰夏四月上旬，重装于吴庠书舍，乐安蒋裕识”两识语，钤有“乾学”“徐健庵”等印，为徐乾学旧藏。

翁方纲《通志堂经解目录》引何焯语曰：“东海从天乙阁钞来，即以付刊，后得最精宋本，余劝其校正修板，未从也。”[①] 知通志堂所据，乃天一阁藏

① 翁方纲订：《通志堂经解目录》，第 17 页。

本。《天一阁书目》卷一之二著录《孟子解》七卷，棉纸蓝丝栏抄本，称“题曰《癸巳孟子说》，咸淳庚午赵与植跋后”；《鄞范氏天一阁书目内编》卷一有《孟子张宣公解》七卷（存卷一），蓝丝栏明抄本。二者所录当为一本，即通志堂本所据者，徐氏借抄时当为全书，然未刻赵氏跋。今此残本藏天一阁文物保管所，《中国古籍善本书目》卷三著录。另前文《天禄琳琅书目》所录宋刊本，据钤印知为徐乾学藏本，当即何氏所云“后得最精宋本”者。

通志堂本以后，又有康熙丁丑（三十六年，1697）仇兆鳌刊本（《增订四库简明目录标注》卷二、《藏园订补郘亭知见传本书目》卷二著录）、《四库全书》本、《摛藻堂四库全书荟要》本、清道光二十九年（1849）绵邑洗墨池刊《张宣公全集》本、清咸丰四年（1854）绵邑南轩祠刊《张宣公全集》本等。据《钦定四库全书荟要总目》，《四库荟要》本依通志堂本缮录，又据宋刊本校对。

124. 孟子集疏十四卷

宋蔡模撰。模字仲觉，号觉轩，建安人。

正文首行题“孟子集注卷第一　蔡模集疏”，次行题“梁惠王章句上（下接小字双行：凡七章）”。每半页十行，行二十字，小字双行，行三十字，白口，左右双边，单黑鱼尾。鱼尾上方记字数，下方依次记书名、卷第、页次。版心下方右刻“通志堂”三字，左刻刻工名：孙贞之、李立、王相臣、关君召、周文启、陈元、雍尧之、陈君倏（又君倏）、曹尔公、穆君侯、范震生（又震生）、陶冶、邵名之、陈心甫（又心甫）、林九占、杨中、孟仙、陈子能、林之、王子荣、潘玉、方惟、刘大超、刘顺之、蒋荣、潘平倏、吕子、刘景超、范哲生。卷首有康熙丙辰（十五年，1676）夏五纳兰成德容若序，次《孟子集注序说》。卷末有（淳祐）丙午（六年，1246）九月朔旦弟宣教郎秘书省校书郎兼枢密院编修官兼诸王宫大小学教授蔡抗跋。每卷末有尾题，并署“后学成德挍订”。

《天禄琳琅书目后编》卷三著录宋刊本，卷末有蔡模弟抗跋。《中国古籍善本书目》卷三著录宋刻残卷，藏国家图书馆。翁方纲《通志堂经解目录》引何焯语曰：“汲古宋本，最精，尚有《论语集疏》，应访求刻之。”[①] 则通志堂

---

① 翁方纲订：《通志堂经解目录》，第17页。

所据，为汲古阁所藏宋本。通志堂本以后，又有《四库全书》本及《摛藻堂四库全书荟要》本等，《四库荟要》本据通志堂本缮录。

125. 孟子音义二卷

宋孙奭撰。奭字宗古，博平人。

正文首行题“孟子音义上”。每半页十一行，行十六字，小字双行，行二十三字或二十四字，白口，左右双边，双黑鱼尾。上鱼尾上方记字数，下方记书名、卷第，下鱼尾下方记页次。版心下方右刻“通志堂”三字，左刻刻工名：葛宣、邛太、子茂、允文、子良、高元、世明、金士玉、甘世、甘信。卷首有自序，署“朝散大夫尚书兵部郎中充龙图待制知通进银台司兼门下封驳事兼判国子监上护军赐紫金鱼袋臣孙奭辞撰进”。每卷末有尾题，并署“后学成德挍订”。

是书有北宋蜀刊大字本，惜已不传，惟有影抄、覆刻本传世。黄丕烈《荛圃刻书题识》、陈鳣《经籍跋文》均著录像抄北宋蜀大字本。据《荛圃刻书题识·重雕蜀大字本孟子音义跋》及《经籍跋文·宋本孟子音义跋》，黄氏所得影宋抄本，首列“孟子音义序”，次列孙氏衔名二行，又次序文起，后接《孟子音义上》。每半页十行，每行大字十八，小字二十五。每后半页格外有“虞山钱遵王述古堂藏书”细楷十字。则为清初钱曾述古堂影抄者。嘉庆十四年（1809），黄丕烈以此本影刻，附于《士礼居丛书》。其用于校勘者，则同乡周锡瓒香严书屋所藏汲古阁影宋抄本。钱本与毛本同出一源，惟毛本最末多《孟子篇叙》，非《音义》所有，黄氏亦据以刻入。据钱曾述古堂影宋抄本翻刻者，有日本文化十年（清嘉庆十八年，1813）日本刻本（《善本书室藏书志》卷四著录），《藏园群书经眼录》卷二则著录大末吾氏影抄述古堂影宋本。《中国古籍善本书目》卷三著录清初影宋抄本，藏国家图书馆，未见原本，不知是哪一抄。

另，又有元岳氏荆溪家塾刻本（赵岐《孟子注》附，《中国古籍善本书目》卷三著录，藏国家图书馆）、《四库全书》本、文澜阁传抄本（《抱经楼藏书志》卷七著录，称汾阳宋氏旧藏）、清乾隆四十六年（1781）周嘉猷、韩岱云等刻本（赵岐《孟子注》附，《增订四库简明目录标注》卷二、《中国古籍善本书目》卷三著录，上海图书馆、湖南省图书馆、南京图书馆有藏）、清乾隆中曲阜孔氏刻《微波榭丛书》本（赵岐《孟子注》附）、清道光二十三年

（1843）许瀚刻本（罗振常《善本书所见录》卷一、《中国古籍善本书目》卷三著录，《善目》所录有王国维校并跋，藏国家图书馆）、咸丰十年（1860）刊本（《粤雅堂丛书》之一，入三编第二十一集）、清光绪十九年（1893）据影宋本刊本（《孙氏山渊阁丛刊》之一）、据翻宋蜀大字本影印本（《吉石盦丛书》之一，入二集）、清光绪刻本（与《孟子音义札记》一卷合刻，有缪荃孙校并跋，湖南师范大学图书馆藏，《中国古籍善本书目》卷三著录）、清抄本（与《孟子章指》《孟子生卒年月考》合抄，藏复旦大学图书馆）、《养素轩丛录》抄本（入第三集）等。

126.四书纂疏二十六卷

宋赵顺孙撰。顺孙字格庵，括苍人。

是书凡《大学纂疏》一卷、《中庸纂疏》一卷、《论语纂疏》十卷、《孟子纂疏》十四卷。《大学纂疏》正文首行题“大学（下接双行小字：大旧音泰今读如字）”，次行题“朱子章句　后学赵顺孙纂疏”；《中庸纂疏》正文首行题“中庸”，次行题“朱子章句　后学赵顺孙纂疏”；《论语纂疏》正文首行题“论语卷第一”，次行题“朱子集注　后学赵顺孙纂疏”；《孟子纂疏》正文首行题“孟子卷第一”，次行题“朱子集注　后学赵顺孙纂疏”。每半页十行，行二十一字，小字双行，行三十一字，白口，左右双边，单黑鱼尾。鱼尾上方记字数，下方依次记书名、卷第、页次。版心下方右刻“通志堂”三字，左刻刻工名：刘良公（又良公、刘良、刘公）、金子重、甘世明、高元、尔玉、周行生（又周行）、陈尔工、至公、甘子贞、选臣、邓圣、周开先（又周开、开先）、甘信、邓甫卿（又邘甫）、邓顺、邓宪、方尔英、甘昆、邓子珍（又邓珍）、吴正生、方汝、公止、陶开卿（又陶开）、缪以功、邓世维、甘玉、甘慧生（又甘惠生）、邓懋卿、金佩卿、高养元、伯华、陈三吉（又陈吉）、太成、范茂、邓闇生（又邓闇）、陈聚（又聚甫）、王安公、陶善、君珍、甘分、王和、大超、甘寅、玉林、甘简德（又甘简）、邘杨（又邓杨）、公化、天池、刘廷、甘银、高祥、玉存、方子进、子仁、刘圣公（又刘圣）、包生、尔朋、启如、包习先、王如、甘君宣（又甘君、甘宣）、公善、甘子琪（又甘琪）、陶士、丁铁山、丁山、王贞、孔云、观卿、连生、子上、邓廷、贞卿、邘起。卷首有康熙丁巳（十六年，1677）纳兰成德容若《赵氏四书纂疏序》，次清源洪天锡《四书纂疏序》，次后学赵顺孙《四书纂疏序》，次《四书纂疏引用总目》。《大学纂疏》前有《读大学章句纲领》，次行题“后学赵顺孙纂录”；次《大学章句序》，次行题“后学赵顺孙纂录”。《中庸纂疏》前有宝祐四年（1256）十一月吉日陵阳牟子才《中庸纂疏序》；次《读中庸章句纲领》，次行题“后学赵顺孙纂疏”；次《中庸章句序》，次行题“后学赵顺孙纂疏”。《论语纂疏》前有《读论孟集注纲领》，次行题“后学赵顺孙纂疏”；次《读论语孟子法》，次行题“后学赵顺孙纂疏”；次《论语序说》，次行题“朱子集注序说　后学赵顺孙纂疏”。《孟子纂疏》前有《孟子序说》，次行题“朱子集注序说”，第三行题“后学赵顺孙纂疏”。每卷末有尾题。

是书有宋刊本。《藏园群书经眼录》卷二著录日本静嘉堂文库所藏元刊本，十行二十字，注双行二十四字。为季振宜旧藏。傅氏有按语云：“此本源出宋刊，余曾收宋刊《论语纂疏》，极精湛，为毛氏汲古阁旧藏，行款正与此同。”[①] 据翁方纲《通志堂经解目录》引何焯语曰“汲古宋本”[②]，知通志堂本的底本为汲古阁所藏宋版，当即傅氏所称之宋版。

《皕宋楼藏书志》著录元刊元印本，有赵顺孙序，又引用书目，有按语云：“此元刊元印本，每叶二十行，每行二十字，小字双行，每行二十四字，卷中有‘振宜之印’朱文方印、‘扬州季氏’朱文长印、‘沧苇’朱文长印、‘季振宜读书’朱文长印。”[③] 则此与傅氏《藏园群书经眼录》所录元刊正为一本，本泰兴季氏旧藏，后归归安陆氏，又归日本静嘉堂文库，《日藏汉籍善本书录》经部亦著录。

又有《四库全书》本、《摛藻堂四库全书荟要》本（作二十七卷）、日本文化十三年（清嘉庆二十一年，1816）刻本（《增订四库简明目录标注》卷四著录）、民国三十七年（1948）刊本（《复性书院丛刊》之一）等。据《钦定四库全书荟要总目》，《四库荟要》本依通志堂本缮录，据元应俊本校对，应俊本不详。

127. 四书集编二十六卷

宋真德秀撰。德秀字希元，浦城人。

---

① 按，《藏园订补郘亭知见传本书目》卷三《四书纂疏》条下傅氏所补《论语纂疏》条称“宋刊本，九行二十字，注双行同，白口，左右双边”，则其行款与此不尽相同也。

② 翁方纲订：《通志堂经解目录》，第 17 页。

③ 陆心源撰：《皕宋楼藏书志》卷十。

是书凡《大学集编》一卷、《中庸集编》一卷、《论语集编》十卷、《孟子集编》十四卷。《大学集编》正文首行题“大学（下接双行小字：大旧音泰今读如字）”,《中庸集编》正文首行题“中庸（下接双行小注）”,《论语集编》正文首行题“论语集编卷第一”,《孟子集编》正文首行题“孟子集编卷第一”。每半页十行，行二十一字，小字双行，行三十一字，白口，左右双边，单黑鱼尾。鱼尾上方记字数，下方依次记书名、卷第、页次。版心下方右刻“通志堂”三字，左刻刻工名：邓珍、张志、邛玉、邛顺、张玉、公佩、钦明、穆彩、尔仁、本立、朱士、邛明、子英、邛卿、邛廷。卷首有咸淳九年[①]（1273）至日后学迪功郎建泠掾刘才之《四书集编序》，次咸淳辛未（七年，1271）季冬嗣子真志道《学庸集编序》，次咸淳壬申（八年，1272）正月人日后学迪功郎特差充建宁府学教授谢侯善跋，次戊子《讲义发题》一则[②]。《论语集编》《孟子集编》前各有《朱子集注序说》。每卷末有尾题，并署“后学成德挍订”[③]。

据卷首谢侯善跋，知是书有宋咸淳间谢侯善刻本，此不见于各家藏书目录，盖久已不传。《铁琴铜剑楼藏书目录》卷六著录明刊本，称首列真志道序，次刘才之序，次谢侯善跋，《大学章句》后有题记一行“宝庆三年八月丁卯后学真德秀编于学易斋”。中国台湾“国家图书馆”又有旧抄本，中国台湾《国家图书馆善本书志初稿》经部著录，亦称《大学章句序》后有“宝庆三年八月丁卯后学真德秀编于学易斋”题记一行。今所见通志堂本则无。

翁方纲《通志堂经解目录》引何焯语曰：“李中麓钞本，惜未尽善。”[④]知通志堂所据乃李开先抄本。通志堂本以后，又有《四库全书》本、《摛藻堂四库全书荟要》本、清嘉庆中浦城祝氏留香室刊《浦城遗书》本（作二十九卷，其中《大学集编》二卷《中庸集编》三卷）等。《四库荟要》本据通志堂本缮录，据宋谢侯善等本校对。

128. 四书通二十六卷

元胡炳文撰。炳文字仲虎，号云峰，婺源人。

---

① 按，原作咸宁九年，宋无咸宁年号，今据《四库全书总目》卷三五该条改。

② 此据山东大学藏本，山东省图书馆藏本无谢侯善跋及《讲义发题》。

③ 《中庸集编》卷末无“后学成德挍订”六字。

④ 翁方纲订：《通志堂经解目录》，第 17 页。

是书凡《大学通》一卷、《中庸通》一卷、《论语通》十卷、《孟子通》十四卷。《大学通》正文首行题“大学（下接双行小字：大旧音泰今读如字）”，次行题“朱子章句”，第三行题“后学胡炳文通”；《中庸通》正文首行题“中庸”，次行题“朱子章句”，第三行题“后学胡炳文通”；《论语通》正文首行题“论语卷第一”，次行题“朱子集注”，第三行题“后学胡炳文通”；《孟子通》正文首行题“孟子卷第一”，次行题“朱子集注”，第三行题“后学胡炳文通”。每半页十行，行二十一字，小字双行，行三十一字，白口，左右双边，单黑鱼尾。鱼尾上方记字数，下方依次记书名、卷第、页次。版心下方右刻“通志堂”三字，左刻刻工名：栢子林、潘平矦、卜升、王顺、葛君宣（又葛宣）、栢臣、方惟、范震生、洪甫、世求、周文启、王相臣（又相臣）、卜奇、陈心甫（又心甫）、雍尧之、关召、李公、王弘卿（又王弘、王弘卩）、子能、子文、潘俊卿、李立、周停、陈章、邓佩、天渠、蒋太、高宇、邓汉、邛芃、张奇、张达、张升、徐世、祁生、王枚、穆旺、邛士、邛明、望之、君正、尔仁、钦明、王伦、邓国、邓宣、顾明、际生、陈君、圣启、邓弘。卷首有泰定三年（1326）良月朔旦巴西邓文原《四书通序》，次泰定甲子（元年，1324）九月旦日新安后学胡炳文《四书通序》，次《四书通》凡例，次朱子《四书》引用姓氏，次《四书通》引用姓氏书目，次张存中跋，署“天历二年己巳秋八月壬辰新安后学张存中书于余氏勤有堂”。《大学通》《中庸通》前有朱子序，次行题“后学胡炳文通”；《孟子通》前有《朱子序说》，次行题“朱子集注序说”，第三行题“后学胡炳文通”。每卷末有尾题，并署“后学成德挍订”。

据卷首张存中跋，知是书有元天历二年（1329）余志安勤有堂刊本，《铁琴铜剑楼藏书目录》著录汲古阁所藏元刊本，当即此本。《铁琴铜剑楼藏书目录》云：“题朱子章句、集注，后学胡炳文通。前有泰定戊辰自序，次列邓文原序，次列泰定甲子自序，朱子四书引用姓氏，四书通引用姓氏，及新安张存中跋。通志堂本即从此出。跋谓泰定三年存中……度越三稔始克就云云，此书第一刻本也。”① 据此，则通志堂所据，为汲古阁所藏元天历二年（1329）余志安勤有堂刊本。今国家图书馆、上海图书馆藏有此刻，《中国古籍善本书

① 瞿镛撰：《铁琴铜剑楼藏书目录》卷六。

目》卷三著录。

又有《四库全书》本、《摛藻堂四库全书荟要》本、武林朱勋刊本（《增订四库简明目录标注》卷四、《藏园订补郘亭知见传本书目》卷三著录）等。《四库荟要》本据通志堂本缮录，据元张存中本（即元天历二年余志安勤有堂刊本）校对。

129. 四书通证六卷

元张存中撰。存中字德庸，新安人。

是书凡《大学章句或问通证》一卷、《中庸章句或问通证》一卷、《论语集注通证》二卷、《孟子集注通证》二卷。正文首行分别题“大学章句或问通证”“中庸章句或问通证”“论语集注通证”“孟子集注通证”，次行均题“新安后学张存中编”。每半页十行，行二十一字，小字双行，行三十一字，白口，左右双边，单黑鱼尾。鱼尾上方记字数，下方依次记书名、卷第、页次。版心下方右刻“通志堂”三字，左刻刻工名：潘平侯、子能、栢臣、世求、李公、王弘卩、范震生（又震生）、子文、周文启、王顺、李立、王相臣、洪甫、葛君宣（又葛宣）、方惟、栢子林、卜升、关召、陈心甫（又心甫）。卷首有泰定戊辰（即天历元年，1328）正月壬辰云峰老人胡炳文序，次《四书通证》凡例，次《四书通证》群书总目。每卷末有尾题，并署“后学成德挍订”。

是书国家图书馆藏有元刻本多部，《中国古籍善本书目》卷三著录，近来《中华再造善本》据其中之完本影印。所影之元本，半页十三行，行二十四字，黑口，四周双边，双黑鱼尾。钤“毛晋之印”“汲古主人”“黄冈刘氏绍炎过眼”等印，知为汲古阁旧物。通志堂本所据，据《通志堂经解目录》引何焯语称为“汲古元板”①。然《中华再造善本》所影元刻卷首并无胡炳文序，亦无凡例、总目，且中有漫漶缺文处，通志堂本亦不缺。另又有毛晋汲古阁影元抄本，《文禄堂访书记》卷一著录，今藏中国台湾“国家图书馆”，中国台湾《国家图书馆善本书志初稿》经部著录作旧抄本者即是。是抄每卷末末行题“琴川汲古阁秘抄精定本”，行款与元刻本同，卷首有胡炳文序、凡例、总目，与通志堂本同，故何焯语所谓“汲古元板”，当指此汲古阁影

① 翁方纲订：《通志堂经解目录》，第 18 页。

元抄本。

又有《四库全书》本、《摛藻堂四库全书荟要》本等。《四库全书》本将《大学章句或问通证》一卷置于最后。《四库荟要》本据通志堂本缮录。

130. 四书纂笺二十八卷

元詹道传撰。道传，临川人。

是书凡《大学章句纂笺》一卷、《大学或问纂笺》一卷、《中庸章句纂笺》一卷、《中庸或问纂笺》一卷、《论语集注纂笺》十卷、《孟子集注纂笺》十四卷。《大学章句纂笺》正文首行题“大学（下接双行小字：大旧音泰今读如字）章句纂笺”，其他类此。每半页十行，行二十一字，小字双行，行三十一字，白口，左右双边，单黑鱼尾。鱼尾上方记字数，下方依次记书名、卷第、页次。版心下方右刻“通志堂”三字，左刻刻工名：君正、尔仁、公佩、天渠、际生、祁生、王伦、望之、钦明、顾明、邛芃、邓弘（又邛弘）、邓国、邓宣、圣启、陈君、邓士（又邛士）、张达、士玉、君胜、邛明、子秀、邛德、王韵、穆旺、周亭、周仲、邓汉、远之、高宇、张奇、尚云、云登、林伯、尔吉、沈芳欣、公衣、李治、邵敬。卷首有至正癸未（三年，1343）秋九月甲子后学会稽胡一中序，次《四书纂笺》凡例。《大学章句纂笺》前有朱子《大学章句序》，序后有“宝庆三年八月丁卯后学真德秀编于学易斋”一行；《中庸章句纂笺》前有朱子《中庸章句序》。《论语集注纂笺》《孟子集注纂笺》前有《序说》。每卷末有尾题，并署“后学成德挍订”。

据卷首胡一中序，知是书有元至正间陈子善刊本。通志堂本所据，据翁方纲《通志堂经解目录》引何焯语称为“李中麓元本”①，不知是陈子善本否。又有《四库全书》本、《摛藻堂四库全书荟要》本等。《四库荟要》本据通志堂本缮录，据陈子善本校对。

131. 四书通旨六卷

元朱公迁撰。公迁字克升，乐平人。

正文首行题“四书通旨卷第一”，次行题“番阳朱公迁克升学”。每半页十一行，行二十字，白口，左右双边，单黑鱼尾。鱼尾上方记字数，下方依

① 翁方纲订：《通志堂经解目录》，第18页。

次记书名、卷第、页次。版心下方右刻“通志堂”三字，左刻刻工名：吴朋、王允高、王会、周圣西（又圣西）、臣甫、叙九、王允文、进文、陈章、张永、天池、陈君、公玉、句公、谈钦、子石、邛芃、茆召、帜先、王言、配生、甘典、仲明、君善、茆德卿、邛玉、谈元、蒋太、包习先（又习先）、周惟、森玉、六吉、君仲、和生、邛弘、杨天爵（又天爵）。每卷末有尾题，并署“后学成德挍订”。

是书罕见著录，唯见《善本书室藏书志》卷四著录抄本，亦不知何时所抄。《四库全书总目》该条云：“顾明以来说《四书》者，罕见征引，近《通志堂经解》始刊行之，盖久微而后出也。”[①]通志堂本之后，有《四库全书》本、《摛藻堂四库全书荟要》本，《四库荟要》本据通志堂本缮录，《四库全书总目》著录底本来源称内府藏本，当亦通志堂本。

132. 四书辨疑十五卷

元陈天祥撰。天祥字吉甫，号缑山，宁晋人。

正文首行题“四书辨疑卷第一”，次行题“大学”。每半页十一行，行二十字，白口，左右双边，单黑鱼尾。鱼尾上方记字数，下方依次记书名、卷第、页次。版心下方右刻“通志堂”三字，左刻刻工名：张奇、公纪、王尔吉、王韵、尚达宣（又达宣）、邓宣、沈芳欣、邓汉、张升、蒋太、邛士、张达、玉公、公玉、邵先、邓尹、高宇臣（又高宇）、天渠、孔仁、邓国、祁生、谈茂生、王盛、陈章、姚重士（又重士）、杨尔生（又尔生）、玉明、邵国、杨立本（又立本）、邛芃、刘林、公言、全甫、于亮臣、公升、逄太、王云、公一、张玉、刘全、甘典、刘太、怀中、徐盛、王伯、子铨。卷首有《四书辨疑》目录。每卷末有尾题，并署“后学成德挍订”。卷一末有缺文。

《天禄琳琅书目后编》卷八、《藏园订补郘亭知见传本书目》卷三、《故宫善本书影初编》著录元刊本。三目所录实为一书。据所记藏印，是书原为周筤所藏，后入内府，藏昭仁殿，后藏故宫博物院图书馆。据《故宫善本书影初编》，是刻半页十行，行二十字，左右双边，白口，单黑鱼尾。

翁方纲订《通志堂经解目录》云：“吴中范检讨必英家藏元本也，朱氏

① 纪昀等撰：《四库全书总目》卷三十六。

《经义考》云，范本是元时旧刻，不著撰人名氏，是偃师陈天祥氏所撰。”[①] 知通志堂本所据即元刻本，不知与以上三目所录是否为一刻。

又有《四库全书》本、《摛藻堂四库全书荟要》本等。《四库荟要》本据通志堂本缮录。《四库全书》底本据《四库全书总目》著录为内府藏本，通志堂本卷一末有缺文，《四库全书》本则不缺，较通志堂本多出二百五十九字。

133. 大学集说启蒙一卷中庸集说启蒙一卷

元景星撰。星字德辉，号讷庵，余姚人。

《大学集说启蒙》正文首行题“大学集说启蒙”，次行题“后学余姚景星集说”；《中庸集说启蒙》正文首行题“中庸集说启蒙”，次行题“后学余姚景星集说”。每半页十三行，行二十三字，小字双行，行三十四字，白口，左右双边，双黑鱼尾。上鱼尾上方记字数，下方记书名、卷第，下鱼尾下方记页次。版心下方右刻“通志堂”三字，左刻刻工名：李立、王顺、雍尧之、卜奇、陈心甫（又心甫）、周子正（又子正）、允圣、尔公、尔、子文。卷首有至正壬寅（二十二年，1362）冬十有一月长至日后学景星《学庸集说启蒙序》，次《学庸集说启蒙》凡例。《大学集说启蒙》前有《读大学法》，次《大学章句序》，次正统三年（1438）九月朔钱塘夏时跋。《中庸集说启蒙》前有《中庸章句序》。卷末有庚辰（建文二年，1400）人日门人钱塘蒋骥跋，次宣德九年（1434）春正月望日钱塘后学夏时跋。每卷末有尾题，并署“后学成德挍订”。

据是书卷首末序跋，知景星全书为《四书集说启蒙》，明建文二年（1400）以前《大学集说启蒙》即有刊本，宣德九年（1434）钱塘夏时刊《中庸集说启蒙》，正统三年（1438）时因《大学集说启蒙》流布未广，又作重刊，以与《中庸集说启蒙》并传。另据夏时正统三年（1438）跋，知《中庸集说启蒙》于宣德九年（1434）由夏时付刊后，江右又有翻刻本。

《通志堂经解》《四库全书》亦只《大学》《中庸》二种。盖《论语》《孟子》二种久而未刻已致散佚。通志堂本当即以夏时刻本付梓，而《四库全书》底本据《四库全书总目》著录为内府藏本，审《总目》所言，当即通

① 翁方纲订：《通志堂经解目录》，第 18 页。

志堂本。

第四节　群经总义类（7种）

134. 经典释文三十卷

唐陆德明撰。陆元朗字德明，以字行，吴人。

正文首行题“经典释文卷第一　序录”，次行题“唐国子博士兼太子中允赠齐州刺史吴县开国男陆德明撰”，第三行题“序”。每半页十一行，行十七字，小字双行，行二十三字，白口，左右双边，双黑鱼尾。上鱼尾上方记字数，下方记书名、卷第，下鱼尾下方记页次。版心下方右刻“通志堂”三字，左刻刻工名：邔太、甘简、陈章、邓子珍、高元、甘信、正生、邔闇、王贞、邔宪、邔汉、金士玉、玉成、甘玉、子茂、邔顺、君仲、邔德、高宇、张达、邔宣、立本、尔仁、王伦、邓国、栢六吉（又六吉）、天渠、允文、君胜、君正、齐卿、邓弘、顾明、陈君、际生、钦明、望之、芃生、天爵、邔廷、相臣、关召、子良、子云、邓启、甘世明（又世明）、连生。卷末有乾德三年（965）五月勘官、详勘官，开宝二年（969）正月重勘官及进书官员衔名，又顺治八年（1651）上党冯斑跋。

陆德明《经典释文》三十卷，集汉魏以来音义研究之大成，博采多家音切、训诂，考述经学授受源流，是研究古代文字音韵、词义的重要工具书，历来为学者所重视。所以屡经传抄刊刻，版本众多。

是书今尚有唐写本残卷存世。罗振玉《鸣沙石室古籍丛残》影印有唐开元写本《周易释文》一卷残卷。后有罗振玉民国六年（1917）十一月题记云：“敦煌石室本《周易释文》一卷，起《大有》，至卷末。前佚《乾》至《同人》十三卦。取校今本，异同详略甚多，不可胜举。卷尾书题后有记五行，记此卷写于开元廿六年，又记明年校勘，及于晋州卫杲本写《指例略》，盖非一时所成也……”[①] 王重民《敦煌古籍叙录》又记英国伦敦不列颠博物院藏《周易释文》残卷，云：“《周易释文》残卷，仅存六行，在《泰》《否》《同人》三

① 见罗振玉撰《罗雪堂先生全集》三编第8册，1970年台北文华出版公司影印本。该《周易释文》残卷原件藏法国巴黎国立图书馆，其于《伯希和劫经录》中的编号为P2617。

卦中。伯二六一七卷始《大有》，正接此卷之后，且笔迹相同，则原为同一写本，无疑。伯二六一七号卷已有罗振玉影印本，且撰有《校勘记》，世人已知其善矣。此虽仅存六行，文字异同亦不少。如《同人》‘辩’下，卷子本云‘王肃卜勉反’，今本卜误为小，则失其音矣。通志堂本犹不误，其误盖自卢文弨、阮元校本始。一九三九年三月四日。”[①] 又罗振玉《吉石庵丛书》影印有唐写本《尚书释文》残卷。后有罗振玉民国五年（1916）十月二十四日题记云：“时子温亦得复印件，畀予观之，则《尧典》《舜典》完具，开首序篇音释阙焉。取开宝重修本，始知原文遭删薙才将及半，且多存音去释，固不仅去其隶古文字已也。”“因复借子温博士藏本，印入《吉石庵丛书》中。”[②]《敦煌遗书总目索引新编·伯希和劫经录》于残卷条下有说明云：“存十六断行、八十七整行。为《尧典》后半，《舜典》全。”[③] 关于此残卷之抄写年代，王重民《敦煌古籍叙录》有考证：“余在巴黎，曾获睹原卷，望而知为晚唐写本，绝无‘陈末’之理，胡玉缙谓出于郭忠恕以后，亦不合。”[④] 以上两种外，还有《礼记释文》《庄子释文》等若干种残卷存世。

又有五代国子监刊本，刊于周显德年间。王国维《五代两宋监本考》卷上云：“《五代会要》：‘显德二年二月，中书、门下奏国子监祭酒尹拙状，称准敕校勘《经典释文》三十卷，雕造印板。欲请兵部尚书张昭、太常卿田敏同校勘。敕其《经典释文》已经本监官员校勘外，宜差张昭、田敏详校。’《玉海》：‘周显德中诏刻《序录》《易》《书》《仪礼》《周礼》四经释文，皆田敏、尹拙、聂崇义校勘。自是相继校勘《礼记》《三传》《毛诗音》，并拙等校勘。又《古文尚书音义》，周显德六年田敏等校勘，郭忠恕覆定古文，并书刻板。’《容斋续笔》：‘予家有旧监本《经典释文》，末云“显德六年己未三月太庙室长朱延熙书”，列宰相范质、王溥名，而田敏以礼部尚书为详勘官。此书字画端严，有楷法，更无舛误。’”[⑤]

---

① 王重民撰：《敦煌古籍叙录》，1979 年中华书局排印本，第 8 页。该《周易释文》残卷于《斯坦因劫经录》中的编号为 S5735。

② 罗振玉撰：《罗雪堂先生全集》初编第 14 册，1968 年台北文华出版公司影印本。该《尚书释文》残卷原件藏法国巴黎国立图书馆，其于《伯希和劫经录》中的编号为 P3315。

③ 施萍婷编：《敦煌遗书总目索引新编》，2000 年中华书局排印本，第 277 页。

④ 王重民撰：《敦煌古籍叙录》，第 26 页。

⑤ 王国维：《王国维遗书》第 11 册，1983 年上海古籍书店影印 1940 年商务印书馆本。

又宋淳熙四年（1177）抚州公使库刊本。傅增湘《藏园群书经眼录》著录，称“存《礼记释文》四卷，内钞配四十九叶”。条下题记云：“宋淳熙四年抚州公使库刊本。题‘唐国子监博士兼太子中允赠齐州刺史吴县开国男陆德明撰’。半叶十行，每行大小相间，十九、二十字不等，白口，四周双栏。版心上方记大小字数，下方记刻工姓名，中记‘壬寅刊’‘壬申刊’‘戊申刊’‘壬戌刊’，又‘开禧乙丑换’‘淳祐壬寅刊’等。卷各别起，而不题卷二三等字，叶数通常为长号，凡一百二十三页……刻工有：和、孔、刘、京、元、喻、戊申朱生刊、施赞、伯言、黄、玉、高安国、吴中、鉴、严思敬、思明、周忠、思贤、李、胥、定、明、周日新、何梁、茂、吴行重、黎□。宋讳敦、匡、慎、祯、贞、栢、惇、胤、玄、顼、酭皆为字不成……曹元忠氏有跋……”①

又宋刊宋元递修本。半页十一行，行十五至十七字不等，注文双行，行约二十三字，白口，左右双边，单黑鱼尾。版心上方记字数，下方记刻工姓名，补版有“重刊”二字。卷七末有勘官等衔名。是刻清内府藏有一部，但清学者都未得见，辛亥革命后流出，后为国家图书馆收得。1985 年上海古籍出版社据以影印出版，近来《中华再造善本》亦作影印。黄焯据避讳字判定，此本当刻在南宋孝宗赵昚以后。上海古籍出版社影印本丁瑜跋云：“宋代国子监刊印的《经典释文》单行刻本，后来重印时曾经两次补版，到元代又补一次。”②

又蜀大字本。《增订四库简明目录标注》卷三、《藏园订补郘亭知见传本书目》卷三著录“蜀大字本《论》《孟》《孝经》三经音义”。

又明崇祯间叶林宗影宋抄本。此叶林宗募笔工谢行甫自钱谦益绛云楼所藏宋刻本影写，原刻为明文渊阁秘籍，后绛云楼遭火，宋刻被毁。《藏园群书经眼录》著录是抄，条下题记云：“影宋本，十一行，注双行二十一字。卷后有冯班跋，又有朱锡庚跋。”并录朱锡庚跋有云：“右影宋钞本唐陆元朗《经典释文》三十卷，版长七寸，博九寸有奇，白棉纸，乌丝栏，纸色墨色，光润如鉴，洵书工之良也。第七卷后页载有勘校官衔名，共十二

① 傅增湘撰：《藏园群书经眼录》卷二。

② 陆德明撰：《经典释文》卷末，1985 年上海古籍出版社影印宋刻宋元递修本。

人。……第三十卷尾有上鄗斑跋。”[①]通志堂本及卢文弨《抱经堂丛书》本均自此影宋本出。

又《四库全书》及《摛藻堂四库全书荟要》本。均自通志堂本出，惟削去了各勘官等衔名及冯班跋。《四库全书总目》该书条下云：“此为通志堂刻本，犹其原帙。何焯点校《经解》目录，颇嗤顾湄校勘之疏，然字句偶讹，规模自在，研经之士终以是为考证之根柢焉。”[②]

又乾隆五十六年（1791）卢文弨刻《抱经堂丛书》本。半页十一行，行二十二字。卷首有乾隆五十六年（1791）卢文弨重雕《经典释文》缘起，又《经典释文》审定及校勘姓氏。卷末有乾德三年（965）五月勘官、详勘官，开宝二年（969）正月重勘官及进书官员衔名，又冯斑、叶万、陆龙其跋。日本享和元年（清嘉庆六年，1801）至文化六年（清嘉庆十四年，1809）江户书房庆元堂刻本、同治八年（1869）湖北崇文书局刻本、同治十年（1871）粤秀山文渊阁刻本、《丛书集成初编》本均以卢氏《抱经堂丛书》本为底本翻刻或影印。

此外，又有清初毛氏汲古阁影宋抄本（《中国古籍善本书目》卷三著录《孝经今文音义》一卷《论语音义》一卷，清初毛氏汲古阁影宋抄本，有毛扆跋，藏苏州市图书馆）、清初抄本（《中国古籍善本书目》卷三著录，藏山东省博物馆）、清黄丕烈士礼居仿宋刊本（《增订四库简明目录标注》卷三、《藏园订补郘亭知见传本书目》卷三著录）、《丛书集成初编》本（据《抱经堂丛书》本影印）、《四部丛刊》本等。

通志堂本自钱曾所藏叶林宗影宋抄本出，惟将叶本卷七末勘官等衔名移至全书末。《四库全书》本、《摛藻堂四库全书荟要》本、民国初上海商务印书馆影印《四部丛刊》本、黄焯《经典释文汇校》、1983 年中华书局影印本，则均以通志堂本为底本。此外，清及清以后诸儒校读《经典释文》者，如何煌、惠栋、江声、段玉裁、钮树玉、袁廷梼、顾之逵、臧庸堂、江沅、顾广圻、管庆祺、潘锡爵、袁芳瑛、庄世骥、叶德辉、傅增湘等，亦多以通志堂本为底本。

① 傅增湘撰：《藏园群书经眼录》卷二。

② 纪昀等撰：《四库全书总目》卷三十三。

135. 公是先生七经小传三卷

宋刘敞撰。敞字原父，临江新喻人。

正文首行题“公是先生七经小传卷上”，次行题“尚书”。每半页十一行，行二十字，小字双行，行三十字，白口，左右双边，单黑鱼尾。鱼尾上方记字数，下方依次记书名、卷第、页次。版心下方右刻“通志堂”三字，左刻刻工名：甘典、子元、邛士、任臣、子秀、受廷、张达、邓国、王宪、邓汉、邓宣、高宇、王伦、张升、邛明、望之、穆旺、邛芃、六吉、陈章、徐世、尔仁、周停、张奇、祁生。每卷末有尾题，并署“后学成德挍订”。

是书《天禄琳琅书目后编》卷三、《藏园群书经眼录》卷二、《张元济古籍书目序跋汇编》下册著录宋刻本（《天禄琳琅书目后编》定为北宋刊本，张元济已考订为南宋所刻），三目所录为同一本，每半页十行，行二十字，白口，左右双边，版心上记字数，下记刻工。经唐寅、曹溶、朱彝尊、徐乾学等收藏。既曾为徐氏藏书，通志堂本所据，或即此本。上海商务印书馆《四部丛刊续编》《续古逸丛书》亦据此本影印。

另，《增订四库简明目录标注》卷三、《藏园订补郘亭知见传本书目》卷三著录元进士刘闻庭临川刻本，《增订四库简明目录标注》卷三著录清授经堂抄本，《读书敏求记校证》卷一、《抱经楼藏书志》卷七著录旧抄本。又有清乾隆十六年（1751）水西刘氏刊《公是遗书》本（作《七经小传》三卷）、《四库全书》本（作《七经小传》三卷）、清乾隆中藤花榭刊《经学五种》本、清道光间仪征汪氏刊《正谊斋丛书》本等。

136. 六经奥论六卷首一卷

题宋郑樵撰[①]。

正文首行题“六经奥论卷第一”，次行题“郑樵渔仲”。每半页十一行，行二十字，小字双行，行三十字，白口，左右双边，单黑鱼尾。鱼尾上方记字数，下方依次记书名、卷第、页次。版心下方右刻“通志堂”三字，左刻刻工名：邓世维、仲明、句公、包习先、六吉、王和、王允高、帜先、甘典、叙九、张永、王言、伯良、公玉、蒋太、配生、惟周、邛芃、周圣西、王文、

① 按，实非郑樵所作，朱彝尊、四库馆臣已有考证，详见朱彝尊《曝书亭集》卷四十二《六经奥论跋》与《四库全书总目》卷三十三《六经奥论》条。

茆召、茆德卿、子石、陈章、张文、陈君、天池、王允文、吴朋、张进文（又进文、张文）、受廷、邓玉（又邛玉）、谈元、臣甫、云生。卷首有《六经奥论》凡例，次《六经奥论》目录，《六经奥论》总文。每卷末有尾题，并署“后学成德挍订”。

是书《中国古籍善本书目》卷三著录北京师范大学图书馆藏明成化四年（1468）书林刘氏日新堂刻本，作《新刊宋学士夹漈先生六经奥论》六卷《总论》一卷。据《北京师范大学图书馆古籍善本书目》，是书半页十二行，行二十四字，黑口，四周双边，钤“李重”“徐开任印”“好古斋”“孙进和印”诸印。按，徐开任者，明末诸生，字季重，昆山人，则《北京师范大学图书馆古籍善本书目》所称钤“李重”印当为“季重”之误。又，徐乾学乃开任从子，通志堂所据不知是否与此本有关。

《中国古籍善本书目》卷三又著录浙江省图书馆藏清抄本，作《宋学士夹漈先生六经奥论》六卷《总论》一卷，中山大学图书馆藏清乾隆十八年（1753）董潮抄本，作《六经奥论》六卷《总论》一卷。中国台湾《国家图书馆善本书志初稿》经部亦著录二旧抄本，一作《六经奥论》六卷，一作《宋郑夹漈先生六经奥论》六卷。

另，丛书本有《四库全书》本、《摛藻堂四库全书荟要》本、清乾隆中藤花榭刊《经学五种》本等。《四库荟要》本据通志堂本缮录。

137. 六经正误六卷

宋毛居正撰。居正字谊父、义甫，衢州人。

正文首行题“六经正误卷第一”，次行题“柯山毛居正挍勘”。每半页十行，行二十字，白口，左右双边，单黑鱼尾。鱼尾上方记字数，下方依次记书名、卷第、页次。版心下方右刻“通志堂”三字，左刻刻工名：穆彩、邓玉（又邛玉）、张玉、邓珍、周岱、张志、本立、尔仁、公佩、王贞、邛顺、金子重。卷首有《六经正误》目录。每卷末有尾题，并署“后学成德挍订”。

《铁琴铜剑楼藏书目录》著录宋刊本，提要云：“题柯山毛居正校勘。前有宝庆初元临卭魏了翁序。每半叶十行，行二十二字，板心有字数及刊工姓名。让、贞、朂、桓字俱阙笔。宋本止存卷一、卷二、卷六凡三卷，余钞补全……卷首有‘弱侯’‘漪南生’二朱记。”又称：“通志堂本即从此出，核之无异，惟易为每行二十字。”[①] 翁方纲《通志堂经解目录》引何焯语亦称“焦氏宋本”[②]，而《铁琴铜剑楼藏书目录》所称“弱侯”“漪南生”即明焦竑藏书印。则通志堂本所据，即《铁琴铜剑楼藏书目录》所录此本。

《藏园订补郘亭知见传本书目》著录元刊本，该条下傅氏补曰：“元刊本，十行二十二字，细黑口，左右双阑，大版心。海虞瞿氏藏。”[③] 又《中国古籍善本书目》卷三著录元刻本（卷三至五配清抄本），藏国家图书馆，据《北京图书馆古籍善本书目》，是刻十行二十二字，细黑口，左右双边。二者行款版式全同，当即一刻。又《藏园订补郘亭知见传本书目》所录元刊本称为海虞瞿氏所藏，行款与上文瞿镛《铁琴铜剑楼藏书目录》所称宋本亦同，而国家图书馆所藏元刻本卷三至五配清抄本，正与《铁琴铜剑楼藏书目录》合，故今国家图书馆所藏元刻本即《铁琴铜剑楼藏书目录》著录作宋刻本者。则通志堂本所据，亦即此本。

另，《天禄琳琅书目》卷七、《天禄琳琅书目后编》卷十三、《藏园订补郘亭知见传本书目》卷三、《中国古籍善本书目》卷三著录明嘉靖二年（1523）郝梁刻本，十行十八字，白口，左右双边，今国家图书馆、北京大学图书馆（残）有藏。此外又有《四库全书》本、《摛藻堂四库全书荟要》本等。《四库荟要》本据通志堂本缮录，据明郝梁本校对。

138. 熊先生经说七卷

元熊朋来撰。朋来字与可，南昌人。

正文首行题“熊先生经说卷第一”，次行题“豫章熊朋来”。每半页十一行，行二十字，小字双行，行三十字，白口，左右双边，单黑鱼尾。鱼尾上方记字数，下方依次记书名、卷第、页次。版心下方右刻“通志堂”三字，左刻刻工名：邓世维、周圣西、吴子仁（又子仁）、甘公御、杨天爵、邓玉、焦景霞、朱士、季奉生、宜生、蒋天一（又蒋天）、王方、子臣、仲希、晋生、郑孔加、邵先、缪君胜（又君胜）、蕃之、徐元升、邓弘、君仲、李左、张君起（又君起、君启）、于子臣（又子臣、于臣）、于仲熙（又仲熙）、张晋生（又晋生）、包习先、杨天爵。卷首附录本传。每卷末有尾题，并署“后学

① 瞿镛撰:《铁琴铜剑楼藏书目录》卷六。

② 翁方纲订:《通志堂经解目录》，第 19 页。

③ 莫友芝撰，傅增湘订补:《藏园订补郘亭知见传本书目》卷三。

成德挍订”。

是书《抱经楼藏书志》卷五七别集类著录明抄本，作《豫章熊先生家集》七卷。据该条提要知，又有乡生乐安邹良刻本，锡山安国重校刊。《增订四库简明目录标注》卷三、《藏园订补郘亭知本书目》卷三有明锡山安氏活字本，十三行，行十六字，当即《抱经楼藏书志》所称锡山安国重校刊本。《中国古籍善本书目》卷三著录国家图书馆藏明刻本，每半页十一行，行二十六、二十八字，黑口四周双边，又上海图书馆藏明抄本，均作《豫章熊先生家集》七卷。不知与前邹良刻本、明抄本有无重复。

又《铁琴铜剑楼藏书目录》卷六著录旧抄本（作《五经说》七卷），称录自乐安邹良刻本。又有清朱彝尊手抄本，《增订四库简明目录标注》卷三、《藏园订补郘亭知见传本书目》卷三著录，均作《五经说》七卷。又清授经堂抄本，《增订四库简明目录标注》卷三（作《五经说》七卷）、《中国古籍善本书目书名索引稿本》经部（作《熊先生经说》七卷《本传》一卷）著录，今藏北京大学图书馆。

《四库全书》《摛藻堂四库全书荟要》本亦收录是书，《四库荟要》本据通志堂本缮录。《四库全书》本作《经说》，《四库荟要》本则作《熊氏经说》，均题“宋熊朋来撰”，未附《本传》。卷六“司徒教民乐正教国子”一条内，《通志堂经解》本有缺文五行，《四库全书》本则较《通志堂经解》本又佚去一百六十字，《四库荟要》本则与通志堂本同。又，《藏园订补郘亭知本书目》卷三、《藏园群书经眼录》卷二、《文禄堂访书记》卷四著录旧写本，为同一本，作《豫章熊先生家集》七卷，半页九行，行二十二字，《文禄堂访书记》则作行二十一字，卷首有清彭元瑞朱笔手跋，据所录彭氏跋称，该本乃据《经解》本抄录。

139. 十一经问对五卷

元何异孙撰。异孙，始末未详。

正文首行题“十一经问对卷第一”，次行题“论语”。每半页十一行，行二十字，白口，左右双边，单黑鱼尾。鱼尾上方记字数，下方依次记书名、卷第、页次。版心下方右刻“通志堂”三字，左刻刻工名：句公、公玉、甘典、伯良、陈章、叙九、王会、王允文（又王文）、茆召、焦景霞、周圣西、君仲、陈君、六吉、君善、帆先、仲明、云生、邛玉、茆德卿、王允高、王和、习先、张永、蒋太、邓弘。每卷末有尾题，并署“后学成德挍订”。书中多墨条。

是书有元刻存世，藏北京大学图书馆，《中国古籍善本书目》卷三著录，《中华再造善本》据以影印。是刻半页十四行，行二十五字，黑口，四周双边，双黑鱼尾。卷首有何异孙戊戌年自序①，书首末各有清李文田手跋。中多漫漶缺文。书上钤印有“元本”“毛晋”“汲古主人”“毛扆之印”“斧季”等，知为汲古阁旧藏。《通志堂经解目录》引何焯批曰：“汲古元刻付刊，惜缺序文。后汲古复得一本，序文特全。写刻梓付京，竟未曾刻。”又引陈鳣语曰：“此所谓后一本者，亦元刊，今为鲍以文所收，以校昆山刻本，补其缺矣。”②李文田手跋亦云：“以挍顾氏《汇刻目》，方知汲古毛氏原有两元刊。初收者无序，故通志堂本缺序文。后收得此本，有序，即陈仲鱼所云鲍以文据以补缺者也。”今以通志堂本校此元刻，除少自序外，通志堂本墨条处，元本并不同缺，元本漫漶缺文处，通志堂本或为全文，则通志堂本所据，确为汲古阁另一元刻也。

又有明人蓝格抄本③。又清乾隆四十一年（1776）卢文弨抱经堂抄本，抄自毛氏汲古阁元刻，卢氏尝以之校补通志堂本，并有跋。后卢氏抄本曾归仁和宋大樽，又被严元照以明人蓝格抄本易去，后又归傅增湘、蒋汝藻，今藏中国台湾“国家图书馆”。傅氏尝以通志堂本校之，称“（通志堂本）卷中墨钉咸为填补，字句亦略有改定，并手钞何异孙序及卢抱经、严修能二跋。”④今傅氏所校通志堂本藏国家图书馆。

又有《四库全书》本、《摛藻堂四库全书荟要》本等，《四库荟要》本据通志堂本缮录。元刻本《仪礼》部分有两条有问而无对，《通志堂经解》《四库全书》《四库荟要》本皆同。

140. 五经蠡测六卷

明蒋悌生撰。悌生字仁叔，福宁州人。

---

① 自序但署戊戌，未题年号，卢文弨考为元大德二年（1298，见《藏园群书题记》卷一《校元本十一经问对跋》所引卢文弨跋），李文田、傅增湘则称为元顺帝至正十八年（1358，见傅增湘《藏园群书经眼录》卷二《新编十一经问对》条、元刻本书首李文田手记）。

② 翁方纲订：《通志堂经解目录》，第19页。

③ 傅增湘撰：《藏园群书题记》卷一《校元本十一经问对跋》所引清严元照跋，1989年上海古籍出版社排印本。

④ 傅增湘撰：《藏园群书题记》卷一。

正文首行题“五经蠡测卷第一”，次行题“福宁蒋悌生仁叔”。每半页十一行，行二十字，小字双行，行三十字，白口，左右双边，单黑鱼尾。鱼尾上方记字数，下方依次记书名、卷第、页次。版心下方右刻“通志堂”三字，左刻刻工名：周圣西、公玉、郑孔加、杨天爵、宜生、李左、君起、甘公御、孔亮、王玉、用周、君仲、陈君、臣甫、季奉生（又季奉、季生）、焦景霞、吴子仁、朱士、王方、张进文、茆德卿（又德卿）、晋生、蒋天一、仲明、茂林、伯良、王允高、邓世维。卷首有洪武庚戌（三年，1370）八月甲子后学蒋悌生仁叔自序，次嘉靖十七年戊戌（1538）冬十有一月朔后四日浮梁兰庄闵文振序，次后学林爱民后序，次《五经蠡测》目录，目录后题曰：“右五经《诗》说独多，《易》《书》次之，《春秋》为少，《礼记》亡阙。今犹题曰《五经蠡测》，仍其旧也。浮梁闵文振识。”每卷末有尾题，并署“后学成德挍订”。

据卷首闵文振、林爱民序，知是书初刻为明嘉靖十七年（1538）蒋世滋刻本，此刻今国家图书馆、浙江省图书馆、福建省图书馆有藏。《日藏汉籍善本书录》经部著录明刊本，日本古义堂文库等藏，称有明洪武三年（1370）序，与嘉靖十七年（1538）蒋氏刻本当为一刻。通志堂本之前未见有其他版本著录，当即从此刻出。

通志堂本之后，又有《四库全书》本、《摛藻堂四库全书荟要》本等。《四库荟要》本据通志堂本缮录，据明嘉靖十七年（1538）蒋氏刻本校对。《四库全书》本卷首只蒋悌生自序，余则削而未录，书中缺文与通志堂本同；《四库荟要》本卷首则只《五经蠡测》目录及目录后闵文振识语。通志堂本卷四有墨块若干，《四库全书》《四库荟要》本相应处或注“阙”，或为空。《四库荟要》本虽据嘉靖十七年（1538）蒋氏本校过而未补，则当蒋氏本亦同缺，此亦推测通志堂本当自蒋氏本出的一条线索。

第七章 《通志堂经解》的文献学价值与地位

《通志堂经解》自刊刻以来，备受学人的关注，也引发了一些争论。争论的焦点之一即是关于该丛书的版本学价值与经学史地位。对此后世论者由于时代与视角的不同，持论各异，甚至出现了截然相反的评判。如关于《通志堂经解》的版本学价值，近人叶德辉称“其所刻本，有宋元旧本可据，而全不取以校勘”①，伦明亦称“底本亦未尽完善，且版取一式，不依原书行款”②；而清王士禛则称“昆山徐氏所刻《经解》多秘本，仿佛宋椠本”③，今人洪湛侯亦称“其中多罕见之本，且以校刻精审著称”④。又关于其经学史地位，推崇者置评甚高，如清高宗弘历于乾隆五十年（1785）二月二十九日谕称：“是书荟萃诸家，典赡赅博，实足以表章六经。”⑤又如今人李春光于《〈通志堂经解〉解题》中称：“这部《经解》在解经义、发幽隐、辨疑惑、正音释、考名物、纠讹谬，诚为经书之羽翼。对于经学的研究很有参考价值。”⑥贬斥者则相反，如叶德辉即讥其“主裁者无卓识，而门户之见过深，凡诸家经解，非程朱一派，则削而不录”⑦，叶启勋称：“顾搜罗卷帙至一千数百卷之多，而精者寥寥，

---

① 叶德辉撰：《书林清话》卷九。

② 柯劭忞等撰：《续修四库全书总目提要》第14册，第751页。

③ 王士禛撰：《分甘余话》卷四。

④ 洪湛侯撰：《中国文献学要籍解题》，第312页。

⑤ 《清实录·高宗实录》卷一千二百二十五乾隆五十年（1785）二月二十九日谕。

⑥ 李春光撰：《古籍丛书述论》，1991年辽沈书社排印本，第305页。

⑦ 叶德辉撰：《书林清话》卷九。

不足供经师治经之用。”[1]

对于这样一部网罗宏富、规模在经部丛书中居于前列的经学巨帙，对其价值与地位理应有一个客观全面的认识与评价。本书于前文系统考察了《通志堂经解》的编选、刊刻、校勘、刻工，特别是逐一梳理了《通志堂经解》各子书的版本源流及《通志堂经解》本的底本所据，这为我们全面客观地总结《通志堂经解》版本学特点，评价《通志堂经解》的经学史地位提供了重要依据。

第一节 《通志堂经解》的版本学特点与价值

一、《通志堂经解》的底本情况

《通志堂经解》140 种，所收大多为宋元经学要籍，可见徐乾学于选书方面的用心。同时，《经解》也十分重视各书底本的选用。徐乾学家有传是楼，藏书数量巨大，民国四年（1915）王存善排印的《传是楼书目》，著录传是楼藏书约 7500 部，乾学同时人徐釚即称传是楼藏书“为当今第一”[2]。其藏书不仅宏富，且多宋元善本。徐氏《传是楼宋元版书目》一卷，著录宋元版书 442 部。从前文“底本来源”一节可知，徐氏除充分利用自家传是楼的丰富藏书外，还广泛借用徐秉义、徐元文、曹溶、秦松龄、钱曾、毛扆、黄虞稷、朱彝尊、顾湄、孙承泽、叶奕苞、范必英、林佶、黄宗羲等各家藏书，底本来源十分丰富。有如此丰富的底本来源作保障，徐氏得以更充分地网罗经解要籍，以及甄选更为精善的版本作为付刻底本。

今对《通志堂经解》所刊各书的底本逐一考察，将能够考得者汇入一表，成“《通志堂经解》底本表”，详见表 7-1。在此不妨针对该表所列，对《经解》所收各书的底本情况作一统计分析。表中所列经解，为能考知底本者，共七十六种。此表之外，尚有不少经解，根据各书目、书志的著录情况（特别是对于《经解》本之前各版本的著录情况）、徐乾学钤印、《经解》本所录

① 柯劭忞等撰:《续修四库全书总目提要》第 4 册，第 465 页。

② 徐釚撰:《南州草堂集》卷二十《菊庄藏书目录自序》。

序跋情况等，能够推断其底本当是某本。但因缺乏具体实在的证据，又无条件一一对勘，故此类皆未予列入。其余各书，由于缺乏相关线索，则无法得知其底本究竟为何。但以对表中所列能够考知底本者进行统计分析，所得到的比例，亦可大致反映《经解》全部各书所据底本的整体情况。

在表中所列可知底本者 76 种经解之中，底本为宋刻本者 14 种[①]，为宋抄本者 1 种，为影宋抄本者 7 种，为元刻本者 30 种[②]，为影元抄本 1 种，为明刻本者 5 种，为明抄本者 3 种，为《道藏》本者 3 种，为其他抄本者 12 种。其中底本为宋刻本者 14 种，占 76 种能知底本之经解总数的 18.4%；底本为宋刻、宋抄、影宋抄本者共 22 种，占能知底本之经解总数的 28.9%；底本为元刻本者 30 种，占能知底本之经解总数的 39.5%；底本为元刻、影元抄本者共 31 种，占能知底本之经解总数的 40.8%；底本为宋刻、宋抄、影宋抄、元刻、影元抄本者共 53 种，占能知底本之经解总数的 69.7%；底本为抄本（包括影宋抄、影元抄本）者共 24 种，占能知底本之经解总数的 31.6%。

从以上数据分析可以发现，在已知底本的经解当中，底本为宋元旧本（包括少量影宋抄、影元抄）的最多，占总数的七成，所以完全可以说，《通志堂经解》多据宋元本付刻。《通志堂经解》又名《宋元经解》，所收绝大多数为宋元学者经学著作。而这些经说的宋元版，刊刻时间或与作者同时，或稍后亦未远，减少了因辗转传抄翻刻而产生的讹误，最能反映原著本貌。又宋元时刻书，虽少而精，多雕镂不苟，校勘审慎。故对于宋元经解来说，宋元版当然是最好的版本。另外，这些宋元旧本，传至清初，所剩数量已经很少，物以稀为贵，更增加了它们的价值。徐氏《传是楼宋元版书目》，著录传是楼宋元版书 442 部，其数量之大，后世黄氏百宋一廛、陆氏皕宋楼皆不能比。收罗有如此大量的宋元旧刻，并编有专门的书目，足见徐乾学对于宋元版书的重视，叶德辉《书林清话》即云："自钱牧斋、毛子晋先后提倡宋元旧刻，季沧苇、钱述古、徐传是继之。"[③]徐氏这种重视宋元旧刻的思想，亦明显地体现在刊刻《通志堂经解》时底本的选定工作中。

在徐乾学之前的明末，私人刻书影响最巨者，为常熟毛晋汲古阁。"凡

① 因个别书目亦称"影宋抄本"为"宋本"，故此 16 种中或有个别影宋抄本。

② 因个别书目亦称"影元抄本"为"元本"，故此 30 种中或有个别影元抄本。

③ 叶德辉撰：《书林清话》卷十《藏书偏好宋元刻之癖》条。

《十七史》《十三经》、唐宋人诗词集、《六十种曲》《津逮秘书》等，皆风行天下”[①]。据周彦文《毛晋汲古阁刻书考》，毛晋一生刊书650余种，近6000卷。然毛氏所刻虽数量众多，流传亦广，但在刊刻质量上却多被批评，其中一方面即其所刻在底本选用上颇有不尽如人意处，叶德辉于《书林清话》中即批评“其刻书不据所藏宋元旧本”[②]。经周彦文《毛晋汲古阁刻书考》加以考察，确定毛氏所刻也不乏据宋元旧本而梓者，其家藏善本也多据以付刻。但在其总量上，毛氏所据仍以明本最多，所据善本也以家藏为主。故可见，毛晋刻书并不很重视底本，主要以存书、流通为主要目的。而徐乾学之刻《通志堂经解》，除利用自家传是楼所藏善本外，更广泛借用兄弟、友朋之藏，以求择善而从，故《经解》之书大多数依宋元旧本付梓，据明刻者仅寥寥数种。所以，徐乾学在思想上是重视宋元旧本，重视底本选用的。后来清人刻书大多者讲究底本，徐乾学可称是开风气之先者。

此外，在已知底本的经解当中，据抄本（含影宋抄、影元抄）付刊的占三成稍多。这些据抄本付刻的经解，很多已无刻本传世，或从未刊刻过，流传更为稀少。刊入《经解》后，对于它们的保存与流布，贡献也巨大。

当然，《通志堂经解》虽然对于底本的选用十分重视，并且也做到了大多数能依据宋元旧本付梓，但在所用底本中依然存在不少不尽如人意的地方。举例如下：

元王申子《大易缉说》十卷，《经解》本从抄本付刊。《通志堂经解目录》引何焯批曰：“吴志伊有宋本，屡寄札东海，托其借校，竟未借来，仅从钞本付刊。”按，王氏此书成于元，何焯称有宋本，当有误。但此书有元延祐三年（1316）田泽刊本，何氏所称吴志伊藏本，当为元本。

元李简《学易记》九卷，《经解》本据李开先家藏抄本付刊。是书有元初中统刻本，为初刻，刻印甚精，今仍存世，前后两部分分别藏辽宁省图书馆、国家图书馆。

宋程大昌《程尚书禹贡论》二卷《后论》一卷《山川地理图》二卷，《经解》本据天一阁藏抄本付刻。但《山川地理图》只刻叙说并无图，据卷首成

① 杜泽逊撰：《文献学概要》，第99页。
② 叶德辉撰：《书林清话》卷七《明毛晋汲古阁刻书之一》条。

德序，底本图即已缺。是书有宋淳熙八年（1181）泉州州学刻本传世，乃初刻，今国家图书馆有藏，内三十图岿然并在，为完书。又明《永乐大典》所收是书有二十八图。

宋黄度《尚书说》七卷，《经解》本据吕光洵刻本付刻。《爱日精庐藏书志》卷二、瞿镛《铁琴铜剑楼藏书目录》著录明抄本，据《铁琴铜剑楼藏书目录》称，明抄本内有小注，明吕光洵刻本则尽删之。则《经解》本所据，为删削之本。

宋傅寅《杏溪傅氏禹贡集解》二卷，《经解》本据传是楼宋刻元修本付刻，此本今藏国家图书馆。据卷首成德序，底本即多缺文，已非足本。故《经解》本中多空版。是书《永乐大典》收载，题曰《禹贡说断》，为完书。故《摛藻堂四库全书荟要》本不以《经解》本为底本，而据《永乐大典》缮录，据《经解》本校。

元何异孙《十一经问对》五卷，《经解》本据汲古阁元刻本付刊。原刻缺何氏自序，中多漫漶阙文，故《经解》本亦无何序，并多墨条。后汲古复得一本，与前者为同刻，但序文完好，书中也多漫漶，可与前刻互补。

然以上所列实不能称为徐氏之过。在当时的历史条件下，不像今天有公共图书馆可用，其时存世图书，或藏内府，或藏私家，借用十分不便，有的甚至不予外借。徐乾学以私人之力，定然有难以罗致之书。如以上所列各书，虽然有更善之本传世，但亦颇不易得。如宋元旧刻多传本甚少，精善抄本则更少，而《永乐大典》当时则深藏大内，秘不示人。故以上几种虽有更善之本，但皆徐氏付刻未能得见，而非弃精而用劣。并且此类，也在少数，不能因瑕掩瑜，因此而怀疑徐乾学重视宋元旧本的思想，而否定《通志堂经解》在底本选用上的成绩。

表 7-1 《通志堂经解》底本类型表

序号	书名卷数	底本类型	底本来源	参考资料及校本
1（2）	《易数钩隐图》三卷《遗论九事》一卷	《道藏》本		何焯批
2（5）	《紫岩居士易传》十卷	明书帕版		何焯批

续表

序号	书名卷数	底本类型	底本来源	参考资料及校本
3（6）	《汉上易传》十一卷	影宋抄本	汲古阁	何焯批、《藏园订补郘亭知见传本书目》
4（7）	《易璇玑》三卷	元刻本	汲古阁	何焯批、《汲古阁珍藏秘本书目》
5（8）	《周易义海撮要》十二卷	宋乾道六年刻本	汲古阁	何焯批、《四库全书总目》
6（10）	《复斋易说》六卷	抄本	天一阁	何焯批、《万卷精华楼藏书记》
7（12）	《童溪王先生易传》三十卷	宋本	汲古阁	何焯批
8（15）	《易学启蒙通释》二卷《图》一卷	元至元二十九年刘泾刊本		卷首成德序
9（16）	《周易玩辞》十六卷	元大德十年淮西廉访佥事乌克章刻本		《中国善本书提要》
10（17）	《东谷郑先生易翼传》二卷	元大德十一年庐陵学官刻本	汲古阁	卷首元大德十一年（1307）郑陶孙跋、何焯批、《铁琴铜剑楼藏书目录》《中国古籍善本书目》
11（22）	《晦庵先生朱文公易说》二十三卷	元刻本	汲古阁	何焯批、《爱日精庐藏书续志》《中华再造善本》影印本
12（23）	《大易缉说》十卷	抄本		何焯批
13（26）	《学易记》九卷首一卷	明抄本	李开先旧藏	何焯批、《善本书室藏书志》
14（28）	《俞氏易集说》十三卷	元至正八至十年俞氏读易楼刻本	钱曾	何焯批、《仪顾堂续跋》
15（29）	《周易本义附录纂注》十五卷	元刻本		《善本书室藏书志》
16（30）	《周易发明启蒙翼传》三卷《外篇》一卷	元本	汲古阁	何焯批

续表

序号	书名卷数	底本类型	底本来源	参考资料及校本
17（31）	《周易本义通释》十二卷	明嘉靖元年潘旦、邓杞刻本		卷首胡珙识语、《续修四库全书总目提要》
18（36）	《易象图说内篇》三卷《外篇》三卷	《道藏》本		何焯批
19（37）	《大易象数钩深图》三卷	《道藏》本		何焯批、《四库全书总目》
20（40）	《书古文训》十六卷	宋本	焦氏家藏	何焯批
21（42）	《程尚书禹贡论》二卷《后论》一卷	抄本	天一阁	何焯批
22（43）	《尚书说》七卷	明书帕本（明吕光洵刻本）		何焯、《铁琴铜剑楼藏书目录》
23（44）	《增修东莱书说》三十五卷首一卷	影抄宋本		何焯批
24（46）	《书集传或问》二卷	元本	汲古阁	何焯批
25（47）	《杏溪傅氏禹贡集解》二卷	宋刻元修本	传是楼	《中华再造善本》影印本、成德序、《铁琴铜剑楼藏书目录》
26（48）	《尚书详解》十三卷	红丝栏抄本	天一阁	何焯批、《天一阁书目》
27（49）	《尚书表注》二卷	顾湄手抄宋末建安刊本	顾湄	《爱日精庐藏书志》《持静斋书目》
28（50）	《尚书纂传》四十六卷	元至大元年王振刻本	李开先旧藏	卷首王振序、成德序、何焯批、《藏园订补郘亭知见传本书目》
29（51）	《书蔡氏传辑录纂注》六卷首一卷	元至正十四年建安翠岩精舍刻本	传是楼	中国台湾《国家图书馆善本书志初稿》《四库提要补正》
30（52）	《书纂言》四卷	明嘉靖二十八年顾应祥滇中刻本	曝书亭	《宋元旧本书经眼录》

续表

序号	书名卷数	底本类型	底本来源	参考资料及校本
31（53）	《书蔡氏传旁通》六卷	元至正五年余氏勤有堂刻本	汲古阁	何焯批、中国台湾《国家图书馆善本书志初稿》
32（55）	《书集传纂疏》六卷首一卷	元泰定四年梅溪书院刊本	汲古阁	何焯批、《爱日精庐藏书志》《皕宋楼藏书志》《仪顾堂续跋》
33（56）	《尚书通考》十卷	元至正刻本	汲古阁	何焯批、《中华再造善本》影印本
34（58）	《定正洪范集说》一卷首一卷	元刻本	汲古阁（李开先旧藏）	何焯批
35（59）	《毛诗指说》一卷	抄本	李开先旧藏	何焯批
36（60）	《诗本义》十五卷《郑氏诗谱补亡》一卷	宋宁宗江西刻本	钱曾	何焯批、《述古堂宋版书目》《张元济古籍书目序跋汇编》《沈氏研易楼善本图录》
37（67）	《诗集传名物钞》八卷	旧抄本	汲古阁	何焯批
38（68）	《诗经疑问》七卷《附编》一卷	元至正七年建安书林刘锦文刻本	汲古阁	《中华再造善本》影印本、何焯批、《铁琴铜剑楼藏书目录》
39（70）	《春秋尊王发微》十二卷《附录》一卷	宋绍兴二十一年魏安行刊本		《仪顾堂续跋》
40（73）	《春秋权衡》十七卷	宋四明史有之清江刻本	孙承泽	何焯批、《增订四库简明目录标注》《郑堂读书记》
41（76）	《春秋名号归一图》二卷	宋本	海虞某氏家藏	何焯批
42（79）	《西畴居士春秋本例》二十卷	旧抄本	汲古阁	何焯批、《汲古阁珍藏秘本书目》
43（81）	《石林先生春秋传》二十卷	宋开禧元年叶筠刻本		卷首成德序、《郑堂读书记》

续表

序号	书名卷数	底本类型	底本来源	参考资料及校本
44（82）	《止斋先生春秋后传》十二卷	明清常道人抄本		卷首清常道人跋、翁方纲《通志堂经解目录》
45（85）	《春秋左氏传事类始末》五卷《附录》一卷	抄本	汲古阁	何焯批
46（88）	《春秋通说》十三卷	影宋抄本	汲古阁（李开先旧藏）	何焯批、《增订四库简明目录标注》
47（89）	《春秋集注》十一卷《纲领》一卷	影抄宋德祐元年卫宗武华亭义塾刻本	汲古阁	《中华再造善本》影印本、《汲古阁珍藏秘本书目》、何焯批、《郑堂读书记》
48（90）	《春秋或问》二十卷	元刊明修本		中国台湾《国家图书馆善本书志初稿》
49（92）	《则堂先生春秋集传详说》三十卷《纲领》一卷	抄本	天一阁	何焯批、《朴村文集》
50（93）	《春秋类对赋》一卷	抄本	汲古阁（李开先旧藏）	何焯批
51（94）	《春秋诸国统纪》六卷	元延祐刻本	汲古阁（钱曾旧藏）	何焯批、《藏园订补郘亭知见传本书目》《藏园群书经眼录》
52（95）	《春秋本义》三十卷首一卷	元刻本		何焯批
53（97）	《春秋集传》十五卷	明嘉靖夏镗刻本	千顷堂	卷首成德序
54（98）	《春秋属辞》十五卷	元至正二十四年休宁商山义塾刻本		《中华再造善本》影印本、《仪顾堂续跋》
55（99）	《春秋师说》三卷《附录》二卷	元至正二十五年休宁商山义塾刻本		《中华再造善本》影印本
56（100）	《春秋左氏传补注》十卷	元至正二十五年休宁商山义塾刻本		《中华再造善本》影印本

续表

序号	书名卷数	底本类型	底本来源	参考资料及校本
57（101）	《春秋诸传会通》二十四卷首一卷	元至正十一年虞氏明复斋刻本		《中华再造善本》影印本、《铁琴铜剑楼藏书目录》
58（103）	《清全斋读春秋编》十二卷	元刻本		卷首成德序
59（105）	《新定三礼图》二十卷	宋本	汲古阁	何焯批
60（106）	《东岩周礼订义》八十卷首一卷	影宋抄本	李开先旧藏	何焯批、《朴村文集》
61（107）	《鬳斋考工记解》二卷	宋刻本	汲古阁	何焯批、中国台湾《国家图书馆善本书志初稿》
62（109）	《礼记集说》一百六十卷	影宋抄本	汲古阁	何焯批、《汲古阁珍藏秘本书目》《持静斋书目》
63（112）	《夏小正戴氏传》四卷	宋抄本	汲古阁	何焯批
64（113）	《仪礼集说》十七卷	元大德五年刻本		《中华再造善本》影印本、《仪顾堂续跋》《郎园读书志》
65（122）	《论语集说》十卷	宋淳祐六年湖頖刻本		《中华再造善本》影印本
66（123）	《南轩先生孟子说》七卷	棉纸蓝丝栏明抄本	天一阁	何焯、《天一阁书目》《鄞范氏天一阁书目内编》
67（124）	《孟子集疏》十四卷	宋本	汲古阁	何焯批
68（126）	《四书纂疏》二十六卷	宋刻本	汲古阁	何焯批、《藏园群书经眼录》
69（127）	《四书集编》二十六卷	抄本	李开先旧藏	何焯批
70（128）	《四书通》二十六卷	元天历二年余志安勤有堂刊本	汲古阁	卷首张存中跋、《铁琴铜剑楼藏书目录》

续表

序号	书名卷数	底本类型	底本来源	参考资料及校本
71（129）	《四书通证》六卷	影元抄本	汲古阁	何焯批、《中华再造善本》影印元刻本、《文禄堂访书记》、中国台湾《国家图书馆善本书志初稿》
72（130）	《四书纂笺》二十八卷	元本	李开先旧藏	何焯批
73（132）	《四书辨疑》十五卷	元刻本	范必英	翁方纲《通志堂经解目录》
74（134）	《经典释文》三十卷	明崇祯间叶林宗影宋抄本	钱曾	何焯批、黄焯《经典释文汇校》前言、上海古籍出版社影印宋刻本末丁瑜跋等
75（137）	《六经正误》六卷	元刻本	焦氏家藏	何焯批、《铁琴铜剑楼藏书目录》《藏园订补郘亭知见传本书目》《中国古籍善本书目》《北京图书馆古籍善本书目》
76（139）	《十一经问对》五卷	元刻本	汲古阁	《中华再造善本》影印元刻本、翁方纲《通志堂经解目录》

说明：

①“序号”一栏中带括号的序号是各书在第四至六章《〈通志堂经解〉子书版本源流考》中的编号。

②“参考资料及校本”一栏中的“何焯批”指翁方纲订《通志堂经解目录》中所引何焯的批语。

二、《通志堂经解》的校勘情况

校勘于刻书而言尤为重要。底本虽善，若校勘不精，刊刻成书质量将大打折扣。明末毛氏汲古阁刻书，就因普遍存在的校勘问题而颇受批评。如孙从添《藏书纪要》云：“惟毛氏汲古阁《十三经》《十七史》，校对草率，错误甚多，不足贵也。”叶德辉《书林清话》云：“毛氏刻书风行天下，而校勘不精。”①

关于《通志堂经解》的校勘工作，《经解》徐乾学总序与纳兰成德总序中略有言及，徐氏总序云：“因悉余兄弟家所藏本，覆加挍勘，更假秀水曹秋岳、

① 叶德辉撰：《书林清话》卷九《洪亮吉论藏书有数等》条。

无锡秦对岩、常熟钱遵王、毛斧季、温陵黄俞邰及竹垞家藏旧版书若抄本，厘择是正，总若干种，谋雕版行世。”成德总序云：“间以启于座主徐先生，先生乃尽出其藏本示余小子，曰：‘是吾三十年心力所择取而校定者。’”依序中所言，《经解》所刊诸书，付刻之前皆经徐乾学亲自勘定。

而《经解》付刻时，又有专作校勘的专门人员，此前文“刊刻条件”一节已作交代。其最主要者为太仓顾湄，次则嘉定张云章。此外何焯、徐秉义也参与其事，而陆元辅、黄虞稷也应当是参与者，但未见明确记载。张云章参与校勘，已在《经解》刊刻之后期，何焯则更晚，所校基本上是刻成之书，其校勘意见亦多未被采纳。张云章《朴村文集》有若干相关信札，可略见当时《经解》校勘之情形。现摘记如下：

《朴村文集》卷二十三《上徐总宪》：“且如《周礼订义》一书，此影宋本抄成者。其中文义，有因一二字句相同遂传写致大段谬乖者，有两段中行墨相比因而纠缠不可辨者，有立说人姓氏错误者，有诸家之说义本相承不当提行而提行者，分文立解当提行而不提行者。大抵此书之成，迫于诏征，在当时亦未暇详核。今无所考正者不敢遽定，愚意依刘贡父读《后汉书》例，用一二语标笺出之，其脱误晓然者，如‘为削必于鲁，为剑必于吴粤’，《考工》经文也，而此书引郑锷有‘为削必于吴粤’之句，则知其句内误脱矣，依经文增入。……如此之类，不可枚举，今略拈数条，详之别纸。邺架原本可按而知。其稍有可疑者，宁听其阙如。如此反复稽考，又必经中允公亲自勘定，然后付之缮写。或藏其疑义于胸中，至累日积月而不能自释。诚恐此事一时卤莽，得罪先儒，贻误来学，非但安坐饱食，有愧下采之意也。”

《朴村文集》卷二十三《上徐大司寇》：“覆挍诸书，大约麟经为多，共得数种，拟于旧冬刊正呈阅。近来从事《礼记集说》，讹谬杂出，反复考订，期于详慎精核。此书卷帙繁重，猝难卒业。”

《朴村文集》卷二十三《与陆翼王先生》：“所校勘者乃已刻诸书，连月来了得《春秋经》几部，如程端学之《本义》、家铉翁之《详说》、孙泰山《尊王发微》、赵鹏飞《经筌》、赵汸《集传》。其原本惟《本义》为最佳，尽卷差不过四五字，而《详说》讹谬颇多，今皆考正。惟二十六卷有两段错简，其前后词意不相贯合，乃曹氏抄本强为联属者。此卷原来有四错简，曹抄皆正之，而两得两失。反复文意，愚已心识其故，未便遽尔改刊。京中有样本，求先生一为捡阅，祈即裁定教下，并以其暇质之两东海先生，以为当何如也。”

据以上张云章各书，可以总结出以下几点：一，张氏于校勘一事的态度十分认真。其云“诚恐此事一时卤莽，得罪先儒，贻误来学”，其云“反复考订，期于详慎精核”，皆可见出张氏是怀抱对先儒、后学负责的严肃态度以与其事的。二，经过张氏等人的校勘，发现并改正了原本中的很多错误。如宋王与之《周礼订义》一书，信中分析各种错误类型，并且详列大量具体例子。又如宋家铉翁《春秋传详说》一书，校出了原本因抄写而导致的错误。三，张氏等人对于错误的处理过程是严谨的。从以上几札可见，张氏对于原本中的错误皆经反复稽考，又经徐秉义亲自勘定后才付缮写。遇有疑义甚至于致书京中，托陆元辅检核，并请徐乾学定夺。

综合《经解》总序中所言校勘事及以上张云章各书可知，徐氏刊刻《通志堂经解》，对于校勘工作是重视的，也确实经过了认真的校勘过程。但《经解》规模浩大，包罗又广，校勘者或因人力不能足够，或因学识不能全备，仍然不能避免校勘上存在不少疏误。对于此，后人多有批出，也多施批评。兹列举如下：

宋项安世《周易玩辞》十六卷，是书初刻为项安世之子项寅孙江阴项氏建安书院刻本，是刻现台北故宫博物院有藏。又有元大德十年（1306）淮西廉访佥事乌克章刻本。据王重民《中国善本书提要》，元大德本从宋刻本出，《通志堂经解》又从大德本出。王重民尝以宋刻本校《经解》本数页，见其差误甚多，不若宋本之善。

宋陈大猷《书集传或问》二卷，《经解》本以汲古阁元刻本付刊。《铁琴铜剑楼藏书目录》卷二著录元刻本[①]，并称“《通志》本颇多讹脱”。

宋欧阳修《诗本义》十五卷《郑氏诗谱补亡》一卷，是书今台北故宫博物院有南宋宁宗时江西刻本，张元济有是书跋云：“通志堂本即从此出，然校勘未精，字句不免讹误，篇次亦偶见颠倒。”[②]《沈氏研易楼善本图录》亦云：“通志堂刊本即从此出，然校勘未精。”翁方纲《通志堂经解目录》引何焯云：

---

① 原作宋刊本，《藏园订补郘亭知见传本书目》卷一则以为瞿氏所藏实为元末明初间刊本。

② 张人凤编：《张元济古籍书目序跋汇编》，第 928 页。

"遵王宋本，顾伊人校勘未当，深为可惜。"

元朱倬《诗经疑问》七卷，《经解》本所据为汲古阁藏元至正七年（1347）建安书林刘锦文刻本。是刻《铁琴铜剑楼藏书目录》卷三著录，并云："通志堂刻即出此本。首叶序文脱去下方十余字，通志堂本所阙正同，其作墨丁者，皆此本所漫漶。惟卷七首条答词所谓'恭敬齐庄以昭先王之德者也'，谛审此本，'昭'字当是'发'。考此文见《小雅集传》，正作'发'。通志本臆定为'昭'，失之矣。"

宋刘敞《春秋权衡》十七卷，《经解》本据孙承泽家藏宋刊本付刻。傅增湘《藏园群书经眼录》卷一著录明影写宋淳熙十三年（1186）刘龟从瑞安县学刊本，傅氏曾以此明写本校通志堂本，发现通志堂本颇多脱误。

宋吕大圭《春秋五论》一卷，傅增湘《藏园群书题记》卷一著录明蓝格抄本，云："《通志堂经解》收之，而未言出于何许，余取与兹帙对勘，通计二十余叶中改订乃至五十字。"

宋林希逸《鬳斋考工记解》二卷，《经解》本所据为汲古阁所藏宋本。傅增湘《藏园群书题记》卷一著录宋刻二本，傅氏据所见宋本校，《释音》卷上"函人"以下，通志堂本较原本脱去九行，其他改正、填补者亦颇多。或《经解》本所据原本即有残缺。

宋杨复《仪礼图》十七卷《旁通图》一卷附《仪礼本经》十七卷，翁方纲《通志堂经解目录》引陈鳣语曰："吴槎客尝以鲍以文所赠元刻校通志堂刊本，则通志刻本之图甚谬也。"

唐陆德明《经典释文》三十卷，《经解》本依钱曾所藏叶林宗影宋抄本付刻。翁方纲《通志堂经解目录》引何焯语曰："从遵王钞本付刊。伊人所校，满纸皆讹谬。"

元何异孙《十一经问对》五卷，《经解》本据汲古元刻本付刊。卷四《问九数之名如何》条，元刻本"一曰方田，二曰粟米，三曰差分，四曰少广，五曰商功，六曰均输，七曰方程，八曰赢不足，九曰旁要，其目几九"。《经解》本作"其□九九"，缺一字误一字。

书首《新刊经解目录》，与丛书内容多有不合处，又《目录》中将"郑汝谐"误为"赵汝谐"。

此外，《四库全书荟要》经部书多依《通志堂经解》本缮录，其各书后附校勘记，对《经解》本的错误多有指出和改正。

又有擅作更改，不依原本面貌者，如：

宋卫湜《礼记集说》一百六十卷，是书有宋嘉熙四年（1240）新定郡斋刻本传世，但《经解》刊刻时，未得见宋版，乃据毛氏汲古阁所藏影宋抄本付刊。然未能遵照底本次第，将赵善湘刻后卫湜又作增补的各条，移入各卷正文（原本在卷末），致失旧本面目，多获批评。何焯注《通志堂经解目录》云："《集说》从两钞本付刻，皆未尽善。伊人分校成部，大有乖误。"① 毛扆《汲古阁珍藏秘本书目》云："《礼记集说》，四十二本。世无其书，止有此影抄宋本一部。今昆山所刻，借此写样。……昆山刻书时，下半部乃伊人校对，竟将后添者移入前去，失之矣。赖此本犹存卫公之旧。"②《持静斋书目》著录宋刻本，亦云："通志堂刻时仅见抄本，而未见此本，故多谬误。"③ 又据何焯批，原本卫氏所增补，顾湄移入前文者，为"七十三卷《玉藻》，七十六卷《玉藻》，七十七卷《玉藻》，九十三卷《乐记》，九十四卷《乐记》，九十六卷《乐记》，九十七卷《乐记》，九十九卷《乐记》"④。

又宋傅寅《杏溪傅氏禹贡集解》二卷，《经解》本据宋刻本付刊，却将原刻书首图后"尚书诸家说断"六字改作"杏溪傅氏禹贡集解"，致失宋刻原貌。元吴澄《书纂言》四卷，《经解》本据嘉靖二十八年（1549）顾氏刻本付梓，然顾氏原本之前后序跋则全削去未刊。元黄镇成《尚书通考》十卷，《经解》本据汲古阁所藏元至正刻本，惟于元刻雷几序削而未刻。元程端学《春秋本义》三十卷，《经解》本依元刻本付刊，未刻原本之句读圈点，徒留卷首点抹例。宋叶时《礼经会元》四卷，据《宋元旧本书经眼录》称，旧本亦有点抹，而《经解》本亦尽去之。宋聂崇义《新定三礼图》二十卷，《经解》本依汲古阁宋本付刊，然未依原图款式。

诸如此类校勘上的疏失，致使后世研究者颇有不满，甚至给予了严厉批评。如叶德辉即曾言《通志堂经解》"卷帙一千八百之多，精者不及十种"⑤，

---

① 翁方纲订：《通志堂经解目录》，第 14 页。

② 毛扆撰：《汲古阁珍藏秘本书目》，第 1 页。

③ 丁日昌撰：《持静斋书目》卷一。

④ 翁方纲订：《通志堂经解目录》，第 14 页。

⑤ 叶德辉撰：《郎园读书志》卷一。

《续修四库全书总目提要》亦称“校者太仓顾湄伊人，本以词学名家，非通经儒士，窜乱移易，讹谬滋多”[①]，评价甚低。

盖校书确如扫尘，舛误很难尽免，虽校勘名家亦如此。如王重民《敦煌古籍叙录》载英国伦敦不列颠博物院藏唐陆德明《周易释文》残卷，记云：“此虽仅存六行，文字异同亦不少。如《同人》‘辩’下，卷子本云‘王肃卜勉反’，今本‘卜’误为‘小’，则失其音矣。通志堂本犹不误，其误盖自卢文弨、阮元校本始。”[②]则以校刻精审闻名的卢文弨、阮元刻本亦不免致误，而在之前付刻的《通志堂经解》本尚未误。

又后世学者品评《通志堂经解》之校勘，实多受何焯的影响。何焯编有《通志堂经解目录》，其批语对顾湄之校《经解》，多有讥评。何氏精于校雠，又秉性直傲，尝客徐乾学家，后不欢而散。其批《经解目录》，所指失误，多属实情，但语气却多苛刻，亦有言之未审之处。如宋俞琰《俞氏易集说》十三卷，何焯批曰：“此遵王元本，惜属伊人所校，板心大谬。”[③]陆心源《仪顾堂续跋》有辨云：“元本每卷末或题‘俞氏易说’，或题‘俞石涧易集说’，故通志本版心改题‘俞氏易集说’以清眉目。义门以为大谬，盖未细检元刊耳。”[④]

所以《通志堂经解》校勘不尽精善是客观事实，无须回避，但亦不应夸大其词，甚至全面否定。《四库全书》收录《经典释文》，乃依《通志堂经解》本缮写，其提要云：“此为通志堂刻本，犹其原帙。何焯点校《经解》目录，颇嗤顾湄校勘之疏，然字句偶讹，规模自在，研经之士终以是为考证之根柢焉。”[⑤]持此种态度来评价《通志堂经解》，可称公允。

三、《通志堂经解》的版刻情况

由于文献载体的限制，文献的流布，最初是以讲唱、镌刻、抄写等方式。

---

① 柯劭忞等撰：《续修四库全书总目提要》第4册，第464页《通志堂经解目录》条。

② 王重民撰：《敦煌古籍叙录》，第8页。

③ 翁方纲订：《通志堂经解目录》，第4页。

④ 陆心源撰：《仪顾堂续跋》卷一。

⑤ 纪昀等撰：《四库全书总目》卷三十三《经典释文》条。

讲唱易失原著真貌，镌刻则花费高，难以广泛使用，而抄写费时费力，且易辗转致误。唐初雕版印刷发明[①]，并用以刊布文献。雕版印刷使文献得以大批量复制，效率提高，比抄写大大进步，符合广泛传播文献的需要，故得以较快推广，至宋朝时即进入繁盛期，成为最重要的文献流布方式，这种状态一直持续到清末。清道光间鸦片战争前后，西方的石印、铅印技术传入中国，用于印刷书籍，由于它们与当时的科技相结合，效率大增，费用减少，在很短的时间即得到广泛应用，雕版印刷遂逐渐衰落下去。

在长期的应用过程中，雕版印刷不断发展进步，各个时期形成了不同的时代特点，这包括版式、字体、纸张、装潢等各个方面，在全国各个版刻中心也形成了不同的地域特点。在刊刻《通志堂经解》的清初，就雕版印刷的字体来看，主要有两种，即所谓的"宋体字"和"软件字"。二者又多有其他称法，如"宋体字"又称"仿宋字""匠体字""宋字"等，"软件字"又称"楷体字""元字"等。据叶德辉《书林清话》，这两种字体的源头乃是宋刻本的两种风格，其云："盖宋刻一种整齐方板，故流为明体之肤廓。一种圆活秀劲，故流为元体之流动。"[②]具代表性的宋体字于明后期隆庆、万历间形成，其字体长方、横细竖粗，略显呆板。然其虽不若宋元版手写体那样生动悦目，但至此形成了雕版印刷规范统一的字体，又横轻直重，便于下刀，故书写、雕刻的效率都大大提高，是印刷史上的一大进步，成为明末与清代刻书的盛行字体。"软件字"接近手写字体，故又有"写刻"之称，较宋体字生动美观，写刻难度相对较大，故写刻资费也较宋体字高，据张秀民《中国印刷史》称，清内府规定，写宋字版样，每百字工价银二分至四分不等，写软字每百字工价银四分。

清代所刻书，以软件字写刻本为最上乘。清代写刻本主要集中于清前期即顺治至乾隆时期，为这一时期刻本的鲜明特色。虽然具有鲜明特征的宋体字于明中叶以后便已形成，到清初已经过一段时间的发展，得到广泛应用。但在清康熙朝前后的版刻中，写刻的风气仍十分盛行，产生了大量精致典雅的软件字写刻本，成为清代雕版印刷史上的一大特色。如清初所刻明邝露撰

① 据张秀民《中国印刷史》、杜泽逊《文献学概要》。

② 叶德辉撰：《书林清话》卷二《刻书分宋元体字之始》条。

《峤雅》、清余怀撰《咏怀古迹》，康熙间所刻清徐乾学编《通志堂经解》、清张士俊辑《泽存堂五种》、清朱彝尊撰《曝书亭集》、清王士禛撰《渔洋山人精华录》、清叶燮撰《已畦集》、清曹寅、彭定求等编《全唐诗》、清曹寅编《楝亭藏书十二种》，清惠周惕撰《研溪先生诗集》、清吕留良撰《吕晚村先生家训真迹》、清顾嗣立撰《书馆闲吟》、清揆叙撰《鸡肋集》、清汪文柏撰《柯庭文薮》、清查克弘、凌绍乾编《晚唐诗钞》，雍正间刻宋周密辑《绝妙好词》、清释元璟撰《完玉堂诗集》，乾隆间扫叶村庄所刻清薛雪所著书等[①]，不胜枚举。均精写付刻，雅致美观，从版刻艺术的角度而言，皆可称为精品。

据黄永年《清代版本述略》[②]总结，当时的软件字大致又有两路，“一种点画方劲，如康熙时徐乾学代纳兰成德所刻《通志堂经解》、张士俊所刻《泽存堂五种》均是。再一种则点画柔美，略似法帖中的所谓晋唐人小楷书，如康熙时曹寅主持扬州诗局时所刻《全唐诗》便是。”除《通志堂经解》《泽存堂五种》外，徐乾学家刻书中的多数，如徐乾学所刻《通志堂集》、徐树榖所刻《憺园文集》《读礼通考》、徐炯所刻《李义山文集》等，皆与《通志堂经解》风格相同，皆属清初软件字写刻中点画方劲一路。

《通志堂经解》不仅在点画方劲一类写刻本之中具有代表性意义，就清代整体写刻本而言，亦具有代表性地位。《泽存堂五种》刻印精好，叶德辉赞其“摹仿宋刻，极肖极精”[③]，但其书共五十卷，规模自不能与《通志堂经解》同日而语，五种全为小学书，影响亦不如《通志堂经解》之经学书，且刊刻时间在康熙四十三年（1704）至五十三年（1714），亦在《通志堂经解》之后。《全唐诗》九百卷，是《通志堂经解》之外又一卷帙浩繁的巨书，且写刻精雅秀美，向来为专家称道，在清代版刻印刷史上具有重要地位，叶德辉《书林清话》云：“曹寅所刻《小学五种》《楝亭十二种》，又为内府刻《全唐诗》，则固胜于纳兰成德远甚。”[④]叶氏此言，仍主要是针对《通志堂经解》校勘不尽精善而发。若以《通志堂经解》与《全唐诗》作各方面综合比较，则更可见《通志堂经解》的重要意义。一，《全唐诗》九百卷，而《通志堂经解》一

① 所举各例，部分参考了黄裳《清代版刻一隅》所附书影。

② 黄永年撰：《黄永年古籍序跋述论集》，2007 年中华书局排印本，第 332—337 页。

③ 叶德辉撰：《书林清话》卷九《纳兰成德刻〈通志堂经解〉之一》条。

④ 叶德辉撰：《书林清话》卷九《纳兰成德刻〈通志堂经解〉之一》条。

千八百余卷，为前者二倍，规模更大。二，《全唐诗》为集部书，《通志堂经解》则为经部，重要性胜之。三，《全唐诗》乃圣祖皇帝敕编，扬州诗局奉旨刊刻，是为官刻，而《通志堂经解》为徐乾学家刻，以私家之力而成此巨编，更为难得。四，《全唐诗》刊成于康熙四十六年（1707），《通志堂经解》则刊成于康熙三十一年（1692）之前，刊刻在先。故不论是从内容重要性之角度，还是从付刻时间、规模、雕版工艺的角度，《通志堂经解》在清代写刻本中的代表性地位都无以取代。黄永年、贾二强《清代版本图录》即称："(《通志堂经解》) 点画精雅，为清初用方劲欧体写刻之典范。"① 杜泽逊《文献学概要》亦称："初刻工致，为清初写刻本代表之一。"②

此外，《通志堂经解》开版大方，一般半页十一行，行二十字，行字疏朗，纸墨亦精。且版心下左记刻工，保存了近五百个刻工姓名。作为巨编，整套书风格如一。加之上文所述写刻严整疏秀、自然大方。这些都决定了其在雕版印刷史上的重要地位。

叶德辉称赞《泽存堂五种》"摹仿宋刻，极肖极精"，而批评《通志堂经解》之不及。实叶氏所云亦一家之言。康熙间王士禛于《居易录》中即称："近则金陵、苏、杭书坊刻板盛行，建本不复过岭。蜀更兵燹，城郭邱墟，都无刊书之事，京师亦鲜佳手。数年以来，虞山毛氏、昆山徐氏，雕行古书，颇仿宋槧，坊刻皆所不逮。"③ 于《分甘余话》又称："昆山徐氏所刻《经解》多秘本，仿佛宋槧本。"④ 而叶氏《郎园读书志》卷一也记载光绪甲午（二十年，1894）张冶秋、王懿荣参与检查天禄琳琅藏书一事，据二人讲："《书目前编》所载无一册之存，《续编》经部宋人书所谓宋版者，往往以白纸初印之通志堂本伪充。"今湖南省图书馆即藏有宋王与之《东岩周礼订义》一书残卷，上钤有"乾隆御览之宝""五福五代堂古稀天子宝"等乾隆皇帝的玺印，《天禄琳琅书目后编》卷二宋版经部著录，而是书即实为康熙刻《通志堂经解》本。又据崔富章《四库提要补正》之《三礼图集注》条称，《天禄琳琅后编》卷一、二著录宋版《三礼图》三部，其中一部实为

① 黄永年、贾二强撰集:《清代版本图录》卷一，1997年浙江人民出版社影印本。

② 杜泽逊撰:《文献学概要》，第328页。

③ 王士禛撰:《居易录》卷十四。

④ 王士禛撰:《分甘余话》卷四。

《通志堂经解》本。又《杭州大学图书馆善本书目》著录宋李衡《周易义海撮要》十二卷，定为宋乾道六年（1170）刻本，而据其所附书影，此亦实为康熙《通志堂经解》本。可见《通志堂经解》雕刻之精，仿佛宋椠，往往有以之为宋版者。

四、《通志堂经解》用作后世底本与校本的情况

《通志堂经解》所收多为经学要籍，所据底本亦大都直接来源于宋元善本，渊源有自。又其所收经解，很多为当时罕传之书，宋元旧椠已不易得，更颇有仅靠抄本流传者，自《经解》刻后，才始有刊本行世。加之《经解》版式大方，刻印精美。故后世抄、刻、影印书籍，大量取之以为底本与校本。

1.《四库全书荟要》多据以缮录

乾隆三十八年（1773）二月，《四库全书》开馆纂修，稍后又应清高宗要求同时优先编纂《四库全书荟要》。《四库全书荟要》者，乃《四库全书》之菁华荟萃。时内府藏有成套的《通志堂经解》，馆臣多取之以作《四库荟要》底本。《通志堂经解》收书140种，为《四库荟要》同时收录者达98种，占《四库荟要》经部书总数152种的六成多。而这98种经部书中多至95种依内府所藏《通志堂经解》本缮写，仅3种未将通志堂本作为缮录底本。据《钦定四库全书荟要总目》所著录《四库荟要》校本的情况，《四库荟要》所收的这98种书之中，内府不乏另有宋元旧刻者，然均未据以缮写，至多取为校本，盖因《通志堂经解》本刻印精好，风格一致，内府又藏有多套，便于分抄之故。

《通志堂经解》所收140种书，《四库全书》则全部收入，且仅有8种存目，其他均予著录。《四库全书》所录各书，虽未如《四库荟要总目》标明具体底本，但不少底本来源著录为内府藏本者实即内府所藏通志堂本，如《春秋集解》三十卷、《经典释文》三十卷等。其他著录为各采进本、进呈本的，据学者考证，其中不乏标注错误而实为通志堂本者。

由此可看出，四库馆臣对《通志堂经解》的倚重，以及《通志堂经解》对于纂修《四库荟要》及《四库全书》的重要影响与巨大贡献。

2. 用作其他抄、刻、影印底本的情况

《四库全书》《四库全书荟要》以外，其他用《通志堂经解》为底本的刻本、抄本、影印本更大量存在，其中既有丛书，也有单书，既有国内刻本，也有国外刻本。现各举几例：

（1）刻本

《易学启蒙通释》二卷《图》一卷，有日本享和二年（清嘉庆七年，1802）据《通志堂经解》本翻刻本。《晦庵先生朱文公易说》二十三卷，有日本宽政十一年（清嘉庆四年，1799）尚友堂冈邨庄助据《通志堂经解》本翻刻本。《周易本义通释》十二卷，有日本享和二年（清嘉庆七年，1802）东都出云寺万次郎据《通志堂经解》本翻刻本。《书疑》九卷，有日本明治三年（清乾隆三十一年，1766）据《通志堂经解》本翻刻本。《诗集传名物钞》八卷，有日本文化十年（清嘉庆十八年，1813）据《通志堂经解》本翻刻本。《礼记陈氏集说补正》三十八卷，有日本享和二年（清嘉庆七年，1802）刻本，底本亦当为《通志堂经解》本。

又《子夏易传》十一卷，有清嘉庆间虞山张海鹏照旷阁所刊《学津讨原》本；《杏溪傅氏禹贡集解》二卷，有清同治八年（1869）永康胡氏退补斋刊本（《金华丛书》之一，作《禹贡集解》二卷）；《尚书表注》二卷，有清同治八年（1869）永康胡氏退补斋刊本（《金华丛书》之一）；《诗说》一卷，有清嘉庆南汇吴氏听彝堂刻《艺海珠尘》本；《春秋师说》三卷附录二卷，有1955年刊《复性书院丛刊》本。皆据《通志堂经解》本付刻。

（2）抄本

《易图说》三卷，《万卷精华楼藏书记》卷二著录抄本，并录有成德序，盖从《通志堂经解》本出。《熊先生经说》七卷，《藏园订补郘亭知本书目》卷三、《藏园群书经眼录》卷二、《文禄堂访书记》卷四著录旧写本，为同一本，作《豫章熊先生家集》七卷，乃据《通志堂经解》本抄录。

（3）影印本

近人严灵峰编有《无求备斋易经集成》，其中《易》学书，《通志堂经解》收录者，多以之为底本影印。如《易数钩隐图》三卷《遗论九事》一卷、《横渠先生易说》三卷、《复斋易说》六卷、《童溪王先生易传》三十卷、《周易玩辞》十六卷、《三易备遗》十卷、《大易缉说》十卷、《俞氏易集说》十三卷、

《周易本义附录纂注》十五卷、《易纂言》十二卷首一卷、《周易经传集程朱解附录纂注》十四卷首一卷附一卷，均据康熙刻《经解》本影印;《易图说》三卷、《水村易镜》一卷、《学易记》九卷首一卷、《读易私言》一卷、《周易本义通释》十二卷、《易图通变》五卷，则据清同治十二年（1873）粤东书局翻刻《经解》本影印。

《通志堂经解》所收书中，有8种《四库全书》予以存目，20世纪末影印《四库全书存目丛书》，取《经解》本付印者6种，它们是《水村易镜》一卷、《书古文训》十六卷、《书疑》九卷、《诗疑》二卷、《春秋类对赋》一卷、《晦庵先生所定古文孝经句解》一卷。

其他以《通志堂经解》本为底本影印的，又如《汉上易传》十一卷《周易卦图》三卷《周易丛说》一卷、《周易玩辞》十六卷，民国十二年（1923）沔阳卢氏慎始基斋影印的《湖北先正遗书》收之，乃据《通志堂经解》本影印。又《经典释文》三十卷，民国初上海商务印书馆影印《四部丛刊》本、1983年中华书局影印本，均以《通志堂经解》本为底本。

《通志堂经解》本作为后世其他各书底本的情况，因未作广泛查检、统计，以上所举，只是其中一小部分。

3. 用作校本与批注底本的情况

如前文所述，《四库全书荟要》与《通志堂经解》同时收录的98种经书中，有多至95种《四库荟要》据内府所藏《通志堂经解》本缮写。而其余《禹贡山川地理图》（自《永乐大典》辑出）、《禹贡说断》（自《永乐大典》辑出）、《三礼图》（据内府所藏毛氏汲古阁影宋抄本缮录）3种虽未依通志堂本缮录，但也取通志堂本作为校本。《四库全书》虽不标注校本情况，但从《四库全书总目》提要各书时亦多次言及《通志堂经解》以及《四库荟要》对于《通志堂经解》充分利用的情况来推断，《通志堂经解》为《四库全书》的纂修提供了部分底本以外，也应该较为广泛地充当校本。

查检《中国古籍善本书目》与中国台湾《国家图书馆善本书志初稿》等，多见以《通志堂经解》本各书为底本的批校题跋本著录，此亦为后人利用《通志堂经解》的直观体现。今对此类校跋本搜罗整理，列为表7-2。

表 7-2 以清康熙刻《通志堂经解》本各书为底本的校跋本

<table>
<tr><th>序号</th><th>书名卷数</th><th>批校题跋情况</th><th>馆藏</th><th>资料来源</th></tr>
<tr><td>1
（8）</td><td>《周易义海撮要》十二卷</td><td>清惠栋批，清丁晏跋</td><td>苏州图</td><td>《善目》</td></tr>
<tr><td>2
（32）</td><td>《易纂言》十二卷</td><td>清惠栋、丁丙跋</td><td>南京图</td><td>《善目》</td></tr>
<tr><td>3
（38）</td><td>《周易参义》十二卷</td><td>清翁同书批注并跋</td><td>国图</td><td>《善目》</td></tr>
<tr><td>4
（40）</td><td>《书古文训》十六卷</td><td>王国维校并跋</td><td>国图</td><td>《善目》</td></tr>
<tr><td>5
（42）</td><td>《程尚书禹贡论》二卷《后论》一卷《山川地理图》二卷</td><td>傅增湘校并跋</td><td>国图</td><td>《善目》</td></tr>
<tr><td>6
（73）</td><td>《春秋权衡》十七卷</td><td>傅增湘校并跋</td><td>国图</td><td>《善目》</td></tr>
<tr><td>7
（91）</td><td>《春秋五论》一卷</td><td>傅增湘校并跋</td><td>国图</td><td>《善目》</td></tr>
<tr><td rowspan="4">8
（105）</td><td rowspan="4">《新定三礼图》二十卷</td><td>清戈宙襄校，清韩应陆跋并录清钱谦益跋</td><td>上图</td><td rowspan="4">《善目》</td></tr>
<tr><td>清周辨麦跋并录清戈宙襄校，清韩应陆跋</td><td>上图</td></tr>
<tr><td>傅增湘校</td><td>国图</td></tr>
<tr><td>傅增湘校</td><td>山西文物局</td></tr>
<tr><td>9
（107）</td><td>《鬳斋考工记解》二卷</td><td>傅增湘校跋并录清查慎行跋</td><td>国图</td><td>《善目》</td></tr>
<tr><td>10
（125）</td><td>《孟子音义》二卷</td><td>清丁士涵校</td><td>复旦图</td><td>《善目》</td></tr>
<tr><td rowspan="4">11
（134）</td><td rowspan="4">《经典释文》三十卷</td><td>清何煌校并跋，清费念慈题款</td><td>国图</td><td rowspan="4">《善目》</td></tr>
<tr><td>清顾之逵校跋并录清惠栋、段玉裁校</td><td>国图</td></tr>
<tr><td>清王筠校跋并录清叶万、臧庸堂、段玉裁跋</td><td>国图</td></tr>
<tr><td>清陈奂跋，清马钊校</td><td>复旦图</td></tr>
</table>

续表

序号	书名卷数	批校题跋情况	馆藏	资料来源
11（134）	《经典释文》三十卷	清马钊跋并录清惠栋校、段玉裁、顾之逵、江沅校跋，清马铭跋并录清陈奂校	国图	《善目》
		清刘履芬跋并录清段玉裁、黄丕烈、顾之逵、顾广圻、江沅、管庆祺、潘锡爵校跋	国图	
		清刘履芬跋并录清段玉裁、顾之逵、臧庸堂、江沅、管庆祺校跋	国图	
		清唐翰题跋，佚名录清段玉裁、顾之逵、臧庸堂、江沅、王筠等校跋	国图	
		清费念慈跋并录清何煌、惠栋、江声、段玉裁、钮树玉、袁廷梼、顾之逵、臧庸堂、江沅、顾广圻、管庆祺、潘锡爵校	复旦图	
		叶昌炽录清何煌、惠栋、江声、段玉裁、钮树玉、黄丕烈、袁廷梼、顾之逵、臧庸堂、江沅、顾广圻、管庆祺、潘锡爵校跋	上图	
		傅增湘校并跋	国图	
		清袁芳瑛、庄世骥校并跋，叶德辉校并跋	湖南图（残）	
		清管庆祺录清惠栋校	重庆图（残）	
		清管庆祺题识并录清江沅等校跋，清费念慈跋	台“国图”	中国台湾《国家图书馆善本书志初稿》
		清潘锡爵识语并录清顾广圻等校、顾广圻识语		
		清陈奂题记并录旧校		
		清管庆祺跋并录清惠栋校		
12（135）	《公是先生七经小传》三卷	朱文钧校并跋	国图	《善目》
13（138）	《熊先生经说》七卷	清惠栋批，清陆沆、丁丙跋	南图	《善本书室藏书志》《善目》

续表

序号	书名卷数	批校题跋情况	馆藏	资料来源
14（139）	《十一经问对》五卷	傅增湘跋并录清卢文弨、严元照校跋	国图	《善目》

说明：

①“序号”一栏中带括号的序号是各书在第四至六章《〈通志堂经解〉子书版本源流考》中的编号。

②“馆藏”一栏中，“苏州图”指代苏州市图书馆，“南京图”指代南京市图书馆，“国图”指代中国国家图书馆，“上图”指代上海市图书馆，“山西文物局”指代山西省文物局，“复旦图”指代复旦大学图书馆，“湖南图”指代湖南省图书馆，“重庆图”指代重庆市图书馆，“台‘国图’”指代中国台湾“国家图书馆”。

③“资料来源”一栏中的《善目》指《中国古籍善本书目》。《中国古籍善本书目》编辑委员会编，上海古籍出版社 1989—1998 年排印本。

综以上所述，《通志堂经解》140 种 1860 卷，不仅在经学史上占有重要地位，在版本学方面也具有重大的价值。底本方面，在可考知底本的 76 种经解当中，底本为宋元旧本的高达七成，故完全可以说《通志堂经解》多据宋元本付刻；版刻方面，《通志堂经解》虽规模宏大，但全书精写付刻，是清代软体字写刻本的典型代表。此外，《通志堂经解》所收多为经学要籍，并多稀见之书，底本可靠，刻印精美，故成为后世抄、刻、影印书籍的重要底本来源，以之为底本者数量众多。当然不可否认，《通志堂经解》在少数底本选用方面存在不足，特别在校勘质量上不够精审，并因此多受诟病。但瑕不掩瑜，不能据此而否定或过分贬低《通志堂经解》在我国版刻印刷史上的应有地位。

第二节 《通志堂经解》在经部丛书编刻史上的地位

一、对宋元经学文献的汇集与保存

我国古代自汉武帝“罢黜百家，独尊儒术”以来，儒家思想基本上一直居于正统地位，儒家经典备受尊崇，而对儒家思想与经典进行研究的经学便成为历代学术的主流。其中就流派而言，有汉代的今文学与古文学、魏晋的郑学与王学、南北朝的南学与北学等；就时代而言，则有所谓汉学、宋学与清学之分。经学文献作为经学研究成果的凝结，各个朝代都大量产生，总量难以计数。然而随着流传日久，由于派系衰微、战乱水火、人为破坏等因素，加之古时文献载体以及印刷与流通等方面的局限，大量的经学文献日趋散亡。汉唐人著作历世久远，散佚尤多，仅存的成果主要保留在《十三经注疏》以及有限的一些综合性丛书中。至有宋一代，学者富有开创精神，敢于挑战权威，突破陈说，于是各自成家，新论迭出；此风下及元代，元儒继续阐发宋学未尽之余蕴。故宋元两代经学文献愈加繁富。然元末至明，学风趋于空疏，朝廷又以时文取士，士人除科举考试取题来源的《四书》《五经》之外，多束书不读，致宋元诸儒经解之书或渐致散佚或藏于一隅，少有人整理刊布。逮至明末清初，此种情况更加突出，"宋元诸儒之书，存者亦复寥寥可数"[①];偶有存者，"雕版既漫漶断阙，不可卒读，钞本讹谬尤多，其间完善无讹者，又十不得一二"[②]。宋元两代经学文献的命运犹如往代古籍，大有隐没之势，亟须抢救整理。

《通志堂经解》之编刻，收录经学著作 140 种，其中《子夏易传》之外，唐人著作 2 种，后蜀人著作 1 种，明人著作 3 种，清人著作 2 种，著者时代不明者 1 种，其余皆为宋元人著作，计 130 种之多。可见《通志堂经解》所收以宋元经学著作为主，并且数量巨大，是对宋元经解文献的一次集中抢救与保护。

《通志堂经解》对于宋元经学著作的保存不仅数量上规模巨大，非一般丛书所能比，在收录各书的选择上也体现了审慎的态度，基本做到了择善而存，所收经解整体上看都是经学史上的重要典籍。《四库全书》向称历代要籍之总汇，其中所收各书，馆臣又划分为抄录与存目两等，以体现他们对于不同著作价值差异的区分。与《四库全书》相较，《通志堂经解》所收的 140 种经说，《四库全书》全部收入，其中抄录者 132 种，存目仅 8 种。《四库全书荟要》作为《四库全书》的精华，规模仅为后者的七分之一，收录标准更加严苛，而《通志堂经解》所收的 140 种著作中，为《四库全书荟要》收录者多达 98 种，占《经解》总数的七成；若单就宋元经解而言，《四库全书荟要》经部共收入宋元两代经学著作 131 种，而其中同为《通志堂经解》所收者 93 种，占《四库荟要》宋元经部书总数的七成还多。

---

① 徐乾学编:《通志堂经解》卷首。

② 徐乾学编:《通志堂经解》卷首。

明永乐间所纂《五经大全》，割裂袭抄，饾饤成编，历来为后世学者所诟病。如其《周易大全》即杂抄宋董楷《周易传义附录》、元胡一桂《周易本义附录纂注》、元胡炳文《周易本义通释》、元董真卿《周易经传集程朱解附录纂注》诸书而成;《书传大全》则全袭元陈师凯《书蔡氏传旁通》、元陈栎《书集传纂疏》。袭抄固不可取，但从另一角度则可见所取原书的重要性及影响，而以上各原书，《通志堂经解》全予收录。

清张之洞《书目答问》是重要的目录学著作，其卷一有云:“经学、小学书，以国朝人为极，于前代著作，撷长弃短，皆已包括其中，故于宋元明人从略。”[①]而书中所列为数不多的宋元人经说，亦大部分为《通志堂经解》所收，如宋李衡《周易义海撮要》、唐成伯玙《毛诗指说》、元吴澄《仪礼逸经传》、宋卫湜《礼记集说》、宋聂崇义《三礼图集注》、元赵汸《春秋左传补注》、元赵汸《春秋集传》、宋孙奭《孟子音义》等。

综合以上可见，称《通志堂经解》为宋元两代经解要籍之荟萃，非为虚誉。

荟萃宋元经解要籍之外，《通志堂经解》于宋元经学文献的另一重大贡献，是对大量稀见版本的保存与传播，使“多数罕传之籍得因其巨力以行世”[②]。《通志堂经解》所据以付刻之底本，大多为宋元旧刻及旧抄本。此类旧刻、旧抄在当时虽有存世，但多庋于藏书之家，流传稀少，一般学者士人难以得见，无法为经学研究所用。丛书所收如宋吕祖谦《古周易》一卷、宋税与权《易学启蒙小传》一卷《古经传》一卷、宋林光世《水村易镜》一卷、宋朱鉴《诗传遗说》六卷、宋范处义《逸斋诗补传》三十卷、宋王皙《春秋皇纲论》五卷、宋吕本中《春秋集解》三十卷、元詹道传《四书纂笺》二十八卷、元朱公迁《四书通旨》六卷等，各书目皆罕见著录，在当时应存世绝少。又如宋王当《春秋臣传》三十卷、宋吕祖谦《左氏传说》二十卷等，《通志堂经解》本之前，仅见有抄本著录，其流布稀少亦可想而知。

还有一些经解著作，在当时虽有刊本传世，但非常稀见。如宋卫湜《礼记集说》一百六十卷，乃卫氏积三十余年之力而成，汇集众说至144家，采摭赅博，去取精审，《四库全书总目》称之为“礼家之渊海”[③]，是重要的礼学

---

① 张之洞撰，范希曾补正:《书目答问补正》卷一，2001年上海古籍出版社排印本。

② 柯劭忞等撰:《续修四库全书总目提要》第14册，第751页。

③ 纪昀等撰:《四库全书总目》卷二十一。

巨著。此书虽有南宋嘉熙四年（1240）新定郡斋刻本传世，但传本绝少，徐乾学编刻《通志堂经解》时亦未得见，更不用说一般读书人。徐氏乃据毛氏汲古阁所藏影宋抄本刻入《经解》，至此学者才得以睹见该书。丁丙《善本书室藏书志》卷二云："《礼记集说》一百六十卷……绍定四年辛丑赵善湘锓板江东漕院，越九年复为核定，定为此本，别刊于新定郡斋。传本绝稀。江阴李贯如一从事三《礼》，借是于绛云楼，焚香肃拜而后起视。余姚黄宗羲购归祁氏旷园遗籍，途中为书贾窃去是书，见之于所批撰《天一阁藏书记》中。则当时之珍重可知矣。自刊入《通志堂》后，学者始稍稍见之。"可见《经解》之刻于此书为功甚大。又如唐陆德明《经典释文》三十卷，采辑汉魏六朝音切230余家，兼载诸儒训诂，诸经古义注疏之外多赖此以存，历来为学者所重。此书虽屡经刊刻，然至清初，刊本传世者已极少。钱谦益绛云楼有一宋刻本，为明文渊阁秘籍，后绛云楼一炬，此本被毁。所幸者，明崇祯间叶林宗曾募笔工谢行甫据此本影抄一部。《通志堂经解》即依叶氏影宋抄本付刻，自此得以广泛流传，清代学者多取之以为治经之资。其他又如宋吴沆《易璇玑》、宋李衡《周易义海撮要》、宋林光世《水村易镜》、宋薛季宣《书古文训》、宋王柏《书疑》、宋李樗等《李迂仲黄实夫毛诗集解》、宋刘敞《春秋刘氏传》、宋章冲《春秋左氏传事类始末》、元程端学《春秋本义》等等，皆如此类，不胜枚举。

正如清韩菼评《通志堂经解》所云，"凡唐宋以来先儒经解世所不常见者，靡不搜揽参考，雕板行世"①。《通志堂经解》刊入众多罕传稀见、濒于亡佚的经学文献，使之得以保存，不致继续散失；同时也因为《经解》的刊刻，使得这些重要、稀见的古籍得以传布，更多的学者能够得以研究与利用，如此，这些经学成果的学术价值才得以真正体现。

二、对清代及后世经学研究的贡献

两宋经学，尤其程朱一派，言心言性以持风俗人心，讲论天理以佐帝王之治，因此颇合后世统治者心意，故多被立为官方正统。清朝立国之后亦是

① 钱仪吉纂录：《碑传集》卷二十。

如此，朱熹配享孔庙，科举用朱注《四书》，熊赐履、李光地等理学家皆居高位，并有《性理大全》《朱子全书》之纂。

而学术界的情形则并未与官方步调一致。清初长期存在汉学、宋学之争，乾嘉之际汉学大盛，晚清经学则出现了汉宋兼容的趋向。然而无论哪个阶段，宋元理学始终是清代经学研究的一个重要部分，即便是汉学最盛的乾嘉时期，学者也未曾轻弃宋学。清初诸大儒，虽极力抨击理学末流虚妄之弊，但并非否定宋元理学，相反他们多具宋学根底。皮锡瑞《经学历史》云："王、顾、黄三大儒，皆尝潜心朱学，而加以扩充，开国初汉、宋兼采之派。"①此言不虚。其他如阎若璩、胡渭、万斯大、方苞等，其著述皆多有采用宋儒之说者。②乾嘉以降，随着辑古佚书取得了巨大成绩，学者治学方向遂转向汉唐。然即便在乾嘉汉学大兴之际，其代表人物如惠栋、江永、戴震、段玉裁、孔广森等，皆不薄宋儒，并于其说多有采取。如惠栋红豆山斋楹帖所题即为"六经宗孔孟，百行法程朱"；江永尝注《朱子近思录》，又其所著《礼经纲目》亦本朱子《仪礼经传通释》；戴震所著《诗经补注》从朱子《诗集传》之说者颇多；段玉裁跋朱子《小学》，亦不以汉人之小学而轻朱子之《小学》；孔广森撰《春秋公羊传通义》，其源即出于元赵汸《春秋属辞》；而作为乾嘉考据学重要内容之一的辑佚学，实南宋王应麟辑《三家诗》与《周易郑康成注》开其端绪。所以清代乾嘉考据学虽以复兴汉学为特色，但于宋元诸儒之经说亦潜心研读，对宋元两代经学成果颇多参考利用。清代经学能够繁荣，必然以前人之成果为基础，而宋元诸儒的成果自然是其中不能忽视的一个重要部分。清初大儒顾炎武尝言："经学自有源流，自汉而六朝而唐而宋，必一一考究，而后及于近儒之所著，然后可以知其异同离合之指。"③清人治经，实际大致经历的就是先宋元再唐汉这样一个由近及远的过程。

《通志堂经解》荟萃宋元两代经学要籍 130 种之多，将流传不广而又意义重大的宋元经解著作刊刻以传，又加之所据多为宋元善本，来源可靠，这样给清代及后世的学者提供了一个大容量且高质量的资料库，使之在《十三经注疏》《五经四书》等传统经学典籍之外，得以获见更为丰富的经部文献，大

① 皮锡瑞撰:《经学历史》，第 217 页。

② 详《经学历史》，第 222 页。

③ 顾炎武撰:《顾亭林诗文集 · 亭林文集》卷四。

大开拓了他们的学术视野，扩展了经学研究的范围。有清一代经学的昌盛，《通志堂经解》可谓功不可没。

清道光间萧山沈豫撰有《群书提要》一卷，其中《周易郑注》条云："壬辰夏仲，得雅雨卢氏所刻丛书，李鼎祚《集解》后缀康成《周易注》。遗珠碎璧，弥深宝爱，翻绎者久之。癸巳春，豫惜汉《易》之尠，取架中《通志堂经解》及阮芸台相国所刻《皇清经解》言《易》者各数种，汇萃排比，纂辑诠解。意欲见我朝《易》学跨越汉魏，且使童髦放开眼界。四圣之书牢笼万有，而于《本义》《大全》《缉说》《会通》诸集以外资其玩索也。"① 文中所述，可谓是清人治经的典型方法，亦可见作为文献资料汇编的丛书于学者治学的重要意义。此类取资《通志堂经解》以治经的具体实例记载不在少数，此不一一罗列。而查检《中国古籍善本书目》与中国台湾《国家图书馆善本书志初稿》等，多见以《通志堂经解》本诸书为底本的批校题跋本著录，此为后人对《通志堂经解》加以利用的更为直观的体现。

清人治经重考据实证，这在文献材料的使用上表现为尤其注重其真实性与原始性，故辨伪、辑佚、校勘之学于清代特别繁盛。《通志堂经解》诸书清人批校本的大量著录，一方面反映出清人的考据之风，另一方面则可见《通志堂经解》在清儒治学中所发挥的作用。学者如惠栋、段玉裁、陈奂、臧庸堂、黄丕烈、顾广圻、顾之逵、江沅、管庆祺、王筠、查慎行、卢文弨、翁同书、丁晏、陆沆、严元照、丁丙、王国维等都曾批校或题跋过《通志堂经解》本的经解著作，近人傅增湘所校跋过的也不少。如宋聂崇义集注《新定三礼图》一书，据《中国古籍善本书目》著录，国内各馆藏有《通志堂经解》本之名人批校题跋本四部，作校作跋者则有清戈宙襄、韩应陛、周辨麦、近人傅增湘四人。又如唐陆德明《经典释文》一书，《中国古籍善本书目》所录以《通志堂经解》本为底本的名人批校题跋本多达十三部，中国台湾《国家图书馆善本书志初稿》又著录四部，作校作跋者则有何煌、惠栋、江声、段玉裁、钮树玉、黄丕烈、袁廷梼、顾之逵、臧庸堂、江沅、顾广圻、管庆祺、潘锡爵等十数人，故近人黄焯撰《经典释文汇校》一书之时，虽有宋刻本可用，但仍取《通志堂经解》本为底本，即"因它保存宋刻

① 沈豫撰:《群书提要》，清道光十八年（1838）萧山沈氏汉读斋刻《蛾术堂集》本。

规模，又清世诸师校语都依此本为说之故”[①]。由此亦可见后世学者对《通志堂经解》的倚重。

三、与其他经部丛书的比较

丛书是汇集多种著作按一定体例编辑而成的套书。我国历史悠久，文化深厚，历代积累的典籍浩如烟海。可是随着流传日久，散佚愈多，而将所存者汇集刻入丛书，是使之能够得到保存并流传的有效方法。

在各类专科丛书中，起源最早的是经部丛书。《易》《书》《诗》《礼》《乐》《春秋》合称“六经”，在先秦时即已形成。后《乐经》失传，仅存五经。至东汉，“五经”之外又增《论语》《孝经》，有“七经”之称。唐初则有“九经”，即《易》《书》《诗》《仪礼》《周礼》《礼记》《春秋左氏传》《春秋公羊传》《春秋穀梁传》。唐后期文宗开成年间，“九经”外复增《论语》《孝经》《尔雅》为“十二经”，到北宋熙宁间，则又增《孟子》而成“十三经”。由于历代朝廷对儒家经学的重视，经部丛书的整理刊布很早既已开始。早期是书经刻石：汉灵帝熹平年间，经蔡邕等奏请，定六经[②]文字，书写刻石，立于太学门外，即所谓“熹平石经”。魏明帝正始年间，则又有“魏三体石经”之刻，唐末文宗开成年间，又有“唐开成十二石经”之刻。此时，印刷术已经发明，经书遂雕版印行。如五代时后唐长兴三年，国子监开始校刊“九经”，后又扩大到《论语》《孝经》《尔雅》等。故经部丛书的产生，由来已久。

西汉武帝时，“罢黜百家，独尊儒术”，儒家经典获得了正统地位。此后，经学随之兴盛，各家经解著作日益增多。然汉唐以来经说虽富，流传下来的却为数不多。其原因之一，是雕版印刷尚未发明，各家学说流传或以口耳或以抄写，故流布不广，流传时间也难以长久。而各派之间又不断地斗争、融合、统一，其失势者遂渐至亡灭。汉唐人经学研究的成果，得以传世的，最主要者为《十三经注疏》。在南宋以前，经书经文与注、疏尚各自单行。南宋绍熙年间，在绍兴的两浙东路茶盐司始合刻八行本诸经注疏，是为最早之经、

---

① 黄焯撰：《经典释文汇校》前言，1980年中华书局影印写本。

② 又有五经、七经之说。

注、疏合刻本，即所谓“八行本”，时三山黄唐为茶盐司提举，故又称“三山黄唐本”。现存世有《易》《书》《诗》《周礼》《礼记》《论语》《孟子》，另有绍兴府依茶盐司格式刊刻的《春秋左传正义》。稍晚福建书坊又刻诸经附释音注疏本，即所谓“十行本”。此本元代曾有翻刻，至明时版归南京国子监，递有修补，世称宋刊宋元明递修本，实为元刊元明递修本。明嘉靖间李元阳在福建据南监十行本刻《十三经注疏》，此为最早以《十三经注疏》之名义一次性整套刻印十三经。其后，万历十四年至二十一年，北京国子监又据李元阳刻本重刊，即所谓“北监本”。崇祯元年至十二年，毛晋汲古阁则又据北监本重刻，此即汲古阁本《十三经注疏》。故《十三经注疏》作为儒家经典权威诠释，屡经刊刻，流传最广，影响最大。

另，一些综合性丛书亦保存有部分汉唐间儒者经说，刊于清以前较重要的如元陶宗仪所辑《说郛》，明程荣所辑《汉魏丛书》，明何允中所辑《广汉魏丛书》，明沈士龙、胡震亨所辑《秘册汇函》，明毛晋所辑《津逮秘书》等。清末吴县王仁俊辑有《十三经汉注》四十种四十卷，所收皆为汉人经注，但此为辑佚成果，非为完书，且时间在清末，此前学者未能利用。

及至宋朝，宋学兴起。宋儒具有怀疑、思辨精神，敢于怀疑权威，挑战传统，故宋元以来，经解著作大量增多。其书或抄或刻，时至清初，存世者亦颇多。然而这些宋元经解虽然存世未亡，却大多流传不广，只庋于藏书之家。究其原因，这和元明以来的学风有关。元明以时文取士，而朝廷所定的士人的标准读本是《四书》《五经》，士子读书多为功名，故《四书》《五经》外，他书很少涉猎。又元明以来，学风渐趋空疏，学者以坐谈心性为尚，几至束书不观。在这种风气影响下，至明末时，除《十三经注疏》《四书》《五经》外，其他经解之书皆流布不广。宋元学者经解虽多有存世，亦很少有人整理刊行，检《中国丛书综录》所录，刊于《通志堂经解》以前，收录宋元人经解的经部丛书，仅明焦竑辑、明万历二十五年金陵毕氏所刊《两苏经解》一种，少数综合性丛书内偶有收录，如明毛晋辑、明崇祯中虞山毛氏汲古阁所刊《津逮秘书》等，但也为数很少。

明、清换代之后，学风一变，经学研究产生了新的要求，文献日渐亡佚的危险性也逐渐被有识之士重视。顺应新的学术风气的要求，怀抱保存宋元经学文献的直接目的，清康熙前期，昆山徐乾学辑刻了《通志堂经解》。《通志堂经解》收书 140 种，计 1860 卷，所收以宋元学者经解为主，对保存、流传宋元经解功不可没。同时，它相当于一个新的资料库，开阔了当时及以后学者的视野，扩大了他们经学研究的范围，对有清一代经学的兴盛意义重大。

从经部丛书编刻的角度看，《通志堂经解》刊刻以前，经部丛书重要者仅《十三经注疏》及《五经四书》。《十三经注疏》主要汇集汉唐人的经学成果，《五经四书》所收则是宋元人的经学成果。其他如宋苏轼、苏辙撰，明焦竑辑，明万历二十五年（1597）金陵毕氏刊《两苏经解》；明邓元锡撰，明万历三十五年（1607）序刊《五经绎》；明陈禹谟撰，明万历间刊《经言枝指》；明乔中和撰，明崇祯间刊《跻新堂集》；明来集之撰，清顺治九年（1652）萧山来氏倘湖小筑刊《来子谈经》等，所收仅个人经说，皆不成规模，流布亦不广，与《十三经注疏》《五经四书》《通志堂经解》之影响不能相提并论。故《通志堂经解》是《十三经注疏》之后的第一大经部丛书。

同时《通志堂经解》又是清代具有开启意义的首部大型经部丛书。清代刻书的一个重要特点是丛书编刻发达，其中包括大量的经部丛书。而作为清代最早一部大型经部丛书的《通志堂经解》，无疑具有启发与示范作用。受其直接影响者，为《诒经堂续经解》与《经苑》。《诒经堂续经解》为清嘉庆间张金吾所辑，所谓“续经解”，指的即是续《通志堂经解》。《诒经堂续经解》共辑《通志堂经解》所未收的宋元经说 87 种。李兆洛有《〈诒经堂续经解〉序》云：“国朝纳兰氏《通志堂经解》之刻，所以辅微扶衰，引掖来学甚厚，传之百余年矣。金吾张君以遗编堕简尚不尽于此，乃发其家所藏书，自唐以下，复得如干种，写定为《诒经堂续经解》，都千二百有余卷，将以此授之剞劂焉。”又据林庆彰《〈通志堂经解〉之编纂及其学术价值》一文[①]，张金吾又自作《〈通志堂经解〉补阙》一卷附于书后，明确其补《通志堂经解》之意。然是编卷帙浩繁，后张金吾家道中落，无资刊刻，稿本流出后，辗转入商务印书馆涵芬楼，1932 年“九一八”事变时，毁于日本炮火，令人惋惜。[②]《经苑》则是清道光年间钱仪吉所辑，苏源生《书先师钱星湖先生事》云：“康

① 林庆彰、蒋秋华编：《〈通志堂经解〉研究论集》，2005 年中国台湾“中央研究院”排印本，第 211—236 页。

② 李兆洛撰：《养一斋文集》卷三，清光绪四年（1878）刻本。

熙中，昆山徐健庵尚书刊宋元诸儒说经之书百四十种为《通志堂经解》，采摭至广。先生以其未备，复集同人之资，刊宋司马光《温公易说》六卷、张根《吴园易解》九卷、杨万里《诚斋易传》二十卷……共二十五种，名曰《经苑》。缺者补之，讹者正之。日夕丹铅，躬自雠校，自道光乙巳起，庚戌竣事。此外，尚有宋陈经《尚书详解》五十卷、傅寅《禹贡说断》四卷、苏辙《诗经传》二十卷……皆已写清本，未及授梓，而先生卒矣。”①据文中所述，钱氏辑《经苑》以补《通志堂经解》未备之意甚明。此编自道光二十五年（1845）至三十年（1850）刊25种，又有16种因钱氏卒世未刊。所刊25种今传世甚多，所收以宋人经说为主，间有唐元明人著作。

《通志堂经解》及其续补者《诒经堂续经解》《经苑》，所收以宋元学者经说为主，略及唐明人著作。而清初至乾嘉时期学者的经学研究成果则主要收录于《皇清经解》一编中。《皇清经解》为清道光初阮元督广时募集学者所辑刻，收清儒经解73家183种计1400卷，后咸丰年间补刻时又有所增加。卷首有道光九年（1829）夏修恕序，序中有云：“自《十三经注疏》成，而唐宋解经诸家大义多括于其中。此后李鼎祚书及宋元以来经解，则有康熙时通志堂之刻。我大清开国以来，御纂诸经，为之启发。由此经学昌明，轶于前代。有证注疏之疏失者，有发注疏所未发者，亦有与古今人各执一说以待后人折衷者。国初如顾亭林、阎百诗、毛西河诸家之书，已收入《四库全书》。乾隆以来，惠定宇、戴东原等书亦已久行宇内。惟未能如通志堂总汇成书，久之恐有散佚。道光初，宫保总督阮公立学海堂于岭南以课士。士之愿学者苦不能备观各书，于是宫保尽出所藏，选其应刻者付之梓人，以惠士林。”②序中两及通志堂，其仿《通志堂经解》“总汇成书”之法以存清人经学文献之意甚明。《皇清经解》之后又有光绪十四年（1888）王先谦《皇清经解续编》之刻，主要收嘉庆以后清代学者经说110家209种1430卷，体例与《皇清经解》同，时间上亦与之相继。

从时间上看，《通志堂经解》刊刻在《皇清经解》之前，于其有启发之功；从内容上看，《通志堂经解》以收宋元经解为主，兼及唐明，并多罕传秘

① 闵尔昌纂录：《碑传集补》卷十，台北明文书局1985年周骏富辑《清代传记丛刊》影印本。

② 阮元编：《皇清经解》卷首，上海书店1988年影印清道光九年（1829）学海堂刻咸丰十一年（1861）补刻本。

籍，较《皇清经解》及《续编》只收有清一代经解范围更广，时间更早，故其搜罗、保存之功更大；从规模上看，《通志堂经解》所收经解种数虽不如《皇清经解》及《续编》为多，但在总卷数及总字数上皆超过后二者，即其实际规模更大。所以综合而论，称《通志堂经解》是《十三经注疏》之外最为重要的一部经部丛书应不为过。

要而言之，《十三经注疏》主要汇集汉代至唐代学者的注疏，反映汉学的研究成果；《通志堂经解》主要汇集宋元两代学者的经说，反映宋学的研究成果；《皇清经解》及《续编》则汇集清代学者的经说，反映清学的研究成果。而《通志堂经解》正处于这一经学史丛编序列的中间环节，起着承上启下的作用。它的出现，打破了经部丛刻中《十三经注疏》一枝独秀的格局，开启了清代整理编刻经部丛书的繁荣局面。同治年间，巴陵钟谦钧在两广盐运使任内，于粤东书局先后重刻了《十三经注疏》《通志堂经解》，又辑刻《古经解汇函》23 种、《小学汇函》14 种。其《重刊〈通志堂经解〉序》云："谦钧既刊武英殿本《十三经注疏》，复念《注疏》之后，经学巨编，惟《通志堂经解》《皇清经解》二书。近者《皇清经解》刻板残缺，劳文毅公补刻，复成完书，行于海内矣。而《通志堂经解》，自乾隆中奉旨补刊之后，至今传本渐稀。此编承《注疏》之后，在《皇清经解》之前，宋元人之经学，略备于此，不可不重刊也。"① 可见，《古经解汇函》《十三经注疏》《通志堂经解》《皇清经解》，正是钟氏眼中经学史上具有标志性的丛编，而《通志堂经解》位处中间，承前启后，地位至关重要。

另，经部丛书而外，乾隆间所修《四库全书》，作为我国古代规模最大的综合性丛书，也颇受《通志堂经解》的影响。清以前历代朝廷修书，多以大型类书为主，如唐代的《艺文类聚》、宋代的《册府元龟》、明代的《永乐大典》等。而清代则重视纂修丛书，并大量从往代类书中辑古佚书，以求恢复古籍原貌。这一变化的主要原因，是随着时代愈往后，古籍散佚愈多，而存者亦因辗转传抄刊刻，添改删削，致很多典籍本貌渐不可睹。而乾嘉考据学又最重原典，故他们修丛书、辑佚书以求保存原典、恢复原貌。此外，通

---

① 徐乾学编：《通志堂经解》卷首，江苏广陵古籍刻印社 1996 年影印清同治十二年（1873）粤东书局重刻本。

过纂修《四库全书》，荟萃古今文献，使世人知除《十三经注疏》《五经四书》《二十四史》等常见典籍外，尚有大量其他古籍存在，以保存先人智慧结晶，展示国家灿烂文明。以上两点，与《通志堂经解》不满《五经大全》割裂、抄袭前人旧作而保存原书，荟萃宋元经解以提供经学研究的新资料在出发点上是一致的。另外，《四库全书》《四库全书荟要》经部书大量采用《通志堂经解》本作为底本，《四库提要》屡次言及《通志堂经解》，这些都可见出《通志堂经解》对《四库全书》的深刻影响。

四、丛书体例与子书甄选方面的不足

综合前文可见，《通志堂经解》具有很高的文献与经学价值。但同时不可否认，《经解》也存在若干方面的不足。这些不足主要体现在其体例方面的不尽严谨与选书方面的局限。

首先，既为经解丛书，所收理应尽为经学著作，然而该编却有少数几种不宜作为经解而收入者。如宋徐晋卿《春秋类对赋》一卷，乃作者鉴于《左传》文词繁缛，基于记诵之便，将其内容编为韵文而成此书，“属对虽工，而无当于义理”[①],究其体例,实当归于类书一属。又如宋章冲《春秋左氏传事类始末》五卷，体例同袁枢《通鉴纪事本末》；宋王当《春秋臣传》三十卷，重于编次时世，补证史实。严格而论，此二书性质皆属史部，不应入于经解之列。此其体例不醇一也。

其次，该丛书显然以存宋元两代经解为宗旨，卷首徐乾学、纳兰性德序申此意甚明，编内实际所收亦以宋元两代经解为主，故丛书历来又有“宋元经解”之称。然如作准确统计，该丛书宋元经解之外，又有唐人经解二种，后蜀人经解一种，明人经解三种，清人经解二种。丛书既以汇集宋元经解为目的，却又兼及唐明[②]；既收唐明，却仅及两三种，则收录之标准让人疑惑，不免有挂一漏万之嫌。此其体例不醇二也。

此外，就宋元经解而言，如前文所论，《通志堂经解》所刻基本上均为经

① 纪昀等撰:《四库全书总目》卷一百三十七。

② 清人二种为纳兰成德所著，《通志堂经解》既冠成德之名，知其与《经解》关系非常，故成德二种另当别论。

学要籍；虽然如此，丛书也存在少数甄选不精以及门户之见的缺陷。如宋蔡卞的《毛诗名物解》一书，《藏园订补郘亭知见传本书目》卷二著录是书《通志堂经解》本，并云："卞此书自首至尾并钞陆佃《埤雅》之文，未曾自下一字，不知刊《经解》者何以收编，《四库》又何以入录？其人其书，皆可废也。"[①]又《经解》各书，所取偏于朱子一派，有拘于门户之病。如宋福清林栗，字黄中，有《周易经传集解》三十六卷。朱彝尊《曝书亭集》卷四十二《书林氏〈周易经传集解〉后》有云："观其书卷帙繁重，传抄者难，昆山徐尚书原一为其弟子纳兰容若汇刻《经解》，黄中是书业开雕矣。客或语尚书曰：'黄中获罪朱子，若刊其书，是亦朱子之罪人矣。'乃斧以斯之。"因林氏论《易》及处事与朱子不合，致其书刊而复毁，不可不谓门户之见过深。叶德辉《郎园读书志》论《经解》云："所采诸家，偏于朱子一派，北宋如二苏，南宋如永嘉诸儒之书，皆摈不入选。"[②]刊刻古籍保存传承前人成果，以为后世学术研究所用，必应摒弃门户之见，优选其紧要者。如若拘于门户派别，于学术之发扬，实不可取。

① 莫友芝撰，傅增湘订补：《藏园订补郘亭知见传本书目》卷二。

② 叶德辉撰：《郎园读书志》卷一。

结　语

自汉武帝“罢黜百家，独尊儒术”，直至清王朝终结，在这两千多年的历史时期，儒家学说基本上占据着统治地位，儒家经典备受尊崇，注解、阐发这些经典的著作也大量产生，难以数计。然而随着流传日久，由于派系衰微、战乱水火等诸多因素，这些经解之书同其他古代文献一样大量散亡，传世愈少。而将幸存者汇编刻为丛书，则不失为使之得以保存并流传的有效方法，故历代有识之士都很重视经学丛书的搜集整理与汇编刊刻。

现存世的规模较大的经部丛书，首先是《十三经注疏》。早在南宋初年便有学者开始了《十三经注疏》的合刻工作，至明代产生了嘉靖间李元阳、崇祯间毛晋等的《十三经注疏》系统。《十三经注疏》基本上反映了汉唐人的经学成果，而宋元明人的经学成果汇编则首推清初辑刻的《通志堂经解》。《通志堂经解》收入经学著作140种，其中宋元两代经解130种，故又有《宋元经解》之称。之后清儒在经学方面取得了辉煌的成绩，于是又有道光初年《皇清经解》及光绪年间《皇清经解续编》的汇刻。《十三经注疏》《通志堂经解》与《皇清经解》正续编，三者分别代表了经学史上汉学、宋学与清学研究的主要成果，而《通志堂经解》正居于这一经学史链条上承前启后的中间环节。

《通志堂经解》以纳兰成德的堂号“通志堂”名编，版心下镌“通志堂”字样，各卷末题“后学成德挍订”，但实际上该丛书的真正辑刻者为昆山徐乾学，乃徐氏出于政治等方面的原因而让名于成德者。明清易代之后，学风一变，晚明空疏的学风受到猛烈批判，经学研究产生了新的要求。又清初之际，随着流传日久，除保存在《十三经注疏》等有限几部丛书中的少数经典外，宋以前的经学著作大多沦亡；而宋元两代的经学著作，虽不乏宋元刻本或抄本传世，但由于缺乏整理刊布，存世者亦多庋于少数藏书之家，一般学者难以得见，并存在继续散佚的风险。在这种背景之下，徐乾学感于经学文献日益散亡的紧迫性，同时也为响应朝廷倡导程朱之学的号召，编刻了《通志堂经解》这一经学巨帙。

徐乾学除充分利用自家传是楼所藏善本外，更广泛借用徐秉义、徐元文、毛扆、钱曾、黄虞稷、朱彝尊、曹溶、秦松龄以及黄宗羲、林佶等各家藏书，作为《通志堂经解》的底本。《通志堂经解》始刻于康熙十二年（1673），随刻随印，康熙十五年（1676）当已有少量印本，至康熙十九年（1680）主体部分大致完工。但在康熙十九年以后，至少在康熙二十七年（1688），仍有经解在付刻，而大量的已刻经解也在校勘修正中。在这个过程中校订完毕的经解同时在刷印。在康熙二十九年（1690）至三十一年（1692）之间，《通志堂经解》全部校刻完毕，并有整套的《经解》印出。

《通志堂经解》汇集宋元两代为主的经解 140 种共 1860 卷，所刻基本都是经学要籍，并多稀见罕传的本子，这对于宋元经学文献的保存与流布，以及宋元经师研究成果的汇集与传承无疑意义重大。作为宋元经学文献的集结，《通志堂经解》为清代学者的经学研究提供了更为丰富的资料来源，大大拓展了其研究视野，使宋学在有清一代经学的发展中始终占有一席之地，对清代经学的整体繁荣发挥了重要作用。所以无论在文献保存方面还是在经学研究方面，《通志堂经解》都具有很高的价值。

从经部丛书编刻的角度来看，《通志堂经解》无疑是《十三经注疏》之后直至《通志堂经解》面世的清初这一时期规模最大也最为重要的一部经学丛书。《通志堂经解》的出现，打破了经部丛刻中《十三经注疏》一枝独秀的格局，同时也开启了清代整理编刻经部丛书的繁荣局面。《通志堂经解》之后，嘉庆间张金吾辑《诒经堂续经解》以续之，道光年间钱仪吉编《经苑》以补之，而《皇清经解》及《续编》则仿《通志堂经解》“总汇成书”的做法集合了清人经学研究的主要成果。清代丛书刊刻发达，成为整个清代刻书的一个重要特点，而作为清代第一部大型丛书的《通志堂经解》，无疑具有重要的引领与示范作用。又，《通志堂经解》底本多据宋元旧刻，兼取稀传旧抄，渊源有自。加之整编精写付刻，为清初写刻本的重要代表，还保留了大量刻工的宝贵资料。故《通志堂经解》不仅具有很高的经学史地位，同时在出版史与版本学方面也具有不可忽视的价值。

参考文献

1.《通志堂经解》，清徐乾学编，清康熙间昆山徐氏刻本。

2.《通志堂经解》，清徐乾学编，1996年江苏广陵古籍刻印社影印清同治十二年（1873）粤东书局重刻本。

3.《通志堂经解目录》，清翁方纲订，民国二十六年（1937）上海商务印书馆《丛书集成初编》据《粤雅堂丛书》本排印本。

4.《通志堂经解提要》，关文瑛撰，1978年台北成文出版社《书目类编》影印关氏《嗣守斋丛书》本。

5.《〈通志堂经解〉研究论集》，林庆彰、蒋秋华编，2005年中国台湾“中央研究院”排印本。

6.《皇清经解》，清阮元编，1988年上海书店影印清道光九年（1829）学海堂刻咸丰十一年（1861）补刻本。

7.《无求备斋易经集成》，严灵峰编，1976年台北成文出版社影印本。

8.《读礼通考》，清徐乾学撰，清康熙三十五年（1696）昆山徐氏冠山堂刻本。

9.《经典释文》，唐陆德明撰，1985年上海古籍出版社影印宋刻宋元递修本。

10.《经典释文汇校》，黄焯撰，1980年中华书局影印写本。

11.《国朝汉学师承记》，清江藩撰，1983年中华书局排印本。

12.《经学历史》，清皮锡瑞撰，周予同注释，2004年中华书局排印本。

13.《十三经讲座》，夏传才撰，2006年广西师范大学出版社排印本。

14.《清史稿》，赵尔巽等撰，1977 年中华书局排印本。

15.《清实录·高宗实录》，1986 年中华书局影印清写本。

16.《清史列传》，1987 年中华书局排印本。

17.《清碑传合集》，钱仪吉等编，1988 年上海书店影印本。

18.《碑传集》，清钱仪吉纂录，1985 年台北明文书局周骏富辑《清代传记丛刊》影印本。

19.《碑传集补》，闵尔昌纂录，1985 年台北明文书局周骏富辑《清代传记丛刊》影印本。

20.《国朝贤媛类征初编》，清李桓辑，清光绪十七年（1891）自刻本。

21.《清代人物传稿》，1995 年中华书局排印本。

22.《明清进士题名碑录索引》，朱保炯、谢沛霖编，1980 年上海古籍出版社排印本。

23.《文献家通考》，郑伟章撰，1999 年中华书局排印本。

24.《古籍刻工名录》，张振铎撰，1996 年上海书店出版社排印本。

25.《中国藏书家印鉴》，林申清编，1997 年上海书店出版社排印本。

26.《明清著名藏书家·藏书印》，林申清编，2000 年北京图书馆出版社排印本。

27.《陆清献公日记》，清陆陇其撰，清道光二十一年（1841）吴江柳湄生刻本。

28.《清代职官年表》，钱实甫编，1980 年中华书局排印本。

29.《清代士人游幕表》，尚小明撰，2005 年中华书局排印本。

30.《苏州府志》，清李铭皖、谭钧培、冯桂芬修纂，1991 年江苏古籍出版社《中国地方志集成》影印本。

31.《嘉定县志》，清程其珏修、杨震福等纂，清光绪八年（1882）刻本。

32.《中国近三百年学术史》，梁启超撰，2004 年东方出版社排印本。

33.《清代学术概论》，梁启超撰，1998 年上海古籍出版社排印本。

34.《中国目录学史论丛》，王重民撰，1984 年中华书局排印本。

35.《中国印刷史》，张秀民撰，韩琦增订，2006 年浙江古籍出版社排印本。

36.《黄永年古籍序跋述论集》，黄永年撰，2007 年中华书局排印本。

37.《中国文献学要籍解题》，洪湛侯撰，1997 年杭州大学出版社排印本。

38.《古籍丛书述论》，李春光撰，1991 年辽沈书社排印本。

39.《文献学概要》，杜泽逊撰，2001 年中华书局排印本。

40.《毛晋汲古阁刻书考》，周彦文撰，2006 年台北花木兰文化出版社排印本。

41.《徐乾学及其藏书刻书》，陈惠美撰，2007 年台北花木兰文化出版社排印本。

42.《藏书纪事诗》，清叶昌炽撰，1999 年上海古籍出版社排印本。

43.《书林清话》，清叶德辉撰，1957 年中华书局排印本。

44.《宋史・艺文志》，元脱脱等撰，1977 年中华书局排印本。

45.《中国古籍善本书目》，《中国古籍善本书目》编辑委员会编，1989—1998 年上海古籍出版社排印本。

46.《中国古籍善本书目书名索引》，天津图书馆编，2003 年齐鲁书社影印稿本。

47.《北京图书馆古籍善本书目》，北京图书馆编，1987 年书目文献出版社排印本。

48.《国立中央图书馆善本书目》（增订二版），1986 年中国台湾“国立中央图书馆”排印本。

49.《清华大学图书馆藏善本书目》，清华大学图书馆编，2003 年清华大学出版社排印本。

50.《中国人民大学图书馆善本书目》，人民大学图书馆古籍整理研究所编，1991 年人民大学出版社排印本。

51.《北京师范大学图书馆古籍善本书目》，2002 年北京图书馆出版社排印本。

52.《湖南省图书馆古籍线装书目》，湖南图书馆编，2007 年线装书局排印本。

53.《杭州大学图书馆善本书目》，1964 年杭州大学排印本。

54.《中国馆藏和刻本汉籍书目》，王宝平主编，1995 年杭州大学出版社排印本。

55.《天一阁书目》，清范邦甸等编，清嘉庆十三年（1808）扬州阮氏文选楼刻本。

56.《鄞范氏天一阁书目内编》，冯贞群编，2005年商务印书馆《中国著名藏书家书目汇刊》影印民国二十六年（1937）宁波重修天一阁委员会排印本。

57.《汲古阁珍藏秘本书目》，清毛扆撰，清嘉庆五年（1800）吴县黄氏士礼居刻本。

58.《季沧苇藏书目》，清季振宜撰，2005年商务印书馆《中国著名藏书家书目汇刊》影印清嘉庆十年（1805）吴县黄氏士礼居刻本。

59.《传是楼书目》，清徐乾学撰，民国四年（1915）仁和王存善排印《二徐书目》本。

60.《传是楼宋元本书目》，清徐乾学撰，清宣统二年（1910）上虞罗氏刻《玉简斋丛书》本。

61.《钱遵王述古堂藏书目录》，清钱曾撰，2005年商务印书馆《中国著名藏书家书目汇刊》影印民国抄本。

62.《述古堂宋版书目》，清钱曾撰，2008年中国书店《海王邨古籍书目题跋丛刊》影印清道光三十年（1850）南海伍崇曜刻《粤雅堂丛书》本。

63.《艺芸书舍宋元本书目》，清汪士钟撰，清同治十二年（1873）吴县潘氏滂喜斋刻本。

64.《持静斋书目》，清丁日昌撰，清同治九年（1870）丰顺丁日昌刻民国印本。

65.《双鉴楼善本书目》，傅增湘撰，2005年商务印书馆《中国著名藏书家书目汇刊》影印民国十八年（1929）江安傅氏藏园刻本。

66.《虚静斋宋元明本书目》，孙祖同撰，油印本。

67.《郡斋读书志》，宋晁公武撰，1978年台北成文出版社《书目类编》影印宋淳祐九年（1249）刻本。

68.《郡斋读书志附志》，宋赵希弁撰，1978年台北成文出版社《书目类编》影印宋淳祐九年（1249）刻本。

69.《直斋书录解题》，宋陈振孙撰，1987年上海古籍出版社排印本。

70.《钱遵王读书敏求记校证》，清钱曾撰，清管庭芬、章钰校证，2006年中华书局《宋元明清书目题跋丛刊》影印民国十五年（1926）长洲章氏刻本。

71.《绣谷亭熏习录》，清吴焯撰，1993年中华书局《清人书目题跋丛刊》影印民国七年（1918）仁和吴氏双照楼刻《松邻丛书》本。

72.《藏书纪要》，清孙从添撰，清嘉庆十六年（1811）刻本（《士礼居黄氏丛书》之一）。

73.《四库全书总目》，清纪昀等撰，1965年中华书局影印清乾隆六十年（1795）浙江刻本。

74.《四库采进书目》，吴慰祖校订，1960年商务印书馆排印本。

75.《浙江采集遗书总录》，清沈初编，2006年北京图书馆出版社《〈四库全书〉提要稿辑存》影印清乾隆四十年（1775）刻本。

76.《增订四库简明目录标注》，清邵懿辰撰，邵章续录，1979年上海古籍出版社排印本。

77.《藏园订补郘亭知见传本书目》，清莫友芝撰，傅增湘订补，中华书局1993年影印写本。

78.《纂修四库全书档案》，中国第一历史档案馆编，1997年上海古籍出版社排印本。

79.《续修四库全书总目提要》，柯劭忞等撰，1996年齐鲁书社影印稿本。

80.《四库提要补正》，崔富章撰，1990年杭州大学出版社排印本。

81.《四库存目标注》，杜泽逊撰，2007年上海古籍出版社排印本。

82.《天禄琳琅书目》，清于敏中、彭元瑞等撰，1993年中华书局《清人书目题跋丛刊》影印清光绪十年（1884）王先谦刻本。

83.《天禄琳琅书目后编》，清于敏中、彭元瑞等撰，1993年中华书局《清人书目题跋丛刊》影印清光绪十年（1884）王先谦刻本。

84.《拜经楼藏书题跋记》，清吴寿旸撰，2006年中华书局《宋元明清书目题跋丛刊》影印清道光间蒋光煦刻《别下斋丛书》本。

85.《藏书题识》，清汪璐撰，2002年北京图书馆出版社《国家图书馆藏古籍题跋丛刊》影印民国一箫一剑馆绿丝栏抄本。

86.《荛圃刻书题识》，清黄丕烈撰，1993年中华书局《清人书目题跋丛刊》影印民国八年（1919）金陵书局刻本。

87.《思适斋书跋》，清顾广圻撰，2007年上海古籍出版社排印本。

88.《宋元刊本读书丛录》，清洪颐煊撰，1978年台北成文出版社《书目类编》影印清道光二年（1822）富文斋刻本。

89.《经籍跋文》，清陈鳣撰，2008年中国书店《海王邨古籍书目题跋丛刊》影印清道光十七年海昌蒋光煦刻《别下斋丛书》本。

90.《郑堂读书记》，清周中孚撰，1993年中华书局《清人书目题跋丛刊》影印1958年商务印书馆排印本。

91.《爱日精庐藏书志》，清张金吾撰，1993年中华书局《清人书目题跋丛刊》影印清道光七年（1827）常熟张氏刻本。

92.《爱日精庐藏书续志》，清张金吾撰，1993年中华书局《清人书目题跋丛刊》影印清道光七年（1827）常熟张氏刻本。

93.《铁琴铜剑楼藏书目录》，清瞿镛撰，2006年中华书局《宋元明清书目题跋丛刊》影印清光绪二十四年（1898）常熟瞿氏刻本。

94.《宋元旧本书经眼录》，清莫友芝撰，2008年中国书店《海王邨古籍书目题跋丛刊》影印清同治十二年（1873）独山莫绳孙刻《影山草堂六种》本。

95.《群书提要》，清沈豫撰，清道光十八年（1838）萧山沈氏汉读斋刻《蛾术堂集》本。

96.《善本书室藏书志》，清丁丙撰，1993年中华书局《清人书目题跋丛刊》影印清光绪二十七年（1901）钱塘丁氏刻本。

97.《万卷精华楼藏书记》，清耿文光撰，2006年中华书局《宋元明清书目题跋丛刊》影印民国排印《山右丛书初编》本。

98.《华延年室题跋》，清傅以礼撰，2002年北京图书馆出版社《国家图书馆藏古籍题跋丛刊》影印清宣统元年（1909）俞人蔚铅印本。

99.《皕宋楼藏书志》，清陆心源撰，2006年中华书局《宋元明清书目题跋丛刊》影印清光绪八年（1882）陆氏万卷楼刻本。

100.《皕宋楼藏书续志》，清陆心源撰，2006年中华书局《宋元明清书目题跋丛刊》影印清光绪八年（1882）陆氏万卷楼刻本。

101.《仪顾堂题跋》，清陆心源撰，1993年中华书局《清人书目题跋丛刊》影印清光绪归安陆氏刻本。

102.《仪顾堂续跋》，清陆心源撰，1993年中华书局《清人书目题跋丛刊》影印清光绪归安陆氏刻本。

103.《抱经楼藏书志》，清沈德寿撰，2006 年中华书局《宋元明清书目题跋丛刊》影印民国十三年（1924）排印本。

104.《滂喜斋藏书记》，清潘祖荫藏，清叶昌炽撰，2007 年上海古籍出版社排印本。

105.《艺风藏书续记》，清缪荃孙撰，2007 年上海古籍出版社排印本。

106.《艺风藏书再续记》，清缪荃孙撰，2007 年上海古籍出版社排印本。

107.《郎园读书志》，清叶德辉撰，民国十七年（1928）上海澹园刻本。

108.《雁影斋题跋》，清李希圣撰，2002 年北京图书馆出版社《国家图书馆藏古籍题跋丛刊》影印民国二十四年（1935）湘乡李氏排印本。

109.《张元济古籍书目序跋汇编》，张人凤编，2003 年商务印书馆排印本。

110.《群碧楼善本书录》，邓邦述撰，2008 年中国书店《海王邨古籍书目题跋丛刊》影印民国十九年（1930）年江宁邓邦述刻本。

111.《善本书所见录》，罗振常撰，1978 年台北成文出版社《书目类编》影印 1958 年排印本。

112.《藏园群书经眼录》，傅增湘撰，1983 年中华书局排印本。

113.《藏园群书题记》，傅增湘撰，1989 年上海古籍出版社排印本。

114.《适园藏书志》，张钧衡撰，2008 年中国书店《海王邨古籍书目题跋丛刊》影印民国五年（1916）张钧衡适园刻本。

115.《五十万卷楼群书跋文》，莫伯骥撰，2002 年北京图书馆出版社《国家图书馆藏古籍题跋丛刊》影印民国三十七年（1948）排印本。

116.《文禄堂访书记》，王文进撰，民国三十一年（1942）文禄堂排印本。

117.《中国善本书提要》，王重民撰，1983 年上海古籍出版社排印本。

118.《国家图书馆善本书志初稿》，中国台湾“国家图书馆”特藏组编，1996 年至 2000 年中国台湾“国家图书馆”排印本。

119.《江苏艺文志·苏州卷》，1996 年江苏人民出版社排印本。

120.《书目答问补正》，清张之洞撰，范希曾补正，2001 年上海古籍出版社排印本。

121.《征刻唐宋秘本书目》，清黄虞稷、周在浚撰，清光绪三十四年

（1908）湘潭叶氏刻《观古堂书目丛刻》本。

122.《敦煌古籍叙录》，王重民撰，1979 年中华书局排印本。

123.《敦煌遗书总目索引新编》，施萍婷编，2000 年中华书局排印本。

124.《经义考》，清朱彝尊撰，1998 年中华书局影印《四部备要》本。

125.《道藏子目引得》，翁独健编，1986 年上海古籍出版社排印本。

126.《道藏提要》，任继愈主编，1991 年中国社会科学出版社排印本。

127.《四部总录天文编》，丁福保、周云青编，1956 年商务印书馆排印本。

128.《中国丛书综录》，上海图书馆编，1986 年上海古籍出版社排印本。

129.《宋元本书目行格表》，清江标撰，民国三年（1914）上海文瑞楼石印本。

130.《留真谱》，清杨守敬编，2004 北京图书馆出版社《珍稀古籍书影丛刊》影印民国六年（1917）石印本。

131.《故宫善本书影初编》，张允亮辑，民国十八年（1929）故宫博物院图书馆影印本。

132.《重整内阁大库残本书影》，故宫博物院文献馆编，1998 年江苏广陵古籍刻印社影印民国二十四年（1935）故宫博物院刻本。

133.《中国版刻图录》，赵万里、冀淑英撰，1960 年文物出版社版。

134.《沈氏研易楼善本图录》，台北故宫博物院编辑委员会编，1986 年台北故宫博物院出版。

135.《清代版本图录》，黄永年、贾二强撰集，1997 年浙江人民出版社影印本。

136.《清代版刻一隅》，黄裳撰，1992 年齐鲁书社影印本。

137.《经籍访古志》，日本涩江全善、森立之撰，2006 年中华书局《宋元明清书目题跋丛刊》影印清光绪十一年（1885）排印本。

138.《日本访书志》十六卷，清杨守敬撰，2006 年中华书局《宋元明清书目题跋丛刊》影印清光绪二十三年（1897）家刻本。

139.《日藏汉籍善本书录》，严绍璗编，2007 年中华书局排印本。

140.《日知录》，清顾炎武撰，1986 年台北商务印书馆影印《文渊阁四库全书》本。

141.《潜邱札记》，清阎若璩撰，1986年台北商务印书馆影印《文渊阁四库全书》本。

142.《居易录》，清王士禛撰，1986年台北商务印书馆影印《文渊阁四库全书》本。

143.《分甘余话》，清王士禛撰，1989年中华书局排印本。

144.《陶庐杂录》，清法式善撰，1959年中华书局排印本。

145.《蕙櫋杂记》，清严元照撰，清昆山赵诒琛峭帆楼重刻本。

146.《竹叶亭杂记》，清姚元之撰，1982年中华书局排印本。

147.《南雷文定前集后集》，清黄宗羲撰，民国二十四年至二十六年（1935—1937）上海商务印书馆排印《丛书集成初编》本。

148.《顾亭林诗文集》，清顾炎武撰，1959年中华书局排印本。

149.《曝书亭集》，清朱彝尊撰，民国八年（1919）商务印书馆《四部丛刊》影印清康熙五十三年（1714）刻本。

150.《静志居诗话》，清朱彝尊撰，1991年台北明文书局周骏富辑《明代传记丛刊》影印本。

151.《憺园文集》，清徐乾学撰，1997年齐鲁书社《四库全书存目丛书》影印清康熙三十六年（1697）昆山徐氏冠山堂刻本。

152.《南州草堂集》，清徐釚撰，2002年上海古籍出版社《续修四库全书》影印本。

153.《全祖望集汇校集注》，清全祖望撰，朱铸禹汇校集注，2000年上海古籍出版社排印本。

154.《朴村诗集》，清张云章撰，1997年北京大学出版社《四库禁毁书丛刊》影印清康熙华希闵等刻本。

155.《朴村文集》，清张云章撰，1997年北京大学出版社《四库禁毁书丛刊》影印清康熙华希闵等刻本。

156.《石园文集》，清万斯同撰，民国四明张氏约园刻《四明丛书》本。

157.《通志堂集》，清纳兰成德撰，1979年上海古籍出版社影印清康熙三十年（1691）昆山徐氏刻本。

158.《方苞集》，清方苞撰，1983年上海古籍出版社排印本。

159.《复初斋文集》，清翁方纲撰，1974年台北文海出版社《清代稿本百种汇刊》影印稿本。

160.《章学诚遗书》，清章学诚撰，1985 年文物出版社排印本。

161.《养一斋文集》，清李兆洛撰，清光绪四年（1878）刻本。

162.《罗雪堂先生全集》初编第 14 册，罗振玉撰，1968 年台北文华出版公司影印本。

163.《罗雪堂先生全集》三编第 8 册，罗振玉撰，1970 年台北文华出版公司影印本。

164.《王国维遗书》，王国维撰，1983 年上海古籍书店影印 1940 年商务印书馆本。

165.《清人文集别录》，张舜徽撰，1963 年中华书局排印本。

附录一 《通志堂经解》刻工表

说明：

① 表中刻工以音序排列。因刻工姓名多用简称或异体字，故表中当有少量实为一人而列为两个的情况。又有少量怀疑为一人但不敢遽定的则连排。

② 原书刻工姓名文字多用异体俗体，本表尽可能保留字形原貌。

③ 部分刻工参与刊刻的《通志堂经解》中子书数量较多，简明起见，表中书名全部以编号代替，“所刻《通志堂经解》中书”一栏中的数字即其与刻之书在本书第四至六章《〈通志堂经解〉子书版本源流考》中的编号。

④ 刻工所刻《通志堂经解》以外各书情况，仅列入张振铎《古籍刻工名录》著录及笔者所知见的有限几种，未做全面搜罗，权作参考。

序号	刻工名	所刻《通志堂经解》中书	所刻《经解》以外书	备注
1	栢功臣	24、97	清康熙三十五年昆山徐氏冠山堂刻《读礼通考》（下称《读礼通考》）	在《读礼通考》中作栢公臣、柏公臣、公臣
2	栢臣	3、7、19、20、22、25、26、29、30、36、37、54、61、65、69、72、73、74、81、82、98、106、109、121、122、128、129		疑即栢功臣
3	栢君麗	24、87、97、98		又作栢君、栢麗

续表

序号	刻工名	所刻《通志堂经解》中书	所刻《经解》以外书	备注
4	栢六吉	6、9、15、33、34、40、42、47、48、50、51、57、76、80、85、96、102、109、110、111、113、115、131、134、135、136、139		又作六吉
5	栢上	116		
6	栢	116		疑即栢上
7	栢岳海	3、7、18、22、25、26、36、61、69、74、109、121、122		又作岳海
8	栢正	6、40、110		
9	栢子林	3、18、22、24、25、26、29、30、36、37、50、54、61、65、69、71、73、74、81、82、87、97、98、106、109、114、121、122、128、129		又作子林
10	包豹臣	109		又作包臣
11	包生	109、126		
12	包習先	1、12、16、17、44、45、51、62、79、88、99、106、109、126、131、136、138、139		又作習先
13	畢玉生	23、38		
14	彬生	9		
15	伯良	5、31、32、51、136、139、140		
16	卜奇	3、22、25、26、29、30、36、37、54、61、69、72、73、74、81、82、87、98、106、109、121、122、128、133		又作卜奇
17	卜升	3、7、18、22、25、26、29、30、36、50、54、61、65、69、72、73、74、81、82、91、98、109、112、114、121、122、128、129		
18	卜文	3、18、25、29、61、65、72、73、81、109、121		

续表

序号	刻工名	所刻《通志堂经解》中书	所刻《经解》以外书	备注
19	采生	123		
20	曹尔公	14、19、24、86、87、94、97、98、106、109、124		又作曹尔、尔公
21	尔公	3、7、18、19、22、24、25、26、29、30、36、37、54、61、65、72、73、74、81、82、87、91、97、98、106、109、114、121、122、132		当即曹尔公
22	尔	133		当即曹尔公
23	曹洪甫	3、7、18、19、22、24、25、26、29、30、36、37、50、54、61、65、69、72、73、74、81、82、87、94、97、98、109、114、121、122、128、129	清康熙三十六年昆山徐氏冠山堂刻《憺园文集》(下称《憺园文集》)	又作曹洪、洪甫
24	甫	22		
25	陳尔工	12、28、44、45、52、58、68、79、88、106、126		又作陳尔公
26	陳尔吉	85		又作尔吉
27	陳国甫	3、7、18、22、25、26、29、37、50、61、69、72、73、81、82、109、121、122		又作国甫
28	陳和先	23、38、53		
29	陳聚甫	28、78、99、100、106、126		又作陳聚、聚甫
30	陳君佚	3、11、13、18、20、22、23、24、25、26、29、30、36、37、38、43、53、54、61、69、72、73、81、82、86、87、91、94、97、98、109、114、122、124		又作陳君、君佚
31	君佚	22、61、81、124	《憺园文集》	当即陳君佚
32	陳君仁	98		

续表

序号	刻工名	所刻《通志堂经解》中书	所刻《经解》以外书	备注
33	陳君生	3、12、17、22、25、26、36、44、45、61、62、64、74、79、88、121、122		又作君生
34	陳君	1、5、9、22、31、32、39、42、48、51、57、67、128、130、131、134、136、139、140		多为陳君疾
35	陳三吉	28、44、52、58、62、68、79、88、100、106、126		又作陳吉、三吉
36	陳望之	6、15、21、28、33、34、39、40、41、47、67、75、80、83、84、85、90、96、102、108、109、110、111、113、115、118、128、130、134、135		又作望之
37	陳偉	77		
38	陳相	109		
39	陳心甫	2、3、20、22、23、24、25、26、29、30、37、38、43、50、53、54、61、69、72、73、74、81、82、86、87、94、97、98、109、121、123、124、128、129、133		又作心甫
40	陳辛	77		
41	陳元	2、3、4、7、13、14、22、23、24、25、26、30、43、53、54、61、65、69、74、81、82、86、87、93、94、97、98、109、121、124		
42	陳章	6、7、8、9、15、16、31、33、34、39、41、42、46、47、48、50、51、55、56、57、71、77、80、84、85、95、102、103、106、109、110、111、113、120、128、131、132、134、135、136、139		
43	章	41、57		疑即陳章

续表

序号	刻工名	所刻《通志堂经解》中书	所刻《经解》以外书	备注
44	陳	22、41、43、46、95		
45	陳子能	2、3、4、11、13、18、19、22、23、24、25、26、29、30、36、37、43、50、53、54、61、69、72、73、74、81、82、86、87、94、97、98、109、121、122、124、128、129		又作子能、陳子
46	德洪	123		
47	鄧闇生	28、39、41、49、60、106、109、117、120、126、134		又作鄧闇、邛闇、闇生
48	鄧本立	78、107、123、127、137		又作本立
49	鄧存	55、70、107	《读礼通考》	又作邛存
50	鄧尔仁	8、16、21、34、39、41、50、56、67、70、71、76、83、89、90、96、107、108、110、111、115、123、127、128、130、134、135、137	清康熙三十九年朱从延快宜堂刻《古欢录》(下称《古欢录》)	又作邛尔仁、尔仁
51	鄧佩	6、15、34、40、80、85、102、109、113、128		
52	鄧甘	6		
53	鄧格	12、16、17、45	《憺园文集》	又作邛格
54	鄧国	6、8、15、21、33、34、39、40、41、47、67、70、77、80、83、84、85、89、95、96、102、103、108、109、110、111、113、115、118、128、130、132、134、135		
55	鄧甫卿	10、12、17、28、44、45、52、58、62、68、88、99、100、106、109、126		又作鄧輔卿、鄧辅卿、邛甫、甫卿
56	邛漢卿	16、56		
57	鄧茂卿	12、17、44、45、52、79、88、109、113、101、126	《读礼通考》	又作鄧懋卿、邛茂卿、鄧茂

续表

序号	刻工名	所刻《通志堂经解》中书	所刻《经解》以外书	备注
58	鄧漢	6、8、15、27、33、34、35、39、42、47、50、55、56、63、70、76、80、83、84、85、89、95、96、102、103、104、106、109、110、111、113、115、117、120、128、130、132、134、135		又作鄧汉、邛漢，疑即邛漢卿
59	邛卿	107、123、127	《憺园文集》	
60	鄧弘	1、9、41、42、48、51、57、67、108、128、130、131、134、138、139		又作邛弘
61	鄧吉	12、44、64、79、88		
62	鄧珏	12、44		
63	鄧南溪	16、56		
64	鄧斉	78		
65	鄧欽	77、95		
66	鄧圣甫	28、44、52、62、88、100、106、126		又作鄧圣
67	鄧世維	1、5、12、16、17、28、31、32、42、44、48、51、52、57、79、88、100、106、109、126、136、138、140	《读礼通考》《憺园文集》	又作邛世維、世維
68	鄧廷	39、41、60、66、92、109、116、126、127、134		又作邛廷
69	鄧文光	77		
70	鄧文	12、16、17、44、64、68、79、106	《读礼通考》《憺园文集》	
71	鄧憲生	12、17、39、44、49、66、92、101、106、109、116、126、134	《憺园文集》	又作鄧憲、邛憲生、邛憲
72	鄧賢	77		
73	邛生	71	《读礼通考》《憺园文集》	疑即鄧憲生

续表

序号	刻工名	所刻《通志堂经解》中书	所刻《经解》以外书	备注
74	鄧宣	6、8、15、16、21、27、33、34、39、40、41、46、47、50、55、56、67、70、76、80、83、85、89、90、95、102、103、104、108、109、110、111、113、115、128、130、132、134、135		又作邒宣
75	鄧尹	6、8、16、35、41、46、55、56、70、77、89、95、103、104、132		
76	鄧永	12、44		
77	鄧玉林	10、12、17、28、44、52、58、62、64、68、79、88、100、106、109、126		又作玉林
78	邒玉舟	39、101		
79	邒士玉	95、108		又作鄧士譽
80	鄧玉	9、12、48、51、57、78、107、116、123、127、131、136、137、138、139	《古欢录》、清康熙四十七年徐氏花溪草堂刻《李义山文集》(下称《李义山文集》)	又作邒玉
81	鄧譽	6		
82	鄧元哲	12、56		又作鄧哲、元哲
83	鄧子珍	10、12、17、28、39、40、44、45、49、52、60、62、66、68、79、92、100、101、106、107、109、116、117、120、126、127、134、137	《读礼通考》《憺园文集》	又作子珍、鄧珍
84	邒臣	42、120	《憺园文集》	
85	邒德	6、15、33、34、40、41、80、83、85、90、102、109、113、117、120、130、134		又作鄧德、邛德
86	鄧明	15、21、27、33、34、47、80、83、84、85、90、96、102、107、108、109、110、111、113、115、127、128、130、135	《读礼通考》《憺园文集》、清康熙三十八年长洲顾嗣立秀野草堂刻《昌黎诗集注》(下称《昌黎诗集注》)	又作邒明

续表

序号	刻工名	所刻《通志堂经解》中书	所刻《经解》以外书	备注
87	邘芃	6、8、15、31、33、34、40、46、47、48、55、56、59、70、71、76、77、80、84、85、89、95、96、102、103、104、106、109、110、111、113、115、128、130、131、132、135、136		
88	鄧啓	39、41、49、60、66、92、101、109、116、126、134	《读礼通考》	又作邘啓、邘起
89	鄧士	6、8、15、16、21、33、34、35、40、46、47、50、55、56、70、71、75、76、77、80、83、84、85、89、90、95、96、102、103、104、106、108、109、110、111、113、115、128、130、132、135		又作邘士，疑即邘士玉
90	鄧順	10、12、28、39、41、45、49、51、52、60、62、66、92、99、100、101、106、107、109、116、126、127、134、137	《读礼通考》《憺园文集》	又作邘順、鄧顺
91	邘太	39、41、125、134		
92	鄧楊	109、126		又作邘楊、邘羊
93	丁華甫	16、17、44		又作丁華、華甫
94	丁鉄山	126		
95	丁山	12、28、44、45、52、58、62、79、88、106、126		当即丁鉄山
96	端子石	9、31、51、131、136		又作子石
97	尔后	6、8、55、70、77、89、95、103		又作尔厚
98	尔吉	33、34、76、80、83、84、85、90、96、102、109、110、111、113、115、130		
99	尔開	30、54、82、109		
100	尔朋	51、66、92、101、109、116、126		

续表

序号	刻工名	所刻《通志堂经解》中书	所刻《经解》以外书	备注
101	尔盛	18、25、29、37、61、65、74、82、109、121		
102	尔太	9、31		
103	尔玉	12、17、28、44、52、62、64、68、79、88、106、126		
104	尔仲	39、66、92、116		
105	蕃之	138		
106	范玉生	22、25、29、30、61、74、81、109、114		又作玉生
107	范哲生	4、11、14、24、43、86、87、97、98、124		
108	范震生	2、3、4、7、11、13、14、18、19、20、22、23、24、25、26、29、30、35、36、37、38、43、50、53、54、61、65、69、72、73、81、82、86、87、91、93、94、97、98、109、121、122、124、128、129		又作震生
109	范質生	13		
110	范中	22、26、36、122		
111	范子茂	12、17、28、39、41、44、45、49、60、64、79、88、92、101、106、119、125、126、134		又作子茂、范茂
112	范	22		
113	方尔英	10、20、28、39、44、52、58、60、61、62、66、81、82、88、92、99、100、101、106、109、116、122、126		又作尔英
114	方汝	28、99、109、126		
115	方惟献	23、38		

续表

序号	刻工名	所刻《通志堂经解》中书	所刻《经解》以外书	备注
116	方惟	3、4、7、13、18、20、22、23、24、25、26、29、30、36、38、43、50、53、54、61、65、69、73、74、81、82、86、87、94、97、98、109、112、114、121、122、124、128、129		疑即方惟献
117	方	61		疑即方惟献
118	方子達	68		
119	方子進	28、52、106、126		
120	逢台	77		
121	甘典	6、8、15、16、31、33、34、40、42、46、48、50、51、55、56、70、76、77、78、80、84、85、89、95、96、102、104、106、109、110、111、113、115、131、132、135、136、139	《读礼通考》《憺园文集》	
122	甘分	66、92、101、109、116、126		
123	甘奮彜	106		又作奮彜
124	甘孚	12		
125	甘艮玉	39、109		又作甘艮
126	甘公御	5、9、31、32、138、140		又作公御
127	公玉	9、31、32、42、48、51、57、131、132、136、139、140		疑即甘公御
128	甘翰伯	8		
129	甘慧	12、17、44		疑即甘慧生
130	甘慧生	126		又作甘惠生
131	甘簡德	28、39、41、42、49、60、66、78、92、99、101、106、109、116、117、120、126、134		又作甘簡

续表

序号	刻工名	所刻《通志堂经解》中书	所刻《经解》以外书	备注
132	甘君宣	10、28、39、52、99、100、106、126		又作甘君、甘宣
133	甘崑玉	28、39		又作甘昆玉
134	甘崑	10、52、62、100、106、109、126		疑即甘崑玉
135	甘坤	28、44、88、106		
136	坤玉	12		
137	甘林	109		
138	甘六	109		
139	甘禄	16、46、55、56、77、89		又作甘祿
140	甘奇	109		
141	甘泉	52、106、109		
142	甘森玉	9、31、131		又作森玉、森豫
143	甘善長	1、5、31、32、48、51		又作善長
144	甘生玉	5、31、32、88、106		
145	甘生	12、17、28、44、45、79、88、106		当即甘生玉
146	甘世明	10、28、39、41、44、49、52、58、60、62、66、68、69、88、92、100、101、106、109、125、126、134	《读礼通考》《憺园文集》	又作甘世、世明、甘明、甘明世
147	甘先	66、92、101、109、116		
148	甘信孚	16、109		
149	甘信	10、12、28、39、41、44、45、49、52、58、60、62、66、88、92、99、100、101、106、109、116、119、125、126、134		当即甘信孚
150	甘寅	10、28、39、49、52、66、106、109、116、126		
151	甘銀	28、52、62、88、100、106、126		

续表

序号	刻工名	所刻《通志堂经解》中书	所刻《经解》以外书	备注
152	甘玉	12、17、28、41、44、45、49、52、60、62、68、79、88、106、126、134		
153	甘子琪	58、126		
154	甘琪	10、12、28、44、52、62、66、79、92、100、106、109、126		当即甘子琪
155	甘子貞	10、12、16、28、44、58、79、88、99、100、106、126、		又作甘貞
156	甘子	44		当即甘子貞
157	甘	39		
158	高珩	12、44、45、62、64、68、79、88、106		
159	高祥	28、44、45、52、62、88、106、126		
160	高養元	44、126		又作高养元
161	高元	10、12、17、28、39、41、44、45、49、52、58、60、62、64、66、68、79、88、92、99、100、101、106、109、116、117、119、125、126、134		疑即高養元
162	高宇臣	6、8、15、33、34、35、39、40、41、47、50、55、70、71、76、77、80、83、84、85、89、90、95、96、102、103、106、109、110、113、115、117、128、130、132、134、135		又作高宇
163	格生	12、44、45、68、79、88、106		
164	葛君宣	3、18、22、25、26、29、36、39、41、50、61、65、69、73、74、90、109、121、122、125、128、129		又作君宣、葛君、葛宣、葛
165	公佩	78、123、127、130、137		
166	公上	12		或即張公止

续表

序号	刻工名	所刻《通志堂经解》中书	所刻《经解》以外书	备注
167	公昇	8、132		
168	公巳	8、89		
169	公廷	39		
170	公言	132		
171	公裔	6、34、40、113		
172	公衣	83、130		当即公裔
173	顧明	6、15、21、33、34、39、41、50、67、76、80、83、85、90、96、102、108、109、111、113、115、128、130、134		又作顾明
174	顧子寿	6		
175	関君召	3、4、7、18、22、24、25、26、29、30、38、41、43、54、61、69、72、73、74、81、82、87、94、97、98、106、109、112、114、121、124、128、129、134		又作関召
176	漢臣	39		
177	和生	31、131		
178	洪運	39、66、92、101、116		
179	侯伯華	10、28、44、52、62、88、99、100、106、109、126		又作伯華
180	懐中	6、8、16、46、55、56、77、89、95、103、104、132		
181	季奉生	1、5、9、31、32、138、140		又作季奉、季生
182	季文	66、92、116		
183	際生	39、41、67、118、128、130、134	《昌黎诗集注》《古欢录》	
184	蒋逢太	6、103、132		又作蔣逢太、逢太

续表

序号	刻工名	所刻《通志堂经解》中书	所刻《经解》以外书	备注
185	蒋荣臣	14、17、23、24、38、43、53、82、86、87、93、94、97、98、124		又作蔣榮臣、蔣荣臣、蒋榮臣、蒋荣、蔣荣
186	蒋任	6、40、47、79、102、106、109、113		又作蔣任，疑即蒋任臣
187	蒋任臣	106		
188	蒋太	6、8、9、15、31、33、34、40、47、48、50、51、76、77、80、84、85、95、96、102、103、106、109、110、111、113、115、128、131、132、136、139、		又作蔣太
189	蒋天一	1、5、31、32、138、140		又作蔣天、天一
190	焦景霞	1、5、31、32、51、138、139、140		
191	金佩卿	10、12、17、28、52、99、100、106、109、126	《读礼通考》	又作金佩
192	金士玉	39、41、49、60、66、78、92、101、109、116、119、125、134		又作金士
193	金祥卿	39、60	《憺园文集》	又和金祥
194	金子重	10、12、17、28、44、45、52、58、62、64、66、68、79、88、92、99、100、101、106、107、109、116、123、126、137	《读礼通考》《憺园文集》	又作子重、金重
195	句公	9、31、42、48、51、131、136、139		
196	巨甫	1、5、9、31、32、51	《憺园文集》	
197	臣甫	131、136、140		当即巨甫
198	聚之	55		
199	君德	25、61、74、81、121		
200	君尽	18		

续表

序号	刻工名	所刻《通志堂经解》中书	所刻《经解》以外书	备注
201	君静	3、18、19、22、25、26、29、30、36、37、54、61、65、72、73、74、81、82、109、114、121、122		又作君静
202	君明	8、55、95、103		
203	君仁	7、18、20、25、29、30、37、54、61、65、72、73、74、81、82、98、106、109、121		
204	君善	42、48、51、131、139		
205	君宣	18、19、20、29、30、37、50、54、81、82、106、109、114	《憺园文集》	
206	君用	106		
207	君正	21、34、39、41、67、83、90、108、110、128、130、134		
208	君仲	1、5、9、31、32、39、41、48、51、57、117、131、134、138、139、140		
209	孔仁	8、89、95、103、132		
210	孔云	41、49、109、126		
211	李芳	77		
212	李公	3、20、22、25、26、29、36、37、61、65、69、72、73、74、81、91、109、121、122、128、129		
213	李金生	26、36、122		又作金生
214	李君立	38		又作君立
215	李立	2、3、7、11、18、20、23、24、25、26、29、30、37、38、43、53、61、65、72、73、74、81、82、86、87、91、93、94、97、98、109、112、114、121、124、128、129、133		或即李君立
216	李奇	62		
217	李文	109		

续表

序号	刻工名	所刻《通志堂经解》中书	所刻《经解》以外书	备注
218	李治	83、90、130		又作治
219	李左	1、5、9、31、32、138、140		
220	良甫	39、49、66、92、101、116		
221	梁生	12、17、64		
222	林伯	83、90、130		
223	林九占	11、13、14、24、43、97、124		又作九占
224	林之	43、86、87、94、97、98、124		
225	刘大超	2、17、23、24、38、39、43、53、66、82、92、93、101、109、124、126		又作大超
226	刘公紀	6、8、34、35、55、70、77、80、95、103、109、113、132		又作公紀、刘紀
227	刘公一	8、55、77、89、95、103、132	《李义山文集》	又作公一
228	刘和	6、15、33、34、40、80、85、102、109、113		
229	刘景超	4、11、23、24、97、99、124		
230	刘良公	10、12、16、17、28、44、45、49、51、52、58、62、66、68、79、88、92、99、100、101、106、109、116、126、		又作刘良、良公、刘公
231	刘公	66、126		当即刘良公
232	刘林甫	6、8、16、46、55、56、70、77、89、95、103、104、132		又作刘林、劉林
233	刘美成	28		
234	刘全甫	6、8、70、77、89、95、103、132		又作刘全、全甫
235	刘圣公	12、28、44、45、52、58、62、68、79、88、100、106、126		又作刘圣、圣公
236	刘順之	4、11、13、14、24、53、86、124		

续表

序号	刻工名	所刻《通志堂经解》中书	所刻《经解》以外书	备注
237	刘之	24		当即刘顺之
238	刘太	6、8、16、55、70、77、89、95、103、132		
239	刘廷实	9、31、109、126		又作刘廷
240	刘子荣	46、56、		
241	刘荣	6、8、16、46、55、56、70、77、89、95、104、109		当即刘子荣
242	刘尹	77		
243	六龍	18、19、25、29、61、65、72、73、109、121		
244	龍生	109		
245	吕年	25、72、73、109		
246	吕子	23、24、38、43、53、82、86、124		
247	龙伯	54		
248	茆德卿	5、9、31、32、42、48、51、131、136、139、140		又作德卿
249	茆召	5、9、31、42、48、131、136、139		当即茆召卿
250	茆召卿	1		
251	孟仙	4、11、13、24、43、86、97、124		
252	繆臣	5		
253	繆尔	5		
254	繆君勝	39、41、118、130、134、138		又作君勝
255	繆孔亮	1、5、9、31、32、140		又作孔亮、繆亮
256	繆天渠	6、8、16、21、33、34、35、38、39、40、41、46、47、50、55、56、59、67、70、71、75、76、77、80、83、84、85、89、90、95、96、102、103、104、106、108、110、111、113、115、118、128、130、132、134		又作繆天衢、繆天、天渠

续表

序号	刻工名	所刻《通志堂经解》中书	所刻《经解》以外书	备注
257	繆文安	5		
258	繆以公	12、17、39、44、49、66、68、79、88、92、101、109、116、126		又作繆以功、以功
259	繆以	1		
260	繆用	1		
261	繆虞臣	5		
262	穆	65		
263	穆彩	107、123、127、137		
264	穆君侯	2、23、24、25、30、37、38、43、53、54、61、72、82、86、98、109、124		又作穆君候
265	穆君	18、23、25、29、53、61、72、73、109、		当即穆君侯
266	君侯	18、29、30、37、50、61、72、73、81、114		当即穆君侯
267	穆君旺	16、46、56、		
268	穆旺	6、16、33、34、40、46、47、50、55、56、70、76、77、80、83、84、85、89、90、95、96、102、104、109、110、111、113、115、128、130、135		当即穆君旺
269	穆坤	39、101		
270	穆維伯	38	《憺园文集》	
271	穆選臣	28、44、62、88、106、126		又作選臣
272	潘俊卿	66、128		又作俊卿
273	潘俊	38		疑即潘俊卿
274	潘平侯	2、4、13、14、22、23、24、26、38、43、50、53、54、82、86、93、94、97、124、128、129		又作潘平矦、潘平、平侯

续表

序号	刻工名	所刻《通志堂经解》中书	所刻《经解》以外书	备注
275	潘卿侯	20、23、30、37、38、53、61、81、97、98、106、122		又作潘卿侯、卿侯、卿侯
276	潘玉	2、23、24、38、43、53、82、93、124		
277	配生	131、136		
278	芃生	39、41、134	《昌黎诗集注》《李义山文集》	
279	朋生	109		
280	祁揚生	56		
281	祁生	6、8、15、16、21、27、33、34、40、46、47、50、55、56、67、70、76、77、80、83、84、85、90、95、96、102、103、108、110、111、113、115、128、130、132、135		疑即祁揚生
282	奇	95		
283	齐卿	39、41、118、134	《读礼通考》《憺园文集》	
284	祈生	109		
285	啟如	39、49、109、126		又作啓如
286	啟洲	9		
287	欽明	34、39、41、67、83、90、95、108、110、118、127、128、130、134	《读礼通考》《憺园文集》《古欢录》	或即鄧欽。在《读礼通考》中又作鄧欽明
288	任臣	15、33、34、47、76、80、84、85、96、102、109、110、111、113、115、135		或即蒋任臣
289	上之	39、92、101		
290	尚達宣	6、8、16、46、55、59、70、71、77、89、95、103、104、132、		又作達宣
291	尚云	16、56、83、89、90、130		

续表

序号	刻工名	所刻《通志堂经解》中书	所刻《经解》以外书	备注
292	邵国	95、103、132		
293	邵吉士	39、66、92、101、116		又作邵士、吉士
294	邵敬先	6、83、130		又作邵敬
295	邵先	6、8、55、70、71、95、103、132、138		当即邵敬先
296	邵名之	38、86、124		
297	邵文先	6、55、70、95、103		又作邵文、文先
298	邵子仁	22、38		
299	沈芳欣	6、8、15、16、33、34、40、46、55、56、59、70、71、77、80、83、85、89、90、95、102、103、104、109、113、130、132		又作芳欣
300	沈欣	109		当即沈芳欣
301	生云	48		
302	聖啟	39、41、42、67、108、128、130		又作聖啓
303	石貞	24、94、97		
304	史子弘	30、37、54、61、72、81、98、109		又作史弘、子弘
305	士仁	66、116		
306	士玉	39、67、101、130	《憺园文集》	
307	世洪	25、73、109		
308	世卿	90		
309	受廷	9、15、31、33、34、40、47、51、80、84、85、96、109、110、113、135、136		又作受亭
310	孫禎之	2、13、23、24、43、53、86、97、124		又作孫貞之、孙禎之
311	太成	126		

续表

序号	刻工名	所刻《通志堂经解》中书	所刻《经解》以外书	备注
312	談茂生	8、15、33、34、35、71、77、80、85、95、102、103、109、113、132		又作談茂、茂生
313	談欽	5、9、31、32、51、131		
314	談元茂	5、9、31、32、51、131、136		又作談元
315	談貞生	6、55、70、77、89、95、103		又作貞生
316	陶季賢	22、26、69		又作季賢
317	陶開卿	28、99、106、109、126		又作陶開
318	陶善	10、12、16、17、28、39、44、45、49、52、58、62、64、66、79、88、92、99、100、101、106、109、116、126		
319	陶士	39、109、126		
320	陶冶	1、2、4、5、11、13、14、17、23、24、38、43、53、82、86、87、93、94、97、98、124		
321	陶永錫	22、23、26、38		又作陶永、永錫
322	天池	28、42、48、51、66、92、99、101、109、116、126、131、136		
323	王安公	10、12、17、28、39、44、45、49、52、62、64、66、68、79、88、92、99、100、101、106、109、116、126		又作王安、安公、王公
324	王伯	6、8、55、77、95、103、132		
325	王粲	12、44、45		
326	王尔吉	6、8、15、16、34、40、46、55、56、70、71、77、80、89、95、102、103、104、109、113、132		又作王尔極、尔極、尔吉
327	王尔荣	5、31、32		
328	王方	1、5、31、32、138、140		
329	王斐明	1、5、31		

续表

序号	刻工名	所刻《通志堂经解》中书	所刻《经解》以外书	备注
330	王公	64、77		
331	王和	28、31、42、48、51、57、109、126、136、139		
332	王弘卿	3、22、26、36、38、69、122、128、129		又作王弘卩、王弘
333	王后	70、77、89、95		
334	王岎	70、95		
335	王会	9、42、48、51、57、131、139		
336	王君任	12、16、17、44、45、62、68、79、88、106		
337	王君盛	6、70、77、95		又作君盛
338	王倫	6、15、21、33、34、39、40、41、47、67、75、80、83、84、85、90、96、102、106、108、109、110、111、113、115、118、128、130、134、135		
339	王茂林	16、46、56、71、77、89、104、140		又作茂林
340	王林	39		疑即王茂林
341	王枚	6、15、33、34、40、47、80、84、85、96、102、109、113、128		
342	王戠	39、49		
343	王如	109、126		
344	王慎修	92、101、109		又作慎修、王真修
345	王真	101		疑即王慎修
346	王生	72		
347	王盛	6、8、32、35、39、59、71、89、95、103、106、109、113、132		疑即王君盛

续表

序号	刻工名	所刻《通志堂经解》中书	所刻《经解》以外书	备注
348	王順	3、18、19、22、25、26、29、30、36、37、50、54、61、69、72、73、74、81、82、91、98、109、114、121、122、128、129、133		又作王顺
349	王綏吉	6、8、16、46、55、56、70、77、89、95、104		
350	王維周	8、16、46、55、56、70、77、89、95		又作王維、維周
351	王文	3、22、26、31、36、51、69、89、122、136、139		当即王允文
352	王憲	15、33、34、63、80、84、85、96、102、109、110、113、115、135		
353	王相臣	2、3、4、7、11、13、14、17、18、22、23、24、25、26、29、30、37、38、41、43、50、53、54、61、65、69、73、74、81、86、91、93、94、97、98、109、114、117、121、122、124、128、129、134		又作相臣、王相
354	王臣	66		当即王相臣
355	王言	9、31、51、131、136		
356	王仪公	25、29、61、65、72、73、81		
357	王儀公	82、109		
358	王永	70		
359	王玉文	14、18、19、25、29、37、61、72、74、81、95、109、121、122		又作玉文
360	王玉	1、5、6、15、31、32、40、46、50、80、85、92、102、106、109、113、140		当即王玉文
361	王云登	6、80、102、113、130		又作云登
362	王云	6、8、55、77、89、95、103、109、132		疑即王云登

续表

序号	刻工名	所刻《通志堂经解》中书	所刻《经解》以外书	备注
363	王允高	1、5、31、32、42、48、51、131、136、139、140		
364	王允文	31、39、41、42、48、49、51、60、66、92、101、116、119、125、131、134、136、139		又作允文、王文
365	王韵	6、8、15、33、34、35、47、55、59、70、71、76、77、80、83、84、85、89、90、95、96、102、103、109、110、111、113、115、130、132		又作王韻
366	王貞	39、41、60、92、101、107、109、123、126、134、137		
367	王至公	12、17、28、39、44、45、52、60、64、68、79、88、106、109、126		
368	王志公	28		
369	王子庚	1		
370	王子荣	4、14、23、24、38、43、53、97、124		又作子荣
371	王子沾	20、81、82、109		又作王沾
372	王	26、98、113		
373	惟周	136		当即周惟
374	文裕	9、31		
375	吴觀卿	28、39、66、92、101、109、116、126		又作吳观卿、吴观、观卿、观夕
376	吳朋	48、51、131、136		又作吴朋
377	吴千	66、116		
378	吴天	16、56		又作吳天
379	吴正生	41、66、92、101、109、116、117、126、134		又作正生

续表

序号	刻工名	所刻《通志堂经解》中书	所刻《经解》以外书	备注
380	吴子仁	1、5、31、138、140		又作子仁
381	習候	9、31、51		
382	憲公	80、102、109、113		
383	憲章	95		
384	祥生	88、106		
385	謝君甫	17、23、38		
386	修来	18、25、29、61、65、73、74、109		
387	徐化之	7、18、19、25、29、43、50、61、65、72、73、74、81、82、109、114、121		又作化之
388	徐盛	6、8、55、77、89、95、132		
389	徐士	6		
390	徐世	15、27、33、34、40、47、50、80、83、84、85、90、96、102、106、109、111、113、115、128、135		
391	徐彥	25、61、72、73		
392	徐元昇	138		
393	徐貞	17		
394	叙九	9、42、48、51、131、136、139		
395	揚庭	109		
396	揚先	29、81、86		
397	楊殿英	16、46、55、89		又作殿英
398	楊英	8、55、56、95		疑即楊殿英
399	楊尔生	6、8、40、59、77、95、103、113、132		又作尔生
400	楊立本	6、8、16、35、39、41、46、55、56、59、70、77、89、95、103、104、118、132、134		又作杨立本、立本

续表

序号	刻工名	所刻《通志堂经解》中书	所刻《经解》以外书	备注
401	楊天爵	1、5、9、31、32、39、41、42、48、51、57、117、131、134、138、140		又作天爵
402	楊廷	109		
403	楊中	4、11、13、14、23、24、38、43、53、82、86、93、97、124		当即楊中行
404	楊中行	38		
405	楊仲恒	24、29、30、37、54、61、81、82、87、94、97、98		又作仲恒
406	姚哲	16、46、56、89		
407	姚重士	6、8、16、35、46、55、56、71、77、89、95、103、104、132		又作重士
408	宜生	1、5、31、32、138、140		
409	以生	24		
410	穎涵	8、55、77、89、95、103	《憺园文集》	又作穎涵
411	雍堯之	7、22、24、25、26、29、36、61、65、72、73、74、81、87、94、97、98、106、109、114、121、123、128、133		又作雍堯、堯之、雍之
412	永相	39		
413	于亮臣	6、8、16、46、55、56、70、77、89、95、104、132		又作亮臣、于亮陳
414	于順徵	16		
415	于順真	46		疑即于順徵
416	于仲熙	138		又作仲熙、仲希
417	于子臣	138		又作于臣、子臣
418	玉成	12、28、39、41、44、45、49、52、60、66、79、88、92、99、101、109、116、119、134		
419	玉存	28、106、126		

续表

序号	刻工名	所刻《通志堂经解》中书	所刻《经解》以外书	备注
420	玉公	6、8、71、77、95、132		
421	玉明	8、95、103、132		
422	玉生	7、18、19、22、26、29、61、66、72、73、74、81、91、92、101、109、114、116、121		当即范玉生
423	玉宣	8、35、55、70、77、89、95、103	《昌黎诗集注》	
424	元沛	38、53、61、73、97		
425	元升	31		疑即徐元昇
426	元士	61、65		
427	遠之	83、90、130		
428	云生	31、48、51、136、139		
429	允相	8、89		
430	曾斌	16、46、56		
431	曾宗	32		
432	張達	6、8、15、16、21、33、34、35、39、40、41、47、55、56、67、70、75、77、80、83、84、85、89、90、95、96、102、103、106、108、109、110、111、114、115、118、128、130、132、134、135		又作张達
433	張公化	28、39、49、66、92、99、101、109、116、126	《愓园文集》《昌黎诗集注》	又作公化
434	張公善	12、17、28、44、52、62、64、79、88、106、126		又作公善
435	張公止	12、17、28、39、49、60、66、92、101、106、109、116、126		又作公止
436	張进安	5		
437	張晋生	1、5、9、31、32、138、140		又作晋生、晉生

续表

序号	刻工名	所刻《通志堂经解》中书	所刻《经解》以外书	备注
438	張進文	1、9、31、32、51、131、136、140		又作張进文、進文、張文
439	張敬元	77		
440	張君茂	18、19、20、22、25、26、29、30、37、50、54、61、65、69、72、73、74、81、82、97、98、106、109、114、121、122		又作君茂
441	張君起	1、5、9、31、32、138、140		又作君起、君啓
442	張茂	1、32		
443	張奇	6、8、15、16、33、34、40、46、47、50、55、56、76、77、80、83、84、85、89、90、95、96、102、103、109、110、111、113、115、128、130、132、135		又作張竒
444	張昇	6、8、9、15、16、33、34、35、40、46、47、50、55、56、70、71、76、77、80、84、85、89、95、96、102、103、104、106、109、110、111、113、115、128、132、135		
445	張錫	6、15、33、34、40、47、80、84、85、96、102、109、110、111、113、115		
446	張永	9、31、48、51、131、136、139		
447	張玉	6、8、71、77、78、89、95、107、123、127、132、137		
448	張志	78、107、123、127、137		
449	張仲	1、5、31、32		
450	召卿	31		
451	趙尔祚	6、8、16、46、55、56、70、77、95、104		又作尔祚
452	哲士	6、70、77		

续表

序号	刻工名	所刻《通志堂经解》中书	所刻《经解》以外书	备注
453	貞卿	66、99、106、126		
454	鄭孔加	1、5、31、32、55、138、140		又作孔加
455	幟先	1、9、42、48、51、57、131、136、139		
456	鍾君珍	66、92、101、109、116、126		又作鍾君、君珍、鍾珍
457	仲明	5、9、31、32、42、48、51、57、131、136、139、140		
458	仲宣	20		
459	周岱	78、123、137		
460	周丹采	16、46、55、56、70、77、95		
461	周開先	10、12、28、44、45、52、58、66、68、79、88、92、99、100、101、106、109、116、126		又作周開、開先
462	周連生	39、41、66、92、101、109、119、126、134		又作連生
463	周聖西	1、5、9、31、32、42、48、51、57、131、136、138、139、140		又作聖西、圣西
464	周世求	3、7、18、19、20、22、25、26、29、30、36、37、61、69、72、73、74、81、82、91、109、121、122、128、129、		又作世求
465	周停	33、34、42、47、75、76、80、83、84、90、96、102、109、110、111、115、128、130、135		又作周亭
466	周惟	131		
467	周文啟	2、3、11、13、14、18、22、23、24、25、26、29、30、37、38、43、50、53、54、61、69、73、74、81、82、86、87、93、94、97、98、106、109、121、124、128、129		又作文啟

续表

序号	刻工名	所刻《通志堂经解》中书	所刻《经解》以外书	备注
468	周行生	10、28、44、52、58、62、68、88、100、106、109、126		又作周行、行生
469	周生	78、109	《憺园文集》	当即周行生
470	周用	6、40、80、85、102、106、109、113		
471	用周	5、31、32、140		
472	周允圣	3、22、25、26、36、61、65、69、74、121、123、133		又作周允聖、允圣
473	周運	92		
474	周召	39		
475	周仲	6、33、34、40、47、76、80、83、84、85、99、96、102、109、110、111、113、115、130		
476	周子振	18、20、25、29、30、37、38、53、54、61、72、73、81、82、109、121		又作周子震、周子、子振
477	周子正	3、22、26、36、69、122、133		又作子正
478	朱士	1、5、9、31、32、107、127、138、140		
479	朱天又	5、9、31、32		
480	子臣	138		
481	子厚	18、25、61		
482	子末	66、92、101、116		
483	子良	39、41、60、119、125、134		
484	子銓	6、8、55、70、77、95、132		
485	子仁	28、52、62、106、126		当即吴子仁
486	子荣	39、109、116		
487	子上	66、92、101、109、116、126		

续表

序号	刻工名	所刻《通志堂经解》中书	所刻《经解》以外书	备注
488	子文	22、26、30、36、39、45、50、54、61、81、88、106、122、128、129、133		
489	子相	66、92、101、109、116		
490	子秀	6、15、33、34、40、47、76、80、83、84、85、90、96、102、106、109、110、111、113、115、130、135		
491	子英	127	《憺园文集》	
492	子元	6、15、27、33、34、40、47、76、80、84、85、96、102、109、110、111、113、115、135		
493	子云	39、41、49、60、117、134		

附录二　徐乾学、纳兰成德与《通志堂经解》的关系新探

摘　要：清康熙年间辑刻的大型经部丛书《通志堂经解》一百四十种一千八百六十卷，荟萃宋元经学要籍，上承《十三经注疏》，下启《皇清经解》，在经学史上和出版史上都具有十分重要的地位。丛书以"通志堂"名编，各卷末题"后学成德挍订"，故各书目多署为纳兰成德编刻；但实际上该丛书的真正辑刻者为昆山徐乾学。徐乾学、纳兰成德与《通志堂经解》之间的关系体现出一定的复杂性。

关键词:《通志堂经解》　徐乾学　纳兰成德

清康熙间辑刻的《通志堂经解》是一部在经学史与出版史上都具有重要地位的大型经部丛书。它上承《十三经注疏》，收录宋元两代为主的经学著作一百四十种，多为重要而稀见者，成为有清一代学者治经的重要依据，扩大了经学研究的范围，对清代经学的兴盛意义重大。之后嘉庆间张金吾纂辑《诒经堂续经解》、道光间钱仪吉编刻《经苑》、阮元辑刻《皇清经解》，皆踵继《通志堂经解》而作，其开启之功显而易见。版本学方面，《通志堂经解》各书多以宋元善本为底本，开清人刻书重视底本之风气；又精写付刻，为清代软体字写刻本的重要代表。故历来受到高度评价，成为后世抄、刻、影印古籍的重要底本来源。

通志堂乃清满洲纳兰成德之堂号，然而该丛书虽以"通志堂"名编，实则为昆山徐乾学所辑刻，乃徐氏出于政治等方面的原因而让名于成德者。此

已为大多研究者所认同，但亦有持不同意见者，如《四库全书总目》卷一百八十三《通志堂集》条下云：“国朝纳喇性德撰……《九经解》即其所刻，而徐乾学延顾湄校正之。以书成于性德殁后，版藏徐氏，世遂称《徐氏九经解》，并通志堂而移之徐氏，实相传之误也。”① 又如关文瑛《通志堂经解提要》卷首称：“《通志堂经解》者，吾辽东纳兰容若成德侍卫之所辑刻者也。”② 且是书见于著录时，如《中国丛书综录》《中国古籍善本书目》等权威书目，亦多题为成德（性德）辑编。故关于是书之辑刻，于今人而言，呈现出一定的复杂性。造成这种情况的原因，主要是对徐乾学、成德与《通志堂经解》的复杂关系、二人在编刻《通志堂经解》中所起的具体作用尚缺乏明晰的认识，另一个因素则涉及古书署名问题的复杂性。本文即在相关史料及前人论断的基础上，对徐乾学、纳兰成德与《通志堂经解》的关系做进一步的梳理，以消除由于相关论述及著录所引发的关于该书编刻方面的误解。

一、徐乾学与纳兰成德

徐乾学（1631—1694），字原一，号健庵，人又称东海、玉峰，江南昆山人。清康熙九年一甲第三名进士，累官至刑部尚书，与胞弟徐元文、徐秉义同为朝中重臣，深为康熙皇帝倚重。同时他也是一位著名学者和文献家，其撰述有《读礼通考》《资治通鉴后编》《憺园文集》等三十余种，家有传是楼，藏书称当时海内第一。徐乾学身居显要，交游广泛，著述丰富，又多藏书，是在清初有很大影响的重要人物。

纳兰成德（1654—1685），姓纳兰氏（或作纳喇氏、那拉氏等），曾改名性德，字容若，号楞伽山人，满洲正黄旗人，乃康熙朝权相武英殿大学士纳兰明珠之子。康熙十一年举于顺天乡试，康熙十五年成进士，授乾清门侍卫。成德笃意经史，诗词具工，而尤擅填词，《清史稿》称他“善诗，尤长倚声”③，是清初杰出的词人。

---

① 〔清〕纪昀等：《四库全书总目》，影印清乾隆六十年浙江刻本，中华书局 1965 年版，卷一八三。

② 关文瑛：《通志堂经解提要》，《书目类编》影印关氏《嗣守斋丛书》本，台北成文出版社 1978 年版，卷首。

③ 赵尔巽等：《清史稿》，中华书局 1977 年版，卷四百八十四。

徐乾学、纳兰成德二人关系密切。成德乡试即出徐乾学之门，故二人有师生之谊。因成德聪敏好学，又是明珠之子，故深得乾学厚爱，二人一直过从甚密。成德英年早逝，徐乾学将其诗词文赋合编为《通志堂集》二十卷，并为刊行。而《通志堂经解》一书，更是二人关系的一个扭结点。该丛书为徐乾学实际编刻，却以成德之堂号名编，并题成德挍订，体现出二人非同一般的复杂关系。

二、徐乾学与《通志堂经解》

《通志堂经解》为徐乾学所编刻，可从徐氏《经解》总序、时人及后人的相关记载以及《经解》编刻所需条件等方面得到证明。

（一）徐乾学《通志堂经解序》

《通志堂经解》卷首有徐乾学总序一篇，署“康熙十有九年庚申日讲官起居注左春坊左赞善兼翰林院捡讨昆山徐乾学谨序”。现摘录如下：

“秀水朱竹垞[①]谂余，书策莫繁夥于今日，而古籍渐替，若经解仅有存者，弥当珍惜矣……有宋兴起，洛闽大儒，弘阐圣学，下及元代，流风未殄，凡及门私淑之彦，各有著述，发明渊旨，当时经解最盛。而余观明时文渊阁及叶文庄、商文毅、朱灌甫所藏书目，宋元诸儒之书，存者亦复寥寥可数。即以万历中《东阁书目》较之《文渊阁书目》，百余年间，历世承平，而内府清秘之藏，已非其旧，欲其久传无失，讵可得哉？……明兴，勅天下学校皆宗程朱之学。永乐时诏辑《四书》《五经》《性理大全》，征海内名士，开馆东华门，御府给笔札，冀成巨典。是时胡广诸大臣，虚糜廪饩，叨冒迁赉，《四书大全》则本倪士毅《通义大成》，《诗》则袭刘瑾《通释》，《春秋》则袭汪克宽《纂疏》，剿窃蓝本，苟以塞责而已。诏旨颁行，末学后生奉为宝书，并贞观义疏不复寓目，遑及其他，即更有名贤纂述流布人间，谁复搜访珍藏？益叹先儒经解，至可贵重，其得传于后，如是之难也……皇朝弘阐六经，表微扶绝，海内喁喁向风，皆有修学好古之思。余雅欲广搜经解，付诸剞劂，以为圣世右文之一助，而志焉未逮。今感竹垞之言，深惧所存十百之一又复

① 朱彝尊字锡鬯，号竹垞，清初秀水人。

沦斁，责在后死，其可他诿？因悉余兄弟家所藏本，覆加挍勘，更假秀水曹秋岳、无锡秦对岩、常熟钱遵王、毛斧季、温陵黄俞邰及竹垞家藏旧版书若抄本，厘择是正，总若干种，谋雕版行世。门人纳兰容若尤怂恿是举，捐金倡始，同志群相助成，次第开雕。经始于康熙癸丑，逾二年讫工。借以表章先哲，嘉惠来学。功在发余，其敢掠美。因叙其缘起，志之首简。”①

据徐氏总序，《通志堂经解》之刻，乃出于其对现存宋元等先儒经解文献不断沦亡的担忧，对明朝所修《四书大全》《五经大全》的不满以及对朝廷稽古右文之号召的响应。从序中知，徐氏早已有辑刻经解的愿望，又受到朱彝尊进一步的触发，于是付诸行动。从搜罗底本，到校勘，到开雕，审其语意，皆亲自操办，并未让功于他人。至于成德，序中除称其“尤怂恿是举，捐金倡始”外，并未提及他于此事的其他贡献。若是为别人编刻的书作序，这样彰显自己而忽略主人，于情于理不符。

（二）时人的相关记载

①清陆陇其《陆清献公日记》卷十，康熙二十九年庚午八月：“十二，朱锡鬯来……又言吴草庐《书纂言》、王次点《周礼订义》、刘贡父《春秋意林》《权衡》、吕东莱《书说》，皆已刻于徐健庵家。”又康熙二十九年庚午九月：“廿三，在朱锡鬯所，见通志堂所刻敖继公《仪礼集说》、卫湜《礼记集说》、王次点《周礼订义》、杨复《仪礼图》……锡鬯言，通志堂诸书，初刊时皆有跋，刻在成德名下，后因交不终，刊去。然每页板心，通志堂之名犹在。”又康熙三十一年壬申七月：“初七，到馆，见健庵所刻《经解》，此举差强人意。”②

②清王士禛《分甘余话》卷四：“昆山徐氏所刻《经解》多秘本，仿佛宋椠本，卷帙亦多，闻其版亦收贮内府。”③

③清韩菼《资政大夫经筵讲官刑部尚书徐公乾学行状》：“其于经学，凡唐宋以来先儒经解世不常见者，靡不搜揽参考，雕板行世。”④

① 〔清〕徐乾学编:《通志堂经解》，刻本，昆山：徐乾学，清康熙间，卷首。

② 〔清〕陆陇其:《陆清献公日记》，刻本，吴江：柳湄生，清道光二十一年，卷十。

③ 〔清〕王士禛:《分甘余话》，中华书局1989年版，卷四。

④ 钱仪吉编:《碑传集》，影印本，上海书店1988年版，卷二十。

④清张云章《朴村诗集》卷首自序："东海诸公搜缉《十三经注疏》以下群儒诸经付梓，余亦与雠校。"[①]

⑤清毛扆《汲古阁珍藏秘本书目》："《礼记集说》，四十二本。世无其书，止有此影抄宋本一部。今昆山所刻，借此写样。"

⑥清翁方纲《通志堂经解目录》之《春秋通说》条引何焯批："东海先有钞本，从黄俞邰处来，仍伪书也。后汲古得李中麓所藏影钞宋本，用以付刊。"又《春秋本义》条引何焯批："元刻最精，有句读圈点抹，因中有阙叶，不敢擅增。句读圈点，鄙见有无皆照元本，而东海必欲一例，竟未刻句读点抹，惜哉！"又《南轩先生孟子说》条引何焯批："东海从天乙阁钞来，即以付刊，后得最精宋本，余劝其校正修板，未从也。"[②]……

陆陇其、朱彝尊、王士禛、韩菼、毛扆、张云章、何焯诸人皆与徐乾学、纳兰成德同时，并大多与徐乾学关系密切，而如朱彝尊、韩菼等则同时亦与成德交善，他们于《通志堂经解》之刊刻，皆为知情者。而朱彝尊、毛扆、张云章、何焯又为《经解》刊刻的当事者，朱彝尊对于《经解》的刊刻有启发之功，还将自家藏书如《易纂言》提供出来作为《经解》底本，毛扆亦将所藏影宋抄本《礼记集说》等借于徐氏写样，张云章、何焯则尝客徐乾学之门，并参与了《经解》的校勘。故翁方纲《通志堂经解目录》所引何焯批中屡屡言及其向徐乾学建议选本、重校、修版、补刻之事，而陆陇其《日记》所记朱彝尊言不但明称《通志堂经解》之《书纂言》《周礼订义》《春秋意林》《春秋权衡》《书说》等刊刻于徐乾学家，又称"通志堂诸书，初刊时皆有跋，刻在成德名下，后因交不终，刊去"，道出了《通志堂经解》确属让名于成德的隐情。

（三）后人的相关论述

①《清实录》卷一千二百二十五载乾隆五十年二月二十九日高宗皇帝关于四库全书馆进呈补刊《通志堂经解》的御旨："古称皓首穷经，虽在通儒，非义理精熟，毕生讲贯者，尚不能覃心阐扬，发明先儒之精蕴；而成德以幼

① 〔清〕张云章：《朴村诗集》，《四库禁毁书丛刊》影印清康熙华希闵等刻本，北京大学出版社1997年版，卷首。

② 〔清〕翁方纲订：《通志堂经解目录》，影印《苏斋丛书》本，博古斋，民国十三年。

年薄植，即能广搜博采，集经学之大成，有是理乎？更可证为徐乾学所裒辑，令成德出名刊刻，借此市名邀誉，为逢迎权要之具耳。”①

②清姚元之《竹叶亭杂记》卷四：“《通志堂经解》，纳兰成德容若校刊，实则昆山徐健庵家刊本也。高庙有‘成德借名，徐乾学逢迎权贵’之旨。成为明珠之子。徐以其家所藏经解之书荟而付梓，镌成名，携板赠之，《序》中绝不一语及徐氏也。”②

③叶德辉《书林清话》卷九：“本为徐乾学所刻。何焯所校《通志堂经解目录》屡称东海，是当时并不属之纳兰成德也。”又《郎园读书志》卷一：“本昆山徐乾学所刊，赠其门生纳兰性德。”③

④《续修四库全书总目提要》第十四册《通志堂经解》条：“性德举壬午乡试，徐乾学为主考，乾学借以谄附明珠。是书乃乾学所编刊，而让其名于性德者。”又第四册《通志堂经解目录》（沈氏刊本）条：“《通志堂经解》，昆山徐乾学健庵得章丘李开先中麓家藏书，益以常熟毛氏汲古阁、宁波范氏天一阁二家藏本，编刻于康熙十五年。其时辽阳纳兰明珠当国，子容若成德爱才好客，乡试出乾学之门，遂受业焉。乾学以此板归之，为之作序，盛推其校勘之功。”又同册《通志堂经解目录》（《粤雅堂丛书》本）条：“《通志堂经解》，刻于康熙十五年，凡白纸初印，板心无‘通志堂’三字者，均昆山徐乾学刻成时所印。后以板归纳兰成德，始于板心下方，补刻‘通志堂’三字。”④

此类材料颇多，不一一详列。后人在指出《通志堂经解》为徐乾学代为刊刻的同时，多进而分析徐氏让名于成德的原因，其要者为徐氏出于政治上的目的，借此以谄附明珠。

（四）纳兰成德的相关资料

成德生于清顺治十一年，据徐乾学《通志堂经解序》，《经解》之刊刻始于康熙十二年，时成德年二十岁。虽其自幼即笃意经史，但依其年龄、学识，尚不足以成如此集宋元经学大成之书。故高宗称：“计其时，成德年方幼稚，

---

① 《清实录》，影印清写本，中华书局 1985 年版，卷一千二百二十五。

② 〔清〕姚元之：《竹叶亭杂记》，中华书局 1982 年版，卷四。

③ 叶德辉：《书林清话》，中华书局 1957 年版，卷九。

④ 《续修四库全书总目提要》，影印稿本，齐鲁书社 1996 年版。

何以即成淹通经术?”又称:“古称皓首穷经，虽在通儒，非义理精熟，毕生讲贯者，尚不能覃心阐扬，发明先儒之精蕴；而成德以幼年薄植，即能广搜博采，集经学之大成，有是理乎?”[①]所论是有道理的。

成德卒后，徐乾学撰有《通议大夫一等侍卫进士纳兰君墓志铭》，韩菼有《通议大夫一等侍卫进士纳兰君神道碑铭》，时人张玉书、严绳孙、徐倬等所作《哀词》甚多，叙其生平大事，彰其文才学识，而于《通志堂经解》则几乎未及。若《经解》果为其所编刻，如此辉煌成就，此等传记之文必将浓墨重书。

另，《通志堂经解》一般认为于清康熙十九年刻竣，但有材料证明，实直至康熙二十四年成德殁后，《经解》仍未竣事。朱彝尊《曝书亭集》卷三十四有《合订大易集义粹言序》，序中云:“吾友纳兰侍卫容若，读《易》渌水亭中，聚《易》义百家插架，于温陵曾氏穜《粹言》、隆山陈氏友文《集传精义》一十八家之说有取焉，合而订之，成八十卷。择焉精，语焉详，庶几哉有大醇而无小疵也乎。刑部尚书昆山徐公嘉其志，许镂板布诸通邑大都，用示学者，乍发雕而容若溘焉逝矣。”[②]朱氏所序之书，《通志堂经解》收之，作《合订删补大易集义粹言》八十卷，题纳兰成德撰[③]。朱序不但明言此书为乾学所刻，且知徐氏将此书刻入《经解》时，成德已殁。书成于成德殁后，此为《通志堂经解》非成德所刻又一佐证。

（五）刻书地点及刻工资料

张云章，字汉瞻，号朴村，清初嘉定人，有《朴村文集》二十四卷《诗集》十三卷传世。张氏是《通志堂经解》的主要校勘者之一，其文集中的有关信札可以帮助确定《经解》刊刻的地点。如《朴村文集》卷二十三有《与陆翼王先生》书一通，云:“今岁仍坐馆玉峰，不过借以读未见之书耳，不必有好况也。所校勘者乃已刻诸书。连月来了得《春秋经》几部，如程端学之《本义》、家铉翁之《详说》、孙泰山《尊王发微》、赵鹏飞《经筌》、赵汸《集

---

① 均见《清实录》卷一千二百二十五：乾隆五十年二月二十九日高宗皇帝关于四库全书馆进呈补刊《通志堂经解》的御旨。

② 〔清〕朱彝尊:《曝书亭集》,《四部丛刊》影印清康熙五十三年刻本，商务印书馆，民国，卷三十四。

③ 按，是书《通志堂经解》本并未刻朱彝尊序。

传》。其原本惟《本义》为最佳，尽卷差不过四五字，而《详说》讹谬颇多，今皆考正，惟二十六卷有两段错简，其前后词意不相贯合，乃曹氏抄本强为联属者。此卷原来有四错简，曹抄皆正之，而两得两失。反复文意，愚已心识其故，未便遽尔改刊。京中有样本，求先生一为捡阅，祈即裁定教下，并以其暇质之两东海先生，以为当何如也。”此乃张云章校勘《经解》时遇有疑问，特致书京中求助陆元辅帮查检裁定，并祈其于方便时请示徐乾学、徐元文，以作定夺。可见，张云章从事校勘之地不在京师，而当在徐乾学的家乡昆山。

《经解》刊刻始于康熙十二年，而就在之前的康熙十一年，徐乾学以编修副德清蔡启僔主顺天乡试，因副榜遗取汉军卷，被降一级调用，乾学遂还乡，当在此时，即着手《经解》的刊刻。康熙十四年，乾学复原官，十五年，其母顾氏卒，又回家居丧三年。所以，在《经解》刊刻的主要时间里，徐乾学多在昆山老家，也因此得以亲自主持此事。

《通志堂经解》版心下方左侧镌有刻工名。由于《经解》之刊刻工程浩大，参与其事的刻工很多，据笔者统计，刻工总数近五百人。这些刻工也多来自江苏一带。

明末清初之际，苏州是刻书中心之一，其间多高水平刻工。王士禛《居易录》卷十四云：“近则金陵、苏、杭书坊刻板盛行，建本不复过岭。蜀更兵燹，城郭邱墟，都无刊书之事，京师亦鲜佳手。数年以来，虞山毛氏、昆山徐氏，雕行古书，颇仿宋椠，坊刻皆所不逮。”故王氏《古欢录》八卷也在江苏付刻。

《通志堂经解》的刻工中有很多是当时江苏一带很活跃的工匠。如其中的齐卿、邓世维、金子重、邓启、邓生、邓顺、邓子珍、甘典、栢公臣、邓钦明、邓明、邓茂卿、金佩卿、甘世明、邓文、邓存等还参加了康熙三十五年昆山徐氏冠山堂付刊的《读礼通考》一百二十卷（徐乾学撰）的刊刻；张公化、邓明、际生、玉宣、芃生等还参加了康熙三十八年长洲顾嗣立秀野草堂付刊的《昌黎诗集注》十卷（唐韩愈撰，清顾嗣立删补）的刊刻；邓尔仁、邓玉、钦明、际生等还参加了康熙三十九年朱从延快宜堂付刊的《古欢录》八卷（王士禛撰）的刊刻。故从参与其事的刻工来看，《通志堂经解》亦是刻于徐乾学的家乡苏州，而非成德所在的京师。

综以上所述，徐乾学是《通志堂经解》事实上的编刻者，当无异议，故《通志堂经解》又有《昆山经解》《徐氏九经解》之称。

三、纳兰成德与《通志堂经解》

《通志堂经解》虽题成德挍订，但实不为纳兰成德所编刻，上文已论。但不可否认，成德与《经解》的确有着密切的关系，这也是在《经解》编刻问题上意见未能统一的原因。成德与《通志堂经解》的关系主要表现在以下几个方面，均体现出其复杂性。

（一）提供资金

《通志堂经解》卷首有纳兰氏总序一篇，署“康熙十二年夏五月赐进士出身纳兰成德谨序”，摘录如下：

“……至宋，二程、朱子出，始刊落群言，覃心阐发，皆圣人之微言奥旨。当时如临川、眉山、象山、龙川、东莱、永嘉、夹漈诸公，其说虽微有不同，然无有各名一家如汉氏者。逮宋末元初，学者知尊朱子。理义愈明，讲贯愈熟，其终身研求于是者，各随所得以立言。要其归趋，无非发明先儒之清蕴，以羽卫圣经，斯固后世学者之所宜取衷也。惜乎其书流传日久，十不存一二。余向属友人秦对岩、朱竹垞购诸藏书之家，间有所得，雕版既漫漶断阙，不可卒读，钞本讹谬尤多，其间完善无讹者，又十不得一二。间以启于座主徐先生，先生乃尽出其藏本示余小子，曰：‘是吾三十年心力所择取而校定者。’余且喜且愕，求之先生，钞得一百四十种，自《子夏易传》外，唐人之书仅二三种，其余皆宋元诸儒所撰述，而明人所著，间存一二。请捐赀经始，与同志雕版行世，先生喜曰：是吾志也。遂略叙作者大意于各卷之首，而复述其雕刻之意如此。”

成德序中有云：“请捐赀经始，与同志雕版行世。”徐乾学《通志堂经解》卷首总序中亦称：“门人纳兰容若尤怂恿是举，捐金倡始。”可见成德为《经解》的刊刻提供了资金。清严元照《蕙櫋杂记》称：“《通志堂经解》，徐健庵尚书逮刻三月而成。侍卫畀尚书四十万金，故急溃于成。”[①] 侍卫即指成德，成

① 〔清〕严元照：《蕙櫋杂记》，刻本，昆山：赵诒琛峭帆楼，清代。

德曾授乾清门侍卫。严氏称《经解》三个月即刊成，不知何据，与实情不合。其称成德捐金四十万之数亦不一定可靠。笔者以为刊刻之资当主要来自徐氏，以徐氏当时的身份、家世背景也具备了如此财力，但成德提供了部分资金当是事实。

（二）作序跋

《通志堂经解》除卷首有纳兰氏总序外，其中各书冠以成德序者多至六十二篇，另又有书后二篇。又朱彝尊称："通志堂诸书，初刊时皆有跋，刻在成德名下，后因交不终，刊去。"①此亦与成德总序中所称"略叙作者大意于各卷之首"合。则成德除有《经解》总序一篇、各经解序六十二篇、书后二篇外，又曾于《经解》诸书各有一跋。

然关于名署纳兰氏各序是否果出自成德之手，则有持怀疑态度者。张云章《朴村文集》卷三有《与朱检讨书》，云："每见通志堂近刻《经解》弁首之文，词简而义赅，表彰先儒其出处为人之大概与著书之微旨，本末具举。每读之窃叹，以为非我朱先生不能，未知信否，恐海内亦必无此巨手也。间有似出他手者，某亦能辨之。"张云章以为各经解卷首署名为成德各序，实多出朱彝尊之手，亦间有出自他人者。《续修四库全书总目提要》第十四册《通志堂经解》条云："各书中，自《子夏易传》至《书张文潜〈诗说〉后》，凡六十篇，并总序，俱见成德所著《通志堂集》中，亦乾学所撰也。"则以为各序出徐乾学手。张云章尝客徐乾学家，并参与了《通志堂经解》的校勘工作，为当事人。且与朱彝尊相熟，朱卒后，尝为撰祭文，见其《朴村文集》卷十八。此信中所言虽持求证之语意，但当非空穴来风。

朱彝尊《曝书亭集》卷三十四、卷四十二，收其所作各书序跋。其中之书有收入《通志堂经解》并同时有成德序者，今以二人之序相比较，发现颇多雷同，举例如下：

1. 宋李衡《周易义海撮要》十二卷

朱彝尊《周易义海撮要序》："自汉以来，说经者惟《易》义最多，《隋经籍志》六十九部，《唐志》增至八十八部，《宋志》则二百一十三部，今之存者十之一二而已。唐资州李氏合三十五家《易》说，题曰《集解》，南北朝

① 见《陆清献公日记》卷十。

以前遗文坠简，借以得见指归。宋熙宁间，蜀人房审权集郑康成以下至王介甫《易》说百家，择取专明人事者编成百卷，曰《周易义海》。至绍兴中，江都李衡彦平删其冗复，益以正叔、子瞻、子发三家，目为《义海撮要》，凡十卷，而附以杂论，补房氏之阙略焉。其择之也必精。《义海》失传，而是编传，后之学者所乐得而讲习也。彦平，宣和末入辟雍，乾道中官秘书修撰，寻除侍御史，改起居郎。以言事去国，退居昆山，聚书讲学，世目为乐庵先生者也。”

成德《周易义海撮要序》：“宋熙宁间，蜀人房审权集汉郑康成以下至王介甫《易》说凡百家，择取专明人事者编成百卷，曰《周易义海》。至绍兴中，江都李衡删其重叠冗琐，又益以伊川、东坡、《汉上易传》，为《撮要》十卷，而以群儒杂论附焉。自汉以来，说经者惟《易》义最多，《隋经籍志》凡六十九部，《唐志》增至八十八部，《宋志》则二百一十三部，然今之传者盖罕矣。唐李鼎祚合三十五家《易》说为《集解》，遗文坠简借之得见指归。而《义海》一编，克能表章百家之说，惜乎全书之不可复睹也。彦平，宣和末入辟雍，乾道中官秘阁修撰，寻除侍御史，改起居郎。时张说以外戚为节度使，给事中莫济不书勅，翰林周必大不草制，衡与右正言王希吕相继论奏，同时去国，士子为《四贤诗》以纪之。其后徙昆山，聚书万卷，号所居曰‘乐庵’。”

2. 宋俞琰《俞氏易集说》十三卷

朱彝尊《周易集说序》：“《周易集说》一十三卷，各冠以序，吴人俞琰玉吾叟所著也。叟于宝祐间以词赋称，宋亡，隐居不仕，自号石涧道人，又称林屋洞天真逸。其书草创于至元甲申，断手于至大辛亥，用力勤矣。世之言图书者，谓马毛之旋，龟文之坼，独叟之持论以《尚书·顾命》‘弘璧、琬、琰，在西序；大玉、夷玉、天球、河图，在东序’，河图与天球并列，则河图亦玉也，玉之有文者尔。昆仑产玉，河源出昆仑，故河亦有玉。洛水至今有白石，洛书盖石而白有文者。此《易》家之异闻也。”

成德《石涧俞氏周易集说序》：“《周易上下经说》二卷、《象辞说》一卷、《彖传说》二卷、《爻传说》二卷、《文言传说》一卷、《系辞传说》二卷、《说卦说》一卷、《序卦说》一卷、《杂卦说》一卷，合一十三卷，各冠以序，统名曰《周易集说》，而《易图纂要》一卷、《易外别传》一卷附焉，吴人俞琰玉吾叟所著也。叟于宝祐间以词赋称，宋亡，隐居不仕，自号石涧道人，又称林屋洞天真逸。其书草创于至元甲申，断手于至大辛亥，用力勤矣。世之言图书者，类以马毛之旋，龟文之坼，独叟之持论谓《尚书·顾命》'天球、河图，在东序'，河图与天球并列，则河图亦玉也，玉之有文者尔。昆仑产玉，河源出昆仑，故河亦有玉。洛水至今有白石，洛书盖石而白有文者。其立说颇异。"

两两相较，二人序之雷同显而易见。如此类者又有朱彝尊《涪陵崔氏春秋本例序》与成德《涪陵崔氏春秋本例序》、朱彝尊《吕氏春秋集解跋》与成德《吕氏春秋集解序》、朱彝尊《雪山王氏质诗总闻序》与成德《雪山王氏诗总闻序》① 等。又宋刘敞《春秋权衡》一书，卷首则径冠朱彝尊序。盖《经解》中署名成德各序，并非全出成德之手，其中当有出自朱彝尊者，依张云章言，又有出自他人者。考成德序所署时间均为康熙十五、十六年，时成德二十五六岁，古称皓首穷经，而各序考镜源流，发明经义，数量之多，水平之高，以常情揆之，云称其出成德之手，确让人生疑。而朱氏为清初大儒，于经学造诣深厚，又纂有《经义考》，于各经学文献多能精熟。又其与乾学关系甚密，《经解》之刻，当多助之。乾学欲让《经解》于成德，彝尊或为拟序若干，而成德取之以为参照，略做变通而署己名下亦有可能。此事古时常有，亦不足为奇。

（三）冠名

《通志堂经解》以"通志堂"名编，各书版心下方刻"通志堂"三字，各卷末一般都刻有"后学成德挍订"一行，有的书有书名页，上题"通志堂藏板"。此皆刊刻权之标志。加之成德总序有"钞得一百四十种""与同志雕版行世"之语，《经解》中各书又多冠成德序文等。故世人多将《经解》之编刻归于成德，《经解》见于著录时亦多题成德之名。然若以此为证据，便认定《经解》即为纳兰氏所实际编刻，此则大可不必。试想，既然徐乾学出于某些特殊动机决定将《经解》让名于成德，则必会做到实处，于是镌"通志堂"标志、刻"成德挍订"一行、冠以署名成德各序，均是可以理解的配合之举。

又有论者以为，既然《通志堂经解》为纳兰成德捐金倡始，则成德便应

① 按，宋王质《诗总闻》一书《通志堂经解》并未刊入，此序见纳兰成德《通志堂集》。

拥有编刻权。此则牵涉著作权的问题。古人编书、刻书甚至写书，确实存在一个署名问题，以清人刻书为例，《常州先哲遗书》题为盛宣怀辑，实为缪荃孙代办;《粤雅堂丛书》题为伍崇曜编，实为谭莹代辑。一般的惯例是，出资者冠名。《通志堂经解》的情况与此相类，又有不同之处。一则，从《经解》的刊刻过程看，成德并非唯一的出资人，其大端实为徐乾学。二则，成德与徐乾学不存在幕主与门客的雇佣关系，而实际的情况是徐氏辑刻了《经解》，出于政治目的而让名于成德。

当然，《通志堂经解》的刊刻，纳兰成德提供了部分资金，也撰写了部分序跋，从这个角度看，不可否认成德与《经解》的关系密切，不能抹杀其对于《经解》的贡献。另外，本文只欲辨明《经解》编刻的实际操作者及乾学、成德二人与《经解》的关系，其署名成德合适与否则在讨论范围之外。

四、结语

明清易代之后，学风一变，晚明空疏的学风受到猛烈批判，经学研究产生了新的要求。在这种时代风气的影响下，徐乾学感于经学文献日益散亡的严重性，同时也为响应朝廷倡导程朱之学的号召，编刻了《通志堂经解》这一经学巨帙。

徐氏因仕途等方面的原因，将所刊《通志堂经解》让名于权相纳兰明珠之子成德，于是将《经解》以“通志堂”命名，并于书版版心下镌“通志堂”字样，卷末镌“后学成德挍订”一行，各书卷首亦多冠以署名成德的序。而成德于《通志堂经解》也并非全无作为，他曾捐金倡始，虽有部分序文为他人操刀，但当非全部。另外，他参与了部分《经解》的编校也是很有可能的。故《通志堂经解》由徐乾学主其成，成德也有一定的贡献。

（本文原发表于《图书情报知识》2011 年第 1 期）

附录三 《通志堂经解》刊刻过程考

摘　要：辑刻于清康熙年间的大型经部丛书《通志堂经解》140种1860卷，上承《十三经注疏》，下启《皇清经解》，在经学史和出版史上都具有十分重要的地位。然关于其刊刻过程，后世各书志、书目多语焉不详或存在误解，故《通志堂经解》见于著录时，其版本一项多有不同。经过全面搜集分析各相关资料发现，《通志堂经解》始刻于康熙十二年，至康熙十九年主体部分刻完，但仍未竣事，之后仍有经解付刻，而较多的经解在校订、改版，至康熙二十九年至三十一之间，完整的《通志堂经解》刻印完毕。

关键词：《通志堂经解》　徐乾学　刊刻

《通志堂经解》140种1860卷，是辑刻于清康熙年间的一部重要经部丛书。它上承《十三经注疏》，荟萃宋元两代为主的经学要籍，拓宽了清人经学研究的范围，对清经学的兴盛发挥了重要作用。之后，嘉庆间张金吾辑《诒经堂续经解》以续其后，道光间钱仪吉刻《经苑》以补其遗，而阮元《皇清经解》、王先谦《皇清经解续编》专收清人经学著作，《通志堂经解》无疑具有开启之功。同时，《通志堂经解》多据宋元善本付刻，开清人刻书重视底本之风气，又精写付刻，为清代软体字写刻本的重要代表，故《四库全书》《四库全书荟要》及后世抄、刻、影印古籍多取之以为底本。所以《通志堂经解》不论是在经学史上还是在出版史上都具有十分重要的地位，至今在经学文献整理与研究中仍被广泛使用。

通志堂是当时朝廷权臣纳兰明珠之子纳兰成德[①]的堂号。然该丛书虽以“通志堂”名编、书中各卷末题“成德挍订”，实则为昆山徐乾学[②]所辑刻，乃徐氏出于政治等方面的意图而让名于成德者。此已为大多研究者所认同。但关于《通志堂经解》的具体刊刻过程，后人尚缺乏明晰的认识，以至于该丛书初刻本见于著录时其刊刻时间一项多有不同：如《北京大学图书馆藏古籍善本书目》作康熙十二年至十四年刻本；《续修四库全书总目提要》第四册《通志堂经解目录》条称刻于康熙十五年；关文瑛《通志堂经解提要》称始事于康熙十二年，告竣于康熙十九年；《中国丛书综录》等作康熙十九年刻本；叶德辉《郎园读书志》作康熙癸巳（五十二年）刻本；莫伯骥《五十万卷楼群书跋文》《中国古籍善本书目》等作康熙刻本；《日本见藏中国丛书目初编》则康熙十五年、康熙十九年刊本并存。可谓众说纷纭，莫衷一是。

考各家书目、书志著录之依据，实主要为《通志堂经解》卷首徐乾学序。徐序云：“……因悉余兄弟家所藏本，覆加挍勘，更假秀水曹秋岳、无锡秦对巖、常熟钱遵王、毛斧季、温陵黄俞部及竹垞家藏旧版书若抄本，厘择是正，总若干种，谋雕版行世。门人纳兰容若尤怂恿是举，捐金倡始，同志群相助成，次第开雕。经始于康熙癸丑，逾二年讫工。借以表章先哲，嘉惠来学。功在发余，其敢掠美。因叙其缘起，志之首简。康熙十有九年庚申日讲官起居注左春坊左赞善兼翰林院捡讨昆山徐乾学谨序。”[③]康熙癸丑即康熙十二年，序称“经始于康熙癸丑，逾二年讫工”，故前文所列作康熙十二年至十四年、康熙十五年者当来源于此；而徐氏序署康熙十九年，以此作为《经解》刊成时间者最多，特别是晚近各书目，多取康熙十九年；叶氏《郎园读书志》作康熙五十二年者，当为笔误；而其他笼统定为康熙间刻本者，当多是因为不能判定其准确时间而采取的一种保守方式。

关于《通志堂经解》的刊刻过程，笔者查阅了大量相关序跋、书目、传记以及之前很少为人所注意的诗文集等资料，作了细致梳理，获得了若干新

---

① 纳兰成德（1654—1685），姓纳兰（或作纳喇、那拉等）氏，又名性德，字容若，号楞伽山人，满洲正黄旗人，清初杰出词人。

② 徐乾学（1631—1694），字原一，号健庵，人又称东海、玉峰，江南昆山人，康熙朝重臣，官至刑部尚书，同时也是清初有重要影响的学者、文献家。

③ 徐乾学编：《通志堂经解》卷首，清康熙间昆山徐氏刻本。

的发现，特别是对长期以来被普遍采用的康熙十九年刻成一说进行了重新讨论与纠正。现不揣浅陋，将相关材料与分析呈列于下，或可供相关研究及著录参考。

一、始事于康熙十二年

《通志堂经解》之刻始于清康熙十二年，对此绝大多数论者并无异议。《经解》卷首徐乾学总序中即称“经始于康熙癸丑”，康熙癸丑即康熙十二年。卷首成德总序署“康熙十二年夏五月赐进士出身纳兰成德谨序”，虽然成德撰写此序的真正时间当非康熙十二年①，但所以署为十二年，当取序于刊刻伊始之意。康熙十一年，徐乾学以编修副德清蔡启僔主顺天乡试，结果因副榜遗取汉军卷获罪降一级调用，稍后徐氏遂还乡，当在此时，其即着手《经解》的刊刻。

二、康熙十五年已有部分印本

徐乾学在《通志堂经解》卷首总序中称：“经始于康熙癸丑，逾二年讫工。”《经解》始刻于康熙十二年，并无疑问，然因徐序署康熙十九年，各经解卷首成德各序署康熙十五年或十六年，故“逾二年讫工”一语让人颇感不解，向来论者或直称其有误，或认为“二”当是“七”字之讹，或称《经解》即刻成于康熙十五年，而大多则对此语视而不见。徐氏《憺园文集》卷二十一亦收有此序，题《新刊经解序》，与冠于《经解》卷首者偶有不同处，然同称“经始于康熙癸丑，逾二年讫工”，不当为同误。

据《续修四库全书总目提要》第四册《通志堂经解目录》(《粤雅堂丛书》本)条称：“《通志堂经解》，刻于康熙十五年，凡白纸初印，板心无‘通志堂’三字者，均昆山徐乾学刻成时所印。后以板归纳兰成德，始于板心下方补刻‘通志堂’三字。”②叶德辉《郋园读书志》卷一记光绪二十年张冶秋、王懿荣

① 据徐乾学《通议大夫一等侍卫进士纳兰君墓志铭》、韩菼《通议大夫一等侍卫进士纳兰君神道碑铭》及《明清进士题名碑录索引》，知成德中进士年为康熙十五年。

② 柯劭忞等撰：《续修四库全书总目提要》第4册，1996年齐鲁书社影印本。

参与查检天禄琳琅藏书一事，据二人讲，“(《天禄琳琅书目》)《前编》所载无一册之存,《续编》经部宋人书所谓宋版者，往往以白纸初印之通志堂本伪充。当时鉴定诸臣不知何以竟未辨出。”[①] 今湖南省图书馆即藏有宋王与之《东岩周礼订义》一书残卷，上钤有“乾隆御览之宝”等高宗玺印,《天禄琳琅书目后编》卷二宋版经部著录，而是书实为《通志堂经解》本，该馆亦定为康熙十五年通志堂刻本。既然得以冒充宋版，可见其版心无“通志堂”三字。又山东大学教授杜泽逊师2003年尝于蓬莱慕湘藏书楼观书，见通志堂刻宋王柏《书疑》九卷，版心亦无“通志堂”三字。

综合以上情况，合理的理解是徐乾学最初的《经解》刊刻计划与现今我们所见到的《经解》规模不同，当非140种之数，而是少得多。这一计划在康熙十五年或稍前即告完成，并有少量的刷印，故徐序有“逾二年讫工”之语。而此时徐氏还没有将《经解》让于成德的打算，故此时所印者版心尚无“通志堂”字样，各书各卷末亦无“后学成德挍订”一行。以上所述版心无“通志堂”字样者，皆当为康熙十五年或稍前的印本。

三、康熙十九年主体部分刻完

康熙十四年，徐乾学官复编修原职，十五年，升右赞善，成德也于此年中进士。盖于此时，徐氏出于仕途等方面的考虑，决定将《通志堂经解》让于成德名下。于是在已刻成的各经解版心补刻“通志堂”三字，各书卷末刻“后学成德挍订”一行，并在各经解卷首补成德序，故成德序均署康熙十五、十六年。又，卷首成德总序署“康熙十二年夏五月赐进士出身纳兰成德谨序”[②]，其题“康熙十二年”，又题“赐进士出身”，而成德中进士是在康熙十五年，所以这个序也应当是在康熙十五年补刻的。又《陆清献公日记》卷十云：“锡鬯言，通志堂诸书，初刊时皆有跋，刻在成德名下，后因交不终，刊去。然每页板心，通志堂之名犹在。”[③] 可见，当时《经解》各书还刻了署名成德的跋。翁方纲《通志堂经解目录》中《童溪王先生易传》条引何焯批曰：“汲古

---

① 叶德辉撰:《郎园读书志》卷一，民国十七年（1928）上海澹园刻本。

② 徐乾学编:《通志堂经解》卷首。

③ 陆陇其撰:《陆清献公日记》卷十，清道光二十一年（1841）吴江柳湄生刻本。

宋本，俞石涧收藏，后阙二卷，非全书。屡考其始末，寄来京师，跋中竟未及此。”[①] 然今检《经解》中《童溪王先生易传》一书，前后并无后人序跋，故何焯所称之跋，或即朱彝尊所言开始刻于成德名下后又刊去的各跋之一。

除补刻这些标志性的内容外，徐乾学应当还调整了《经解》的刊刻计划，基本增加为 140 种之数。之后陆续付刻，直到康熙十九年，《经解》的主体部分刻竣，徐氏总序即署此年。

四、康熙十九年后仍有未刻之书，而大量的经解在校订中

《通志堂经解》的主体部分于康熙十九年刻毕，徐乾学撰序以记之。后人大多将徐氏此序所署时间视为《经解》刊刻的完成时间，故《经解》见于各家书目著录时，其刊刻时间多被定为康熙十九年，如关文瑛《通志堂经解提要》《中国丛书综录》《东北地区古籍线装书联合目录》《山东图书馆馆藏海源阁书目》《山东大学图书馆古籍善本书目》《中国人民大学图书馆古籍善本书目》等等。然搜集考察相关资料发现，至康熙十九年，《经解》并未完全竣工，十九年以后仍有部分书在付刻，而大量的书则在校订中。现列举相关资料并加分析如下：

①朱彝尊《合订大易集义粹言序》。《通志堂经解》收有《合订删补大易集义粹言》八十卷，题成德编。朱彝尊有是书序，然《经解》本未刻，见朱氏《曝书亭集》，作《合订大易集义粹言序》。序中云："吾友纳兰侍卫容若，读《易》渌水亭中，聚《易》义百家插架，于温陵曾氏穜《粹言》、隆山陈氏友文《集传精义》一十八家之说有取焉，合而订之，成八十卷。择焉精，语焉详，庶几哉有大醇而无小疵也乎。刑部尚书昆山徐公嘉其志，许镂板布诸通邑大都，用示学者，乍发雕而容若溘焉逝矣。”[②] 考成德卒于康熙二十四年，“乍发雕而容若溘焉逝矣”，说明是书付刻时即在康熙二十四年，而刻成则又应在此之后。

---

① 翁方纲订：《通志堂经解目录》，民国十三年（1924）上海博古斋影印《苏斋丛书》本。

② 朱彝尊撰：《曝书亭集》卷三十四，民国八年（1919）商务印书馆《四部丛刊》影印本。

②《四库全书总目》卷一百八十三《通志堂集》条。该条下云："国朝纳喇性德撰……《九经解》即其所刻，而徐乾学延顾湄校正之。以书成于性德殁后，版藏徐氏，世遂称《徐氏九经解》，并通志堂而移之徐氏，实相传之误也。"[①]亦称《经解》书成于成德殁后。

③与张云章有关的线索。张云章字汉瞻，号朴村，清初嘉定人，《清史列传》入"儒林传"，有《朴村文集》二十四卷《诗集》十三卷传世。张氏尝客徐乾学之门，并参与了《通志堂经解》校勘工作，其《朴村文集》卷二十三有多通信札论及此事，如：

《与陆翼王先生》："……今岁仍坐馆玉峰[②]，不过借以读未见之书耳，不必有好况也。所校勘者乃已刻诸书，连月来了得《春秋经》几部，如程端学之《本义》、家铉翁之《详说》、孙泰山《尊王发微》、赵鹏飞《经筌》、赵汸《集传》……"[③]

《上徐总宪》："……且如《周礼订义》一书，此影宋本抄成者，其中文义有因一二字句相同遂传写致大段谬乖者，有两段中行墨相比因而纠缠不可辨者……如此之类，不可枚举，今略拈数条，详之别纸。邺架原本可按而知。其稍有可疑者，宁听其阙如。如此反复稽考，又必经中允公亲自勘定，然后付之缮写……"[④]

《上徐大司寇》："……近来从事《礼记集说》，讹谬杂出，反复考订，期于详慎精核……又鄙意此书尚当删其繁冗与一二立说纰谬者，约归简当，缉成五六十卷，以便学者循习，未知于高明以为何如……"[⑤]

张氏信札中所及各书，皆《通志堂经解》中书，则其参与了《经解》的校刻已毫无疑问。其称所校多为已刻之书，然而又似有未刻者。如《上徐总宪》一札云："如此反复稽考，又必经中允公亲自勘定，然后付之缮写。"既称"然后付之缮写"，则当时或尚未付刻。又《上徐大司寇》一札，张氏以为《礼记集说》一百六十卷，过于浩繁，建议将其删减成五六十卷，也似为刻前

① 纪昀等撰：《四库全书总目》卷一百八十三，1965年中华书局影印本。

② 玉峰，徐乾学之别号。

③ 张云章撰：《朴村文集》卷二十三，1997年北京大学出版社《四库禁毁书丛刊》本。

④ 张云章撰：《朴村文集》卷二十三。

⑤ 张云章撰：《朴村文集》卷二十三。

之语。而大量的经解在校勘改订之中则毫无疑问。

张氏《朴村文集》卷二十一有《徐编修果亭先生五十寿序》，云："今年春浪迹京师，首登三先生之门……居三月余，而值先生五十悬弧之辰……"① 果亭为徐乾学弟秉义号，据姜亮夫纂《历代人物年里碑传综表》，徐秉义生于明崇祯六年，则其五十岁在清康熙二十一年。据《寿序》知，张云章即于此年始客徐氏门。徐秉义于康熙二十一年迁右春坊右中允，寻乞假归里。张云章《诗集》卷一有《送徐中允果亭先生恩假南归》诗，知张氏康熙二十一年尚在京师，徐乾学委其南下校勘《经解》，则又在此之后矣。所以，前文云章各札所论校勘《经解》之事，皆在康熙二十一年之后。

《上徐大司寇》一札又云："总宪师赐环，实社稷生民厚幸，天下颙颙，以为旋乾转坤之一会。"② 此所谓"总宪师赐环"，乃指康熙二十七年徐乾学弟徐元文官复左都御史之事。元文于康熙十九年迁左都御史，二十二年因事降三级调用，二十七年复任原职，又此年，徐乾学升任刑部尚书，故称"上徐大司寇"。所以此札写于康熙二十七年。而之前，乾学于康熙二十六年迁左都御史，则前文《上徐总宪》一札即书于康熙二十六年。

由上可知，《通志堂经解》至康熙二十四年仍未刻竣，至少至康熙二十七年，仍有经解在校勘改订中。

五、康熙二十九年至三十一年间刻印完毕

据陆陇其《陆清献公日记》卷十："（康熙二十九年庚午九月）廿三，在朱锡鬯所见通志堂所刻敖继公《仪礼集说》、卫湜《礼记集说》、王次点《周礼订义》、杨复《仪礼图》。"③ 又王士禛《居易录》卷十："顷得昆山新刻《经解》又数种，如逸斋《补传》、成伯玙《指说》、李樗黄櫄《集解》、朱倬《疑问》、朱善《解颐》，详略虽不同，要皆可互相发明。"④ 按王士禛所记得书事，时间亦为康熙二十九年，审其语意，之前已有所得。王士禛与徐乾学同为朝

---

① 张云章撰：《朴村文集》卷二十一。

② 张云章撰：《朴村文集》卷二十三。

③ 陆陇其撰：《陆清献公日记》卷十。

④ 王士禛撰：《居易录》卷十，1986年台北商务印书馆影印《文渊阁四库全书》本。

中高官，徐氏《憺园文集》中多有与其酬答唱和之作，故私谊应当还好，而朱彝尊与徐乾学及《通志堂经解》的关系则更加密切，故《经解》刊出以后，王、朱二人都有理由先见到。《经解》边刻边印，故朱、王陆续有所得，康熙二十九年他们所得的《经解》都还不全，说明此时应当还没有全部印完。

《陆清献公日记》卷十又称："（康熙三十一年壬申七月）初七，到馆见健庵所刻《经解》，此举差强人意。"[①] 按陆陇其是学宗程朱的理学家，当时已官至御史，亦有理由和条件能及时得到主收程朱一派的《通志堂经解》的信息。据上条，陆氏在朱彝尊处初次见到《经解》零种是在康熙二十九年，而今次所见，审其语意当是整套的《经解》，故最迟在康熙三十一年，已有整套的《经解》印出。

六、结语

综合以上所述，可得出以下结论：《通志堂经解》始刻于康熙十二年，康熙十五年时已有少量印本，至康熙十九年《经解》的主体部分刻完。但康熙十九年以后，至少在康熙二十四年，仍有经解付刻，而较多的经解在校勘改订中。在此过程中校订完毕的经解同时在刷印，在康熙二十九年至三十一年之间，《经解》全部校刻完毕，并有整套的《经解》印出。故关于此丛书的刊刻时间，笔者以为，卷首徐乾学序虽署康熙十九年，但序中又有"经始于康熙癸丑，逾二年讫工"之语，而成德总序则署康熙十二年，故徐序所署时间不能作为判定《经解》刊刻完成时间的唯一依据。如文中所考，既然《经解》至康熙二十四年仍有经解付刻，而又无史料显示其集中大量刷印是在康熙十九年，故仅据徐序时间著录其为康熙十九年刻本不妥，当作康熙间刻本为宜。同时，《经解》刊刻过程的明晰化，也澄清了对于此书实际编刻者的模糊认识。

（本文原发表于《图书馆杂志》2011 年第 1 期）

① 陆陇其撰：《陆清献公日记》卷十。

附录四 《通志堂经解》底本考论

摘　要：清康熙年间昆山徐乾学辑刻的大型经部丛书《通志堂经解》140种1860卷，荟萃宋元经学要籍，上承《十三经注疏》，下启《皇清经解》，在经学史上具有重要地位。同时，经过系统考察发现，《通志堂经解》十分重视底本的选用，所收各书多以宋元善本或稀传旧抄为底本，具有很高的版本学价值和出版史地位。

关键词：《通志堂经解》　底本　徐乾学

清初之际，随着流传日久，除保存在《十三经注疏》等有限的几部丛书中的少数经典外，宋以前的经学著作大多沦亡；而宋元两代的经学著作，虽不乏宋元刻本或抄本传世，但由于缺乏整理刊布，存世者亦多庋于少数藏书之家，一般学者难以得见。在这种背景下，康熙年间昆山徐乾学编刻了大型经部丛书《通志堂经解》。《通志堂经解》上承《十三经注疏》，荟萃宋元两代为主的经学著作140种共1860卷，且多为重要而稀传者，对于这些经解文献的保存流布及后世的经学研究意义重大。清人学术笔记中，利用《通志堂经解》研经治学的记载屡屡可见；张之洞《书目答问》所列为数不多的宋元人经说，其大部分为《通志堂经解》所收，且版本也多为《通志堂经解》本；而据《中国古籍善本书目》等著录，以《通志堂经解》本为底本的清人批校题跋本更是不在少数。故《通志堂经解》的辑刻，为清儒的经学研究提供了一个新的资料库，大大开阔了他们的视野，扩大了研究的范围，可以说清代经学的兴盛，《通志堂经解》发挥了重要作用。

在出版印刷史上,《通志堂经解》同样影响深远，成为后世抄、刻、影印书籍的重要底本来源。如《四库全书》《四库全书荟要》所收经部书有《通志堂经解》本的，绝大多数据以缮录；今人严灵峰编《无求备斋易经集成》所收各书有《通志堂经解》本的亦多据以影印;《通志堂经解》所收书中有八种为《四库全书》存目，而20世纪末影印《四库全书存目丛书》取《通志堂经解》本付印者达六种。时至今日，随着宋元刻本、旧抄本的进一步亡佚，很多书的《通志堂经解》本成为存世最早或最全的本子，其价值更加突出，在经部文献整理及经学研究中继续被广泛使用。

《通志堂经解》被如此广泛地利用，其版本价值到底如何？底本情况究竟怎样？有必要对此进行专门考察，以便更深入地认识《通志堂经解》的版本学价值及其经学史地位。

一、《通志堂经解》底本考索举例

关于《通志堂经解》的底本情况，清初何焯多有论及。何焯尝为徐乾学门客，对《经解》的刊刻情况甚为了解。他编订有《通志堂经解目录》，并作了批注，其中涉及部分经解底本情况。可惜何氏《目录》今未得见，盖已久佚。所幸其后的翁方纲亦编订了《通志堂经解目录》，并大量引用何氏批语，使何氏对于经解底本的批注得以间接保存。但据翁氏所引的何批来看，其所论及的经解数量并不很多，且何氏言底本多只称宋本元本，太过笼统，且往往有讹误者。现充分利用翁氏《通志堂经解目录》所引何批信息，又广泛查考各相关书志、书目、文集及《经解》各书序跋，并辅以校勘手段，对《经解》所收各书之底本逐一考察。关于考察的方法与过程，兹举几例如下：

①宋傅寅《杏溪傅氏禹贡集解》二卷。是书《经解》本卷首有成德序云："是本为王止仲藏书，其后归于都少卿穆。其第一卷阙三十有七版，第二卷又阙其四版。验少卿前后私印，则知当日已非足本。亟刊行之，俟求其完者嗣补入焉。"[①] 检《经解》本原书，卷一缺第三十五至七十一页;卷二第一、二十三、二十四、八十一页为空版，与成德序合。

---

① 徐乾学编:《通志堂经解·杏溪傅氏禹贡集解》卷首，清康熙间昆山徐氏刻本。

是书今国家图书馆藏有宋刻元修本，《中国古籍善本书目》著录，《中华再造善本》据以影印。是刻半页十一行，行十八字，书中钤有“王止仲”“玄敬”“刘体仁”“乾学”“徐健庵”“铁琴铜剑楼”等印，知曾为徐乾学藏书。瞿镛《铁琴铜剑楼藏书目录》卷二著录是刻作宋刊本，并云：“此本为王止仲所藏，后归都玄敬、刘公戭，入传是楼。今所传《经解》本，即据之以刻者。”①以《经解》本与国图宋刻元修本对校，二者版式及卷内所缺所空页次相同，又如卷一第二十七页宋刻多有字迹模糊处，《经解》本则相应为墨块。则此宋刻元修本即为《经解》本所据底本。惟《经解》本改宋本卷首图后“尚书诸家说断”作“杏溪傅氏禹贡集解”。

②元朱倬《诗经疑问》七卷宋赵悳《附编》一卷。是书有元至正七年建安书林刘锦文刻本，今国家图书馆有藏，《中国古籍善本书目》著录，《中华再造善本》据以影印。是刻半页十一行，行二十字，小字双行，黑口，四周双边。书中钤“毛晋”“海虞毛晋子晋图书记”“汲古主人”“汪士钟读书”“铁琴铜剑楼”“菰里瞿镛”“瞿氏秉渊”等印记，知为毛氏汲古阁旧藏，后归长洲汪士钟，又归常熟瞿氏铁琴铜剑楼。《经解》本所据，翁方纲《通志堂经解目录》引何焯批语只称“汲古元板”②，而《铁琴铜剑楼藏书目录》卷三著录作建安书林刘锦文刻本，称“通志堂刻即出此本”。又检国图此本，卷首刘锦文识语中多有缺佚，《经解》本亦几乎同为空缺，卷七首有漫漶不可识者，《经解》本则为墨丁，空版亦与《经解》本同，则《经解》本底本为此本无疑。

③宋卫湜《礼记集说》一百六十卷。据卫湜序及跋尾，知是书始作于宋开禧、嘉定间，宝庆二年表进于朝，绍定四年赵善湘为刊于江东漕院，之后湜复加核定，定为此本，于嘉熙四年别刊于新定郡斋。此宋嘉熙四年新定郡斋刻本今国家图书馆有藏，内卷三十四至四十、九十三至九十五、一百至一百六配清抄本，有黄丕烈跋，《中国古籍善本书目》卷二著录，《中华再造善本》据以影印。

翁方纲《通志堂经解目录》引何批云：“《集说》从两钞本付刻，皆未尽

① 瞿镛撰：《铁琴铜剑楼藏书目录》卷二，2006年中华书局《宋元明清书目题跋丛刊》影印清光绪二十四年（1898）常熟瞿氏刻本。

② 翁方纲订：《通志堂经解目录》，民国十三年（1924）上海博古斋影印《苏斋丛书》本。

善。伊人分校成部，大有乖误。后数年，有项氏宋本为骨董家所得，中阙十余卷，其版最精，且多魏鹤山序一首。屡劝东海借校并补刻魏序，未从也……”[①]丁日昌《持静斋书目》卷一亦称“通志堂刻时仅见抄本”。[②]知是书刊入《经解》时，未得见其宋版，乃据抄本付刻。又毛扆《汲古阁珍藏秘本书目》著录《礼记集说》绵纸旧抄本，并云：“世无其书，止有此影抄宋本一部。今昆山所刻，借此写样。”[③]则知《经解》本所据即毛氏汲古阁所藏影宋抄本。然其付刻时未遵底本次第，将赵善湘付刻后卫湜又增补的内容，移入各卷正文内（原本在各卷末），致失旧本面目，多获批评。而何批所云“有项氏宋本为骨董家所得”者，据各书志著录可知，即今国图所藏宋嘉熙四年新定郡斋刻本。

诸如此类，经过系统考察，将《经解》各书能考出明确底本者汇为一表，详列于下。

二、《通志堂经解》各书底本一览表

编号	书名卷数	底本	参考资料及校本
1	《易数钩隐图》三卷《遗论九事》一卷	《道藏》本	何批
2	《紫岩居士易传》十卷	明书帕本	何批
3	《汉上易传》十一卷《周易卦图》三卷《周易丛说》一卷	《汉上易传》影宋抄本，《卦图》《丛说》西亭王孙抄本	何批、《藏园订补郘亭知见传本书目》
4	《易璇玑》三卷	元刻本	何批、《汲古阁珍藏秘本书目》
5	《周易义海撮要》十二卷	宋乾道六年李衡婺州刻本	何批、《四库全书总目》
6	《复斋易说》六卷	抄本	何批、《万卷精华楼藏书记》
7	《童溪王先生易传》三十卷	宋本	何批

① 翁方纲订：《通志堂经解目录》。

② 丁日昌撰：《持静斋书目》卷一，清同治九年（1870）丰顺丁日昌刻民国印本。

③ 毛扆撰：《汲古阁珍藏秘本书目》，2005年商务印书馆《中国著名藏书家书目汇刊》影印清嘉庆五年（1800）吴县黄氏士礼居刻本。

续表

编号	书名卷数	底本	参考资料及校本
8	《易学启蒙通释》二卷《图》一卷	元至元二十九年刘泾刻本	卷首成德序
9	《周易玩辞》十六卷	元大德十年淮西廉访佥事乌克章刻本	《中国善本书提要》
10	《东谷郑先生易翼传》二卷	元大德十一年庐陵学官刻本	卷首郑陶孙跋、何批、《铁琴铜剑楼藏书目录》《中国古籍善本书目》
11	《晦庵先生朱文公易说》二十三卷	元刻本	《中华再造善本》影印元刻本、何批、《爱日精庐藏书续志》
12	《大易缉说》十卷	抄本	何批
13	《学易记》九卷首一卷	明抄本	何批、《善本书室藏书志》
14	《俞氏易集说》十三卷	元至正八至十年俞氏读易楼刻本	何批、《仪顾堂续跋》
15	《周易本义附录纂注》十五卷	元刻本	《善本书室藏书志》
16	《周易发明启蒙翼传》三卷《外篇》一卷	元本	何批
17	《周易本义通释》十二卷	明嘉靖元年潘旦、邓杞刻本	卷首胡珙识语、《续修四库全书总目提要》
18	《易象图说内篇》三卷《外篇》三卷	《道藏》本	何批
19	《大易象数钩深图》三卷	《道藏》本	何批、《四库全书总目》
20	《书古文训》十六卷	宋本	何批
21	《程尚书禹贡论》二卷《后论》一卷	抄本	何批
22	《尚书说》七卷	明吕光洵刻本	何批、《铁琴铜剑楼藏书目录》
23	《增修东莱书说》三十五卷首一卷	影抄宋本	何批
24	《书集传或问》二卷	元本	何批

续表

编号	书名卷数	底本	参考资料及校本
25	《杏溪傅氏禹贡集解》二卷	宋刻元修本	《中华再造善本》影印宋刻元修本、卷首成德序、《铁琴铜剑楼藏书目录》
26	《尚书详解》十三卷	红丝栏抄本	何批、《天一阁书目》
27	《尚书表注》二卷	顾湄手抄宋末建安刻本	《爱日精庐藏书志》《持静斋书目》
28	《尚书纂传》四十六卷	元至大元年王振刻本	卷首王振序、成德序、何批、《藏园订补郘亭知见传本书目》
29	《书蔡氏传辑录纂注》六卷首一卷	元至正十四年建安翠岩精舍刻本	中国台湾《国家图书馆善本书志初稿》《四库提要补正》
30	《书纂言》四卷	明嘉靖二十八年顾应祥滇中刻本	《宋元旧本书经眼录》
31	《书蔡氏传旁通》六卷	元至正五年余氏勤有堂刻本	何批、中国台湾《国家图书馆善本书志初稿》
32	《书集传纂疏》六卷首一卷	元泰定四年梅溪书院刻本	何批、《爱日精庐藏书志》《皕宋楼藏书志》《仪顾堂续跋》
33	《尚书通考》十卷	元至正刻本	《中华再造善本》影印元刻本、何批
34	《定正洪范集说》一卷首一卷	元刻本	何批
35	《毛诗指说》一卷	抄本	何批
36	《诗本义》十五卷《郑氏诗谱补亡》一卷	宋宁宗江西刻本	何批、《述古堂宋版书目》《张元济古籍书目序跋汇编》《沈氏研易楼善本图录》
37	《诗集传名物钞》八卷	旧抄本	何批
38	《诗经疑问》七卷《附编》一卷	元至正七年建安书林刘锦文刻本	《中华再造善本》影印元刻本、何批、《铁琴铜剑楼藏书目录》
39	《春秋尊王发微》十二卷《附录》一卷	宋绍兴二十一年魏安行刻本	《仪顾堂续跋》
40	《春秋权衡》十七卷	宋四明史有之清江刻本	何批、《增订四库简明目录标注》《郑堂读书记》

续表

编号	书名卷数	底本	参考资料及校本
41	《春秋名号归一图》二卷	宋本	何批
42	《西畴居士春秋本例》二十卷	旧抄本	何批、《汲古阁珍藏秘本书目》
43	《石林先生春秋传》二十卷	宋开禧元年叶筠刻本	卷首成德序、《郑堂读书记》
44	《止斋先生春秋后传》十二卷	明清常道人抄本	卷首清常道人跋、翁方纲《通志堂经解目录》
45	《春秋左氏传事类始末》五卷《附录》一卷	抄本	何批
46	《春秋通说》十三卷	影宋抄本	何批、《增订四库简明目录标注》
47	《春秋集注》十一卷《纲领》一卷	影抄宋德祐元年卫宗武华亭义塾刻本	《中华再造善本》影印本、《汲古阁珍藏秘本书目》、何批、《郑堂读书记》
48	《春秋或问》二十卷	元刻明修本	中国台湾《国家图书馆善本书志初稿》
49	《则堂先生春秋集传详说》三十卷《纲领》一卷	抄本	何批、《朴村文集》
50	《春秋类对赋》一卷	抄本	何批
51	《春秋诸国统纪》六卷	元延祐刻本	何批、《藏园订补郘亭知见传本书目》《藏园群书经眼录》
52	《春秋本义》三十卷首一卷	元刻本	何批
53	《春秋集传》十五卷	明嘉靖夏鏜刻本	卷首成德序
54	《春秋属辞》十五卷	元至正二十四年休宁商山义塾刻本	《中华再造善本》影印元刻本、《仪顾堂续跋》
55	《春秋师说》三卷《附录》二卷	元至正二十五年休宁商山义塾刻本	《中华再造善本》影印元刻本
56	《春秋左氏传补注》十卷	元至正二十五年休宁商山义塾刻本	《中华再造善本》影印元刻本
57	《春秋诸传会通》二十四卷《首》一卷	元至正十一年虞氏明复斋刻本	《中华再造善本》影印元刻本、《铁琴铜剑楼藏书目录》

续表

编号	书名卷数	底本	参考资料及校本
58	《清全斋读春秋编》十二卷	元刻本	卷首成德序
59	《新定三礼图》二十卷	宋本	何批
60	《东岩周礼订义》八十卷首一卷	影宋抄本	何批、《朴村文集》
61	《鬳斋考工记解》二卷	宋刻本	何批、中国台湾《国家图书馆善本书志初稿》
62	《礼记集说》一百六十卷	影宋抄本	何批、《汲古阁珍藏秘本书目》《持静斋书目》
63	《夏小正戴氏传》四卷	宋抄本	何批
64	《仪礼集说》十七卷	元大德五年刻本	《中华再造善本》影印元刻本、《仪顾堂续跋》《郎园读书志》
65	《论语集说》十卷	宋淳祐六年湖頖刻本	《中华再造善本》影印宋刻本
66	《南轩先生孟子说》七卷	棉纸蓝丝栏明抄本	何批、《天一阁书目》《鄞范氏天一阁书目内编》
67	《孟子集疏》十四卷	宋本	何批
68	《四书纂疏》二十六卷	宋刻本	何批、《藏园群书经眼录》
69	《四书集编》二十六卷	抄本	何批
70	《四书通》二十六卷	元天历二年余志安勤有堂刻本	卷首张存中跋、《铁琴铜剑楼藏书目录》
71	《四书通证》六卷	影元抄本	《中华再造善本》影印元刻本、何批、《文禄堂访书记》、中国台湾《国家图书馆善本书志初稿》
72	《四书纂笺》二十八卷	元本	何批
73	《四书辨疑》十五卷	元刻本	翁方纲《通志堂经解目录》
74	《经典释文》三十卷	明崇祯间叶林宗影宋抄本	何批、黄焯《经典释文汇校》前言、上海古籍出版社影印宋刻本丁瑜跋等

续表

编号	书名卷数	底本	参考资料及校本
75	《六经正误》六卷	元刻本	何批、《铁琴铜剑楼藏书目录》《藏园订补郘亭知见传本书目》《中国古籍善本书目》《北京图书馆古籍善本书目》
76	《十一经问对》五卷	元刻本	《中华再造善本》影印元刻本、翁方纲《通志堂经解目录》

三、《通志堂经解》底本分析

如上表所列，《通志堂经解》140 种书，能考知底本者共 76 种。此表之外，尚有不少经解，根据各书目、书志的著录情况（特别是对《经解》本之前各版本的著录情况）、徐乾学钤印、《经解》本所录序跋情况等，能够推断其底本当是某本，但因缺乏具体实在的证据，又无条件一一对勘，故此类均未予列入。但通过对表中能够考知底本的经解进行统计分析，所得的结果亦可基本反映《通志堂经解》全部各书底本的整体情况。

表中所列能考知底本的 76 种经解之中，底本为宋刻本者 14 种[①]，为宋抄本者 1 种，为影宋抄本者 7 种，为元刻本者 30 种[②]，为影元抄本者 1 种，为明刻本者 5 种，为明抄本者 3 种，为《道藏》本者 3 种，为其他抄本者 12 种。其中底本为宋刻本者 14 种，占 76 种能知底本的经解总数的 18.4%；为宋刻、宋抄、影宋抄本者共 22 种，占能知底本的经解总数的 28.9%；为元刻本者 30 种，占 39.5%；为元刻、影元抄本者共 31 种，占 40.8%；为宋刻、宋抄、影宋抄、元刻、影元抄本者共 53 种，占 69.7%；为抄本（包括影宋抄、影元抄）者 24 种，占 31.6%。

从以上数据可以发现，在能确定底本的 76 种经解中，底本为宋元旧本（包括少量影宋抄、影元抄）的最多，占总数的七成，因此完全可以说，《通

① 因个别书目亦称“影宋抄本”为“宋本”，故此 14 种中或有个别影宋抄本。

② 因个别书目亦称“影元抄本”为“元本”，故此 30 种中或有个别影元抄本。

志堂经解》多据宋元本付刻。《通志堂经解》又名《宋元经解》，所收绝大多数为宋元学者著作，而这些著作的宋元版，刊刻时间或与作者同时，或稍后亦未远，减少了因辗转传抄翻刻而产生的讹误，最能反映原著本貌。加之宋元时刻书，多雕镂不苟，校勘审慎，故对于宋元经解来说，宋元版当然是最好的版本。

徐乾学家有传是楼，藏书宏富，民国四年王存善排印的《传是楼书目》，著录传是楼藏书约7500部，《四库全书总目》称“乾学传是楼藏书甲于当代”①。又多宋元善本，其《传是楼宋元版书目》著录宋元版书442部，数量之多，后世黄氏百宋一廛、陆氏皕宋楼皆不能及。收罗有如此丰富的宋元版书，并编有专门的书目，足见徐乾学对于宋元旧刻的重视，叶德辉《书林清话》即称：“自钱牧斋、毛子晋先后提倡宋元旧刻，季沧苇、钱述古、徐传是继之。”②

传是楼藏书众多，并有大量的宋元版书，必定成为《通志堂经解》底本的重要来源。清姚元之《竹叶亭杂记》卷四即称：“《通志堂经解》，纳兰成德容若校刊，实则昆山徐健庵家刊本也……徐以其家所藏经解之书荟而付梓，镌成名，携板赠之，序中绝不一语及徐氏也。”③徐乾学除充分利用家藏善本外，还广泛借用其兄弟、朋友等藏书，以求更充分地网罗经解要籍，甄选更为精善的底本。徐乾学为康熙朝名臣，累官至刑部尚书，致身高显，又喜交游，与当时许多大藏书家相善，故当时藏于各家之善本多能借用。《经解》卷首徐氏总序云：“因悉余兄弟家所藏本，覆加校勘，更假秀水曹秋岳、无锡秦对岩、常熟钱遵王、毛斧季、温陵黄俞邰及竹垞家藏旧版书若钞本，厘择是正，总若干种，谋雕版行世。”④徐乾学二弟徐秉义藏书处名培林堂，有《培林堂书目》，著录藏书约3300种，元版数种。三弟徐元文藏书处名含经堂、得树园，有《含经堂书目》，著录藏书约5000种，宋元本200余种。此外，徐序中提到的曹秋岳（名溶）、秦对岩（名松龄）、钱遵王（名曾）、毛斧季（名扆）、黄俞邰（名虞稷）、朱竹垞（名彝尊），都是当时著名藏书家。《纂修四

① 纪昀等撰：《四库全书总目》卷二十《读礼通考》条，1965年中华书局影印本。

② 叶德辉撰：《书林清话》卷十《藏书偏好宋元刻之癖》条，1957年中华书局排印本。

③ 姚元之撰：《竹叶亭杂记》卷四，1982年中华书局排印本。

④ 徐乾学编：《通志堂经解》卷首。

库全书档案》称:"(《通志堂经解》)原系采借秀水朱氏之曝书亭及常熟钱氏述古堂并各藏书家流传秘本,荟萃成编。"[①]《续修四库全书总目提要》第四册《通志堂经解目录》(沈氏刊本)条则称:"《通志堂经解》,昆山徐乾学健庵得章丘李开先中麓家藏书,益以常熟毛氏汲古阁、宁波范氏天一阁二家藏本,编刻于康熙十五年。"[②]《藏书纪事诗》卷四《林佶吉人》条,引《东越文苑传》云:"(林佶)家多藏书,徐乾学锓《通志堂经解》,朱彝尊选《明诗综》,皆就传钞。"[③]翁方纲《通志堂经解目录》中《定正洪范集说》条引何批曰:"汲古元刻,李中麓藏本,中阙一叶,从黄黎洲处补全。"[④]可见乾学为刻《经解》,曾广泛借抄底本。

在徐氏之前的明末,私人刻书影响最巨者为常熟毛晋汲古阁,"凡《十七史》《十三经》、唐宋人诗词集、《六十种曲》《津逮秘书》等,皆风行天下"[⑤]。据周彦文《毛晋汲古阁刻书考》,毛晋一生刻书650余种近6000卷。然毛氏所刻虽数量众多,流传亦广,但在刊刻质量上却多受批评,其中一个重要方面即在底本选用上颇有不尽如人意处。叶德辉于《书林清话》中即称"其刻书不据所藏宋元旧本"[⑥]。据《毛晋汲古阁刻书考》的考察,毛氏所刻书也不乏据宋元旧本付梓者,其家藏善本也多据以付刻。但总起来看,毛氏所据仍以明本为最多,所据善本也以家藏为主。可见,毛晋刻书对于底本尚不是特别重视,主要以存书、流通为主要目的。而徐乾学刻《通志堂经解》,除利用自家传是楼所藏善本外,更广泛借用兄弟、友朋多家所藏,以求择善而从。故《经解》之书大多依宋元旧本付梓,据明刻者仅寥寥数种。所以,徐乾学重视宋元旧刻的思想,明显地体现在了《经解》底本的选定之中。其后清人刻书大多讲究底本,徐乾学可称开风气之先者。

当然,《通志堂经解》虽然十分重视底本的选用,并且也做到了大多能据宋元本付梓,但也并非说其所用底本皆为传世之最善者,在所用底本中也存在缺憾。兹举几例如下:

---

① 中国第一历史档案馆编:《纂修四库全书档案》,1997年上海古籍出版社排印本,第136页。

② 柯劭忞等撰:《续修四库全书总目提要》第4册,1996年齐鲁书社影印本。

③ 叶昌炽撰:《藏书纪事诗》卷四,1999年上海古籍出版社排印本。

④ 翁方纲订:《通志堂经解目录》。

⑤ 杜泽逊撰:《文献学概要》,2001年中华书局排印本,第99页。

⑥ 叶德辉撰:《书林清话》卷七《明毛晋汲古阁刻书之一》条。

①元王申子《大易缉说》十卷，《经解》本据抄本付刻。《通志堂经解目录》引何批曰："吴志伊有宋本，屡寄札东海，托其借校，竟未借来，仅从钞本付刊。"[①] 按，王申子此书成于元，何焯称有宋本，当误。此书有元延祐三年田泽刻本，何氏所称吴志伊藏本，当为元本。

②元李简《学易记》九卷，《经解》本据李开先家藏抄本付刻。是书有蒙古中统刻本，为初刻，刻印精良，今辽宁省图书馆、国家图书馆即共藏一中统刻本的前后两部分。

③宋程大昌《程尚书禹贡论》二卷《后论》一卷《山川地理图》二卷，《经解》本据天一阁藏抄本付刻，但《山川地理图》只刻叙说并无图，据卷首成德序知底本图即已缺。是书有宋淳熙八年泉州州学初刻本传世，今国家图书馆有藏，内三十图岿然并在。又明《永乐大典》所收是书尚存二十八图。

④宋黄度《尚书说》七卷，《经解》本据明吕光洵刻本付刻。《爱日精庐藏书志》《铁琴铜剑楼藏书目录》著录明抄本，据后者称明抄本内有小注，吕光洵刻本尽删之，则《经解》本所据为删削之本。

然以上所列《通志堂经解》底本选用的不足，实非徐氏之过。当时存世图书或藏内府或藏私家，借用十分不便。徐乾学以私人之力，定有难以罗致者。如以上所列，虽有更善之本传世，但颇不易得：宋元旧刻、精善抄本多传本甚稀，而《永乐大典》当时尚深藏大内，秘不示人。故上述几种虽有更善之本，但均当为徐氏付刻时所未能得见，而非弃善而用劣。并且此类也在少数，不能因瑕掩瑜，因此而怀疑徐乾学重视宋元善本的思想，否定《通志堂经解》在底本选用上的成绩。

四、结语

《通志堂经解》140种1860卷，收罗宏富，卷帙浩繁，所收大多为宋元经学要籍，可见徐乾学于选书方面的用心。同时，《经解》也十分重视各书底本的选用。徐乾学除充分利用自家传是楼所藏善本外，更广泛借用徐秉义、徐元文、毛扆、钱曾、黄虞稷、朱彝尊、曹溶、秦松龄以及黄宗羲、林佶等

① 翁方纲订：《通志堂经解目录》。

各家藏书，以求底本的精善，做到了《经解》各书多据宋元旧刻，兼取稀传旧抄，可谓渊源有自。加之该编精写付刻，为清初写刻本的重要代表，故《通志堂经解》不仅具有很高的经学史地位，同时也具有很高的版本学价值，在出版印刷史上占有着不可忽视的重要地位。

（本文原发表于《文献》2011 年第 3 期）